电动汽车用锂离子二次电池

（第四版）

其　鲁　著

科　学　出　版　社

北　京

内 容 简 介

本书以作者在电动汽车用锂离子二次电池的研究成果和关键应用技术的开发方面的经验为素材，全书共4章，第1章以较大篇幅介绍了用现代化学方法和材料学方法，合成多种锂离子二次电池材料，以及用先进的科学仪器正确测试和评价这些材料的物理化学性能和电化学特性；第2章包括了铝塑膜锂电池概念的提出、大容量铝塑膜锂离子二次电池的制作及其可靠性、安全性和电化学性能的研究；第3章以电动摩托车、电动汽车、微电站及大型锂离子二次电池储能电站为实例，介绍了过去二十年在安全与高效控制和使用电能过程中，电子器件与电力技术的关系和作用；本书的最后一章是锂离子二次电池及其相关材料的一些基本分析方法介绍和锂电池回收技术的简单说明。

本书适合从事锂离子二次电池研究、技术开发和生产的企业、高等院校和科研单位相关专业教师、工程师及学生使用。

图书在版编目(CIP)数据

电动汽车用锂离子二次电池/其鲁著. —4版. —北京：科学出版社，2021.3

ISBN 978-7-03-067911-6

Ⅰ. ①电… Ⅱ. ①其… Ⅲ. ①电动汽车-锂离子电池-研究 Ⅳ. ①U469.720.3

中国版本图书馆CIP数据核字(2021)第006567号

责任编辑：张　析 / 责任校对：杜子昂
责任印制：肖　兴 / 封面设计：东方人华

科 学 出 版 社 出版
北京东黄城根北街16号
邮政编码：100717
http://www.sciencep.com

中国科学院印刷厂 印刷

科学出版社发行　各地新华书店经销

*

2010年1月第　一　版　开本：720×1000 1/16
2021年3月第　四　版　印张：23 1/4　插页：2
2021年3月第一次印刷　字数：447 000

定价：168.00元

（如有印装质量问题，我社负责调换）

作 者 简 介

其鲁，蒙古族，1982 年毕业于内蒙古大学化学系，1992 年于日本东京大学获得理学博士学位。在日本的大学和公司里从事了八年化学和材料学方面的研究后，2000 年回国在北京大学任教授至今。目前主要从事锂离子二次电池材料的合成与研究、锂离子二次电池技术的研究、锂离子二次电池在电动汽车和风力与太阳能发电的储能技术的应用与研究，以及锂化合物的分离富集等。最近十多年申请的专利有五十多项，发表的科技论文有一百多篇。

在北京大学进行教学和研究工作的同时，2000 年以来还在北京中关村创建了多家高新技术公司，在中国率先研发和生产出了小型锂离子二次电池用钴酸锂、锰酸锂及多元复合金属氧化物正极材料，并率先开发出了先进的动力锂离子二次电池技术，研发生产的具有自主知识产权的尖晶石锰酸锂正极和多元金属氧化物正极动力锂离子二次电池被大规模地应用到了 2008 年北京奥运会和 2010 年上海世博会的电动公交车上。最近几年，利用先进的锂离子电池和自主研发的能源控制系统，又开发出了具有独特发电和供电特性的小型清洁能源设备(微电站)，为解决远离电网无法使用电力的居民提供了一系列良好的自然能源供电产品。

由于以上工作为推动高新技术产业的发展做出了重要贡献，近年来在国内获得了表彰和奖励，主要有：2010 年北京市有突出贡献的科学、技术、管理人才；2009 年国务院侨务办公室第二届百名华侨华人专业人士“杰出创业奖”；2008 年北京市科技进步奖三等奖；2008 年国家科学技术进步奖二等奖；2008 年北京市科技奥运先进个人；2008 年北京留学归国人员突出贡献奖；2008 年教育部科学技术进步奖一等奖；2007 年国务院特殊津贴；2006 年北京市科技进步奖一等奖；2005 年国家科学技术进步奖二等奖；2004 年北京市科技进步奖一等奖；2002 年中国中信集团公司一等功。

第四版前言

2020年春节开始修订本书第三版的部分内容、补充新内容时，突如其来的全球性新冠肺炎暴发。未曾料到的是，2020年的冬天来临，第四版要交稿了，可是新冠肺炎巨大的负面影响依然蔓延着。

疫情严重时，尽管自己没有任何不良反应，但还是根据要求前后做了四次核酸检测。虽然这是一个特殊时期，但是为了工作不得不外出，回到北京就被隔离，因此自己有更多的时间准备第四版的内容了。此外，由于学校停课，自己能支配的实施京外科研项目的时间也很充足。

如所预料的，过去的五年中电动汽车产业并没有出现如有些人期望的高速发展，因为若车载锂电池的安全性和可靠性问题不能彻底得到解决(事实上现在并没有好的解决方案)，电动汽车的燃烧事件不会减少，电动汽车像燃油汽车那样长距离的行驶也无法实现，人们当然也不会贸然购买和使用电动汽车。

二十多年前，我带着团队研发尖晶石锰酸锂材料动力锂电池时，为复合多元金属氧化物正极材料(包括三元材料)和高功率锂电池的技术和产业发展做了不少基础性工作。当时，大量的实验数据就让我清楚地意识到，三元材料作为锂电池的正极使用时，因其化学结构容易变形，导电性能相对较差，在纯电动汽车中一定要慎用。否则，可能会出现锂电池胀裂、冒烟、着火等事故。这样的事情在过去几年中还是频繁地出现了，以至于今天中国的电动汽车产业的发展受到了阻碍。

频繁出现的电动汽车锂电池着火事件好像成为现今电动汽车技术难以越过的障碍，电动汽车产业发展的步伐被迫减速，今后该怎么办呢？很多朋友在问我。

今后，电动汽车是否还要继续在以三元材料和磷酸亚铁锂材料为正极的锂电池技术上徘徊呢？

笔者认为，虽然低能量密度和安全性差的锂电池限制了电动汽车发展，但是电动汽车产业还是发展到了每年有近百万辆新车进入市场的阶段。如果能解决锂电池的安全性问题，至少电动汽车就不会频发爆炸燃烧事件了，电动汽车产业会慢慢登上一个年产几百万辆车的平台。

但是，低能量密度的磷酸亚铁锂正极材料锂电池尽管可以缓解电动汽车的安全性问题，但是该正极材料的低温电化学特性差，中国长江以北的广袤地区应该如何发展电动汽车呢？

对于如何解决好锂电池的安全性问题，国外的一家电动汽车企业基于独特的视角，用事实做出了回答，即使用强制性的有效热及电管理技术，即使是一辆使用数千只小型高能量密度锂电池的乘用车，锂电池着火燃烧的问题也在一定程度上得到抑制。

当然，要彻底解决电动汽车用锂电池的安全性和可靠性问题，不创新是很难发展的，锂电池技术停滞不前会让人们对电动汽车更加失望。

在目前的技术条件下，有可能用全固态锂电池解决电动汽车的安全性、可靠性以及较长距离的行驶性能问题，但是需要付出代价和时间。

2008 年北京奥运会和 2010 年上海世博会的电动公交车唯一使用的是我们研发的具有尖晶石结构的锰酸锂正极材料大容量锂电池。今后五年至十年，尖晶石锰酸锂极有可能再次面临高速发展机会，这是因为锰资源丰富，尖晶石结构在充放电过程中十分稳定，且导电性能良好。

在努力做好锂电池的同时，推进锂电池的应用技术也是一项非常有意义的工作。近十年来，我们不仅在家用离网式小型锂电池储能微电站研发与应用方面迈出了重要的一步，如本书新增加的内容(3.9 节)所述，而且在兆瓦级的电网调峰和储能用锂电池技术方面也做了大量创新性的工作。

期待今后随着一系列技术问题的解决，不仅仅是电动汽车，自然能源发电的储能、电网调峰及调频对安全性、可靠性及经济性良好的尖晶石锰酸锂锂电池的需求会呈爆发性增长。

我们会继续坚定地走自己的创新之路，为加快解决锂电池发展的技术难题而努力。

在本书的再版中，晨晖、黄新华、夏华容、张鼎、斯琴高娃、计红娟等参加了部分内容的撰写，在此深表谢意。

其　鲁

2020 年 10 月 18 日

于鄂尔多斯专家公寓

第三版前言

本书第二版中的工作是五年前完成的。如果把我们在锂电池、正极材料及电动汽车储能产业化技术的工作按时间划分阶段，截至 2008 年北京奥运会大规模电动公交车的成功研制与运行，我们大约花费了八年的时间。这一时期，我们不仅开创性地完成了钴酸锂、尖晶石锰酸锂以及多元复合金属氧化物(镍钴锰等)正极材料的生产技术开发，还率先开始了动力锂电池的制造和应用。本书的第一版是这一时期工作的一个详细总结。

在北京奥运会结束后至本书第二版交稿时四年多的时间里，可以说国内的锂电池和电动汽车经历了一个非常的发展时期。一方面，国内在几乎没有准备工作的情况上，掀起了一个电动汽车要弯道超越世界的浪潮，另一方面则在一些舆论的诱导下，以磷酸亚铁锂为正极材料的低能量密度锂电池得到了国内诸多锂电池制造厂家的盲目认同，并在深圳等多个南方城市的电动公交车和出租车上开始搭载运行。本书的第二版，是在这样的背景下，在我们对先进锂电池材料、锂电池技术及电动汽车的安全性和可靠性进行了深入研究后出版的。

在过去的五年里，因为作为车载储能锂离子电池的主流锂电池，即磷酸亚铁锂电池以模块的形式搭载到车上后，质量能量密度远小于 100Wh/kg、电池成组后在使用过程中容量衰减快、寒冷季节电池性能严重衰退以及可控性差等问题，不仅使电动汽车的行驶里程迅速减少，同时它的安全性和可靠性也遭到了前所未有的质疑。可喜的是，一些电池制造企业能很快意识到这些问题，并把动力锂电池的正极材料迅速转向了以镍钴锰复合金属氧化物为主的具有更高能量密度的锂电池技术，使得电动汽车的耐低温性能大大改善，一次充电后行驶距离有所增加。但非常遗憾的是，该电池安全性的问题却依然没有引起足够的关注，电动汽车的行驶距离也远远未满足人们的需求。

在这个领域几十年积累的经验使我意识到，要彻底解决电动汽车用锂电池的安全性问题，在今后很长的一个时期内对我们来说都将是一个课题。因为即便是有着上百年历史的燃油车，时至今日仍然能频繁看到由于各种原因导致的自燃。若干年后，随着锂电池有机电解液被具有良好导电性能的无机化学物质取代，锂电池的安全性能也许会得到很大改善，但是随着能量密度的不断提高，在更小体积内积聚了巨大电能的电池在意外情况下被撞击后，完全避免与周围环境物质的剧烈反应，按照目前对车辆的设计来说是很难想象的。

然而，随着化学与材料学技术的进步，让锂电池单位质量或体积内电的能量密度增加 2～3 倍，在今后十年内是应该能做到的。届时，电动汽车充满电后行驶数百公里是很轻松的，那时到处都有充电站，人们不会再因为充不上电着急，不用担心电不够不敢开大灯或空调，由于续航里程短而到处抛锚等让人们烦恼的事情也不会再有了。

为了实现上述目标，在过去的五年里，我们继续在锂电池尖端技术方面不懈地努力，并解决了一些问题。这一期间的有些工作，在本书这版增加的内容中可以看到。如在第 1 章的锂电池材料中，我们重点讨论了几种新型的电池材料，利用这样的一些新材料技术，今后储能电池的能量密度实现翻番或更多提高是完全可能的。

我们在另外一章中，还讨论了动力锂离子电池作为储能的应用及其未来潜在的价值。这一部分工作，是我们在今后要实施大规模自然能源发电储能工作的前奏曲。由于过去五年中在锂电池储能技术方面取得的进展，我们现在不仅对锂电池的可靠性、稳定性以及成本的大幅度降低充满了信心，对电动汽车的价值也有了新的认识。今后，尤其是太阳能或者风能的发电应该是电动汽车电能的一个重要来源之一。

当然，笔者认为电动汽车技术最终的突破，还需要多行多业在总体设计及其个性化的设计方面进行全面的协作才能实现。

在本书第三版的出版过程中，朱智、张鼎、斯琴高娃、李卫、漠楠、萨仁其其格，以及黄新华和晨晖做了大量具体的工作，在此特别致谢。

作　者

2017 年 3 月 5 日于北京

第二版前言

光阴似箭，四年一晃就过去了。

为彰显中国的“科技奥运，绿色奥运”，2008 年 8 月北京奥运会期间在世界上首次使用了锂离子动力电池驱动的五十辆大型国际赛事用车。当年，浸透了我们汗水的北京奥运会纯电动公交车不仅实现了“零故障和零排放”的目标，之后作为北京的公交车又继续运行了三年之久。2011 年，这些电动公交车上使用的尖晶石结构锰酸锂正极电池系统在完成了预期的使命后，开始被用于新的电力储能试验了。

至此，我想应该将过去几年里所做工作中一些未发表的实验数据进行整理，为本书的第二版提供更加丰富的素材了。也是由于近三年多来稍有闲暇，我才能腾出些时间来，在经过一年多的努力后终于完成了本书的第二版书稿，并如约交给了科学出版社的编辑。

近二十年来，我们研发电动汽车动力电池技术的思路一直非常明确，即今后的电池应该更小、更轻、更安全、更便宜。为了实现这一愿望，既要做大量的基础研究工作，搞清楚一些基本概念问题，也需要在新技术方面有所突破。正是基于这一原则，我们多年来坚持不懈地做了大量的基础性工作，可以说第二版中新增加的内容是我们的工作在电池高能量密度化和安全性方面的延伸，如第 1 章增加了 4.7V 级高电压材料、球形钛酸锂材料及固体聚合物电解质材料，第 2 章中增加了近年来高功率动力锂离子二次电池方面的系统研究，第 3 章中加入了以经过几年运行的纯电动车储能电池系统为主的研究结果，第 4 章中加入了动力电池系统的燃烧试验结果等。此外，对所有章节中的一些文字也进行了修改。

在过去的四年中，国内外的电动汽车领域投资和研发空前活跃，但是由于锂离子二次电池问题而导致的车辆燃烧事故也在接连发生。然而，无论是在北京还是在上海等地，使用了我们研制的动力锂离子二次电池却没有出现爆炸或燃烧等问题。根据大量的实验和研究结果，我认为应该将影响电动汽车安全问题的因素总结为以下几点。

第一，如果在电池系统中采用具有稳定化学结构的 3.8V 级尖晶石锰酸锂正极材料，会大幅度改善由于电池内部材料而导致的电池安全与寿命问题。多年来人们曾一直担心在锰酸锂正极电池的使用过程中，负极会析出枝晶状结晶而使电池内部短路，还忧虑高温下锰酸锂会加速溶解而引起电池失效，由姜-泰勒效应引起的结构变形而产生的电化学性能不稳定也被认为会严重影响电池的寿命。在过去近二十年的研究中，我们一直在考虑上述这些问题，并试图找到解决这些问题的办法。也许是因为我们所合成的尖晶石锰酸锂的电化学性能具有特殊的稳定性，我们始终没有观察到电池中有枝晶状物质出现。对于锰酸锂电池高温下容量的衰减问题，我们认为随着新合成方法的应用，锰酸锂的高温稳定性一方面已经得到了明显地改善，另一方面，最近几年的车载监测数据表明，即使在北京炎热的夏天，电动公交车电池系统中电池的温度也没有超过50℃，因此我想如今人们对尖晶石锰酸锂的高温溶解和姜-泰勒效应所造成的影响也不应该有过多的担忧了。

最近，电动公交上使用了三年后电池分析测试的结果证实，北京五十辆电动公交车用电池系统的电池容量平均保持在60%以上。这一数据虽然比单体电池的稳定性差了很多，但是我们仍然感到无比欣慰。在实验室，我们合成的尖晶石锰酸锂材料在1*C*充放电时的稳定性可达到常温下1000次循环后仅损失初始容量的10%(以金属锂为负极)，单体 100Ah 电池在相同条件下容量的损失可以控制为20%(石墨负极)。我们对未来充满了信心，因为电池模块化后影响电池寿命的原因正在逐渐被解析，随着材料和电池技术的不断完善，让电动汽车上电池系统具有更稳定的充放电性能应该说并不是遥不可及的目标。

第二，电池的结构设计可能是影响电池热稳定性至关重要的又一因素。21世纪初，我们首先在大容量电池上采用的多层复合铝塑模技术不仅是一种电池结构的创新，还起到了能量安全阀的作用，即在电池内部发生异常而导致受热膨胀时，电池会自动泄气。这一特性使得电池内部不会聚集过多的能量，从而能确保电池在极端条件下的安全。记得2009年9月上海世博会大规模的电动公交车项目启动前夕，在一次讨论电池系统安全性问题的上海会议中，被再三问到了我们的电池在火灾时会不会爆炸，我当时肯定地回答：电池即使是遇到了火灾也不会爆炸，因为我们设计的电池从结构上是可以避免爆炸的。无疑，上海世博会的电动公交车管理方要采用比北京奥运会更加苛刻的安全措施，并意识到只要电池在火灾时不爆炸，乘客就应该有逃生的机会。随后在上海世博会前进行的用天然气直接燃烧电池模块的试验证实了我的回答，即在高温火焰中数十千瓦的电池模块只是在电池裂开后着火，然后燃烧至尽，并没有出现爆炸。

第三，在电池系统中关键材料的选用十分重要。无论是尖晶石锰酸锂材料，还是锰型复合金属氧化物材料，与磷酸亚铁锂相比较均具有良好的导电性。由于我们研制的电池具有良好的导电性，在工作时因电池内阻产生的热量是有限的，在大电流充放电条件下这一特性尤其明显。换句话说，一个内阻较小的电池可能会有效地抑制一个潜在的危险因素，即减少电池使用过程中产生的热量累积而导致的温度迅速上升，而该温度的不断上升完全有可能导致燃烧或爆炸等的发生。

当然，对材料的正确选择还可以从材料本身电化学的特点来防范电池出现安全性、可靠性及寿命问题。在本书第 2 章我们讨论到，当单体电池的电压与荷电状态的线性关系小于某一数值时，即由 BMS 所测两荷电态间的电压小于 10mV 时，电子检测系统往往会发生紊乱，并无法正确指示或控制电池，从而导致发出错误的指令，致使电池应该充电的时候不能充电，应该放电的时候不能放电。由磷酸亚铁锂正极材料组成的电池在使用最频繁工作区间内电池的电压恰恰变化很小，这可能就是导致BMS控制失常而使该电池系统在使用过程中电池之间的不一致性加大，电池无法完全放电或充满电，因而造成电池很快衰减或热失控的最重要原因。

由于近来接二连三发生的磷酸亚铁锂正极材料电池问题引发的电动汽车事故，我认为现在是需要各方面必须认真面对严酷现实的时候了。因为科学来不得半点马虎和任何的浮躁，不符合自然规律的做法与盲目乐观显然无助于问题的解决，最终可能会导致中国电动汽车新型产业在今后的发展中大幅度滞后。

今后，电动汽车和电力储能发展的趋势对新型储能电池的要求是非常明确的。首先，电池必须是安全的。人们依然需要通过大量的基础研究进一步充分了解电池的物理化学性质与电池过程的化学反应。只有在此基础上，才有可能对电池在极端情况下产生的危险提前做出必要的判断。因此，在目前我认为至少要确保电池正极材料具有足够的结构稳定性，电池的正负极材料应该具有良好的导电性，电解液应该支持电池在各种苛刻条件下的正常工作等。当然，电池的结构也会影响电池的安全性，如钢壳的电池结构因无法弹性地缓慢释放意外条件下积累的能量，有可能引起爆炸等。

其次，今后的电池需要更高的能量密度和功率密度。铅酸电池尽管早在上百年前就开始被使用了，但是由于其能量密度低而无法驱动电动汽车进行百公里以上的长距离行驶，因此在 20 世纪 90 年代商品锂离子二次电池问世前，电动汽车的研究事实上处于完全停滞的状态。2008 年北京奥运会期间 3.8V 级尖晶石锰酸锂正极材料 100Ah 动力锂离子二次电池的成功应用，让人们看到了北京在电动汽车领域实现的举世瞩目的突破。然而，这也仅仅是第一步，因为北京的电动公交车在搭载了近两吨重的电池系统后其行驶距离也是有限的（150～200km）。在最近几年，我们发现 4.7V 级的尖晶石正极材料和容量数倍于碳质负极材料的硅负极材料可能是实现动力锂离子二次电池技术飞跃的又一个突破口。实验结果已经表明这两种材料的单独或者组合使用不仅可能使电池的能量密度增加 30%至 50%以上，电池的功率密度也会得到相应幅度的提高。当然，让电动汽车成为比燃油车更方便的交通工具还需要我们做更多的工作，高密度的锂金属负极的实现及在电池结构技术方面的革命性创新是我们今后的目标。

还有，今后要想彻底解决动力锂离子二次电池的安全性和可靠性问题，我认为仅仅依靠化学及材料专家们是无法完成的。因为即使是得到了一个几近完美的单体电池，真正应用到电动汽车上仍然还需要大量多方面协作的工作，初步满足电动汽车要求的锂离子二次电池系统的问世也许需要三年或者更长的时间。

锂离子二次电池产业的未来资源状况是近几年被反复问及的又一个问题。在石油资源迅速减少和全球经济发展几乎停滞的今天，人们对今后发展重大新技术的态度比已往任何时候都更加慎重了。在这里可以说明的是，尽管中国陆地的锰与锂资源占世界比例较少且有限，但是锂离子二次电池中的金属化学元素是完全可以再生使用的，且海洋里的锰和锂资源要比地球陆地的更加丰富，以后完全可以满足比燃油车数量更多的电动汽车的使用。如果电池在电动汽车上使用三年后，继续在电力储能和调峰中被使用的技术取得突破，不仅会使电池的经济性和寿命有很大改进，当今燃油车所遭遇的尴尬现象也将不会重演。

不管怎样，在人们共同的努力下，北京今天的电动汽车已经走出了极具意义和前景的重要一步。未来是光明的，因为随着电动汽车的普及，石油的使用量将会减少，汽车尾气排放将得到控制，城市空气的洁净度将会提高，人们的身体健康之忧会明显减少。但是今后路途遥远，要让开发中的技术成为产品，还需要更多的时间和大量的试验工作，只有实现了真正创新的思维，并让有限的资源得到合理的配置，才能使电动汽车得到广泛的应用并满足人类不断发展的需求。

本书中的工作得到了北京市绿色奥运科技项目、内蒙古自治区人民政府与呼和浩特市人民政府科技项目，以及国家科技部 863 计划科技项目经费的支持，在此表示深深的感谢。

感谢南开大学魏继中教授的教诲和三十多年来始终如一的鼓励。感谢回国后多位前辈的鼎力支持。感谢十多年来北京大学几位学长及一些教职员工的大力支持。没有这些前辈和学长们的信任和支持，我是无法开始并完成如此大量而又十分艰巨的工作的。在此也感谢在本书第二版中，晨晖、李卫、莎仁其其格、张鼎、闫慧、朱智、廖细英等人分别为本书所做的具体工作。

感谢那些长期以来一直默默为我们事业祝福的人们。

作　者
2012 年 11 月 25 日于卢森堡

第一版前言

在 2008 年北京奥运会即将开始前，我预感到一场大规模的电动汽车产业热潮很可能就要迅速到来，所以早早就组织团队开始了对过去几年大量研究结果和实验数据的分析与总结。顺利地完成了北京奥运会期间我们承担的数十辆零排放公交车用快速更换锰酸锂动力电池能源系统的研究开发等工作后，在对这些得到了整理的资料进行了适当处理的基础上，我和盟固利团队的几个主要成员在比较短的时间内完成了本书主要内容的撰写。由于国内外目前还看不到能够系统地讨论动力锂电池及其应用的书，而本书的章节也没有按照传统进行安排，因此为了使以实验数据为主的本书内容能够对读者们的学习或工作起到抛砖引玉的作用，下面首先简单地对本书的背景和内容做两点说明。

一、关于本书的背景

由于石油资源的不断减少以及由汽车尾气排放导致的大气污染持续加剧，20 世纪 90 年代以来电动汽车的研究开发始终是科技发达国家最热门的领域之一。然而，由于未能在电动汽车的关键技术，即车载储藏电能的二次电池技术方面取得突破性的进展，多年来人类驾驶不用石油、没有废气排放的电动汽车的梦想始终没有能够实现。

科技发达国家在过去的十多年中曾集中了大量的财力和人力试图开发各种各样的电池技术。北美的美国和加拿大尽管长期以来一直致力于发展以燃料电池为动力的节能环保汽车，但是由于成本居高不下，目前还看不出有大规模应用的可能。日本的丰田虽然在十年前就开发出了使用小容量镍氢电池的混合动力车，并在过去的十年中销售了约一百万辆，但由于节油和减排效果不明显而难于在全球推广。欧洲的法国在电动汽车方面也做了大量的工作，但是由于镍镉电池近年来被彻底禁止使用，使得已经发展了近万辆电动汽车的项目被迫搁浅。

20 世纪 90 年代初日本的索尼公司把携带电话和笔记本计算机用小型锂离子二次电池商品化后，该电池所具有的高能量密度和优越的充放电性能立即引起了人们极大的关注，很多人开始把研究电动汽车用二次电池的目光转向了锂离子二次电池。

2000 年，在中信集团公司和北京大学的大力支持下，盟固利关于动力锂电池方面的工作启动了。在短时间内完成了北京大学新能源材料与技术实验室和位于北京中关村科技园区盟固利研究开发中心(以下统称盟固利)的建设后，我和盟固利的团队于 2001 年在国内首先实现了小型锂电池关键材料钴酸锂的工业化大规模生产，接着又于 2003 年开发出了国内外急需的尖晶石锰酸锂材料和大容量锰酸锂正极动力锂离子电池，并把该锂电池组迅速成功地应用到了试运行的北京 2008 年奥运电动公交车上。与此同时，为了全面的测试和评价电动汽车中电池的性能和适应性，2003 年盟固利在开始中小型电动汽车技术研究工作的同时，还积极参与了北京市 2008 年奥运公交车辆的研制工作。在经过了三年的电动公交车试运行后，2006 年底，北京奥运会组委会执行委员会根据两年多动力锂电池公交车成功试运行的结果，正式确定盟固利的锰酸锂正极动力锂离子二次电池为 2008 年奥运电动公交车的唯一指定产品。

2008 年秋天到来的时候，北京奥运会圆满结束了。通过八年的努力，盟固利团队圆满完成了奥运零排放公交车电池能源系统的研制和技术保障工作。北京在奥运会期间向全世界展示了锰酸锂动力电池等电动汽车关键技术所取得的成就，事实告诉人们奥运会期间北京在零排放的公交车上大规模成功地使用的锰酸锂动力电池能源系统，是在电动汽车关键技术上的重大突破。人们意识到动力锂电池是安全和可靠的，锰酸锂动力电池对推动全球节能环保电动汽车产业的发展将具有划时代的重要意义。因此，在北京奥运会结束不久，中国政府开始全面大规模实施由国家财政大力支持的、以锂电池能源系统为核心的电动汽车产业发展项目，盟固利接着又马不停蹄地开始参与更大规模的电动汽车推进计划。

今天，电动汽车已经成了人们讨论得最多的一个话题，大家都在期盼着电动汽车时代的到来，深受石油紧缺和汽车废气污染之害的人们渴望能尽快驾驶不用油、没有废气排放的电动汽车。

二、关于本书的内容

本书重点从电池的材料、电池、电池应用以及电动汽车等方面对盟固利过去大量的实验数据进行了分析及讨论。

动力锂电池正极材料的化学与物理特性对电池的安全性和稳定性有着重要的影响。通过简单的试验，人们已经了解到在充电状态下，具有尖晶石结构的锰酸锂与层状盐结构的钴酸锂相比较，热稳定性要好得多，因此我们在 2000 年就开始把动力电池的正极材料设定为具有尖晶石结构的锰酸锂，后来的大量记载于本书中的实验数据表明，这一选择是正确的。

多年来，合成具有热稳定和电化学性能稳定的尖晶石锰酸锂材料始终是国内外的一大难题。我们在了解各种合成方法的基础上，做了大量试验，并通过大量的数据分析找到了解决问题的办法。在合成过程中，考虑好以下两点是非常重要的。首先，锰是一个具有多种稳定价态的化学元素，有时候即使是反应条件的微小变化都可能导致得不到想要的可以进行稳定充放电的生成物质，因此在高温反应前使反应物质进行充分混合是极其重要的条件。还有一点是关于非计量化学的掺杂作用，尽管目前对其机理还不能给出一个完美的解释，但是一种以上化学元素的掺杂效果对获得具有稳定充放电寿命的材料确实是非常明显的。

此外，我们在后续的工作中迅速地观察到，在模拟的各种极限安全试验的条件不断苛刻化后，依靠传统的电池结构无论如何也无法得到安全的动力电池。于是，通过大量和反复的试验，我们找到了如本书第 2 章中所描述的合理电池结构设计，解析清楚了一系列对电池的安全性和稳定性影响的重要因素。当然，就像在第 3 章中介绍的许多例子一样，如果不能在使用的过程中平衡好电池之间的能量，或处理好电池与周边部件的关系，出现热失控从而产生一些意想不到的燃烧等安全事故的概率也是比较大的。

本书第 4 章首先介绍的是我们关于测试和分析等方面的方法与技术。我们近年来陆续地主持了与动力锂电池正极材料有关的一些国家和行业标准的制订，最近又开始了动力电池系统行业标准的制订工作。考虑到今后资源的有效使用，我们在本章的最后部分中把我们在电池回收后再生使用方面展开的一些工作也作了相应的介绍。

尽管由书中给出的大量试验结果可以看出，在过去的近十年里我们做了不少开创性的工作，但我们清楚地意识到今后还有许多工作要做，需要更多的人不断从不同的角度解决好各种各样的问题，才可能使电动汽车的动力锂电池满足人们的需要，才能让电动汽车在比较短的时间内如同传统汽车那样舒适地驾驶和乘坐。

今后电动汽车的电池能源系统的发展方向是做得更小、更轻、更安全和更便宜，利用太阳能和风能等自然能源产生的电能来驱动电动汽车是我们今后工作的一个中长期目标。化学与材料学及其技术的不断进步将会在很大程度上有助于解决上述这些问题。

在过去的近十年中，盟固利在动力锂离子二次电池方面的工作得到了解放军总装备部、北京市科学技术委员会、经济和信息化委员会、内蒙古自治区人民政府、呼和浩特市人民政府、国家科学技术部及国家工业和信息化部等诸多项目资金的大力支持。

盟固利的团队能够在短时间内完成北京奥运项目等十多项科技项目，与中国中信集团公司前任董事长王军先生的信任和支持是分不开的。

参与了与本书内容有关的工作和本书部分内容撰写的人员有晨晖、江卫军、李卫、张敬华、郭营军、刘鑫、吴宁宁、雷向利、安富强、王剑、毛永志、刘正耀等。屈永科参与了本书的编辑工作。南开大学化学系原教授魏继中先生为本书内容的校正做了大量的工作。

本书毫无疑问是盟固利团队辛勤工作和智慧的结晶。

其　鲁

2009 年 5 月 21 日

于丹麦哥本哈根

目　　录

第 1 章　动力锂离子二次电池材料

以钴酸锂为正极材料的小型锂离子二次电池，是 20 世纪 90 年代初由日本的索尼公司首先实现商品化的一种高容量和高工作电压(4V)的可充电电池。与传统的二次电池如铅酸电池、镍氢电池以及镍镉电池等相比较，由于锂离子二次电池具有能量密度高(为传统二次电池的 2～3 倍)，充放电循环使用性能十分优越（充放电次数大于一千次)，没有记忆效应以及电池中的化学物质对地球环境友好等特点，其相应的制造业发展迅猛，仅用了十年左右的时间就基本取代了手机和摄像机等携带型电子设备中的镍氢和镍镉电池。

然而，由于钴酸锂在充电状态下的热稳定性差，此外钴是一种稀有金属，因此锂离子二次电池易燃易爆的不安全性和昂贵的价格使得锂离子二次电池的使用范围有限。为了开发安全可靠且经济的新型动力锂离子二次电池，我们从锂离子二次电池的关键材料合成到电池过程的机理解析，从电池的结构技术到电池的成组和环境适应性等方面进行了大量的工作。本章主要介绍我们对动力锂离子二次电池中正极材料、负极材料、电解质溶液以及隔膜的研究结果，同时加入了近年来对于基于新机理的锂离子二次电池体系和钠离子二次电池关键材料的研究成果。

1.1　层状岩盐结构正极材料

1.1.1　钴酸锂

钴酸锂($LiCoO_2$)虽然存在资源稀少以及热稳定性差等缺点，但由于其电化学性能稳定、生产工艺可靠性高，目前依然是小型锂离子二次电池中主要应用的正极材料。值得注意的是，由于基于钴酸锂和部分使用了钴元素的三元正极材料的 18650 型单体电池的工艺目前已非常成熟，因此电池一致性较好，配以良好的电池管理系统后可用于电动汽车。当然，钴酸锂和三元正极材料充电态的高活性引发的安全性问题依然值得重视。

由于 $LiCoO_2$ 为 α-$NaFeO_2$ 型结构的层状化合物，Li 和 Co 交替形成六面体的有序结构，在电池的充电和放电过程中，锂离子可以从 $LiCoO_2$ 结构中脱出和嵌入。CoO_2 层中 Co 和 O 键合作用强，锂离子在层间进行二维迁移较为容易，其扩散系数为 10^{-9}～$10^{-7}cm^2/s$，电导率为 $10^{-3}S/cm$，因此这种材料的离子导电性能比较好。

$LiCoO_2$ 的合成方法主要有固相反应法、溶胶-凝胶法、水热法等。用不同方法

合成的 $LiCoO_2$ 材料在物理性能和电化学性能上存在着显著的差异。目前商品化 $LiCoO_2$ 材料主要通过高温固相反应法合成。

下面我们将介绍近年来向市场推出的 $LiCoO_2$ 所用的两种合成方法。

1. 钴酸锂的合成与性能研究

1) 合成方法

首先将电池级的碳酸锂(Li_2CO_3，四川射洪)和四氧化三钴(Co_3O_4，比利时 UM)用文献提到的方法[1]处理，然后把经干燥的混合物置于管炉中，在 700～950℃下将混合物以动态旋转方式加热 30min，然后缓慢冷却至室温即可得钴酸锂($LiCoO_2$)正极材料(ZCL2000)。用这样的方法所需的高温合成时间不到传统高温固相法(大多数方法耗时 10～20h)的十分之一，消耗的热能也少于传统方法的十分之一。此外，由于该方法不需要粉碎步骤，回收率接近百分之百。下面的讨论中对我们生产的钴酸锂和同一时期用传统固相反应法合成的钴酸锂材料的性能进行了对比。

2) 分析测试

首先用 X 射线衍射仪(X-ray diffraction，简称 XRD，MultiFlex 型，日本 Rigaku 公司)对所合成的钴酸锂进行了物相结构分析(铜靶，扫描速率 4°/min，扫描范围 10°～90°)。表 1.1 为 $LiCoO_2$ 晶胞参数及特征峰(003)与(104)的强度比。图 1.1 中是用我们新方法合成的 $LiCoO_2$ 材料 ZCL2000 样品和其他厂家 2003 年之前用传统方法合成的 $LiCoO_2$ 材料(A 和 B)的 XRD 谱图比较。根据 XRD 谱图衍射峰位置可知，新方法合成的 ZCL2000 样品属于 α-$NaFeO_2$ 型层状岩盐结构，(108)与(110)峰及(006)与(102)峰明显分裂，并且未观察到杂质相。由对比图 1.1 中 A、B 样品的谱图及表 1.1 可知，ZCL2000 样品(003)与(104)峰的强度比为 1.49，符合标准谱图，而对比样品 A、B 谱图中则特征峰强度比异常高，明显地与标准谱图有差别。由下面要讨论的几种样品的电化学充放电稳定性比较可知，随着充放电的进行，A 和 B 样品的循环性能迅速衰减。

表 1.1　$LiCoO_2$ 的晶胞参数及特征峰强度比

$LiCoO_2$ 样品	晶胞参数			I_{003}/I_{104} 峰强度比
	a/nm	c/nm	c/a	
ZCL2000	0.281347	1.404886	4.9934	1.49
A	0.281586	1.404929	4.9893	22.2
B	0.281593	1.404788	4.9887	32.3

用扫描电子显微镜(scanning electron microscope，简称 SEM，JSMG-5600LV 型，日本 JEOL 公司)观察了上述几种 $LiCoO_2$ 样品的表面形貌。由图 1.2 的 SEM

图可以看出，ZCL2000 样品颗粒表面均匀光洁，成簇状团聚；B 样品颗粒外形不规则，且平均粒径大；A 样品的表面形貌类似 ZCL2000 样品，但粒径明显较大。

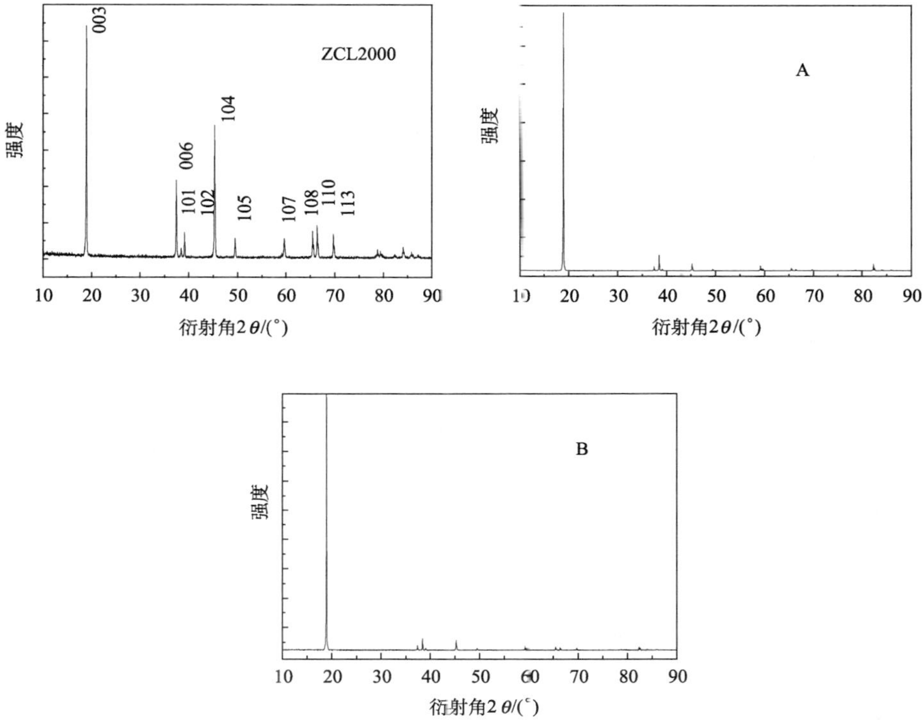

图 1.1　不同方法合成的 $LiCoO_2$ 正极材料的 XRD 谱图

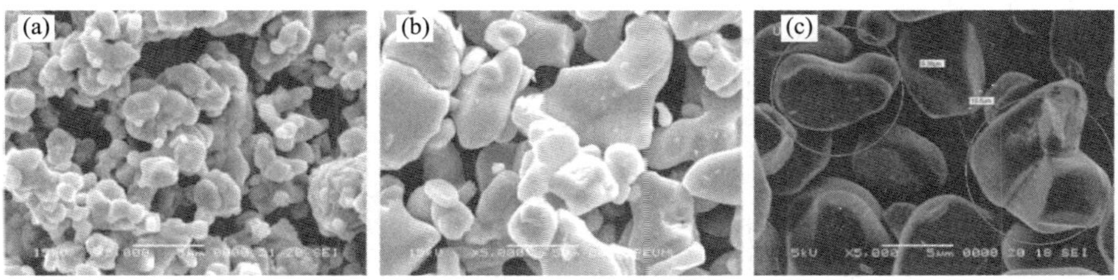

图 1.2　不同方法合成的 $LiCoO_2$ 正极材料的 SEM 图

(a) ZCL2000 样品；(b) A 样品；(c) B 样品

3) 钴酸锂的电化学性能

采用模拟电池测试了正极材料的电化学性能。首先将 $LiCoO_2$ 材料与石墨及乙炔黑导电剂、聚偏氟乙烯(PVDF，黏结剂)按 0.9∶0.025∶0.025∶0.05 的质量比在 *N*-甲基吡咯烷酮(NMP)溶剂中混合均匀，然后涂在铝箔上制成正极片，经干燥、辊压、烘干后待用。用金属锂为负极，隔膜为日本宇部生产的 UP3025，电解液采用 EC/DEC(乙烯碳酸酯/二乙烯碳酸酯，体积比 1∶1)为溶剂，其中锂盐 $LiPF_6$ 浓度为 1.0mol/L。在氩气氛围的手套箱中组装成模拟电池后，用日本 Bts-2004 检测仪进行恒流充放电及电化学性能测试分析，测试的电压范围为 3.0～4.3V，电流密度为 1.00mA/cm^2。

图 1.3 为三种 $LiCoO_2$ 正极材料不同循环次数的充放电曲线。结果表明，ZCL2000 型样品的首次充电容量为 160.0mAh/g，放电容量为 155.0mAh/g，首次充放电效率高达 96.9%；A 样品具有高的首次充电容量，为 165.0mAh/g，但是放电容量为 154.5mAh/g，首次充放电效率为 93.6%；而 B 样品不论充电容量还是放电容量都低于上述两种样品。从容量循环稳定性来看，ZCL2000 和 A 样品在 50 次循环后能保持初始容量的 95%左右，远远高于 B 样品的容量(保持率 77.2%)。

虽然 ZCL2000 样品和 A 样品的放电容量及衰减均无太大差别，但两者的放电电压平台存在显著差异。特别是随循环次数的增加，ZCL2000 样品的放电电压平台显著高于 A 样品。如图 1.3 所示，ZCL2000 样品在 100 次循环后 3.6V 以上的容量仍占总容量的 94.8%，而 A 样品 3.6V 以上的容量只占总容量的 86.0%。这说明

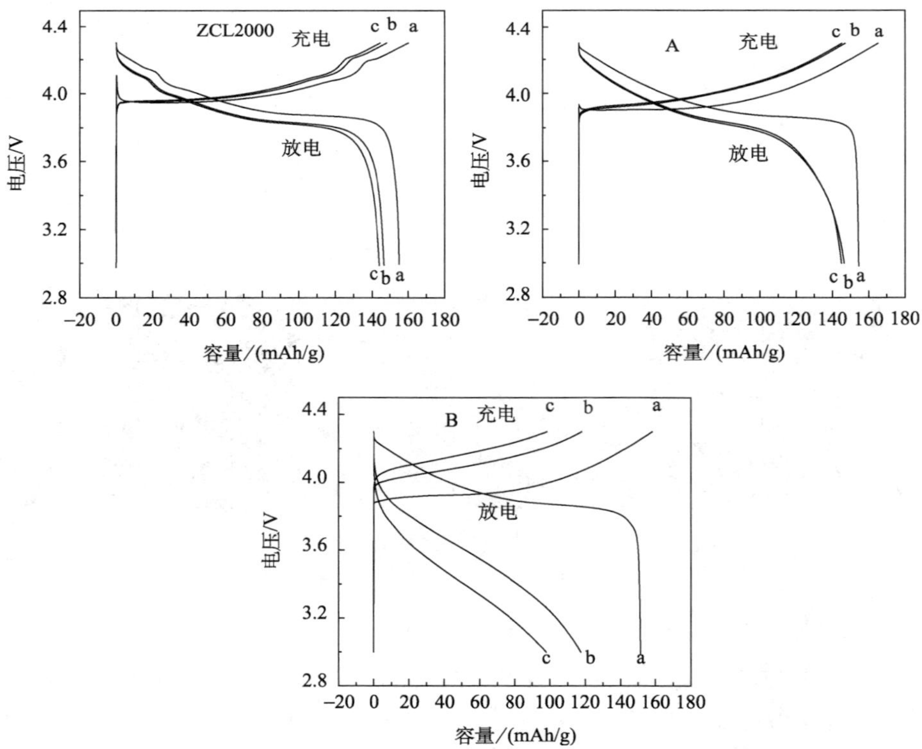

图 1.3　各 $LiCoO_2$ 正极材料在不同循环次数时的充放电曲线

a. 第 1 次循环；b. 50 次循环；c. 100 次循环

在 100 次循环后 ZCL2000 样品仍保持了很高的放电平台。这一结果表明 ZCL2000 材料不仅具有优良的电化学可逆性，同时也意味着作为储能材料，ZCL2000 样品的能量密度高于 A 样品。而 B 样品随着循环次数的增加，无论放电容量还是放电平台都显著降低。

值得注意的是，合成钴酸锂是典型的高温反应过程。一般而言，这是指，宏观上微米级粉体原料经过或不需要经过成型工艺、再加热到熔点附近的温度，发生固结、气孔率下降、收缩加大、致密度提高、晶粒增大等过程，最后成为坚硬的较大颗粒；而在微观层面，涉及固体中分子(原子)间存在相互迁移，通过加热使质点获得足够的能量进行迁移，并导致致密化和再结晶过程。在本书所描述的正极材料合成过程中，一般认为气氛参与反应，同时反应物发生分解、熔化等化学或物理过程，这对于目标材料的结构和表面特性都会产生重大影响，从而最终影响所得材料的电化学性能和其他方面的性能。ZCL2000 样品的制备工艺可能是通过优化高温下各元素离子的扩散，并通过温度梯度控制材料结晶特性来实现相应电化学性能的优化。然而，我们也必须承认，仅仅控制反应物状态和工艺可能在面对实际用途时仍然是不够的。举例而言，工业上对于钴酸锂材料的振实密度、安全特性等方面有进一步的要求，这就要求通过调控粉体原料的成分和反应工艺来实现，具体方法请参考后续制备高密度钴酸锂的相关内容。

4) 063048 型锂离子二次电池的制作及性能测试

使用自动涂布机制作了 063048 型电池的正负极片。正极成分为 ZCL2000 型 $LiCoO_2$ 材料(90%)，导电剂(3%)，黏结剂(7%)，集流体为铝箔。负极极片中分别采用中间相碳微球(MCMB)和人造石墨作为活性物质，制作过程中均加入了一定比例的导电剂和黏结剂，集流体为铜箔。组装电池时，正负极极片及聚丙烯/聚乙烯/聚丙烯(PP/PE/PP)隔膜(日本宇部)是按照锂离子二次电池的标准制造工艺卷绕制成 LP063048 方形电池的，电解质溶液为 1mol/L 六氟磷酸锂($LiPF_6$)/二甲基碳酸酯＋甲基乙基碳酸酯＋乙基碳酸酯(DMC＋EMC＋EC，1∶1∶1)。用深圳路华科技有限公司生产的电池测试系统对电池的电化学性能进行测试。电池先以 0.2C 倍率恒流充电至 4.2V，再于 4.2V 恒压充电到电流减至 30mA，然后以 0.2C 倍率恒流放电至 2.8V。如此循环 3 次后，改用 1C 倍率的电流在 2.8～4.2V 进行充放电循环。

图 1.4 是以 ZCL2000 型 $LiCoO_2$ 为正极，MCMB 和人造石墨分别为负极制成的两组电池的充放电循环寿命图。可以看出，在常温下 1C 倍率的电流充放电时，两组电池的 $LiCoO_2$ 容量都较高，在 138mAh/g 以上。而 100 次循环后，衰减只有 4.0%。

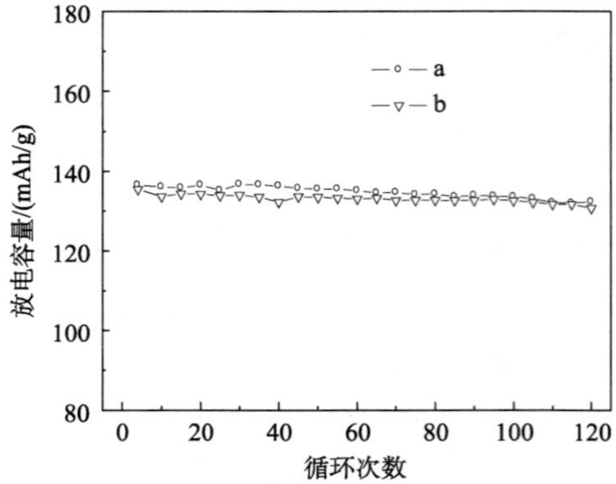

图 1.4　063048 型电池的循环寿命

正极为 ZCL2000 型 $LiCoO_2$，负极为：a. MCMB；b. 人造石墨

2. 高密度钴酸锂的合成与研究[2]

近年来，手机开始被用于传送大容量和彩色的信息，对锂离子二次电池在性能方面提出了更高的要求，即在不增加体积的情况下不仅要求增加电池的容量，同时还对电池的安全性提出了更高的要求。为了尽快开发出能够满足市场需求的产品，根据目前化学与材料学及其技术的现状，我们从合成比表面积更小、密度更高的钴酸锂开始进行研究。

1) 合成方法

首先按一定比例称取电池级碳酸锂(Li_2CO_3)、四氧化三钴(Co_3O_4)，然后加入一定量的掺杂金属元素，均匀混合后在 900～950℃下反应 12h，然后缓慢冷却至室温，经粉碎通过 300 目筛得到所需样品(ZCL3000)。

2) 分析测试

XRD 分析结果如图 1.5 所示。可以看出，非化学计量比生成物 $Li_{(1+x)}CoO_2$(ZCL3000)的 XRD 衍射谱图基本一致，均属于 α-$NaFeO_2$ 型的层状结构。谱图中因为加入过量的锂盐而出现氧化锂、碳酸锂等锂化合物杂质的衍射峰。表 1.2 是用 PowderX 软件对生成物的多晶衍射数据进行计算得到的晶胞参数。根据表中的数据可以看出，晶胞参数 c、a 均随着锂加入量的增加而增大，而晶胞体积也随着锂元素掺入量的增加而增大。晶胞参数的改变说明结构出现了细微的变化，而这些变化主要是加入的过量锂进入晶体结构中导致的。由此可以判断在过量的锂中至少有一部分已经进入晶体结构中，形成非计量比的化合物。

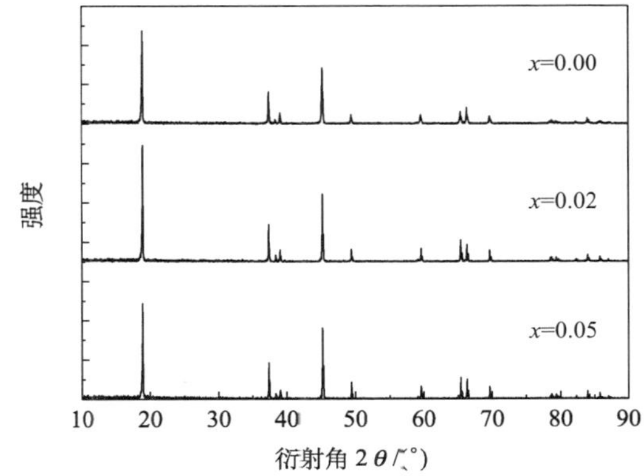

图 1.5　$Li_{(1+x)}CoO_2$ 的 XRD 谱图

表 1.2　$Li_{(1+x)}CoO_2$ 的 XRD 分析结果

合成配比 x	单位晶胞参数/Å		单位晶胞体积
	c	a	V/Å^3
0.00	14.039	2.813	96.21
0.02	14.045	2.815	96.39
0.05	14.047	2.816	96.46

用扫描电子显微镜观察了 ZCL3000 样品的表面形貌，用激光粒度仪(英国 MALVERN 公司 Mastersizer 2000 型)对 ZCL3000 进行了粒度测试。测试时用水(折射率为 1.330)作为分散剂，在超声波分散后进行粒度检测，实验方法参照国家标准 GB/T 19077—2016 进行测定。使用比表面积测试仪(德国 Gemini 2360 V5.00 型)，以 BET 法用液氮吸附测试了 ZCL3000 的比表面积。粉末的振实密度测试参照 GB/T 5162—2006 进行。

图 1.6 是 ZCL3000 的 SEM 图。由图 1.6 看出，过量 Li 合成 $LiCoO_2$ 能改善生成物的形貌。随着锂加入量的增加，颗粒表面更加光滑平整，颗粒粒度更加均匀，且团聚现象减少，同时颗粒粒径也在增大。可能是反应过程中稍过量的低熔点碳酸锂熔融(碳酸锂约在 720℃熔融)导致形成了比表面积较小的钴酸锂颗粒。

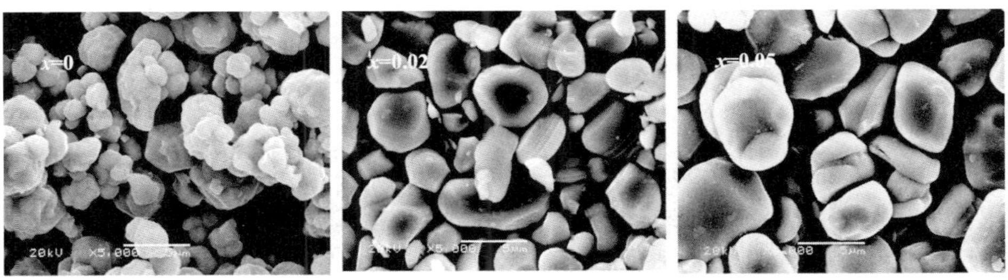

图 1.6　$Li_{(1+x)}CoC_2$ 的 SEM 图(×5000)

表 1.3 列出了生成物的粒径、密度、比表面积等主要物理性能数据。由数据可以看出随着 Li 加入量的增加生成物的粒径从 6.3μm 增加到了 9.1μm。这与扫描电子显微镜下观察的结果基本一致。以化学计量比合成的物质尽管粒径测试结果为 6.3μm，但从图 1.6 的 SEM 图看出，化学计量比生成物的粒径大小是颗粒团聚的结果，而非单个颗粒的粒径大小，其实际粒径由图 1.6 估计为 2～4μm。同时，粒径的增大也使得生成物的比表面积从 $0.45m^2/g$ 降到了 $0.22m^2/g$。

表 1.3 $Li_{(1+x)}CoO_2$ 的主要物理性能

合成配比 x	D_{50}/μm	比表面积/(m^2/g)	振实密度/(g/cm^3)
0.00	6.3	0.45	2.41
0.02	7.2	0.31	2.75
0.05	9.1	0.22	2.86

由表 1.3 可知在反应物质中加入适当过量的碳酸锂后，生成物的振实密度有较大幅度的提高，即化学计量比合成的物质其振实密度只有 $2.41g/cm^3$，而采用过量碳酸锂后生成物的振实密度达到了 $2.86g/cm^3$。少量化学掺杂元素对这一结果的影响虽然还不能确认，但过量的碳酸锂也许在达到熔点后起到了助熔剂的作用，加速了 $LiCoO_2$ 的移动并有利于多个小晶体迅速成长为大颗粒。

图 1.7 是按不同锂含量合成的物质的激光粒度分布比较图。锂含量最高的物质的平均粒径最大，D_{50} 达到了 9μm。

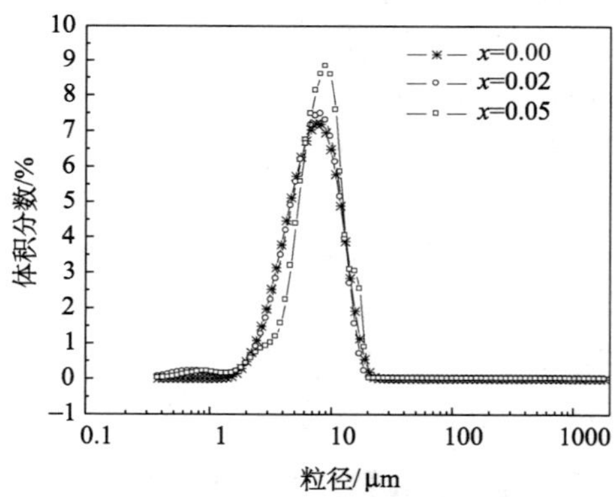

图 1.7 $Li_{(1+x)}CoO_2$ 的粒度分布图

3) 电化学性能分析

图 1.8 是三种 ZCL3000 生成物的充放电曲线。以化学计量比合成物质的首次充电容量为 161.9mAh/g，放电容量 158.3mAh/g，首次充放电效率为 97.8%。以锂过量 2% (x=0.02) 合成的物质首次充电容量为 162.0mAh/g，放电容量 159.0mAh/g，首次充放电效率为 98.1%。以锂过量 5% (x=0.05) 合成的物质首次充电容量为

163.6mAh/g，放电容量 159.9mAh/g，首次充放电效率为 97.7%。从测试结果来看，随着锂含量的增加，生成物单位质量放电容量略有增加，但增加幅度不大。根据前面 XRD 的分析，我们认为过量锂的生成物其晶胞参数 c、a 和晶胞体积都略有增加，可能会有利于锂离子在晶体中迁移和锂离子从晶格脱出，从而使生成物单位质量的放电容量略有增加。由于首次充放电效率差别基本可以忽略，因此可以认为过量锂元素的加入没有显著地影响生成物质量容量和首次充放电效率。

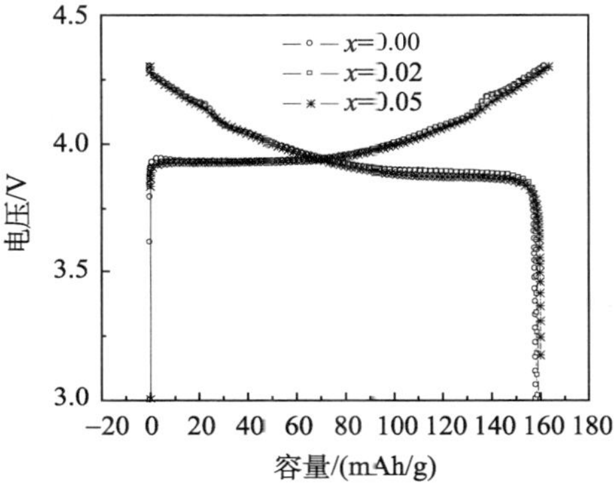

图 1.8 $Li_{(1+x)}CoO_2$ 的充放电曲线

图 1.9 是生成物的差分计时电位图。依化学计量比合成的 $LiCoO_2$ 在电压 3～4.3V 范围内进行充放电时发生三个相转变。在化学计量比的 $LiCoO_2$ 充放电曲线中，3.94V 有一充电主平台，在 4.05V 和 4.17V 各有一小平台。而非化学计量比生成物 $Li_{(1+x)}CoO_2$ 中，随着 x 增加，4.05V 和 4.17V 处小平台逐渐消失(如图 1.9 中的箭头所示)。结合 XRD 的分析结果，可以认为这是过量部分的锂元素进入晶体结构中后，形成的缺陷化合物抑制了化学计量比的 $LiCoO_2$ 在充放电过程中出现的两个相转变。

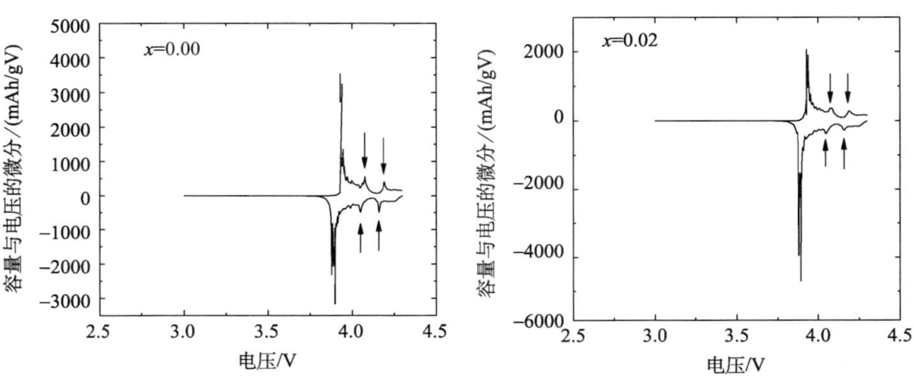

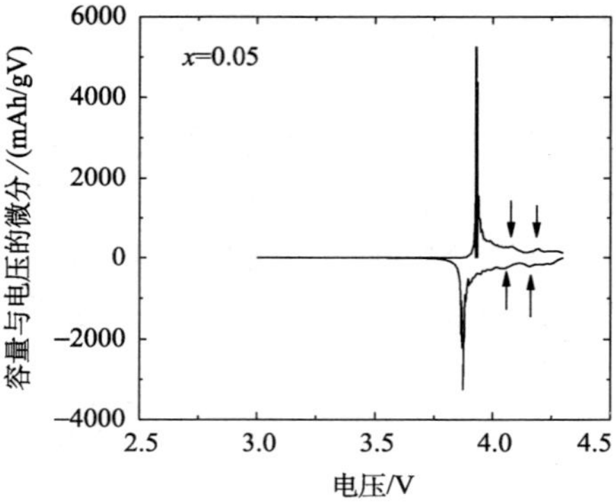

图 1.9　$Li_{(1+x)}CoO_2$ 的差分计时电位图

根据大量的测试数据可知，早期的钴酸锂材料振实密度只有 2.0～2.2g/cm^3，由此制成的电极片密度不超过 3.6g/cm^3。而随着技术进步和合成工艺的改进，近年来正极材料钴酸锂密度显著提高，最近振实密度已经可以达到 2.6～3.0g/cm^3。由于相应的电极片密度也达到了 3.8～4.2g/cm^3，所以锂离子二次电池可以做得更小更轻了。以 18650 圆柱形电池为例，用原来的钴酸锂材料制成电池的最高容量只有大约 1800mAh。而目前采用高密度钴酸锂制作的电池容量可以达到 2400mAh 以上。

新型钴酸锂由于在小型锂离子二次电池中的高密度和优越的循环充放电稳定性等优点，预计今后一个时期钴酸锂正极的小型锂离子二次电池仍将继续保持市场的主导地位。近年来，钴酸锂材料朝着高电压的方向发展，其核心在于提升结构稳定性，同时采取表面包覆等手段抑制高电压区域的 O 析出以及材料表面与电解液的反应，以此可以实现高振实密度与高可逆比容量的统一，从而获得优异的充放电循环性能[3-6]。

1.1.2　镍酸锂

镍酸锂[$LiNi_{(0.8-x)}Co_{0.2}M_xO_2$]在结构上与 $LiCoO_2$ 相似但资源更为丰富，因此被认为是很有前景的正极材料。但是由于纯 $LiNiO_2$ 在循环充放电过程中结构的稳定性差，电池的容量衰减很快。利用少量其他金属离子替代部分 Ni 以稳定其结构是近年来人们改善该材料性能的方向之一。例如，用 Co 来取代 $LiNiO_2$ 正极材料中的部分 Ni，可以稳定材料的二维层状结构，并在改善 $LiNiO_2$ 性能方面已经取得相当的成果。可是，因为 $Li_xNi_yCo_{(1-y)}O_2$ 正极材料在充电状态($x\approx0.5$)下的热稳定性较差，容易发生分解反应并产生氧气，严重影响了利用该材料制备的电池的安全性。

通过研究，我们发现在材料中进一步掺杂一些金属离子后能抑制 $LiNiO_2$ 嵌入脱出过程中的结构相变，可有效改善材料的热稳定性。因为掺杂的金属离子在取代了非化学计量比化合物 Li—O 层中的 Ni^{2+}后，能起到稳定结构的作用，从而避免了在充电后期出现结构的塌陷。然而，这样做的结果可能会造成部分不可逆容量的形成。

1. 镍酸锂的合成[7]和性能分析

1) 合成反应过程的热重/差热分析

为了找到材料合成的最佳反应温度范围，我们对反应物及反应机理进行了详细的研究。图 1.10 是反应物质 $Ni_{0.8}Co_{0.2}(OH)_2$(采用液相共沉淀法合成)和 $LiOH \cdot H_2O$ 的热重/差热分析(TG/DTA)曲线。从图中可以看出，这两种物质之间的反应主要分为以下几个阶段：①60～120℃阶段是 $LiOH \cdot H_2O$ 失去结晶水的过程，失重率约为 14%，对应的 DTA 曲线表现为尖锐的吸热峰，峰值温度约为 92℃。②270～320℃阶段是 $Ni_{0.8}Co_{0.2}(OH)_2$ 脱水生成氧化物的过程，失重率大约为 10%，对应的 DTA 曲线也是一个尖锐的强吸热峰，峰值温度约为 302℃。③400～600℃阶段，LiOH 发生熔融，温度约为 425℃，对应 DTA 的吸热峰。随后熔融的 LiOH 发生了分解反应，也对应一个 DTA 吸热峰，温度为 475℃，热重曲线在 475℃出现了一个明显的拐点。④600～850℃阶段是生成物的形成阶段，失重率很小，热效应也不显著。⑤高于 900℃开始出现失重，可能是生成物在高温下发生了分解反应。

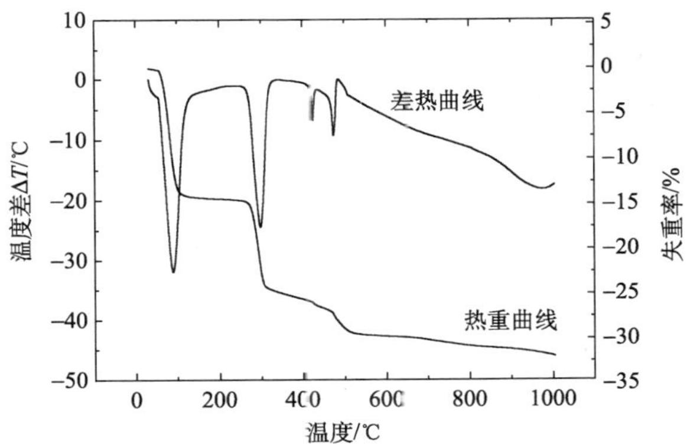

图 1.10　反应物质的热重/差热曲线

2) 镍酸锂材料的合成

先将 $NiSO_4$ 溶液(0.8mol/L，工业纯，金川集团镍都实业公司)和 $CoSO_4$ 溶液(0.2mol/L，工业纯，金川集团镍都实业公司)在氨水溶液(1mol/L，化学纯，北京试剂厂)中用沉淀法同时沉淀为球形的 $Ni_{0.8}Co_{0.2}(OH)_2$ 颗粒，再将所得 $Ni_{0.8}Co_{0.2}(OH)_2$ 与 $LiOH \cdot H_2O$(电池级，新疆锂盐厂)按一定比例用甲醇与水的溶液混合均匀，烘干后在 500℃下反应 3h，冷却后粉碎，然后再次升温至 750℃反应 2h。产物随炉冷却至室温后研磨过筛。

图 1.11 是 $Li_{(1+x)}Ni_{(0.8-y)}Co_{0.2}O_2$ 正极材料的 SEM 图。由图可知，材料为由微小晶粒紧密聚集在一起的球形颗粒，粒径分布于 2～10μm。

图 1.11 $Li_{(1+x)}Ni_{(0.8-y)}Co_{0.2}O_2$ 的 SEM 图（×2000）

如图 1.12 中 XRD 分析的结果所示，不同锂含量的 $Li_{(1+x)}Co_{0.2}Ni_{0.8}O_2$ 生成物 XRD 衍射谱图基本上是一致的，均属于 α-$NaFeO_2$ 型的层状结构，谱图中无杂质相衍射峰出现。衍射峰(006)与(102)以及(108)与(110)之间的分裂情况都很明显，说明生成物形成了较好的层状晶体结构。由于本实验采用的方法使得合成的物质中镍和钴能够均匀分布，避免了杂质的形成，同时，与传统高温合成相比，采用该方法能够在短时间内合成出结晶性非常好的 $Li_{(1+x)}Co_{0.2}Ni_{0.8}O_2$。

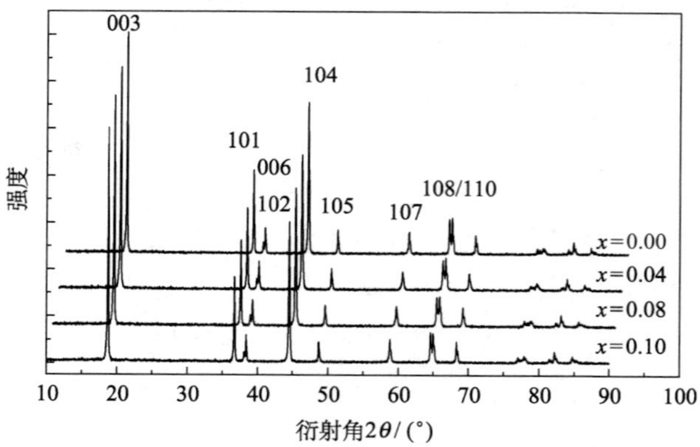

图 1.12 $Li_{(1+x)}Co_{0.2}Ni_{0.8}O_2$ 的 XRD 谱图

$Li_{(1+x)}Co_{0.2}Ni_{0.8}O_2$ 生成物（以下简称生成物）的 XRD 谱图衍射峰 I_{003}/I_{104} 的比值为 1.12～1.35（表 1.4）。通常，人们认为这个数值过低将导致 Li、Ni、Co 等阳离子

之间的相互占位，使电化学性能下降。在本实验中，x=0.00 时的比值为 1.12；x=0.08 时的比值为 1.35。根据表 1.4 的数据和下面的分析结果可以知道，单位晶胞体积随着锂元素过量值的增大而减小，而单位晶胞体积减小将使材料在充放电过程中的结构更加稳定。由于过量的锂元素可能会影响到晶格中各种阳离子之间的有序程度，因此电化学循环性能随着锂过量的增加先有所改善，随后又出现一定程度的下降。

表 1.4　$Li_{(1+x)}Co_{0.2}Ni_{0.8}O_2$ 的 XRD 分析结果

合成配比 x	单位晶胞参数/Å		单位晶胞体积/Å^3	I_{003}/I_{104}
	c	a		
0.00	14.178	2.868	101.03	1.12
0.04	14.176	2.868	100.98	1.33
0.08	14.169	2.868	100.92	1.35
0.10	14.166	2.867	100.82	1.33

3) 电化学性能与安全性能评价

图 1.13 显示生成物对金属锂做成模拟电池后测试的首次放电结果。充放电的电压范围为 2.80～4.30V，电流密度为 0.5mA/cm^2（相当于 43mA/g）。$Li_{1.00}Co_{0.2}Ni_{0.8}O_2$ 的首次充放电容量分别为 208mAh/g 和 191mAh/g，效率为 91.8%。$Li_{1.08}Co_{0.2}Ni_{0.8}O_2$ 的首次充放电容量分别为 212mAh/g 和 196mAh/g，效率为 92.5%。掺入一定量过量的锂元素后，生成物的首次充放电效率和容量有所提高。

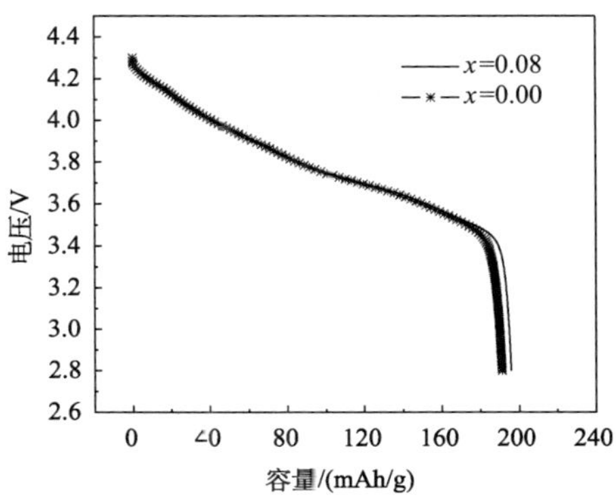

图 1.13　$Li_{(1+x)}Co_{0.2}Ni_{0.8}O_2$ 的放电曲线

Ying 等[8]通过沉淀法得到 $Ni_{0.8}Co_{0.2}(OH)_2$ 后直接与 $LiOH·H_2O$ 高温反应 8h 合成了 $LiCo_{0.2}Ni_{0.8}O_2$。在 0.5mA/cm^2 的电流密度下，生成物充放电容量分别为 217mAh/g 和 172mAh/g，效率为 79.3%。该方法虽然减少了高温反应时间，但并没有明显改善首次充放电效率。

图 1.14 表示所得到的生成物在室温下的循环性能曲线。充放电的电压范围为 2.8～4.3V，充放电电流密度分别为 1.00mA/cm^2 和 2.00mA/cm^2。当 x=0.00 时，生成物初始放电容量为 178mAh/g，50 次循环后容量为 160mAh/g，平均每周的衰减率为 2.0‰；当 x=0.04 时，生成物的初始放电容量为 178mAh/g，50 次循环后容量为 165mAh/g，平均每周的衰减率为 1.5‰；当 x=0.08 时，生成物的初始放电容量为 183mAh/g，50 次循环后容量为 171mAh/g，平均每周的衰减率为 1.3‰；当 x=0.10 时，生成物初始放电容量为 187mAh/g，50 次循环后容量为 171mAh/g，平均每周的衰减率为 1.7‰。可以看出，随着锂元素掺入量的增加，生成物容量上升，但循环性能出现先上升后下降的规律(图 1.15)。这和前面的结构分析结果是一致的，即掺入一定数量的锂元素可以改善生成物锂离子脱嵌过程中晶体结构的稳定性，提高生成物的充放电循环性能。但过多的锂元素在晶体中反而会影响生成物中阳离子之间占位的有序程度，导致充放电循环性能下降。

Liu 等[9]用溶胶-凝胶法合成的 $LiCo_{0.2}Ni_{0.8}O_2$ 在电压 2.7～4.5V、0.2C 电流密度下的首次充放电效率为 84%，循环 100 周的平均衰减率为 2‰。而我们合成材料的首次充放电效率均高于 90%，循环性能也与其相当。可见，从工业化和产品的电化学性能两方面来考虑，我们采用的合成方法都比溶胶-凝胶法具有更大的优势。

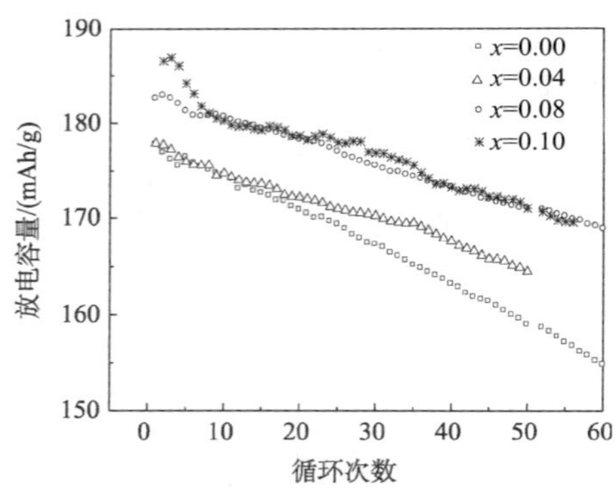

图 1.14　$Li_{(1+x)}Co_{0.2}Ni_{0.8}O_2$ 的循环性能

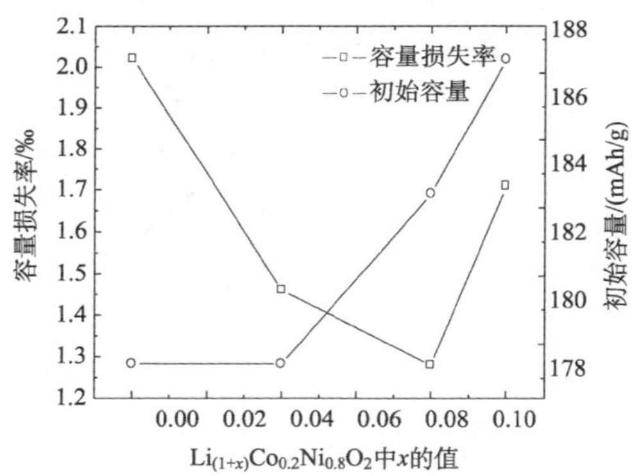

图 1.15　不同 x 值时 $Li_{(1+x)}Co_{0.2}Ni_{0.8}O_2$ 的初始容量和容量损失率比较

将由 $Li_{1.08}Co_{0.2}Ni_{0.8}O_2$ 制成的 063048 方形商品电池进行了短路和过充的安全性能评价(按照国家相关标准进行测试)。过充电流为 3C，截止电压为 10V。测试结果如表 1.5。电池进行短路和过充安全测试均不起火、不爆炸，达到了锂离子二次电池的安全标准要求。图 1.16 给出了电池过充过程中的温度和电压变化曲线。从图中可以看出，在 6V 之前电池的电压和温度缓慢上升；超过 6V 后电压和温度都急剧上升。最高温度达98℃，但电池仍没有出现起火和爆炸现象，材料表现出优越的安全性能。

表1.5　063048方形电池的安全测试结果

序号	最高温度/℃		电池状态	
	过充	短路	过充	短路
1	98	93	不起火，不爆炸	不起火，不爆炸
2	108	106	不起火，不爆炸	不起火，不爆炸
3	103	98	不起火　不爆炸	不起火，不爆炸

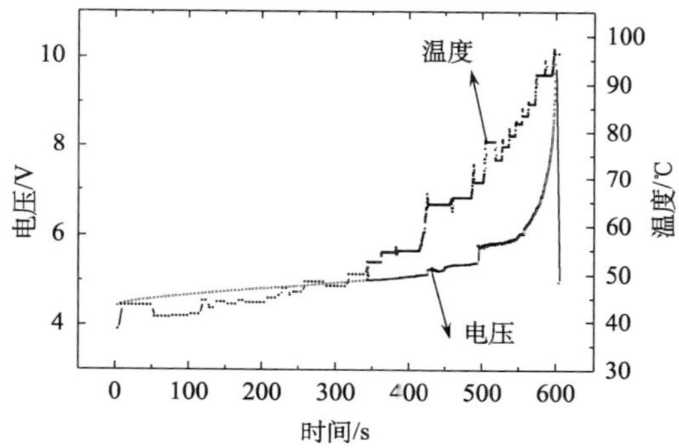

图1.16　063048方形电池的过充曲线

2. 镍酸锂中Mg元素掺杂研究[16]

采用与上述相同的方法合成了掺杂金属元素镁(Mg)和铝(Al)的镍酸锂材料$LiCo_{(0.2-x)}Mg_xNi_{0.8}O_2$和$LiCo_{(0.2-y)}Al_yNi_{0.8}O_2$。

$LiCo_{(0.2-x)}Mg_xNi_{0.8}O_2$的XRD测试结果如图1.17所示。由图中的数据可知，不同Mg掺杂量正极材料的XRD谱图基本上一致，属典型的六方相α-$NaFeO_2$层状结构，且峰形尖锐，未出现掺杂元素Mg及其氧化物的衍射峰，表明掺入的Mg^{2+}部分取代了Ni^{3+}位，形成结晶性较好的层状结构。这也说明通过沉淀法可以使Mg很好地与Ni、Co形成均相体系，Mg均匀进入了Ni、Co的晶格中。本实验中，随着Mg^{2+}掺杂量的增加，R值由1.06、1.29到1.37逐渐增大。可能的机理是低价元素Mg^{2+}掺杂迫使Ni^{2+}氧化为Ni^{3-}，减少电子转移数，大大降低了Ni^{2+}占据Li^+位的概率，阳离子混排程度大幅度降低。另外，在六方相结构中，随着沿c轴方向的晶体参数的改变，单峰会分裂为(006)/(102)和(108)/(110)两对峰。在图1.17下部两个局部放大的峰中可清楚看到(006)/(102)峰以及(108)/(110)峰的分裂程度，且随着Mg掺杂量的增大，峰分裂的程度增强。

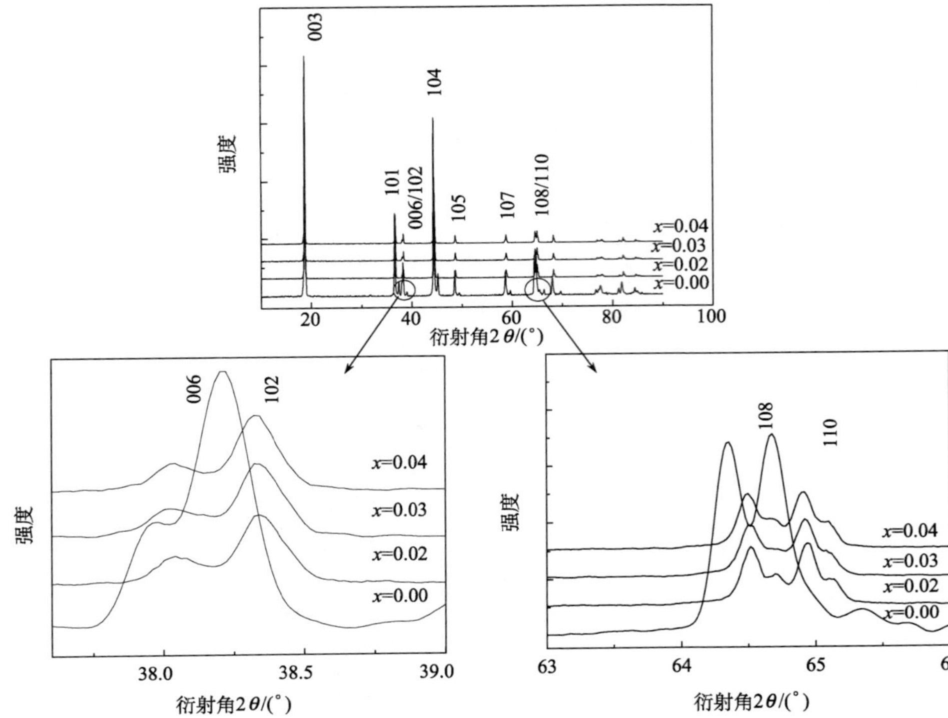

图 1.17　$LiCo_{(0.2-x)}Mg_xNi_{0.8}O_2$ 的 XRD 谱图

1) 电化学性能研究

以合成的 $LiCo_{(0.2-x)}Mg_xNi_{0.8}O_2$ 材料为正极，金属锂为负极制成模拟电池并对其进行电化学测试。图 1.18 给出了不同 Mg 掺杂量(以摩尔分数表示)的正极材料在电流密度为 0.5mA/cm^2，电压范围为 3.0～4.3V 的充放电条件下得到的首次充放电曲线。图 1.19 给出电压范围为 3.0～4.3V，充电电流密度为 1mA/cm^2、放电电流密度为 2mA/cm^2 的充放电条件下得到的不同掺杂量样品的循环曲线。当合成温度为 750℃，在合成时间相同的情况下，Mg 掺杂量为 x=0.03 的样品放电容量最高(首次放电容量达到 178.8mAh/g)，首次放电效率也最高，但循环稳定性较差，50 次循环后容量保持率为 89%。Mg 掺杂量为 x=0.04 的样品循环性能最好，50 次循环后保持初始容量的 99.3%，基本上没有衰减。Mg 掺杂量为 x=0.02 的样品结果最差，18 次循环后容量下降到初始的 87.8%。这可能是因为当掺杂 Mg^{2+}的量较少时，不能很好地起到稳定材料结构和降低阳离子混排的作用。Mg^{2+}的半径(r=0.072nm)与 Li^+的半径(r=0.076nm)非常相近，在充放电循环过程中价态不变，因此在充电过程中，Mg^{2+}迁移到锂层不会对 Li^+的运动产生显著的阻碍，同时留在晶格中未迁移的 Mg^{2+}能抑制充放电过程中 NiO_2 层的结构塌陷，可以改善材料的循环性能和快速充放电能力。实验数据表明当掺杂量为 x=0.03 时，材料的放电容量和循环性能都得到很大程度的提高。当掺杂量进一步增加时，由于电化学不活泼的大量 Mg^{2+}取代了具有电化学活性的 Co^{3+}后，可利用的活性物质的量减少，导致材料的电化学容量降低。

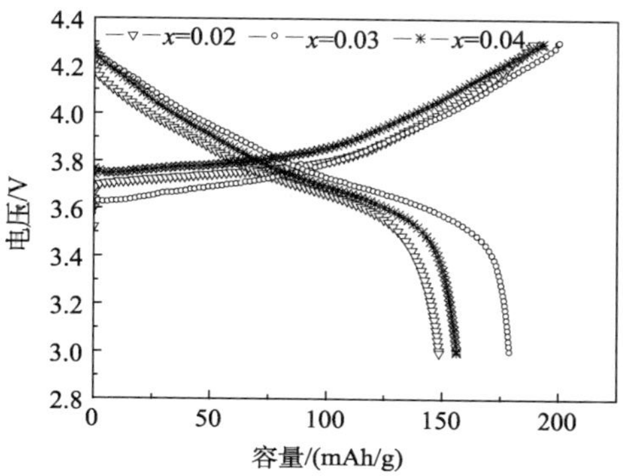

图 1.18　$LiCo_{(0.2-x)}Mg_xNi_{0.8}O_2$ 的首次放电曲线

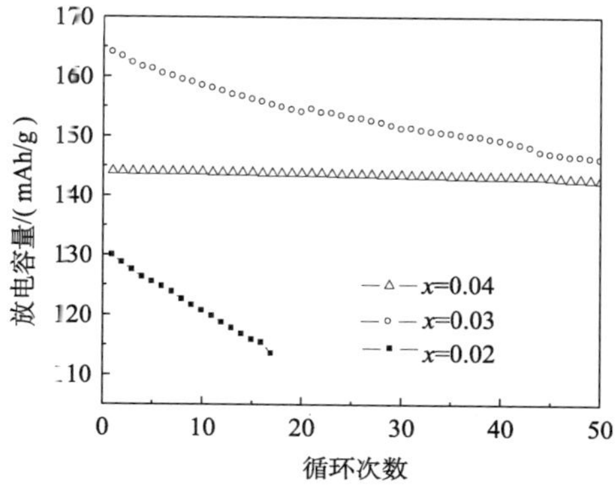

图 1.19　$LiCo_{(0.2-x)}Mg_xNi_{0.8}O_2$ 不同掺杂量样品的循环曲线

2) 材料的热稳定性研究

$LiCo_{0.2}Ni_{0.8}O_2$ 材料在充电状态下是不稳定的，尤其当充电电压大于 4.3V 时容易分解释放出氧气和热量，严重影响电池的安全性。为了详细研究所得样品的热稳定性，我们先把 Mg 掺杂量为 x=0.03 的 $LiCo_{0.17}Mg_{0.03}Ni_{0.8}O_2$ 正极材料恒流充电到 4.3V 后，再恒压充电直至电流下降到恒电流的十分之一，停止充电。在惰性气氛中取出正极极片用溶剂 DMC 清洗数次后烘干，然后用 DSC131 差示扫描量热仪对样品进行 DSC 测试，得到的 DSC 曲线如图 1.20 所示。由图 1.20 中的曲线可以看出，在温度为 232℃处材料有一个强放热峰，说明材料在此温度下发生了分解。这一温度比前人得到的 $LiCo_{0.2}Ni_{0.8}O_2$ 材料分解温度 215℃提高了 17℃，说明 Mg 掺杂后材料的热稳定性得到提高。目前虽然还无法解释原因，但有可能：①在充电状态下，Mg^{2+}在 Li^+的 3a 位的存在增强了 Li^+3a 位与氧-金属离子-氧层之间的相互作用，降低了材料在高脱锂状态下向电解质溶液中释放氧气的概率；②Mg^{2+}的存在抑制了高脱锂状态下 NiO_2 层的转化，稳定了材料的结构。

3. 镍酸锂中 Al 元素掺杂研究

1) 不同掺杂量在常温下(25℃)的循环放电容量

$LiCo_{(0.2-y)}Al_yNi_{0.8}O_2$ 正极材料的合成与分析测试方法如同 $LiCo_{(0.2-x)}Mg_xNi_{0.8}O_2$，该材料在常温下的 50 次循环充放电性能如图 1.21 所示。由图 1.21 可知，在一定范围内，该正极材料的循环性能随着掺入 Al 含量的增加而增加。实验结果表明，y=0.03 的材料循环性能最好，50 次循环的容量损失率为 10.8%，而 y=0.01 的 50

次循环容量损失率也只有 11.6%。

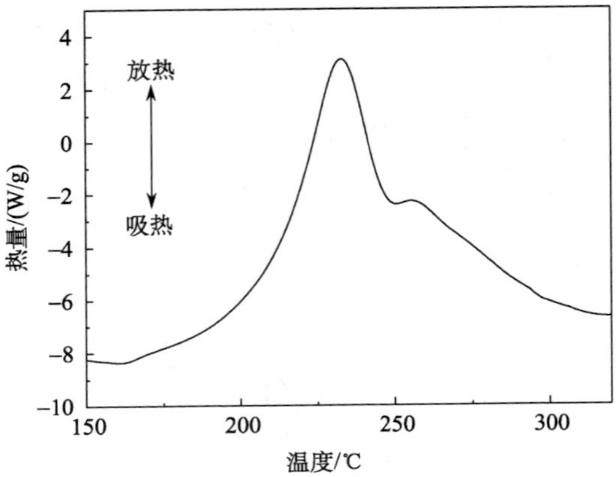

图 1.20　充电状态下 $LiCo_{0.17}Mg_{0.03}Ni_{0.8}O_2$ 的 DSC 曲线

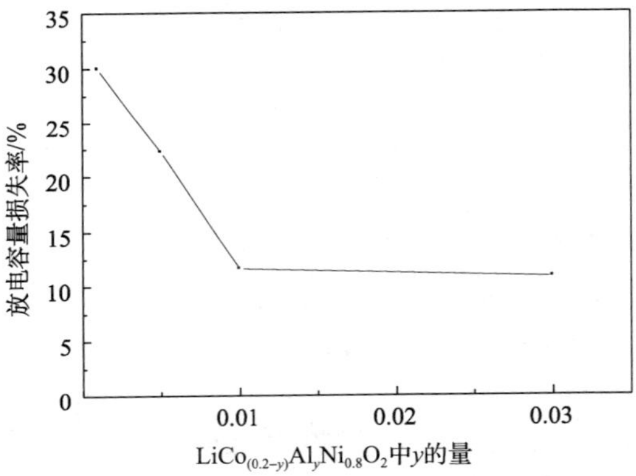

图 1.21　50 次循环容量损失率与 Al 掺杂量的关系图

2) 热稳定性研究

材料的热稳定性研究方法同掺杂 Mg 的研究。从表 1.6 中可知，掺杂 Al 后的材料热稳定性有明显的提高。其分解起始温度提高了 12℃，而峰值温度也提高了 3℃。说明 Al 元素的掺杂提高了材料的热稳定性。

表 1.6　充电状态下正极材料的热稳定分析数据

样品	起始温度/℃	峰值温度/℃
$Li_xCo_{0.2}Ni_{0.8}O_2$	208	240
$LiCo_{(0.2-y)}Al_yNi_{0.8}O_2$	220	243

图 1.22 是掺杂 Al 和未掺杂 Al 的正极材料 $Li_xCo_{0.2}Ni_{0.8}O_2$ 的 DSC 曲线。从图 1.22 中可以看出，掺杂 Al 后的正极材料放热峰的面积也有所减小。

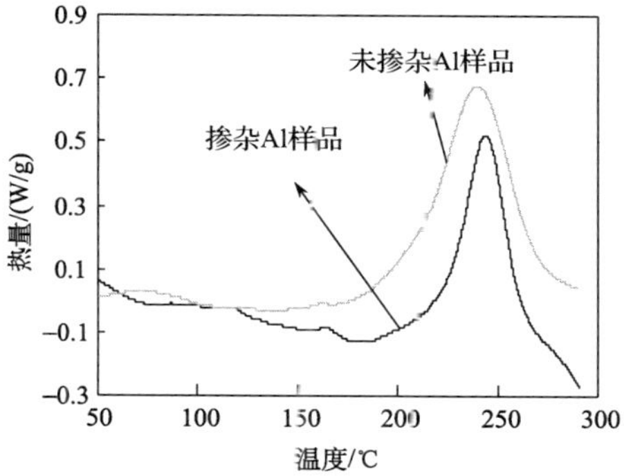

图 1.22　充电状态下正极材料的 DSC 曲线

由上面讨论的情况来看，虽然在进行了各种掺杂后，正极材料的热稳定性都得到了一定程度的改善，但是图 1.23 中的结果表明，电池的搁置性能存在问题。目前，国内企业(包括台湾的铁研科技公司)生产的以镍酸锂为正极的小型锂离子二次电池产品性能都无法满足市场的要求，其中最主要的问题就是这种材料的电池搁置一段时间后循环性能大幅度下降。另外，由于该类材料在电极极片的制作过程中容易形成凝胶状物质，也导致了电池性能的降低。

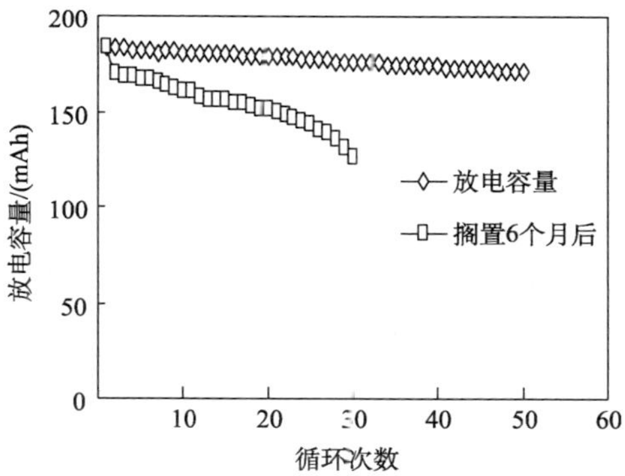

图 1.23　搁置前后材料循环性能对比

法国 SAFT 和日本索尼等公司是用改性镍酸锂正极材料生产小型锂离子二次电池的主要企业。日本三洋公司声称采用镍酸锂材料制作成的 18650 圆柱电池容量已经达到了 2800mAh。

1.1.3　三元材料

在镍酸锂材料的研究基础上，我们对其他多元掺杂的材料也进行了深入的研究。近年来的一些研究表明，层状岩盐结构的 $LiNi_xCo_{(1-2x)}Mn_xO_2$ 材料具有优良的充放电循环稳定性和较好的安全性能，因此成为可能在部分电池中替代钴酸锂的一种正极材料。其中，以 $x=1/3$ 的产物的综合电化学性能最好，也是目前被研究最多，进展最快的材料。本节从合成方法和电化学性能的分析来讨论三元正极材料($LiNi_{1/3}Co_{1/3}Mn_{1/3}O_2$)。

$LiNi_{1/3}Co_{1/3}Mn_{1/3}O_2$ 材料与钴酸锂同为 α-$NaFeO_2$ 型的层状岩盐结构。根据Ohzuku 等的研究，$LiNi_{1/3}Co_{1/3}Mn_{1/3}O_2$ 的晶体结构和电子结构适合用 α-$NaFeO_2$ 型的层状岩盐结构中由$[\sqrt{3}\times\sqrt{3}]R30$ $Co_{1/3}Ni_{1/3}Mn_{1/3}$ 层状超点阵结构组成的晶体模型来表征，晶胞参数为 $a=0.2831$nm，$c=1.3884$nm。通常，随着充电截止电压的不同，该材料的容量也不一样，在 3.0～4.3V 之间时材料的容量大约为 150～160mAh/g，而将截止电压提高到 4.5V 后的容量可以达到 180mAh/g。

由于 $LiNiO_2$、$LiMnO_2$ 和 $LiCoO_2$ 三种物质不易形成固溶体，用固相反应法难于合成出物理化学性能满足需求的三元材料。一般，人们首先在液相中实现 Ni、Co、Mn 离子水平的混合，然后再用沉淀法制备高温反应前的反应物。常用的沉淀剂有碳酸盐和氢氧化物。Cho 等[11]以及 Park 等[12]采用碳酸盐沉淀法合成了物理化学性能优良的 $LiNi_{1/3}Co_{1/3}Mn_{1/3}O_2$ 和 $LiNi_{1/2}Mn_{1/2}O_2$，但粒度分布和颗粒形貌控制得不好，此外，使用碳酸盐做沉淀剂时，Ni、Co 损失较大，需将废液回收处理。

1. 三元材料的合成[13]

首先按照计量比将 $MnSO_4$、$NiSO_4$ 和 $CoSO_4$ 配成阳离子总浓度为 2.0mol/L 的水溶液，并将一定量氨水加入 4.0mol/L 的 NaOH 水溶液中配成碱性的沉淀剂。然后于四口瓶中加入去离子水和一定量的氨水和 NaF，在搅拌状态下逐滴加入前述两种溶液到四口瓶中。整个过程中要求严格控制反应的气氛、pH、温度、搅拌速率和滴加速率，反应结束后，陈化沉淀物 12h。沉淀经过滤、洗涤后，在 120℃下干燥 12h 得到氢氧化物。最后，将所得氢氧化物沉淀和 $LiOH\cdot H_2O$ 按 1∶1.05 计量比称取并混合均匀，采用二次高温固相法合成三元正极材料。第一次反应温度为 520℃，恒温时间为 6h。待中间产物自然冷却后，研磨均匀进行第二次升温，恒温温度为 900℃，恒温时间为 6h。反应过程中均通入适量的空气。第二次高温反应的产物自然冷却后进行研磨，过筛(300 目)，即得到最终产物。

为了得到均相的三元氢氧化物，抑制 $Mn(OH)_2$ 的氧化十分重要。这是因为在温度较高和碱性条件下，空气中的二价锰很容易被氧化为四价锰。四价锰氧化物的生成导致生成物为非均相、无定形的沉淀，所以反应要在 N_2 保护下进行，以防止 $Mn(OH)_2$ 被氧化。

图 1.24 是无保护气氛时和有 N_2 保护时产物的形貌图。从图 1.24 中可见，有 N_2 保护时产物颗粒明显更为密实，一次颗粒生长完整，说明生成了均相、结晶度高的沉淀产物。

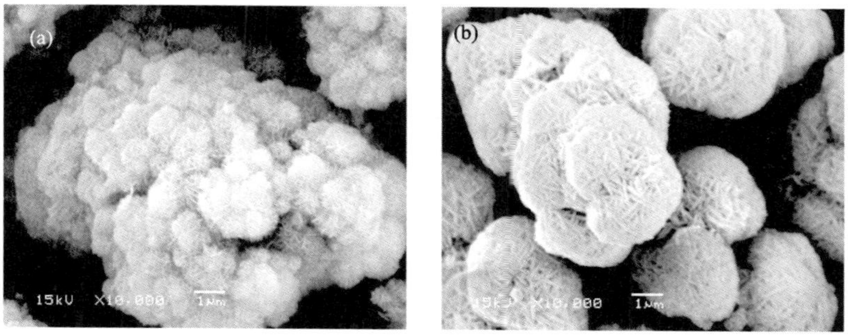

图 1.24　$Ni_{1/3}Co_{1/3}Mn_{1/3}(OH)_3$ 的 SEM 图

(a) 无保护气氛；(b) 有 N_2 保护

图 1.25 是在空气中和有氮气保护时产物的 XRD 谱图，可见在空气中产物的 XRD 峰很弱，表明结晶程度差，而有氮气保护时产物结晶程度较好，这对生成均相的 $LiNi_{1/3}Co_{1/3}Mn_{1/3}O_2$ 固溶体十分有利。

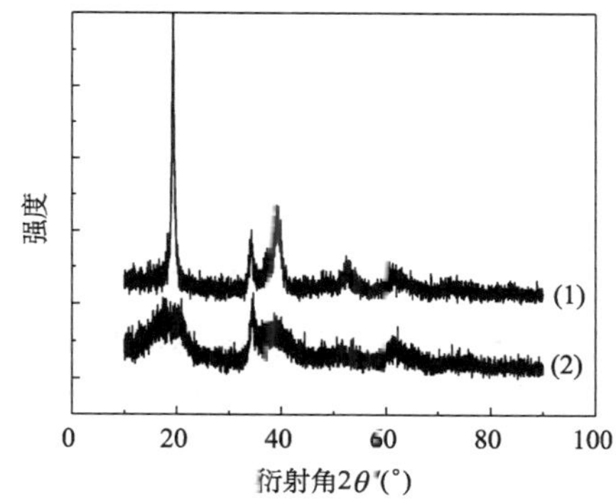

图 1.25　$Ni_{1/3}Co_{1/3}Mn_{1/3}(OH)_3$ 的 XRD 谱图

(1) 在氮气保护中；(2) 在空气中

2. 三元材料中 F 离子掺杂研究[14]

通常，沉淀的生成要经过两个阶段，即晶核的形成和晶粒的生长过程，这两个过程决定了沉淀颗粒的大小。如果晶核形成速率很快，而晶粒的生长速率很慢，可得到分散度高的溶胶，陈化时可聚沉为胶体沉淀。如果通过控制反应条件使晶核的数量与形成速率都在一定范围内，则有可能得到颗粒较大的沉淀。$M(OH)_2$ (M＝Ni，Co，Mn) 为难溶物，溶度积 (K_{sp}) 很小，在一般的制备条件下，极易生成无定形沉淀。为了从溶液中制备较大的球形 $M(OH)_2$ 沉淀，必须控制各种条件，以控制晶核的成核速率，使之有利于晶形沉淀生长。晶核形成速率与过饱和度的关系可以用经验公式来表示：

$$v=K\frac{Q-S}{S}$$

式中，v 为晶核形成速率；Q 为加入沉淀剂瞬间自由金属离子的总浓度；S 为沉淀微晶的溶解度。加入配位剂主要是为了控制 Q 值，而控制温度及 pH 主要是为了控制 S 值，创造好沉淀条件，得到良好晶形沉淀。

人们已经详细地分析了 NH_3 浓度和 pH 对 Ni^{2+}沉淀过程的影响，Co^{2+}的沉淀过程与之类似。但是，由于 Mn^{2+}与 NH_3 的形成常数过低，NH_3 不足以显著降低自由 Mn^{2+}的浓度。我们发现，如果反应体系中存在 0.15mol/L 的 F^-，则可使自由 Mn^{2+}的浓度降低 5 个数量级，从而可以通过控制 NH_3 和 F^-的浓度，制备具有致密沉淀特性的化学沉淀物。

一般，为了得到大颗粒的氢氧化物沉淀，需要缓缓地滴加沉淀剂，控制反应时间在 8h 以上，且必须严格控制反应的 pH 波动范围（±0.5），否则将不能得到大颗粒、粒径较均匀的沉淀产物。经过大量的试验，我们确定了实验反应时间为 3h，pH 波动范围控制在±0.3。反应中未加入 F^-和加入 F^-的结果对比如图 1.26 中的(a)，(b)。可见，反应中加入 F^-的沉淀颗粒尺寸较大，粒径更为均匀一致。这一结果表明即使在反应时间较短、pH 波动范围较大的情况下，掺 F^-后仍能得到均匀一致、较大的沉淀颗粒。

图 1.26 是不同 F 掺杂浓度的 $Ni_{1/3}Co_{1/3}Mn_{1/3}(OH)_{(2-x)}F_x$ 粉末的 SEM 图。未加

图 1.26　不同浓度 F 掺杂的 $Ni_{1/3}Co_{1/3}Mn_{1/3}(OH)_{(2-x)}F_x$ 粉末的 SEM 图

入 F 元素的三元氢氧化物的颗粒是由大量的一次晶体颗粒团聚而成，粒径为 3～4μm。而随着 F 元素的加入，一次晶体颗粒间团聚更加紧密，粒径也随之增大到 6～7μm，且粒度分布范围变窄。同时，我们还注意到加入不同量 F 元素对三元正极材料振实密度有显著影响，振实密度数值如表 1.7 所示。

表 1.7　F 掺杂比例对三元正极材料振实密度的影响

n_{Ni}/mol	n_{Co}/mol	n_{Mn}/mol	z	振实密度/(g/cm³)
0.340	0.329	0.331	0.00	1.8
0.333	0.332	0.335	0.02	2.0
0.334	0.333	0.333	0.04	2.3

图 1.27 是 $LiNi_{1/3}Co_{1/3}Mn_{1/3}O_{1.96}F_{0.04}$ 正极材料粉末的 SEM 图。可以看出，大颗粒的表面是由许多柱形的一次颗粒团聚而成。一次颗粒的粒径大约为 500nm。一次颗粒的粒径小，利于锂离子的脱嵌，从而改善材料的电化学性能。

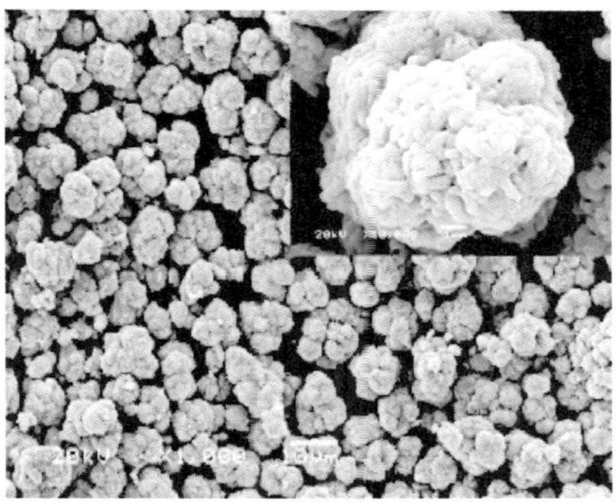

图 1.27　$LiNi_{1/3}Co_{1/3}Mn_{1/3}O_{1.96}F_{0.04}$ 正极材料的 SEM 图

未掺杂 F 元素的 $LiNi_{1/3}Co_{1/3}Mn_{1/3}O_2$ 属于典型的 α-$NaFeO_2$ 型的层状岩盐结构。图 1.28 是 $LiNi_{1/3}Co_{1/3}Mn_{1/3}O_{(2-x)}F_x$ 正极材料的一组 XRD 谱图。谱图中曲线表明随着 F 含量的增加未发现杂质峰。对 $LiNi_{1/3}Co_{1/3}Mn_{1/3}O_{(2-x)}F_x$ 正极材料进行了晶胞计算，结果列于表 1.8。由表 1.8 可知，c/a 比值随着 F 元素含量的增加而增加，这与前人报道的结果不同。Ngala 等[15]的研究结果指出，c/a 的比值能够衡量层状结构的特点，比值越接近 4.992，则过渡金属在锂层中就越少，这样有利于锂离子的脱嵌，从而改善电化学性能。

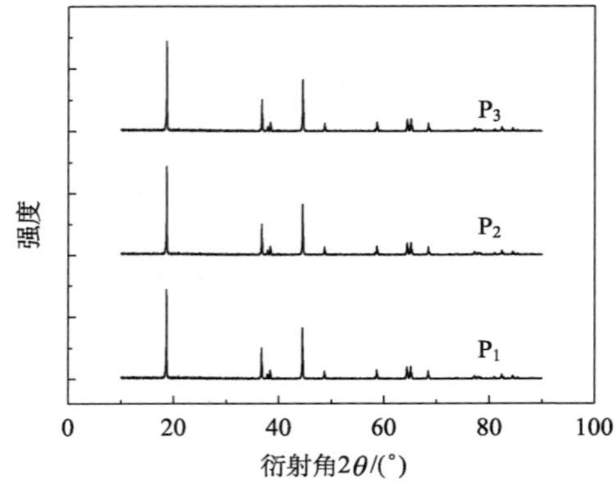

图 1.28　$LiNi_{1/3}Co_{1/3}Mn_{1/3}O_{(2-x)}F_x$ 正极材料的 XRD 谱图

表 1.8　$LiNi_{1/3}Co_{1/3}Mn_{1/3}O_{(2-x)}F_x$ 正极材料晶胞参数

样品	a/Å	c/Å	V/Å^3	c/a
$LiNi_{1/3}Co_{1/3}Mn_{1/3}O_2$ (P_1)	2.8658(1)	14.2402(4)	101.285	4.9690
$LiNi_{1/3}Co_{1/3}Mn_{1/3}O_{1.98}F_{0.02}$ (P_2)	2.8649(1)	14.2517(5)	101.304	4.9745
$LiNi_{1/3}Co_{1/3}Mn_{1/3}O_{1.96}F_{0.04}$ (P_3)	2.8648(1)	14.2516(5)	101.297	4.9747

图 1.29 显示的是 $LiNi_{1/3}Co_{1/3}Mn_{1/3}O_{(2-x)}F_x$ 正极材料的首次充放电曲线。电池测试的电流密度为 30mA/g，电压范围为 2.8～4.6V。不掺杂 F 元素正极材料(P_1)的首次充放电容量分别为 218mAh/g 和 189mAh/g。首次的不可逆容量为 29mAh/g，效率为 87%。而对于 F 掺入量为 0.02 和 0.04 的两种产物 P_2，P_3 首次放电容量分别为 181mAh/g 和 178mAh/g，不可逆容量分别为 26mAh/g 和 29mAh/g。

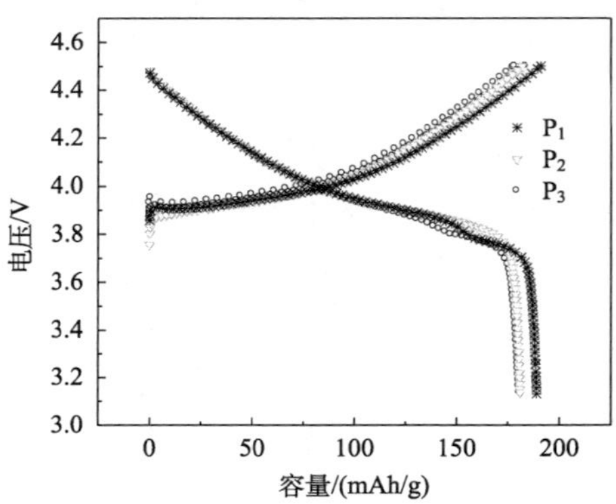

图 1.29　$LiNi_{1/3}Co_{1/3}Mn_{1/3}O_{(2-x)}F_x$ 正极材料的首次充放电曲线

掺入不同量的 F 所得 $LiNi_{1/3}Co_{1/3}Mn_{1/3}O_{(2-x)}F_x$ 正极材料的循环性能如图 1.30 所示。所有的电池均于室温条件下测试，电流密度为 30mA/g，电压范围为 2.8～4.6V。未掺入 F 元素的正极材料经过 50 次循环后放电容量降到 140mAh/g，大约是初始容量的 74%。掺入 F 的两种产物 P_2 和 P_3 的最高放电容量分别为 185mAh/g 和 186mAh/g。产物 P_3 显示了优越的循环性能，经过 50 次循环后的容量为 179mAh/g，大约是初始容量的 96%。而产物 P_2 经过 50 次循环的容量大约为 170mAh/g。这些结果表明在沉淀过程掺入的 F^- 改善了三元正极材料在 2.8～4.6V 电压范围充放电的循环性能。

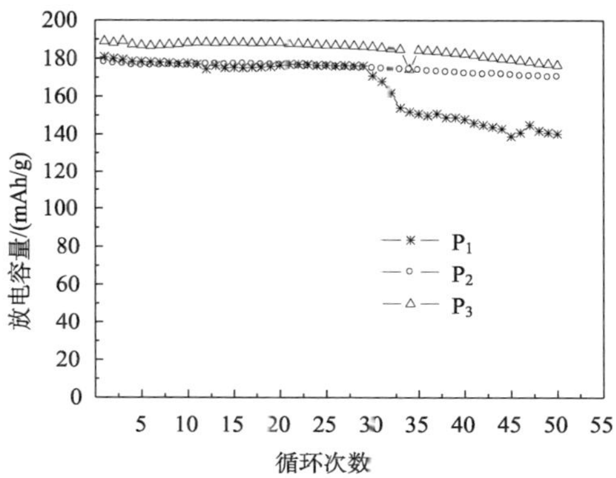

图 1.30　不同浓度 F 掺杂 $LiNi_{1/3}Co_{1/3}Mn_{1/3}O_{(2-x)}F_x$ 正极材料的循环放电性能

3. 材料的物理性质对性能的影响[16]

上述采用沉淀法合成的反应物质在不同温度(a，950℃；b，1000℃)条件下与氢氧化锂反应得到了 a、b 两种 $LiNi_{1/3}Co_{1/3}Mn_{1/3}O_2$ 样品，表 1.9 中为其物理特性，SEM 图如图 1.31 所示。可以看出，样品 a 的平均粒径约为 10μm，小于样品 b 的平均粒径(约 20μm)，同时样品 a 的比表面积也大于样品 b。从图 1.31 还可看到，样品 a 是由亚微米级的一次颗粒聚集在一起形成的二次颗粒，其一次颗粒的大小明显小于样品 b，且二次颗粒更加致密均匀。

表 1.9　两种 $LiNi_{1/3}Co_{1/3}Mn_{1/3}O_2$ 材料的物理性质

样品	粒径/μm			比表面积/(m²/g)	振实密度/(g/cm³)
	D_{10}	D_{50}	D_{90}		
a	5.71	10.2	16.6	0.34	2.44
b	9.47	20.6	44.7	0.27	2.33

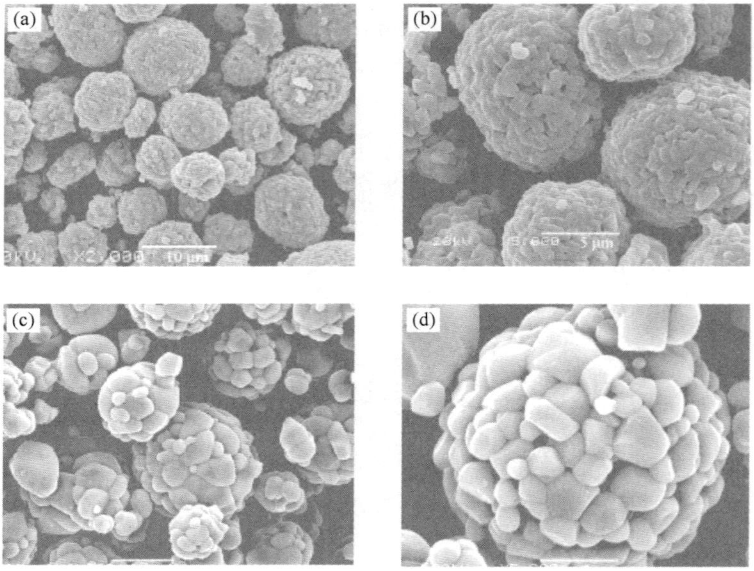

图 1.31　两种 $LiNi_{1/3}Co_{1/3}Mn_{1/3}O_2$ 材料的 SEM 图

(a)、(b) 样品 a；(c)、(d) 样品 b

我们对以两种不同颗粒大小的 $LiNi_{1/3}Co_{1/3}Mn_{1/3}O_2$ 为正极材料、石墨为负极材料、1mol/L $LiPF_6$/DMC＋EMC＋EC（1∶1∶1）为电解质制成的 18650 型锂离子二次电池体系进行了评价。

图 1.32 是两种 $LiNi_{1/3}Co_{1/3}Mn_{1/3}O_2$ 正极材料在不同循环次数时的放电曲线。虽然样品 a 和样品 b 的放电容量及其衰减均无太大差别，但随循环次数的增加，样品 a 的放电电压平台显著高于样品 b，样品 a 在 200 次循环后 3.4V 以上的容量仍占总容量的 81.2%，而样品 b 3.4V 以上的容量只占总容量的 47.1%，这说明在 200 次循环后样品 a 仍保持了很高的放电平台，表明材料具有优良的电化学可逆性。

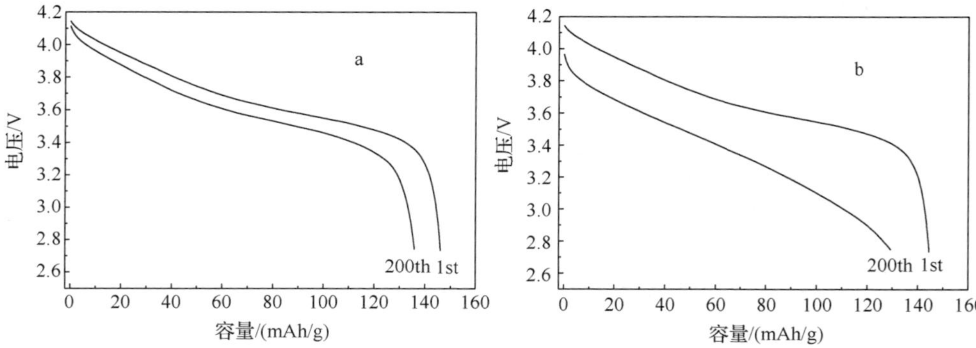

图 1.32　两种 $LiNi_{1/3}Co_{1/3}Mn_{1/3}O_2$ 在不同循环次数时的放电曲线

而样品 b 放电平台的显著降低表明随循环次数增加，锂离子脱嵌过程变得困难。这可能与样品 b 的颗粒大小和形貌有一定关系，因为样品 b 不论是一次粒子还是二次粒子都较大，锂离子扩散到表面有更长的距离。

为表征该电池体系的大电流放电性能，本研究对比了采用样品 a、b 制作的电池体系的 10C 放电曲线(图 1.33)。可以看出，虽然两种样品的 10C 放电容量相当，但采用样品 b 的体系在放电初期存在一个明显的电压下降。我们认为，可能是由于样品 b 材料一次颗粒和二次颗粒较大，锂离子扩散距离较大，造成了该电池体系的动态放电内阻较高，所以放电初期的电压降较大，而随着放电的进行，电池温度上升，内阻有所降低，电池电压升高。

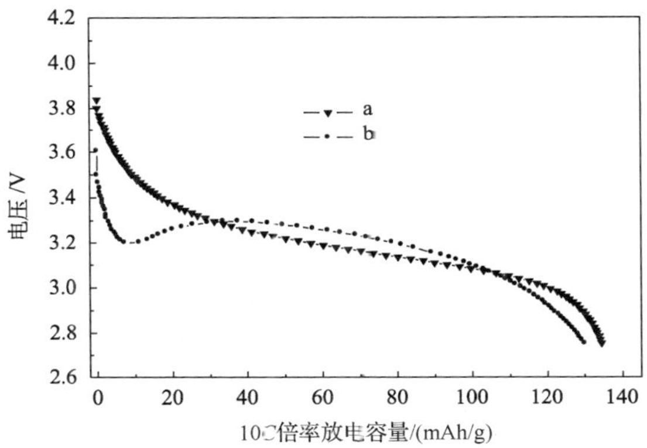

图 1.33　两种 $LiNi_{1/3}Co_{1/3}Mn_{1/3}O_2$ 的 10C 放电曲线

目前市场对该材料的需求不断增加，有的是将三元正极材料和钴酸锂等其他正极材料混合使用，也有直接用三元正极材料制作中小功率动力锂离子二次电池，用于电动工具、电动自行车等。

4. 一种三元材料的工业化生产方法

上面我们介绍的是实验室对三元材料合成方法及材料物理化学性能的研究，本节中讨论的是工业化规模的生产方法。通常，工业化的生产方法分为两种，一种方法是将锰氧化物、钴氧化物、镍氧化物与锂的化合物以及掺杂元素化合物先机械混合，再进行分段多次高温反应并粉碎。由于这种方法难于使反应物间充分混合，反应不完全，得到的产物多含杂质，产品的电化学性能也比较差。另一种方法是在液相中将可溶性锰盐、钴盐、镍盐与氢氧化物沉淀，制备出复合氢氧化物前驱体，然后再与锂化合物和掺杂元素化合物进行分段多次高温反应。用这种方法得到的产品电化学性能比较好，因此规模化生产时多采用第二种方法。

通过研究和分析比较，我们在工业化固相反应法的基础上，建立了一种简单但却可以生产出具有良好充放电性能及物理化学性能材料的新方法，介绍如下。第一步首先将锰钴镍复合氢氧化物与可溶性锂盐、掺杂元素化合物在有机溶剂中进行混合，通过有机溶剂的协同反应作用，锂离子会浸入氢氧化物内部，形成初始混合物。第二步将初始混合物在 150℃以下进行干燥，得到高温反应前混合物。然后将此高温反应前混合物在 800～1000℃的条件下进行 4～8h 的高温反应，得到物理化学性能和电化学性能优越的三元材料产品。本方法不需要反复的高温反应和粉碎，因而工艺流程简单，能耗低，非常适合于规模化生产。

以下给出了对采用本书新方法所合成的 $LiNi_{1/3}Co_{1/3}Mn_{1/3}O_2$ 进行的分析。由于批量化生产产品要求物理化学性能适合实际电池制作的要求，批量间质量指标稳定、一致，利用该方法生产的 $LiNi_{1/3}Co_{1/3}Mn_{1/3}O_2$ 材料已经被应用到规模化高功率电池的生产中。

图 1.34 是 $LiNi_{1/3}Co_{1/3}Mn_{1/3}O_2$ 材料产品的 SEM 图，表 1.10 中给出了该材料的粒度分析结果。由图 1.34 和表 1.10 中的数据可以看出，用新方法生产的 $LiNi_{1/3}Co_{1/3}Mn_{1/3}O_2$ 材料粒径约为 10μm，分布集中，适合电池极片的制作。

图 1.34　$LiNi_{1/3}Co_{1/3}Mn_{1/3}O_2$ 材料的 SEM 图

表 1.10　批量生产 $LiNi_{1/3}Co_{1/3}Mn_{1/3}O_2$ 材料的物理性能

指标	粒径/μm			比表面积/(m^2/g)	振实密度/(g/cm^3)
	D_{10}	D_{50}	D_{90}		
结果	6.52	11.57	30.07	0.34	2.54

图 1.35 是批量生产的 $LiNi_{1/3}Co_{1/3}Mn_{1/3}O_2$ 材料结构分析的 XRD 谱图。由该图可知，尽管反应仅有一次高温反应过程和粉碎过程，产品属于 α-$NaFeO_2$ 型层状结构，未见产品中有杂质存在。

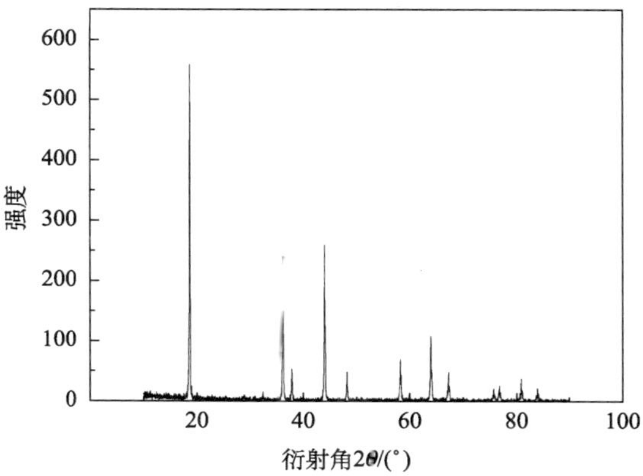

图 1.35　$LiNi_{1/3}Co_{1/3}Mn_{1/3}O_2$ 材料的 XRD 谱图

图 1.36 是工业化生产 $LiNi_{1/3}Co_{1/3}Mn_{1/3}C_2$ 材料产品的首次充放电曲线。该材料的电化学测试方法与其他正极材料类似，用该材料制作的电池的测试结果在本书第 2 章中有详细讨论。图 1.36 中曲线的充放电倍率为 0.2*C*，电压范围是 3.0～4.5V。结果表明首次充放电容量分别为 185mAh/g 和 160mAh/g，首次的不可逆容量为 25mAh/g，效率为 86.5%，3.6V 平台容量占总放电容量的 91.8%。由图中的曲线还可以看出，作为电池正极材料 $LiNi_{1/3}Co_{1/3}Mn_{1/3}O_2$ 在不同充放电状态时的电压线性关系良好，放电容量高，放电电压也明显高于磷酸亚铁锂材料。

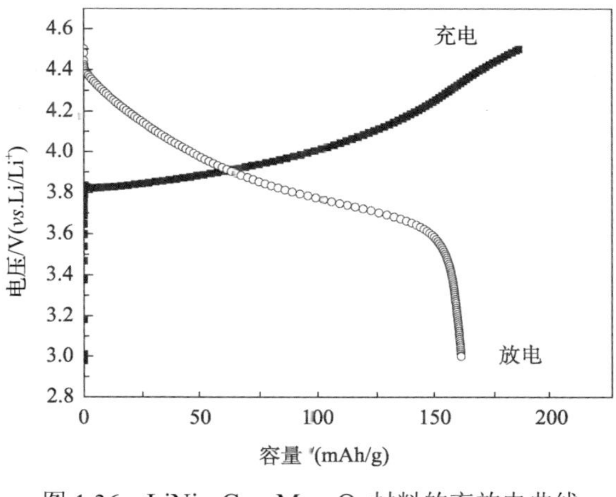

图 1.36　$LiNi_{1/3}Co_{1/3}Mn_{1/3}O_2$ 材料的充放电曲线

图 1.37 是对 $LiNi_{1/3}Co_{1/3}Mn_{1/3}O_2$ 材料进行的电化学性能的稳定性分析。结果表明，在 25℃下，经过 1000 次循环，$LiNi_{1/3}Co_{1/3}Mn_{1/3}O_2$ 材料的容量保持了 80.7%；在 50℃下，经过 100 次循环，容量保持了 90%，表明产品具有稳定的常温长期循环稳定性和高温稳定性，是适合用于动力锂离子二次电池的重要正极材料之一。

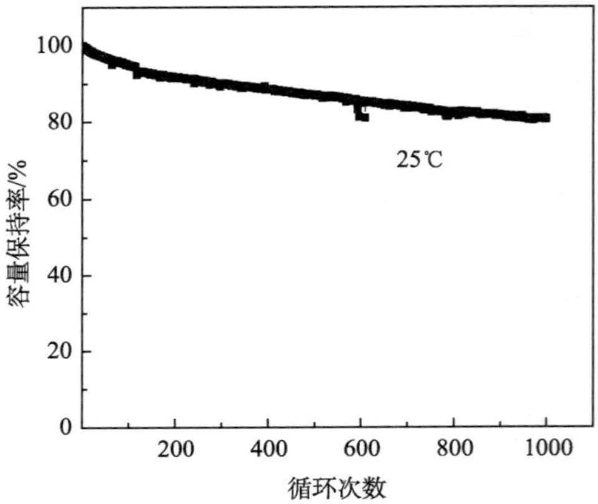

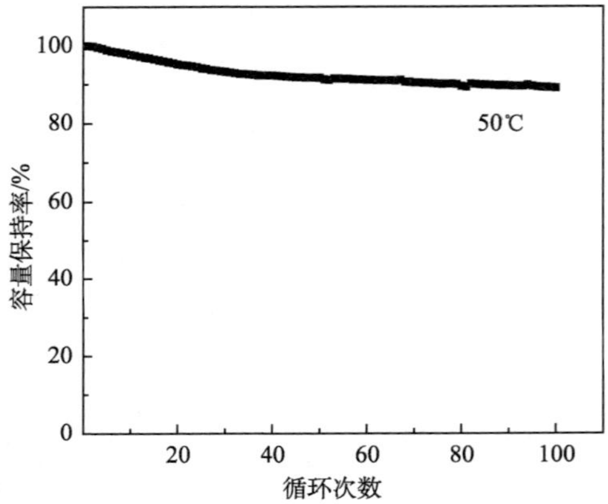

图 1.37 $LiNi_{1/3}Co_{1/3}Mn_{1/3}O_2$ 在不同温度时的循环充放电寿命曲线

上面虽然给出的是对 $LiNi_{1/3}Co_{1/3}Mn_{1/3}O_2$ 材料的简单分析结果，但考虑到该材料的化学组成和材料的密度等物理性能，该材料被我们确定为用于混合动力车辆和电动工具等的高功率电池的关键正极材料之一。

1.1.4 磷酸亚铁锂

磷酸亚铁锂($LiFePO_4$)晶体为橄榄石型结构，属于正交晶系，空间群为 *Pnmb*。前人曾测得 $LiFePO_4$ 在 10～50℃时，Li^+扩散的活化能为 35kJ/mol，电子移动的活化能为 15kJ/mol，说明温度对 Li^+迁移速率的影响是对电子迁移速率影响的 2 倍以上。也有数据表明，Li^+在 $LiFePO_4$ 和 $FePO_4$ 中的扩散速率分别为 $1.8\times10^{-14}cm^2/s$ 和 $2.2\times10^{-16}cm^2/s$。上述的研究表明在充放电过程中磷酸亚铁锂容易受 Li^+的扩散速率控制，该材料可能只适于中或小电流放电。

1. 磷酸亚铁锂的合成

把草酸亚铁($FeC_2O_4\cdot 2H_2O$)、碳酸锂(Li_2CO_3)、磷酸氢二铵[$(NH_4)_2HPO_4$]按 Fe∶Li∶P＝1∶1∶1 物质的量比称量并加入一定量的炭黑、蔗糖，在无水乙醇介质中高速球磨混合 3h(转速为 150r/min)，然后将经球磨的混合物烘干后转移至管式炉，在恒定的高温下通纯氮(N_2 流量为 500mL/min)一定时间即可得到所需产物。

图 1.38 为样品在 650℃保温 16h 的 XRD 谱图，从 XRD 谱图可以看出生成物为单一的橄榄石型晶体结构，与标准谱图 PDF40-1499(图 1.39)一致，空间群为 *Pnmb*，其晶胞参数 a＝10.313nm、b＝5.999nm、c＝4.697nm，晶胞体积 V＝290.6nm^3。由于碳的含量不高，即在 $LiFePO_4$ 晶粒中掺杂碳的量很少，因此，在 XRD 谱图上观察不到晶态或无定形碳的衍射峰。

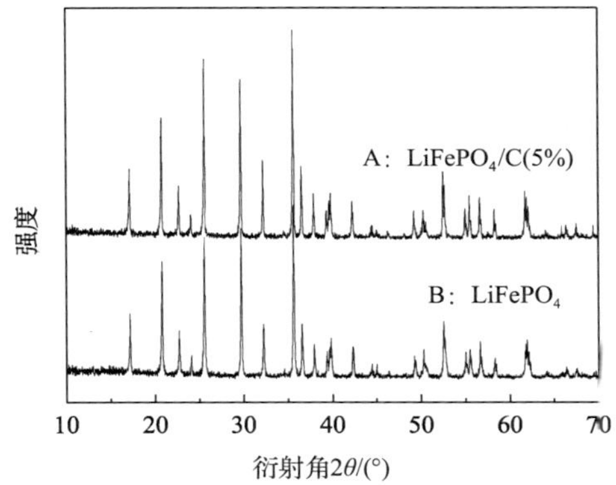

图 1.38　合成样品的 XRD 谱图

A：加碳样品；B：不加碳样品

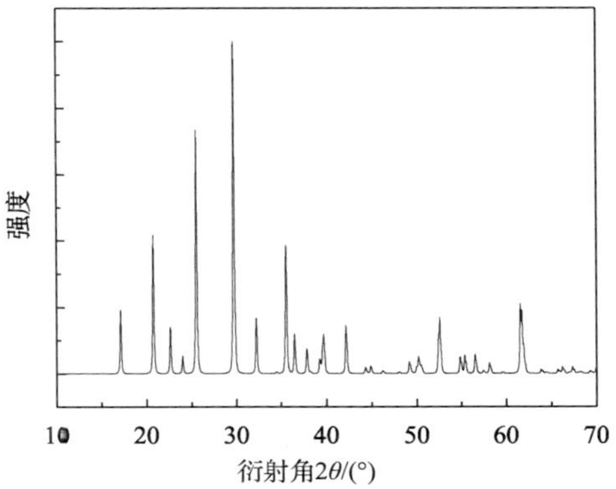

图 1.39　标准谱图 PDF40-1499

图 1.40 为加入 5%炭黑的球磨粉在不同温度下合成粉末的 XRD 谱图，由图 1.40 可以看出，在 550℃以上保温一定时间都可以得到单一的橄榄石型晶体结构的 $LiFePO_4$。

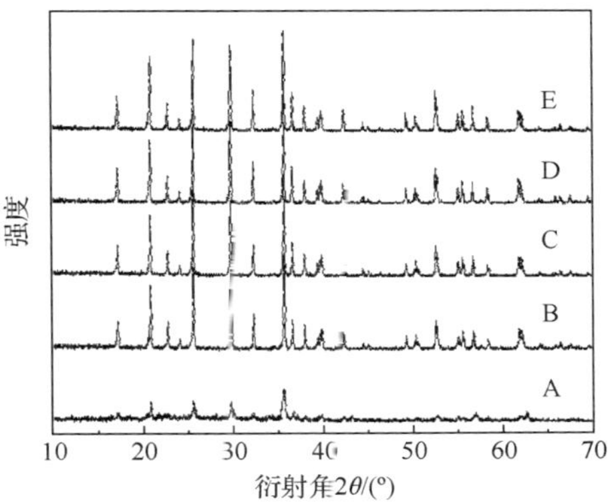

图 1.40　不同温度下的 XRD 谱图

A：350℃ 10h；B：350℃ 10h，550℃ 24h；C：350℃ 10h，600℃ 20h；D：350℃ 10h，650℃ 16h；E：350℃ 10h，700℃ 16h

图 1.41 为加入 5%炭黑的球磨粉在不同保护气氛下经 350℃下 10h，650℃下 16h 合成粉末的 XRD 谱图，由图 1.41 可以看出，在纯氮(≥99.99%)和高纯氮(≥99.999%)保护气氛下都可以得到单一的橄榄石型晶体结构的 $LiFePO_4$，而在普通氮保护气氛下得到的不是 $LiFePO_4$，二价铁离子被氧化成三价铁离子——$Li_3Fe(PO_4)_2$，与图 1.42 标准谱图 PDF80-1517 是一致的，已经失去了活性物质的特性。

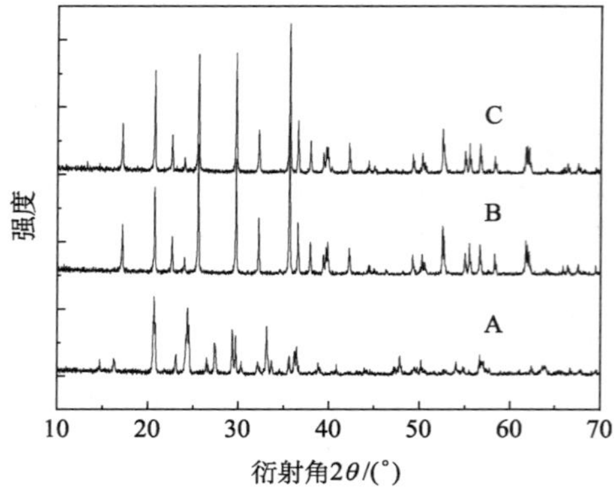

图 1.41　不同保护气氛下的 XRD 谱图

A：普通氮；B：纯氮；C：高纯氮

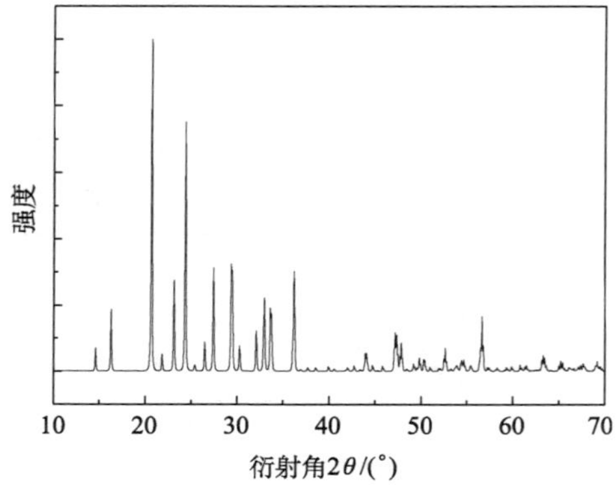

图 1.42　标准谱图 PDF80-1517

图 1.43 为 $LiFePO_4$ 样品在 650℃保温 16h 的 SEM 图，图 1.43(a)中 $LiFePO_4$ 样品晶粒棱角比较分明，粒度分布较宽；而在图 1.43(b) $LiFePO_4/C$ 复合材料中，$LiFePO_4$ 的晶粒大小变化明显，且粒度分布变窄。这表明添加碳能有效地抑制 $LiFePO_4$ 晶粒的生长。

图 1.43　$LiFePO_4$ 样品 SEM 图

(a) $LiFePO_4$；(b) $LiFePO_4/C$

2. 磷酸亚铁锂电化学性能研究

1) 材料电化学性能的测试

我们用模拟电池测试评价了所得材料的电化学性能。首先将制得的电极活性物质与炭黑、导电石墨、胶黏剂按 75∶7.5∶7.5∶10 的比例混合，搅拌 4h 后，涂布在铝箔上，烘干、称量，求出涂布在铝箔上的活性物质的质量。然后把负极(金属锂)，电解质溶液(EC∶DMC＝1∶1，1mol/L $LiPF_6$)与制得的正极片在氩气手套箱内组装成模拟电池，采用日本的 Bts-2004 电池测试仪进行恒流充放电循环测试，充放电范围为 2.4～4.1V。

由图 1.44 可知，在高纯氮气氛下所得物质的电化学性能明显优于纯氮气氛下所得到的物质，即首次放电容量(0.05C)高出 15mAh/g。可以认为高纯氮气氛能有效地避免 Fe^{3+}的生成，因此生成物质的放电容量较高。

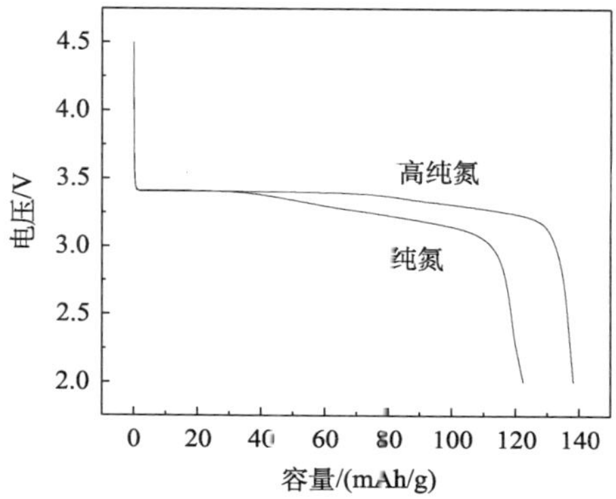

图 1.44　不同纯度氮气气氛下材料首次放电容量

图 1.45 为 $LiFePO_4$/5%C 在 0.05*C* 下的首次充放电曲线。该图说明，当样品以小电流恒流充放电时，充电电压平台为 3.45～3.5V，放电电压平台为 3.4V 左右，充放电电压变化平缓，首次充放电效率为 97.3%。图 1.46 为 $LiFePO_4$/5%C 在不同倍率下的首次放电曲线，这一结果表明，以 0.2*C* 充放电时放电容量仍在 125mAh/g 以上，但在 0.5*C* 充放电时放电容量则降至 108mAh/g。

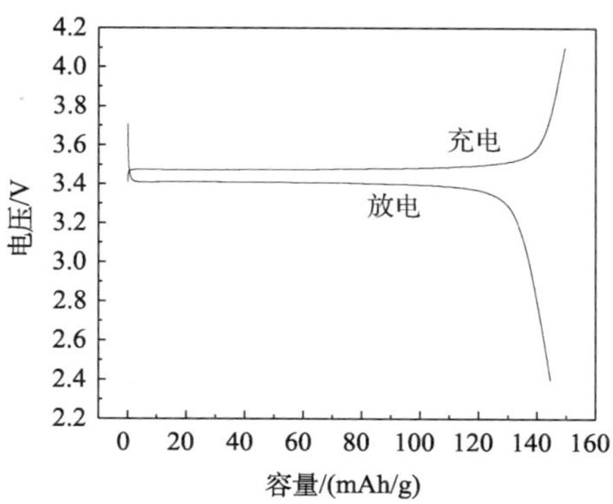

图 1.45　$LiFePO_4$ /5%C 在 0.05*C* 下的首次充放电曲线

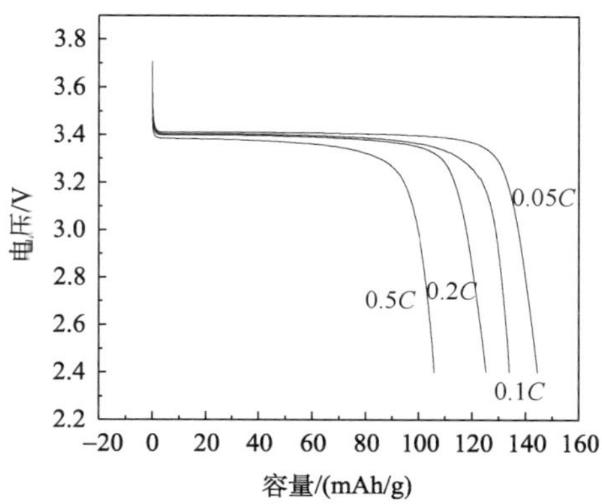

图 1.46　$LiFePO_4$/5%C 不同倍率下首次放电曲线

2) 电池的试制(方法略)

如图 1.47 所示，采用电池工艺(1)制作的电池在常温 1*C* 循环 150 次容量保持率为 94.1%。从这个结果来看，材料循环性能不是很稳定。

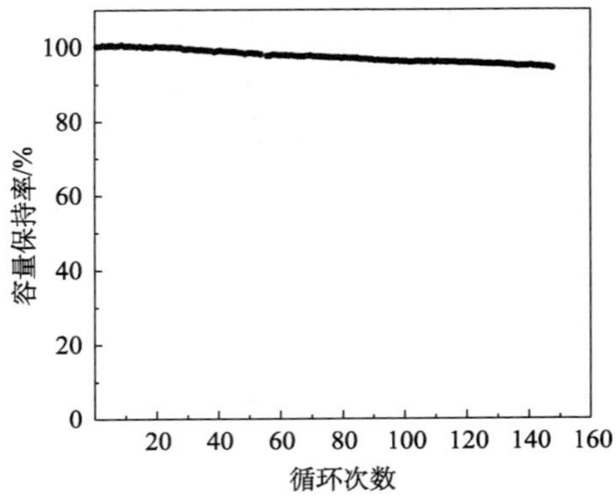

图 1.47 普通工艺材料循环性能

采用电池工艺(2)制成正极极片后首次充放电效率为 85%～87%(2.5～3.6V)。0.1C 充电容量为 145～147mAh/g。1C 放电容量为 124～126mAh/g(表 1.11)。常温 1C 循环 100 次容量保持率为 98.9%(如图 1.48)。可见，对于磷酸亚铁锂正极材料，普通的电池工艺不能将磷酸亚铁锂正极材料的性能发挥到最佳，需要进一步研究和优化电池工艺才能得到理想的结果。

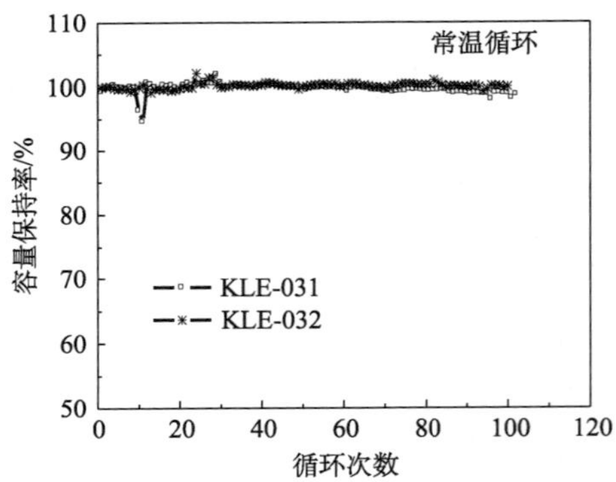

图 1.48 新工艺材料循环性能

表 1.11 电池放电容量与材料充放电容量比较

序号	首次充放电效率/%	0.1C 材料充电容量/(mAh/g)	0.2C		0.5C		1C		中值电压/V
			电池放电容量/(mAh)	材料放电容量/(mAh/g)	电池放电容量/(mAh)	材料放电容量/(mAh/g)	电池放电容量/(mAh)	材料放电容量/(mAh/g)	
1	85.9	147.6	1017.0	129.3	998.0	127.0	975.0	124.0	3.20
2	85.4	147.7	1000.6	128.5	990.0	126.6	970.0	124.0	3.20
3	87.3	146.8	1036.6	130.7	1015.4	128.1	1000.6	126.2	3.21
4	86.6	145.6	1022.5	128.7	1007.1	126.7	985.6	124.0	3.21
5	86.6	145.1	1004.8	128.5	994.0	127.2	982.2	125.6	3.21

由于磷酸亚铁锂材料的优点是热稳定性能好，此外，在常温下充放电循环性能也十分优越，因此在特定领域有良好的应用前景。目前，磷酸亚铁锂材料在国内已经比较广泛用于电动车辆电池，但是其低温性能差，单位能量密度较低的缺点也导致了难于进一步大规模利用，需要通过深入研究材料的物理化学性能进行改进，需要优化材料制备工艺、优化电极制备工艺和电池装配工艺等。此外，多元金属层状氧化物正极材料可逆比容量大，振实密度高，因此基于多元金属层状氧化物正极材料的锂离子电池也在蓬勃发展，只是其热稳定性较差，电池容易热失控。还有一类非常有特色的材料，即尖晶石结构锰酸锂正极材料会成为新一代锂电池的主角，今后预计在很多领域会迅速得到广泛的认可。

1.2 尖晶石结构锰酸锂正极材料

尖晶石锰酸锂的化学式为 LiB_2O_4，B 代表锰等金属离子。当尖晶石 LiB_2O_4 中 B 全部为 Mn 或部分被 Mn 之外的其他金属离子取代时，可表示为 $LiM_xMn_{(2-x)}O_4$（M 表示 Mn 之外的其他金属化学元素）。在充放电过程中，随着 Li 离子的脱嵌和嵌入，由于 Mn 离子发生 Mn^{3+}与 Mn^{4+}之间的氧化还原反应，产生 3.8～4.0V 之间的电压平台，因此该材料也被称作 3.8V 级尖晶石锰酸锂材料[17]。当 LiB_2O_4 中 B 为 $[Ni_{0.5}Mn_{1.5}]$或$[M_xNi_{(0.5-x)}Mn_{1.5}]$时，在充放电过程中，Mn 离子不参与氧化还原反应，Ni 离子发生 Ni^{2+}至 Ni^{4+}之间的氧化还原发应，会产生 4.7～5.0V 之间的电压平台，此时，该材料被称作 4.7V 级高电压尖晶石锰酸锂材料[18]。除了 Ni 能提高电压平台外，还有 Cr、Co、Cu、Fe 等元素也有提高尖晶石锰酸锂充放电电压平台的效应，但是随元素的含量及种类的不同，4.7V 附近平台容量的大小也有所不同。

为了合成出具有稳定充放电性能的尖晶石锰酸锂，人们近年来对各种化学合成方法进行了细致的研究，并通过掺杂和表面改性等技术改善尖晶石锰酸锂的电化学性能，取得了一些进展。尖晶石型锰酸锂的制备方法主要有固相反应法和液相反应法两大类。固相反应法是将一定比例的固体锂化合物与锰化合物均匀混合后，在 700～850℃下进行一定时间的高温反应，从而得到尖晶石锰酸锂。碳酸锂与二氧化锰反应生成锰酸锂的反应式为：

$$Li_2CO_3 + 4MnO_2 \longrightarrow 2LiMn_2O_4 + CO_2\uparrow + 1/2O_2\uparrow$$

在固相反应法中，由于锂化合物和锰化合物很难混合均匀，所以需要的高温反应时间长，且生成物中容易生成杂质，因此固相反应法虽工艺简单，但得到产物的电化学性能较差。

熔融提渍法属于固相反应法。该方法是将锂化合物和锰化合物混合后，首先加热至锂化合物的熔点，让熔融锂化合物充分渗入锰化合物的微孔中，然后在

600～750℃加热一段时间，取出研磨，再继续进行高温处理。由于在该方法中，锂盐能够渗入二氧化锰的微孔中，使原料间的接触面积大大提高，在一定程度上克服了原料混合的不均匀性，但这种方法需几次反复，所得产物的电化学性能仍然不好。

液相法包括 Penchini 法、溶胶-凝胶法[19]、软化学法、乳胶干燥法等。液相法虽然克服了固相法中反应物难于混合均匀的缺点，但仍然没有解决锰酸锂长期循环使用的稳定性和高温稳定性问题，且成本较高，批量生产困难。

有人利用微波加热法制备了锰酸锂。在该方法中，将 MnO_2 与 Li_2CO_3 混合后，在微波合成反应腔中 700～800℃下进行反应。该法利用了合成体系的材料与微波场的相互作用，从材料内部开始对其整体进行加热，使微波被材料吸收并形成热能，实现快速升温。该方法的特点是大大缩短了合成反应时间。但由于微波加热法对设备要求高，只能在实验室进行合成试验，难于实现批量生产。

脉冲激光沉积法、等离子体增强化学气相沉淀法以及射频磁旋喷射法也可以用于制备锰酸锂。这些方法利用气相制膜技术直接制备尖晶石锰酸锂薄膜，省去了电池生产工艺过程中的极片制作工序，可以大幅度降低电池制作成本，是很有前景的集材料合成与极片制作于一体的现代制备技术。但是这几种方法制备的尖晶石锰酸锂薄膜主要用于特种微型锂离子二次电池，目前处于实验室探索阶段。

综上所述，传统的固相法和液相法及其他方法都存在工程技术上的缺陷，有的不能制得性能良好的尖晶石锰酸锂材料，有的难于实现工业化规模生产，因此这些方法难以应用于尖晶石锰酸锂的工业化生产中。

我们在前人工作的基础上研究合成了锰酸锂材料，并通过工艺改进，提高了材料的性能。

1.2.1　尖晶石锰酸锂材料的合成与研究

尽管人们进行了大量的尖晶石锰酸锂合成研究，但能够以工业化规模生产具有稳定电化学性质锰酸锂的内容却很少有报道，这在很大程度上是由于固相反应法本身的缺陷导致的。在利用固相反应法进行合成时，通常采用的反应物质为二氧化锰与氢氧化锂(或碳酸锂)，这些物质大多是微米级或更大的颗粒。为了使反应物质之间充分混合均匀，常见的方法是将固态原料混合物用搅拌式球磨机研磨混合，并采用在初次高温反应后对中间物质进行粉碎或研磨的程序。但是，机械的混合事实上不仅不能使反应物质之间达到真正的充分混合，还往往会在机械混合过程中带入更为复杂的新的化学元素杂质。

通过大量的实验，我们发现了一种制备具有稳定充放电电化学特性的尖晶石锰酸锂合成方法。而为了得到高密度的锰酸锂，我们首先采用液相氧化还原法，在溶液中以氧化剂和可溶性二价锰盐为反应物制备球形二氧化锰。将得到的二氧化锰与碳酸锂(或氢氧化锂等其他锂化合物)及多种掺杂元素化合物于特定的溶剂中经过反应达到充分均匀的混合后，通过高温短时间的热处理即可以得到物理化学性能以及电化学性能良好的、具有尖晶石结构的锰酸锂($LiMn_2O_4$)。由于该方法不同于目前合成复合金属氧化物材料的思路，使反应物质在常温下就可达到分子水平上的均匀混合，因此克服了传统固相法难于使反应物质混合均匀、容易生成杂相的缺点，可以得到常温和高温(60℃)下均能稳定充放电的具有尖晶石结构的锰酸锂。

用液相氧化还原法合成具有尖晶石结构的球形锰酸锂过程如下。首先用分析纯的高锰酸盐和二价锰盐为初始反应物，分别配制成一定浓度的初始溶液。在容器中加入一定量的初始溶液加热至一定温度后，再以一定的加料速率连续加入反应物质溶液(在搅拌下，严格控制反应液的 pH、温度、加料速率等工艺因素)。用合适的溶液洗涤二氧化锰沉淀，最后用纯净水洗涤，经干燥得到球形二氧化锰。将制得的球形二氧化锰(或锰的其他化合物)、碳酸锂(或氢氧化锂或硝酸锂)和掺杂化学元素在特定溶剂中充分混合，然后进行干燥。将得到的干燥物置于高温炉中进行热处理 5～8h(严格控制反应条件)，即可以得到尖晶石锰酸锂。

上述 3.8V 级尖晶石锰酸锂材料的合成方法与生产技术，也适应于 4.7V 级尖晶石锰酸锂材料的合成。所不同的是，在制备 4.7V 级尖晶石锰酸锂材料的中间物质时，所加入的原料种类及配比有区别。该技术对于其他类型正极材料的合成也具有参考价值。

准确地分析和评价锰酸锂的物理化学性能对研究锰酸锂的电化学性能是重要的。对尖晶石锰酸锂物理化学性能的分析测试主要包括粒径(D_{50})和粒度分布特性、pH、振实密度、比表面积、水分含量、颗粒形貌观察、X 射线衍射、元素分析等。材料电化学性能评价则包括充放电容量、充放电平台特性、循环寿命等。

由于反应物质的性质、合成方法、生产工艺等与尖晶石锰酸锂产品的粒度分布特性有直接的关系，而尖晶石锰酸锂的粒度分布特性对其本身的电化学性能、电池加工工艺及电池安全性能都有一定程度的影响，因此在尖晶石锰酸锂材料的生产加工过程中尤其需要对粒度大小进行严格的控制。

图 1.49 是尖晶石锰酸锂的粒度分布图。图中的曲线表明，用上述方法合成的尖晶石锰酸锂样品粒度分布集中，曲线敏锐，显示了粒度大小的均匀性。

实验结果发现，球形尖晶石锰酸锂与用固相反应法合成的锰酸锂相比，具有优越的物理化学性能和电化学性能。球形尖晶石锰酸锂比表面积小，形貌呈球形或类似球形，颗粒粒度分布范围窄。在电极制作时具有良好的加工性能，电极的电化学性能稳定，具有比普通尖晶石锰酸锂优越的循环性能和高温性能。

尖晶石锰酸锂的水溶液呈弱碱性，pH 一般为 8～10。由于 pH 能反映尖晶石锰酸锂材料中锂含量的富余程度，因此是评价尖晶石锰酸锂材料的一个重要指标。

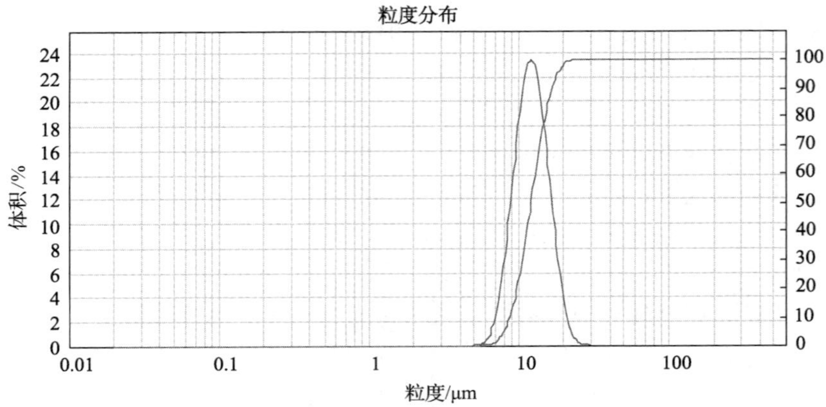

图 1.49　尖晶石锰酸锂的粒度分布图

密度影响尖晶石锰酸锂材料在电池中能够填入的量，一般可以根据需要控制尖晶石锰酸锂的振实密度为 1.8～2.4g/cm^3，压实密度为 2.6～3.2g/cm^3。

比表面积对锰酸锂材料颗粒的化学活性和极片的加工有重要影响，尖晶石锰酸锂的比表面积一般可以控制为 0.5～1.5m^2/g。化学元素的微量掺杂会影响比表面积。

水分控制也是锰酸锂生产技术的关键之一，因为水分的存在会对尖晶石锰酸锂电池产生致命的影响。通常认为水中的氢离子与电解质六氟磷酸锂中的氟离子结合产生氢氟酸，氢氟酸促使锰离子溶解，降低尖晶石锰酸锂的循环充放电寿命。尖晶石锰酸锂材料的水分含量应控制在 5‰以下。

颗粒形貌是尖晶石锰酸锂产品性能的一种外在表现，它与产品的比表面积相关，对产品的电化学性能有一定影响。对颗粒的形貌分析通常采用扫描电子显微镜进行。

图 1.50 是几种尖晶石锰酸锂产品的 SEM 图。尖晶石锰酸锂产品的颗粒形貌由合成方法与工艺决定，不同方法不同工艺得到的尖晶石锰酸锂产品形貌也大不相同。图 1.50(a) 中样品 a 形貌不规则，大小不均匀，结晶程度不完整；图 1.50(b) 中样品 b 呈现明显的八面体形状，但大小也不均匀；图 1.50(c) 中样品 c 呈现较好的晶状形貌，颗粒之间稍有团聚；图 1.50(d) 中样品 d 由八面体一次颗粒团聚成球形二次颗粒，大小均匀。样品 d 是我们合成的尖晶石锰酸锂的一种形貌。该形貌有助于降低产品的比表面积，增强材料极片的加工性能，减少材料与电解质溶液的接触面积，降低锰在电解质溶液中的溶解，提高电池的循环寿命。

图 1.51 中 a 和 b 分别表示的是尖晶石锰酸锂标准 X 射线衍射谱图和我们合成的锰酸锂的 X 射线衍射谱图。图中所示的结果表明生成物与标准的尖晶石结构衍射谱图是一致的，且尖锐的曲线说明产物的结晶性能良好。

图 1.50　不同工艺得到的尖晶石锰酸锂产品的 SEM 图

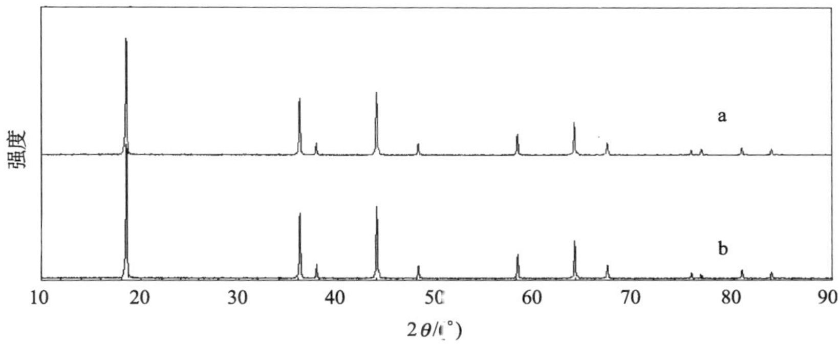

图 1.51　尖晶石锰酸锂的 XRD 谱图

a. 标准衍射谱图；b. 合成样品的衍射谱图

此外，由图 1.51 可以观察到合成的尖晶石锰酸锂中没有杂质。通常在实际合成过程中很难避免带入其他杂质元素，从而影响产品的电化学容量及循环寿命。在二氧化锰合成过程中，我们认为应当把钠钾总含量控制在 100ppm (10^{-6}) 以下。目前的商品二氧化锰中一般都含有比较多的碱金属元素，在制备过程中，钾和钠离子的去除主要采用以下方法。首先，可以考虑加入可溶性的氟硅酸盐或氟硅酸，利用氟硅酸钾溶解度较小的性质除去钾离子。另外，严格控制反应液的 pH 在一定的范围内，可以抑制钠、钾离子进入二氧化锰晶格。利用离子交换法除去二氧化锰表面吸附的钠、钾离子，也可以保证二氧化锰产品中钠、钾离子含量控制在较低水平。尖晶石锰酸锂中锂元素的含量一般控制在 4.2%±0.4%范围内，锰元素控制在 59.0%±1.0%范围内，除了按设计比例加入的元素外，其他元素都应控制在 0.02%以下。

1.2.2 尖晶石锰酸锂材料的电化学性能

图 1.52 中是我们合成的 3.8V 级尖晶石锰酸锂对金属锂负极在常温下第 1 次循环和第 200 次循环的充放电曲线。图中的数据显示，该锰酸锂放电过程中，在 4.0V 附近有一微小的平台，且 3.8V 级尖晶石锰酸锂对锂金属平均电压在 3.9V 左右，比层状盐结构的钴酸锂正极材料要高。图 1.52 同时还表明尖晶石锰酸锂材料具有良好的电压平台保持特性，即在 200 次循环后，虽然容量略有衰减，但电压平台仍然稳定。

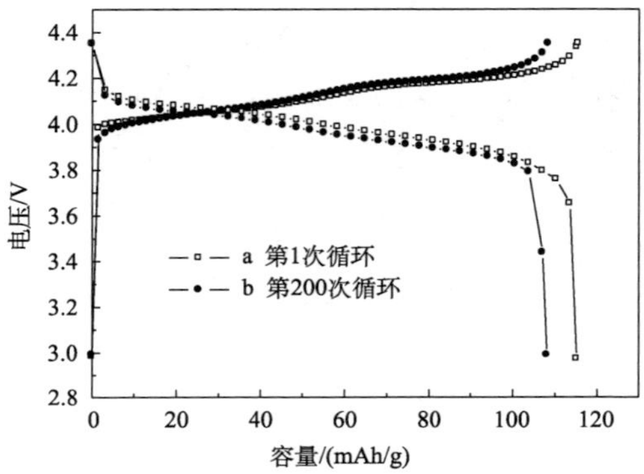

图 1.52 锰酸锂充放电曲线

尖晶石锰酸锂理论容量为 148mAh/g，我们实验室可以方便地合成出首次放电容量为 130mAh/g 的正极材料。在工业规模以上的实际批量生产的尖晶石锰酸锂材料的首次放电容量能达到 120mAh/g 左右，首次充放电效率可以达到 94%以上。

合成方法对获得具有稳定充放电的电化学性能与良好的热稳定性的尖晶石锰酸锂材料是十分重要的，但是如同下面的讨论中将要看到的，金属元素的掺杂和非计量化学成分的影响也具有重要意义。

与讨论所有的锂离子二次电池正极材料的充放电稳定性一样，人们首先会考虑影响尖晶石锰酸锂循环性能的一个重要原因是尖晶石锰酸锂在充放电过程中的不可逆。很多人认为影响尖晶石锰酸锂稳定性的一个重要原因是 Mn^{3+}化合物在电解质溶液中的溶解。但是，从过去大量的分析数据中我们无法得到电池中溶解的锰和电池衰减的线性关系，因此还不能够对这些衰减的原因给予定量的描述。我们首先采用了几种方法去试图得到具有稳定电化学特性的尖晶石锰酸锂。实验结果表明，一种有效的办法是化学元素的掺杂。通常，人们进行元素掺杂时考虑掺杂阳离子和阴离子，掺杂的阳离子种类有硼、镁、铝[20]、钛、铬[21]、铁、钴、镍[22]、铜、锌等，目的是以掺杂元素离子取代部分锰离子，抑制姜-泰勒效应；掺杂的阴离子种类有氧、氟、碘、硫和硒等。掺杂包括单元素掺杂和多元素混合掺杂。

掺杂元素的作用很有可能是与掺杂后导致的锰酸锂结构的微小变化有关系。尖晶石锰酸锂化合物具有典型的三维隧道结构特征，其中锰的价态是 Mn^{3+} 和 Mn^{4+} 并存，Mn^{3+} 可能会由于姜-泰勒效应产生晶相八面体畸变。由于在充放电过程中锂离子反复在隧道结构中脱出和嵌入，锰价态的不断变化所产生的姜-泰勒效应会使尖晶石锰酸锂结构由立方向四方转变。利用特定的化学元素对变价锰离子的行为产生作用，从而抑制姜-泰勒效应的影响，可能是定性说明掺杂效果的理由。

图 1.53 中表示的是使用了不少于两种金属元素掺杂后所合成的锰酸锂材料的循环充放电稳定性。实验条件：以金属锂做负极，1*C* 充电，2*C* 放电，循环测试环境温度为 25℃。由图 1.53 中可以看出，在经过 2000 次循环之后，该尖晶石锰酸锂容量保持率在 80%左右，显示了良好的循环性能。

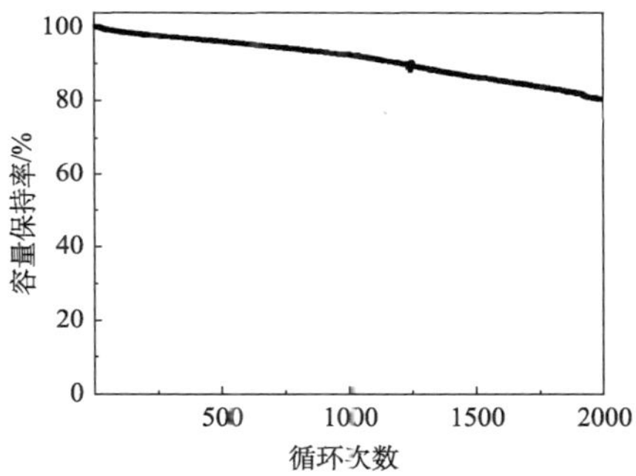

图 1.53　常温下循环性能曲线

过去，尖晶石锰酸锂高温环境下的充放电稳定性与常温下循环稳定性是制约尖晶石锰酸锂应用的决定性因素。部分研究者在做了大量的研究后认为要解决尖晶石锰酸锂在高温(65℃)的充放电稳定性问题几乎是不可能的。我们为了解决这一世界性的难题，在花费了近十年的时间后基本上搞清楚了高温下影响电池稳定性的几个主要因素，并找到了解决问题的办法。在进行下面的讨论之前，需要补充说明的是，大量的实验研究表明合成锰酸锂时，锂的适当过量(锂与锰的物质的量比在 0.5～0.65 变化)对改善尖晶石锰酸锂的高温电化学性能有明显作用。此外，电池的稳定性还受正极材料之外的多方面因素影响，尤其是具有特殊活性的负极材料在电解液中可能因多价锰离子的作用发生一些人们还不清楚的化学反应，是最终导致高温下电池循环寿命降低的重要因素。

图 1.54 是尖晶石锰酸锂材料以碳为负极时在不同温度时的放电曲线。图中的数据以 25℃下的放电容量为基准，表示了其他温度下电池的放电能力。结果表明即使在–18℃的环境温度下，尖晶石锰酸锂材料仍能够给出 90%左右的容量，表现

出良好的低温放电性能。

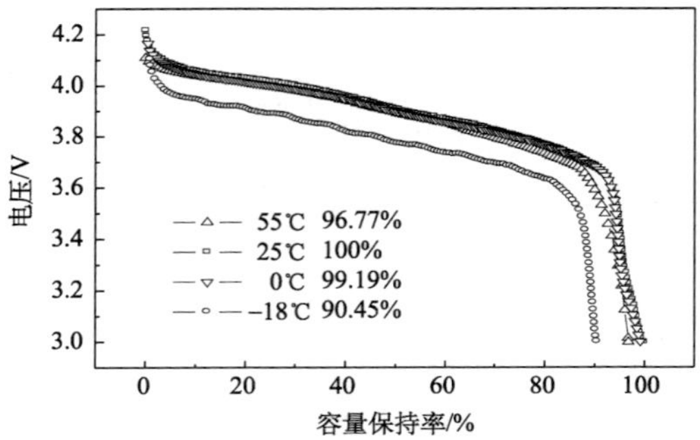

图 1.54 锰酸锂不同温度的放电曲线

图 1.55 中给出的是尖晶石锰酸锂在高温(60℃)下的循环充放电曲线(负极为碳质材料，充电为 1*C*，放电为 2*C*)。图 1.55 中的曲线表明，该尖晶石锰酸锂材料在 60℃下进行了 250 次循环充放电后容量保持率仍能达到 80%以上，表现出了十分优越的高温充放电稳定性。

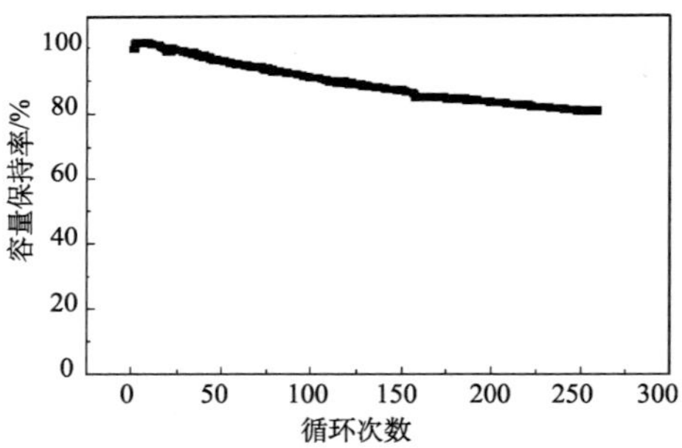

图 1.55 锰酸锂在高温(60℃)下的循环充放电曲线

上面的一些实验结果和讨论表明：我们合成的尖晶石锰酸锂不论是在常温还是在高温时均具有稳定的循环充放电稳定性。在后面几章中还会看到使用这些锰酸锂作为正极材料制备的动力电池搭载到车辆中后，在经历了几个炎热的夏季高温，整车的电池都表现出了出乎人们意料的稳定性。尽管实现这一目标的过程复杂得都令人难以想象，在这里有必要再次强调的是，对一个单体电池来说，找到一种合适的化学合成法虽然可以基本解决锰酸锂材料的充放电稳定性问题，但是，从材料的微观化学角度出发，利用化学元素的掺杂来改善材料本身在充放电过程中的结构稳定性，对彻底解决锰酸锂材料的充放电稳定性是十分重要的。

图 1.56 中给出的是在不同放电电流，即不同的放电倍率时尖晶石锰酸锂电池的放电曲线。结果表明，以尖晶石锰酸锂为正极的电池具有良好的大电流放电性

能。由图中可以看出，即使在 5.0*C* 倍率放电条件下容量保持率仍能达到 93.1%，而这一特性是以钴酸锂为正极的电池所不具备的。锰酸锂动力电池作为功率型锂离子二次电池也显示出了广泛的使用价值，因为资源丰富的尖晶石锰酸锂电池不仅被迅速地用在了包括大型公交车在内的纯电动汽车上，还被日益广泛地应用于插电式乘用车或电动物流车上。

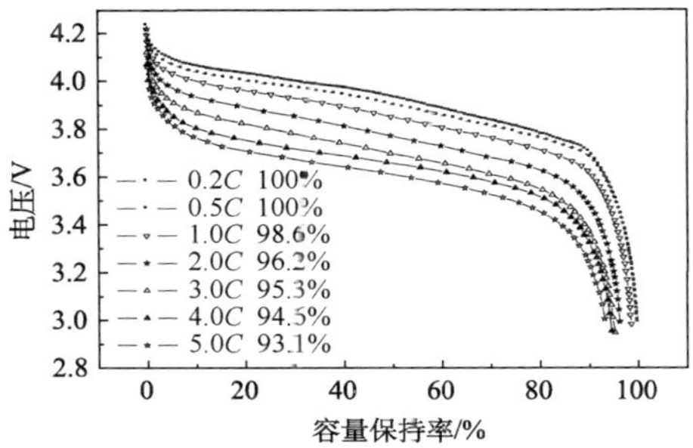

图 1.56　尖晶石锰酸锂的倍率放电曲线

由上面对 3.8V 级尖晶石锰酸锂的讨论可以看出，与低电压和低能量密度的磷酸亚铁锂相比，锰酸锂材料不仅合成简单，制造成本低廉，其高电压、高能量密度，以及良好的低温放电电化学性能也是磷酸亚铁锂无法比拟的。如本书的第 2 和第 3 章中详细描述和讨论到的锂离子二次电池作为动力电池使用时的安全性一样，锰酸锂电池的安全性也独具特色。

下面简单介绍一种具有 4.7V 电压(简称 4.7V 级)的尖晶石材料及其电化学性能。图 1.57 是高电压尖晶石材料对金属锂的充放电曲线。该材料的理论容量为 148mAh/g，从图中可以看出该材料对锂金属的容量实际能达到 130mAh/g。从放电曲线来看，该材料在 4.0～4.2V 及 4.6～5.0V 有两个充电平台，在 4.8～4.6V 及 4.1～3.8V 有两个放电平台，通常也称 4.7V 平台和 4.0V 平台，分别对应于锰离子发生 Mn^{3+}与 Mn^{4+}之间的氧化还原反应，以及镍离子发生 Ni^{2+}与 Ni^{4+}之间的氧化

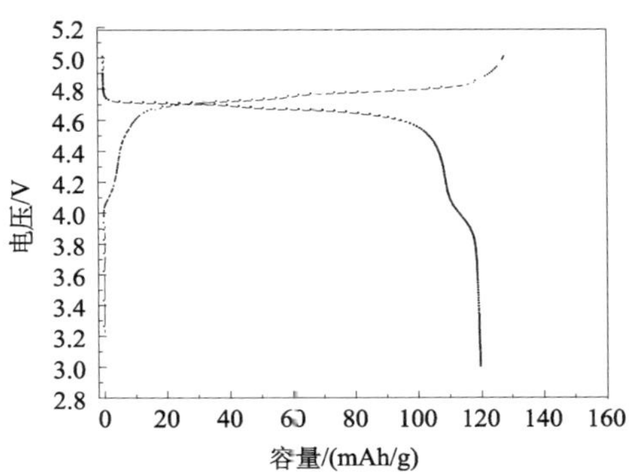

图 1.57　高电压尖晶石材料的充放电曲线

还原反应。从实用的角度来看，应当减少 4.0V 平台的容量，增大 4.7V 平台的容量，但这需要严格控制合成条件，严格控制 Mn 和 Ni 的化学计量比。

高电压尖晶石材料在常温下(25℃)的充放电循环特性如图 1.58 所示。

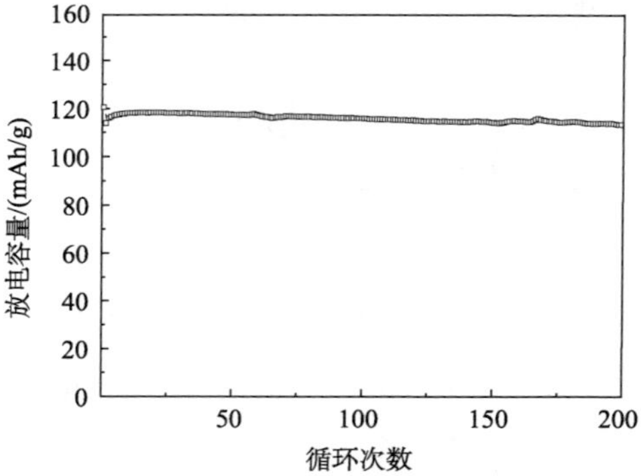

图 1.58　常温下充放电循环性能曲线

由图 1.58 中高电压尖晶石材料在常温下得到的循环充放电曲线(金属锂为负极，1*C* 倍率充电，2*C* 倍率放电)得知，在经过 200 次循环之后，该材料的容量保持率在 95%，显示了良好的循环性能。

图 1.59 中的曲线是高电压尖晶石材料在以石墨为负极时的首次充放电曲线。与以金属锂为负极时的情况不同，以石墨为负极材料的高电压尖晶石材料的首次充放电倍率在 0.5*C* 时首次放电容量为 107mAh/g，充放电效率为 85.1%，平均放电电压在 4.6V 左右。在首次充电过程中，由于从正极材料脱嵌的锂离子往往有一部分会参与石墨负极表面形成 SEI(solid electrolyte interphase，固体电解质膜)的反应，所以电池的首次充放电效率通常会比较低。另外，石墨负极的首次充放电效率也比较低(88%左右)，这被认为是导致电池首次充放电效率偏低的原因。

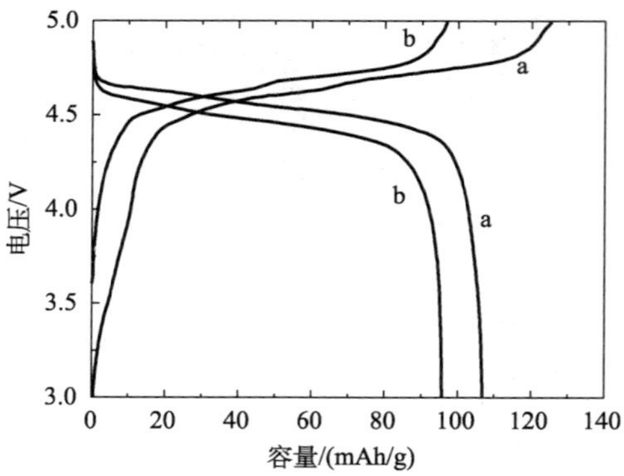

图 1.59　高电压尖晶石材料以石墨为负极时的充放电曲线

a. 0.5*C* 倍率放电；b. 2*C* 倍率放电

当电流密度增大，即以 2*C* 倍率进行充放电时，如图 1.59 中的曲线 b 所示，高电压锰酸锂放电容量为 95.7mAh/g，充放电效率为 98.8%，平均放电电压为 4.4V 左右。这可能是因为经过几次循环充放电过程后，在石墨负极表面已经形成了比较稳定的 SEI，所以其充放电效率也比较高。

图 1.60 是高电压尖晶石材料以石墨为负极在放电倍率 2*C* 时的循环充放电曲线。图中的结果表明以石墨为负极时，50 次循环之后容量保持率在 90%以上。200 次循环之后容量保持率为 67%，平均每次衰减率为 1.7‰。

具有高电压平台的尖晶石正极材料有助于提高锂离子二次电池的能量密度及功率密度，在实际应用中可以大幅度减少电池单体及电池组的串并联数，是很有开发价值的新型锂离子二次电池正极材料。对于高电压尖晶石材料的合成方法及电化学性能的详细研究将在 1.3 节中进行叙述。

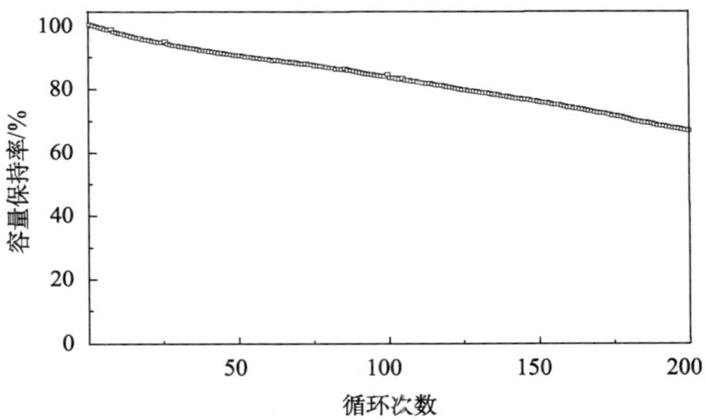

图 1.60　高电压尖晶石材料以石墨为负极的循环性能

1.2.3　尖晶石锰酸锂材料的应用

尖晶石锰酸锂不仅具有长期循环充放电稳定性好的特点，还具有放电电压高、充放电倍率性能好、高低温放电性能好以及安全性好的特点，完全适用于几百毫安至几百安时的各种锂离子二次电池。

人们已经开始把尖晶石锰酸锂材料与钴酸锂材料混合起来用于制作容量在 5Ah 以下的小型锂离子二次电池，该类型电池主要用于小型便携式式电器如手机、笔记本电脑、数码相机、电动玩具以及高功率电动工具等。

中型锂离子二次电池是指容量在 5～20Ah 的电池，这类电池的应用领域包括矿灯、电动自行车、舰航模型等。在这类电池中，尖晶石锰酸锂可以单独使用，也可以与少量钴酸锂和镍酸锂等混合使用。少量混合使用高容量的正极材料，一方面可以提高电池的能量密度，另一方面，还可以充分发挥尖晶石锰酸锂良好的热稳定性和优越的倍率放电特性，提高电池的安全性和功率密度。

大型锂离子二次电池是指容量在 20Ah 以上的电池，包括电动摩托车、电动游览车、电动面包车、混合动力汽车、纯电动汽车、电动游览船以及大型储能系统。这些领域对安全性和可靠性要求极高。我们以尖晶石锰酸锂为正极材料的纯电动车用动力锂离子二次电池已经率先在中国通过了整车试验，其安全性能也得到了国家权威机构的认可。

1.3 尖晶石结构的 4.7V 级高电压正极材料

在经历了 2008 年北京奥运会期间五十辆快速更换电池系统电动公交车的三年稳定运行，及 2010 年上海世博会更大规模的电动公交车稳定运行后，可以说人们对我们研发的 3.8V 尖晶石结构 $LiMn_2O_4$ 正极材料动力锂离子二次电池的高能量密度特性、热稳定性、可靠性以及良好的循环充放电稳定性已经有了明确的认识。为了开发具有更高能量密度的动力锂离子二次电池，我们在研究开发 4.7V 级高电压锂离子二次电池正极材料方面也做了大量有意义的工作。

文献表明，人们在改善尖晶石结构 $LiMn_2O_4$ 正极材料电化学性能的研究工作中，尤其是在对 $LiMn_2O_4$ 进行其他金属元素的掺杂等[23-29]大量的工作后发现，具有 3d 轨道的多种过渡族化学元素(如 Ti、Cr、Fe、Co、Ni、Cu、Zn 等)的掺杂可以提高 $LiMn_2O_4$ 的工作电压。如 Cr 的掺入可将 $LiMn_2O_4$ 的部分放电电压提高至 4.9V[28]；Co 的掺入更可将其提升到 5.1V 等[30]。人们对掺杂的金属元素和元素的掺杂量进行了系统且深入的研究，结果证实当化学式为 $LiNi_{0.5}Mn_{1.5}O_4$ 时，其充放电电压平台都可被提高至 4.7V，且循环充放电稳定性良好[30, 31]。

人们还注意到，$LiNi_{0.5}Mn_{1.5}O_4$ 的理论容量约为 147mAh/g。$LiNi_{0.5}Mn_{1.5}O_4$ 和 $LiMn_2O_4$ 都具有相同的尖晶石晶体结构，然而两者发生电化学反应的机理却有明显区别。大家普遍认为，在 $LiNi_{0.5}Mn_{1.5}O_4$ 中，其主要电化学活性来源于 Ni^{2+}/Ni^{4+} 的氧化还原，而 Mn 离子则保持＋4 价态不变。此外，$LiNi_{0.5}Mn_{1.5}O_4$ 被认为有两种不同的空间结构，一种为 $Fd3m$ 点群，具有面心立方结构，其中 Mn 离子和 Ni 离子无序排列于 16*d* 位置，其中 Mn 离子主要以＋4 价态存在，同时也存在少量的 Mn^{3+}[32]；另一种为 $P4_332$ 点群，其中各原子都为有序排列，Ni 离子为＋2 价，Mn 离子则完全处于＋4 价态，Li、Ni、Mn 离子分别占据晶格的 4*c*、4*a* 和 12*d* 位置，O 离子则占据 8*c* 和 12*e* 位置。

上面的研究结果可能极有意义，因为 4.7V 级的正极材料与碳质材料组成的动力锂离子二次电池的应用意味着仅对应用于电动汽车上的动力电池而言，今后所需的单体电池数量就会减少 30%左右。

然而，试验表明要制备具有更高电压的动力锂离子二次电池，合成不含杂质

的 $LiNi_{0.5}Mn_{1.5}O_4$ 材料可能是至关重要的第一步，否则材料中存在的杂相物质往往会影响 $LiNi_{0.5}Mn_{1.5}O_4$ 的电化学稳定性。为了合成具备良好物理性质和电化学性能的 $LiNi_{0.5}Mn_{1.5}O_4$ 材料，人们已尝试了很多制备方法和工艺，我们也在此方面做出了大量工作并取得了一定成果。

高温固相合成法(high temperature solid-state synthesis)是用于制备尖晶石型正极材料 $LiNi_{0.5}Mn_{1.5}O_4$ 的常见方法。其一般步骤为：以 Li、Ni、Mn 的化合物为原料，按化学计量比 2∶1∶3 称取并多次使用高能球磨进行混合，然后在 800～900℃进行高温长时间反应。为了提高材料的性能，一般还采用分段高温反应，如先在 500～600℃反应 3～5h，再在 850～900℃反应 10h 得到最终产物。然而，实验结果表明，利用传统的固相合成法，即使通过长时间多步骤的机械研磨，也很难将反应物充分混匀从而得到高纯度的 $LiNi_{0.5}Mn_{1.5}O_4$。

因此，为了让固体颗粒反应物在高温化学反应前达到原子级别的混合，在传统合成方法的基础上，我们开发了一种如下面介绍的用草酸预处理的新型固相合成法。该法不仅可以简化合成步骤和工艺，还提高了 $LiNi_{0.5}Mn_{1.5}O_4$ 的电化学性能。

1.3.1　尖晶石 $LiNi_{0.5}Mn_{1.5}O_4$ 材料的合成与研究

以 LiOH(分析纯，汕头市西陇化工厂有限公司)，MnO_2(电池级，汕头市西陇化工厂有限公司)，$Ni(OH)_2$(分析纯，汕头市西陇化工厂有限公司)作为反应物质，首先按照化学计量比将三种反应物简单混合，然后加入一定量固体草酸或者高浓度的草酸溶液，在室温下搅拌并反应至混合物的颜色不再变化。静置后将其上层液取出，于 120℃蒸发直至有晶体析出，再与固体搅拌混合，于真空条件下低于 60℃蒸干，再于 120℃干燥 1h 得预反应物粉末。将该粉末于 700～900℃反应 6～8h 即可得到最终产物 $LiNi_{0.5}Mn_{1.5}O_4$，另外，我们还使用相同的 LiOH、MnO_2 和 $Ni(OH)_2$ 作为反应物，用传统高温固相法合成了 $LiNi_{0.5}Mn_{1.5}O_4$，并将其电化学性能与用我们开发的新方法合成的 $LiNi_{0.5}Mn_{1.5}O_4$ 进行了对比。

我们首先通过 TG-DSC 热分析仪对用新方法处理好的反应物质的高温反应过程进行了研究。如图 1.61 所示，从 TG 曲线(加热速率为 10℃/s)可以看出整个加热反应过程比较简单。在 180～190℃时，DSC 曲线上有峰值为 183℃的吸热峰，在 280～330℃有个很大的放热峰，且在整个反应过程中仅有这一个放热峰。这表明反应物向产物的转化仅在 300℃附近这一个很窄的温度范围内就有可能完成。500℃后，TG 曲线不再变化，因此我们推断，由 Li、Mn、Ni 的草酸盐组成的混合物在 300℃附近发生了完全分解，且最终产物 $LiNi_{0.5}Mn_{1.5}O_4$ 的生成在 500℃已完成。

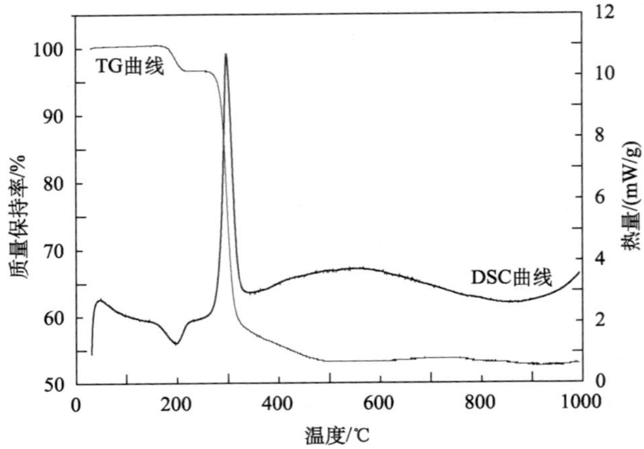

图 1.61　新型固相法合成 $LiNi_{0.5}Mn_{1.5}O_4$ 的 TG 和 DSC 曲线

为了研究新型固相法合成 $LiNi_{0.5}Mn_{1.5}O_4$ 的最佳条件，我们对不同温度下合成的 $LiNi_{0.5}Mn_{1.5}O_4$ 进行了 X 射线粉末衍射（XRD，Cu 靶，20kV/4mA，扫描速率 4°/min）分析，并与传统固相法制备的材料进行了对比。图 1.62 中用 P1 表示传统固相法制备的材料，P2 表示新型固相法制备的材料。从 XRD 谱图中可以看出传统固相法制备的材料结晶度较低，且在（311）和（400）峰附近可观察到明显的杂相峰。但在新型固相法制备的材料中，没有观察到明显的杂相峰存在，且随着温度的升高，材料的衍射峰不断增强，在 800℃时得到的 $LiNi_{0.5}Mn_{1.5}O_4$ 材料（P2-800）具有最高的结晶度。

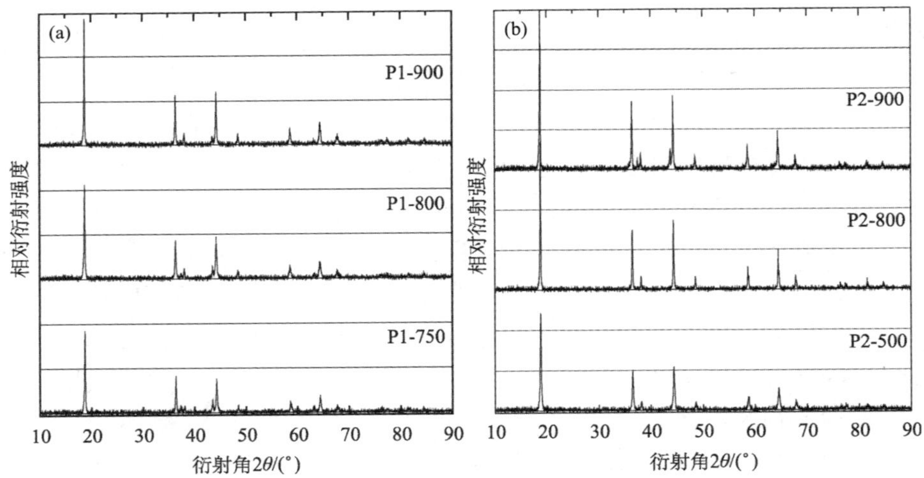

图 1.62　传统固相法（a）和新型固相法（b）合成的 $LiNi_{0.5}Mn_{1.5}O_4$ 的 XRD 谱图

其中横线代表相同的坐标间隔

1.3.2　尖晶石结构 $LiNi_{0.5}Mn_{1.5}O_4$ 的电化学性能

图 1.63 分别为传统固相法(P1)和新型固相法(P2)合成的 $LiNi_{0.5}Mn_{1.5}O_4$ 材料在 0.3*C*(50mA/g)电流下的充放电曲线，实线为初始充放电曲线，虚线为第 300 次充放电曲线。对比两种 $LiNi_{0.5}Mn_{1.5}O_4$ 的充放电曲线，可以很明显看出样品 P2 具有高达 138mAh/g 的初始放电容量，且 4.7V 平台容量高达 97%，充放电电压平台很平坦。经 300 次循环后，P2 容量保持在 124mAh/g，容量保持率为 93.7%，且充放电曲线形状几乎无变化。实验的对比结果则表明，传统固相法制备的 P1 的首次放电容量只有 121mAh/g。上述结果证明，用传统固相法合成的样品不仅高电压部分比例相对要少很多，随着充放电的进行，初始的放电容量经过 300 次循环后保持率也仅为 76%。

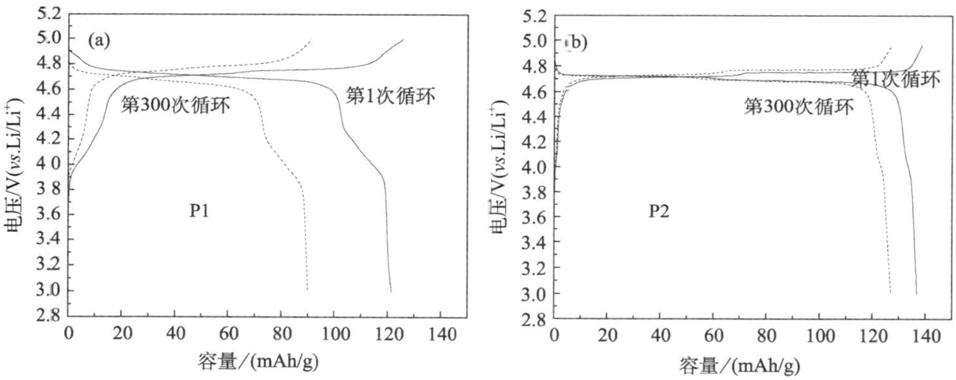

图 1.63　传统固相法(a)和新型固相法(b)合成的 $LiNi_{0.5}Mn_{1.5}O_4$ 的充放电曲线

实线为初始充放电曲线，虚线为第 300 次充放电曲线

上述的研究和分析结果还表明，相对于传统固相法，新型固相法不仅具有更加简洁的制备工艺和流程，合成的 $LiNi_{0.5}Mn_{1.5}O_4$ 具有更高的初始容量和循环稳定性，同时明显提高了 $LiNi_{0.5}Mn_{1.5}O_4$ 的储藏电能能力。如图 1.64 所示，新型固相法合成的 $LiNi_{0.5}Mn_{1.5}O_4$ 的能量密度达到了 640Wh/kg，经过 300 次循环后仍保持在 600Wh/kg 以上，比传统固相法制备的材料提高了 20%以上。

实验结果进一步表明，通过改变新型固相法的合成条件，如温度等，还可以提高 $LiNi_{0.5}Mn_{1.5}O_4$ 的倍率性能。图 1.65 所示为新型固相法在 800℃(P2-800)和 900℃(P2-900)下合成的 $LiNi_{0.5}Mn_{1.5}O_4$ 在不同倍率下的循环性能曲线。如图所示，在 3*C* 倍率下，900℃合成的材料具有 121mAh/g 的容量，经过 50 次循环后仍具有 116mAh/g 的放电容量。

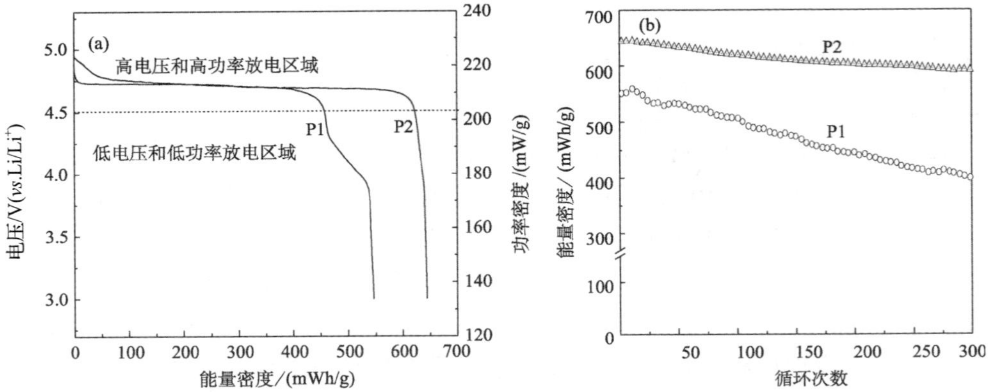

图 1.64　传统固相法(P1)和新型固相法(P2)合成的 $LiNi_{0.5}Mn_{1.5}O_4$ 的容量释放曲线(a)和能量循环性能(b)

均以 Li 金属片为负极

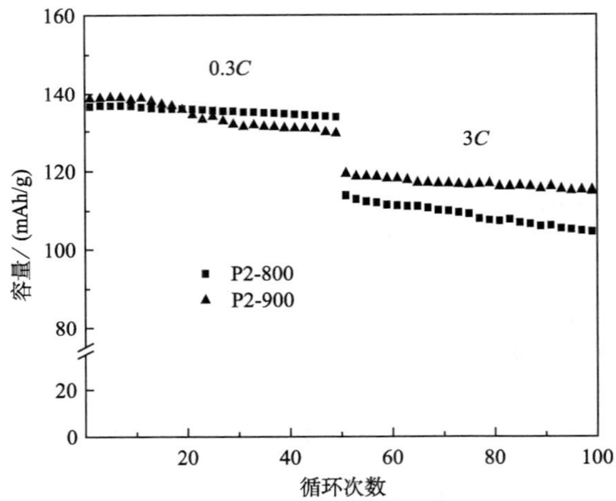

图 1.65　新型固相法不同温度下合成的 $LiNi_{0.5}Mn_{1.5}O_4$ 在不同倍率下的循环性能

1.3.3　4.7V 高电压尖晶石材料的广阔应用前景

上述的研究证明尖晶石结构的 $LiNi_{0.5}Mn_{1.5}O_4$ 具有 4.7V 高电压放电平台，是目前研究开发中具有最高放电电压的锂离子二次电池用正极材料。较高的放电电压至少具有如下几方面优势：①单体电池的高电压可以减少电动汽车电池系统所需单体电池的数量，从而简化电池管理系统，也减轻电池的质量和体积。以一组工作电压为 400V 的动力电池为例，同样以碳质材料为负极，如采用 $LiFePO_4$ 电池则需要约 140 块单体电池，采用 $LiMn_2O_4$ 则需约 110 块单体电池，而若采用 $LiNi_{0.5}Mn_{1.5}O_4$ 则仅需不到 100 块单体电池就可实现。②用尽可能少的单体大容量电池去制作一定高电压的电池系统，不仅可以减少电池系统的质量，还会有效地控制热效应，对电池起到保护作用。③提高单体电池电压可以提高电池的能量密度和输出功率。如 $LiNi_{0.5}Mn_{1.5}O_4$ 正极材料具有高达 640Wh/kg 的能量密度，这对于提高整个电池的储能密度是非常重要的，而在同样条件下 $LiMn_2O_4$ 正极材料的能量密度为 490Wh/kg 左右，$LiFePO_4$ 的能量密度则只有不足 400Wh/kg。

近年来，$Li_4Ti_5O_{12}$ 作为负极材料因其优越的循环充放电稳定性而越来越受到重视。$Li_4Ti_5O_{12}$ 的工作电压为 1.55V 左右。如果 $Li_4Ti_5O_{12}$ 和常见的 3.8V 级正极材料组合为电池，其电池电压为 2.5V，若和 $LiFePO_4$ 组合电池，电压则在 2.0V 以下，显然这样的电池其工作电压和能量密度过低，远不能满足高能量动力锂离子二次电池的要求。若以 $Li_4Ti_5O_{12}$ 作为负极材料，和 4.7V 高电压材料 $LiNi_{0.5}Mn_{1.5}O_4$ 组成电池，其电池电压则可以达到 3.2V 左右，电池的能量密度比 $LiFePO_4$ 等其他电池提高 30%～50%。

尖晶石结构的 $LiNi_{0.5}Mn_{1.5}O_4$ 电池是在 $LiMn_2O_4$ 电池材料的基础上发展起来的，具有更高的实际比容量和更加稳定的循环稳定性。在电解液足够稳定的情况下，可以满足大部分高功率和高能量电池的要求，从而在混合动力汽车和纯电动汽车上展现出十分美好的应用前景。

1.4　全新超高容量基于阴离子(固态氧)氧化还原对的正极材料*

随着手机等小型电子设备的发展，人们对电池容量的要求越来越高，从最初的 600mAh 发展到了如今的 3000mAh 以上。大容量电池的使用致使电池的质量超过了整个手机的一半，阻碍了个人电子设备轻量化的发展。因此，开发更高比容量密度(Ah/kg)的锂离子电池成为推进电池轻量化的主要手段。我们知道，在将电池工艺最优化处理后，将附加材料，如集流体、隔膜、电池外壳等做到最小质量时，决定电池容量密度的是正、负极活性材料。人们在寻找高容量负极材料方面做了大量工作，逐渐采用理论容量超过 3000mAh/g 的高容量 Si 负极取代传统石墨负极，而且对理论容量值达到最高极限的锂金属负极也进行了广泛的研究。对高容量正极材料的研究虽然也比较多，但实际容量的提升却比较缓慢。

如化学元素周期表所示，传统正极材料在充放电时，是基于过渡金属元素的氧化还原反应而进行的。比如，$LiCoO_2$ 是基于 Co^{4+}/Co^{3+} 氧化还原对，$LiMn_2O_4$ 是基于 Mn^{4+}/Mn^{3+} 氧化还原对。这些材料中每得失一个电子时，需要一个—MnO_2

* 本节工作是由本组和美国麻省理工学院的李巨教授组联合研发的，同时也有美国阿贡国家实验室相关人员参与，相关工作已发表在 *Nature Energy* 上。

(分子量约为 87)或—CoO_2(分子量约为 80)来承载。因此以较重金属离子作为氧化还原对的传统正极材料，其单位质量所能储存电子的能力较小，因而容量较低。若想从本质上提高正极材料的容量，必须考虑利用较轻的离子来作为氧化还原对，提高单位质量所能容纳的电子数量。此外，为满足正极材料的要求，可用来作为正极材料的氧化还原对还需要有多价态，以及其氧化态具有较高的氧化性等特点。本节中，我们将系统讨论开发新型高容量正极材料的基本思路，及全新固态氧阴离子氧化还原对正极材料的电化学性能和电化学过程中的反应机理。

1.4.1 如何寻找高容量氧化还原对

我们知道，对于一种分子量为 M 的正极材料而言，其容量可以用式(1.1)计算

$$C=26.8n/M \tag{1.1}$$

式中，n 为一种正极材料分子在充放电过程中转移的电子数；M 为该材料的分子量。因此正极材料的容量即为该分子单位质量所能储存电子的能力。因此，设计高理论容量正极材料需要满足以下几个条件：

(1)作为正极材料，其工作电压要高。锂离子电池在放电过程中，实质上就是正极材料与负极材料之间发生了氧化还原反应，其中正极材料作为氧化剂，负极材料作为还原剂。而放电电压一定程度上反映了正、负极之间氧化还原反应的热力学性质，因此为使材料具有较高的放电电压，正极材料的氧化态(充电态)应对于锂有较强的氧化性。为满足这一要求，若充电态为金属正离子，则应有较强的吸电子能力；若充电态为非金属单质，则该非金属元素应有较高的电负性。满足这一要求的氧化还原对分为两类：一类是传统材料中常用的过渡族金属高价态离子(如 Co^{4+}、Mn^{4+}等)，另一类则是第Ⅵ、Ⅶ主族元素的高价态元素单质或离子(如 S、O、F、Cl 等)。

(2)为获得具有较高容量(Ah/kg)的材料，正极材料要基于较轻质量的离子作为氧化还原对，也就是说该材料单位质量的分子所能储存的电子数要尽量多。

同时满足以上两个要求可作为正极使用的材料，只有第一、二、三周期Ⅵ、Ⅶ主族元素的高价态单质或离子。也就是应重点考虑使用 O、S、F、Cl 等元素的不同价态作为氧化还原对来设计正极材料。

锂硫电池(Li-S)就是符合以上两点考虑设计出来的高容量电池用正极材料。Li-S 电池使用单质 S 作为充电态，基于 S/S^{2-}氧化还原对的电化学反应相对于 Li 金属负极具有约 3V 的电压，在实际放电过程中，Li-S 电池具有平均 2.2V 的放电电压。同时，S/S^{2-}氧化还原对在电化学反应过程中，每个 S 原子可以储存 2 个电子，即每 M(分子量为 32)可以存储 2 个电子。这使得 S 正极具有高达 1600mAh/g 的理论容量，因此理论上 S 正极是一种非常好的高容量正极材料。然而在实际研

究中发现，S 正极在电池过程中产生的中间产物，即多硫离子极易溶解于电解液中，使电池容量严重衰减。且电池充放电过程中出现的穿梭效应使电池内部短路，导致电池充电提前终止或者严重自放电。另外，硫正极的导电性差和密度低等问题也严重阻碍了 Li-S 电池的产业化。

锂氧气电池($Li-O_2$)也是人们开发高容量电池的另一个选择。$Li-O_2$ 电池的正极反应是以 O_2/O_2^{2-}作为氧化还原对，其相对于 Li 金属负极具有高达 3V 左右的放电电压；同时每一个 O_2 分子可以存储 2 个电子(O_2/O_2^{2-})，即每 M(分子量为 32)可存储 2 个电子。而对于传统正极材料，如 $LiCoO_2$，在电化学反应过程中，约每 M(分子量为 100)仅可以存储 1 个电子，因此 $Li-O_2$ 电池正极材料的理论容量是 $LiCoO_2$ 的 6 倍以上。另外，$Li-O_2$ 电池在工作时只需要与空气进行 O_2 交换，并不需专门储存 O_2，因此电池的容量可以做到 10000mAh/g 以上。理论上，$Li-O_2$ 电池是容量最高的锂离子电池。然而在实际操作中发现，$Li-O_2$ 电池在充放电过程中，通常充电电压和放电电压之间具有超过 1.2V 的电压差，这使得 $Li-O_2$ 电池在工作过程中具有较低的能量效率，且发热严重。另外，由于 $Li-O_2$ 电池需要在开放体系中工作，以不断地从/向空气中吸收/释放 O_2，这样就需要复杂的保护膜来阻止空气中的 H_2O、CO_2 和其他杂质的吸入。

1.4.2　高容量固态氧正极材料的设计和合成

$Li-O_2$ 电池虽然有着超高的理论容量，但充电时高达 1.1 V 以上的过电位使电池的能量效率较低。尽管人们尝试开发了各种催化剂来降低 $Li_2O_2 \rightarrow O_2$ 之间转化的活化能，这一充电电位却始终难以降到 3.5V 以下。而且从原理上，$Li-O_2$ 电池的高充电过电位也很难再被大幅度降低。$Li-O_2$ 电池较大的充放电电压差与充电产物(O_2，气态)和放电产物(Li_2O_2，固态)两相之间巨大的相变有关。我们知道，从放电产物的固态到充电产物的气态，有着高达 10^4 倍的体积变化，而氧原子从固体晶格中脱离，就需要极大的活化能来实现。因此，要想解决这个问题，我们只能考虑，将整个电化学反应过程中所有参与反应的充电产物、放电产物以及中间产物都限制在固体状态，以此来消除紧密堆积态和气态之间的巨大相差，这也就是我们提出的全固态氧正极的基本原理。

我们重新设计了一个基于氧离子的氧化还原对，将其在整个电池过程中的充放电状态都限制在固态。锂离子氧化物中主要有 Li_2O、Li_2O_2 和 LiO_2 三种以及处于三者中间的多种计量比的可能性，若将 Li_2O(氧为–2 价)作为放电产物，后两者作为充电产物(氧为–1，–0.5 价)，那么 Li_2O/Li_2O_2 氧化还原对的理论容量为 873mAh/g，而 Li_2O/LiO_2 的容量则可高达 1341 mAh/g。充放电过程中，电化学反应如式(1.2)、式(1.3)所示[33-35]：

$$Li_2O_2+2Li^+ +2e^- = 2Li_2O \quad U^0=2.86V \tag{1.2}$$

$$LiO_2+3Li^+ +3e^- = 2Li_2O \quad U^0=2.88V \tag{1.3}$$

即以 Li_2O 为活性物质的正极材料作为放电态，对其充电到 Li_2O_2 或 LiO_2，理论上可以得到容量高达 873mAh/g，甚至 1341mAh/g 的正极材料。为实现这一目标，需要解决两个关键问题：①如何将 Li_2O 进行电化学活化，使其具有电化学性能，才可以被充电。②由于 LiO_2 晶体在常温下十分不稳定，会歧化分解为 Li_2O_2 和 O_2，因此在充电过程中要使 LiO_2 保持稳定。

基于以上分析，我们设计了一种纳米 $Li_2O\&Co_3O_4$ 复合正极材料，示意图如图 1.66 所示。该设计主要基于以下几方面的考虑[36]：

(1) 既然一般情况下大块 Li_2O 晶体不具有电化学活性，我们可以将 Li_2O 做到纳米尺度，降低活化能。另外用纳米多孔 Co_3O_4 作为骨架和催化剂来活化 Li_2O，同时纳米多孔 Co_3O_4 也是良好的电子导电体，可以提高正极的电化学性能。

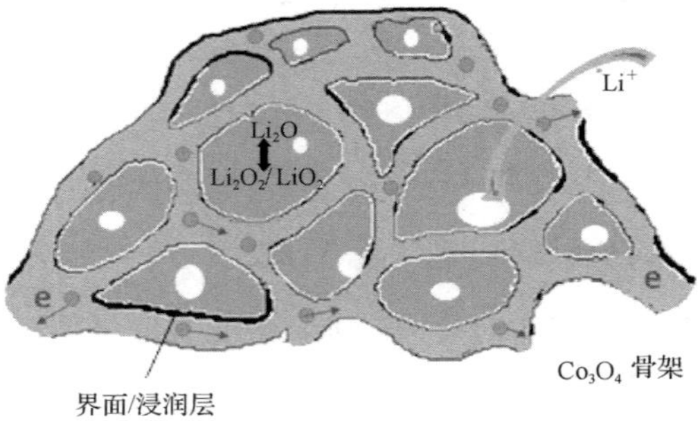

图 1.66　纳米复合氧化锂正极材料结构示意图

(2) 室温下 LiO_2 晶体不能稳定存在，但如果改变其晶体结构甚至使其分子排列无序化，LiO_2 可能会在分子级别上保持化学稳定。合成一种能稳定存在的、具有特殊结构的 LiO_2 晶体是很困难的，因此我们重点考虑合成一种接近非晶态的 LiO_2。而合成非晶态的 LiO_2 可以通过电化学方法来实现。例如晶体 Al 和 Si 电极等，经过电化学循环后，材料会逐渐转化为非晶态[37,38]。因此在本章中，我们使用纳米 Li_2O 作为初始反应物，希望在电化学活化中得到非晶态 Li_2O、Li_2O_2 和 LiO_2。为了最大限度地使 Li_2O 得到电化学活化，我们在合成材料时，将初始 Li_2O 的晶体颗粒控制在 5nm 以内。

(3) 我们设计了一种纳米多孔 Co_3O_4 骨架来提供特殊的催化界面和浸润层 (wetting layer)，使得和纳米 Li_2O 颗粒充分接触，这样 Co_3O_4 界面处就会提供大量的电子空轨道。Co_3O_4 浸润层不仅起催化作用，使 Li_2O 具有电化学活性，同时还可以吸附和固定电化学反应过程中产生的超氧根离子 (O_2^-)。在充电过程中，随着电子和 Li^+ 从正极材料中脱出，O 的价态升至 $Z=-0.5$ 时，O_2^- 即可被吸附在浸润层，以 LiO_2 的形式存在[39]。显然，Co_3O_4 浸润层在电化学活化 Li_2O 和稳定 LiO_2 过程中都发挥着关键性作用，同时也只有靠近 Co_3O_4 骨架浸润层的 Li_2O 才能参与电化学反应。因此为了更好地催化 Li_2O，活化更多的 Li_2O 和稳定更多的 LiO_2，我们使 Li_2O 核在 5nm 以下，以实现大部分 Li_2O 距离 Co_3O_4 浸润层不超过 3nm。

本节中，我们采用简单易操作的一锅法(one-pot)结合 300℃的低温反应，合成这种纳米氧化锂复合材料(nanolithia composite cathode，以下简称 NC)。我们先将 Li_2O 和 $CoCl_2$ 在乙醇中超声处理，随后混合，Li_2O 会吸收乙醇和空气中的水分，生成 LiOH，随后使 Co 离子以 $Co(OH)_2$ 或者 $Co(OH)_3$ 的形式沉淀在 Li_2O 的表面，形成超细纳米混合颗粒。再在 300℃下低温反应，则可生成 Co_3O_4 骨架包围 Li_2O 的纳米复合物 NC。

1.4.3　纳米复合固态氧正极材料的结构与电化学性质

我们用 X 射线衍射(XRD)和透射电子显微镜(TEM)对合成的 NC 材料的晶体结构进行了分析，结果如图 1.67 所示。从图 1.67(a)中的 XRD 谱图上可以看出，Li_2O 的衍射峰非常明显，同时有较弱的 Co_3O_4 的衍射峰，该峰强度很弱，峰宽较大。这表明所制备的材料是以 Li_2O 为主，Co_3O_4 为辅的复合材料，且后者的结晶度较低。图中也包含少量 LiOH 的衍射峰，这些可能来自乙醇中未反应完全的中间产物 LiOH。图 1.67(b)是 NC 的 TEM 和选区电子衍射(SAED)，TEM 图很清楚地反映了材料的微观结构，即大量的纳米 Li_2O 颗粒被夹杂在 Co_3O_4 骨架中，其中 Li_2O 核的尺寸为 3～5nm。

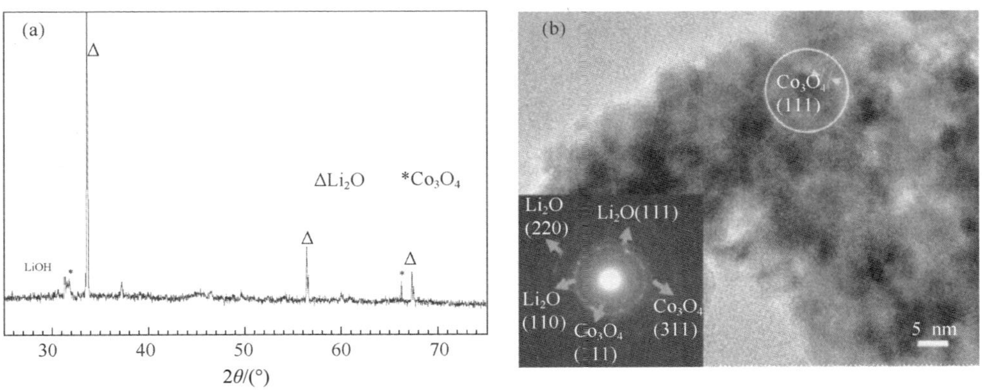

图 1.67　NC 材料的 XRD 谱图(a)和 TEM 图及 SAED 图(b)

另外，我们用能量色散 X 射线分析(EDX)对 NC 材料中 Co 和 O 的分布进行了探测，结果如图 1.68 所示，材料中的核部分(亮部)的 Co∶O 约为 1∶4.79～6.61，而骨架部分(暗部)的 Co∶O 仅为 1∶1.47～2.08，比较接近于 Co_3O_4 的成分组成，因此进一步验证了之前材料结构的设计：合成的材料为 Co_3O_4 骨架包裹的纳米 Li_2O 复合材料。

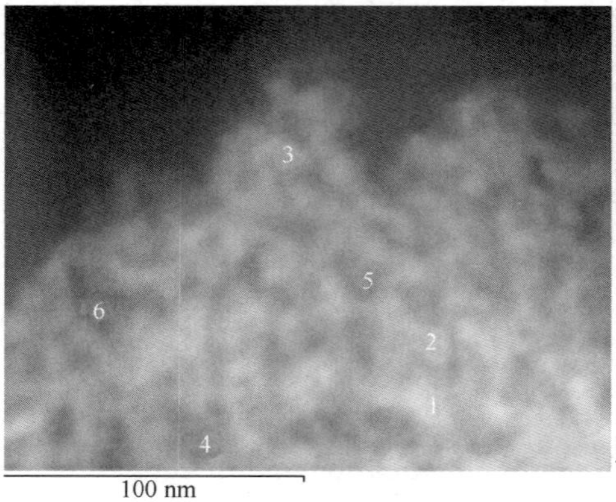

	位置	Co∶O
核	1	1∶6.61
	2	1∶5.32
	3	1∶4.79
骨架	4	1∶2.08
	5	1∶1.86
	6	1∶1.47

图 1.68　NC 材料中不同位置 Co∶O 分布的 EDX 图

我们用合成的纳米 Li_2O 复合材料(其中，Li_2O 质量分数为 67%，因此以下用 NC-67 表示)为正极，锂金属为负极，1mol/L $LiPF_6$ 的 EC/DEC 溶液(质量分数为 2%的 VC 添加剂)作为电解液组装成电池，对正极材料进行电化学性能测试，充放电曲线如图 1.69(a)所示。NC-67 正极在 120A/kg 恒流充放电时，在约 2.55V 时有稳定的放电平台。当恒流充电到 615Ah/kg 时，其首次放电容量为 502Ah/kg，随后逐渐增加到 587Ah/kg。该电池的放电循环稳定性非常好。如图 1.69(b)所示，在 200 次循环后，容量仅损失 4.9%。另外，从图 1.69(a)中可以看出，NC-67 的充电曲线显著分为两部分，第一部分是从 2.80V 开始，逐渐上升至 2.91V，这一部分的反应对应着 $Li_2O \longrightarrow Li_2O_2/LiO_2$ 反应，而第二部分几乎保持在 2.94V 恒定不变，这一部分应主要归属于电解液中的穿梭效应(在下面会详细介绍)。

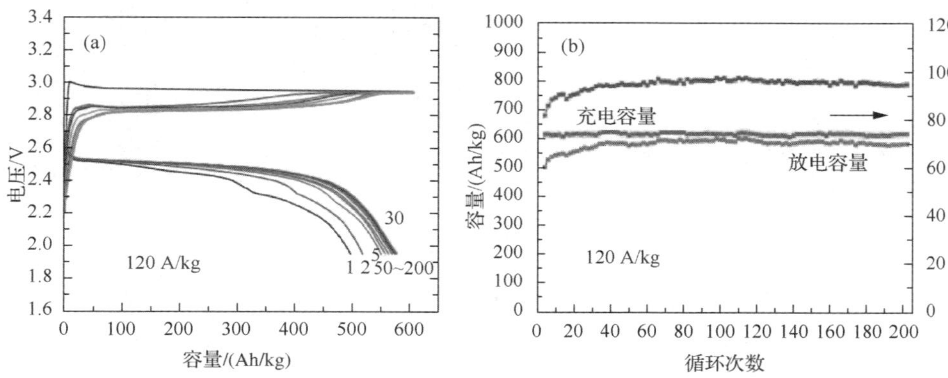

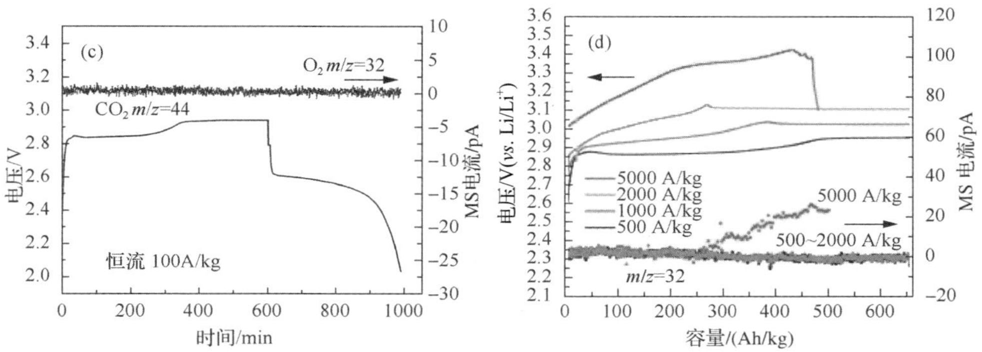

图 1.69　NC-67 材料的电化学性能曲线

(a) NC-67 材料的恒流充放电曲线；(b) 电池循环性能曲线；(c) 电池在恒流充电时对 O_2 和 CO_2 等气体的 DEMS 检测曲线；(d) 不同倍率下对电池中 O_2 产生情况的 DEMS 检测曲线

在电池充放电过程中，还使用了差分电化学质谱(DEMS)实时检测电池过程中可能产生的气体。如图 1.69(c)所示，在 100A/kg 恒流充放电时，整个电池过程中没有 O_2 和 CO_2 产生，而电池的电压也不会超过 2.95V。DEMS 还对电池在不同充电倍率下进行了监测，如图 1.69(d)所示，结果发现当在 500A/kg、1000A/kg 和 2000A/kg 恒流充电时，最终穿梭效应将电压分别限制在了 2.96V、3.04V 和 3.14V。DEMS 显示，当充电电流小于 2000A/kg 时，无论对电池过充多久，始终没有 O_2 和 CO_2 产生。而只有充电电流大于 5000A/kg 时，当充电容量超过 250Ah/kg 时，DEMS 检测到 O_2 产生，氧气产生时的电压约为 3.40V。即当电流倍率超过 5000A/kg(约 10C)时，此时穿梭效应失效。

图 1.70 是 NC-67 材料的循环伏安曲线，在循环伏安曲线上，NC-67 仅有一对氧化还原峰，这表示在电池循环过程中，NC-67 已转变成纳米尺度 Li 的氧化混合物 $Li_2O/Li_2O_2/LiO_2$，因此各自的细分电压已不能在循环伏安曲线上区分开。众所周知，当材料的尺寸小到 10nm 以下时，材料的动力学参数往往会有较大的位移，比如材料的熔点等。同时因为原子在晶格中的有序化降低，相与相之间的差别减小，也会导致材料的特征峰变得不再尖锐。不过在图 1.70 中，最有价值的信息是 NC-67 电极的氧化电压(2.82V)和还原电压(2.58V)之间的电压差仅有 0.24V。而这个电压差只有传统锂氧气电池的五分之一，这反映了 NC-67 材料组装的电池较为特殊的电化学动力学过程[40-43]。尤其值得注意的是，NC-67 的充电电压仅为 2.80V 左右，而传统锂氧气电池的充电电压往往在 4.00V 以上。这一过电位的降低，将很大程度上提高电池的能量效率，同时降低电池在充电过程中的放热问题。

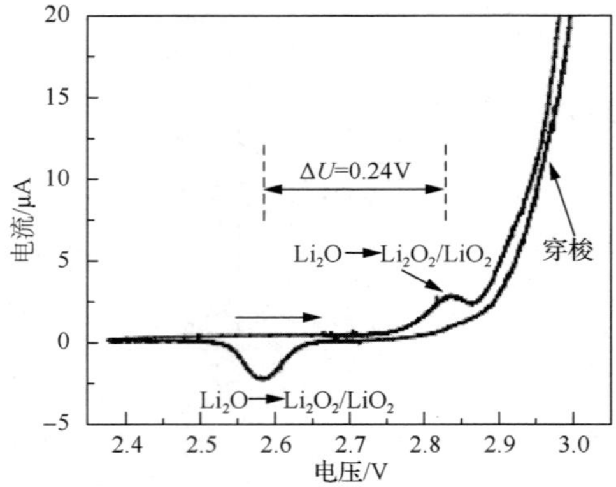

图 1.70　NC-67 材料的循环伏安曲线

电池的过电位一般是由电池反应过程中电子和离子传输时所需要克服的能垒产生的。在传统锂氧气电池中，充电产物(气体)和放电产物(固体)之间有很大的结构和相的变化，于是任何一种气体和固体之间的转变都将产生一个较大的电压差以及较低的化学反应速率。而在我们的新工作中，将电池的充放电产物都设计成固体，两者都是紧密堆积态，没有任何气体参与，而对于氧原子而言，其在两相之间所处的化学环境变化并不大，其两相之间的转变会有较小的能垒，因此有较小的电压差。同时，这也要归功于多孔纳米 Co_3O_4 提供的催化作用。

我们还使用 $Li_4Ti_5O_{12}$ 作为负极材料，将 NC-67 正极材料和 $Li_4Ti_5O_{12}$ 按照容量当量为 1∶1.1(即 $Li_4Ti_5O_{12}$ 容量相对于 NC-67 过量 10%)匹配组装成全电池。如图 1.71 所示，尽管电池的容量有所降低，只有 549Ah/kg，但是全电池的循环性能竟然有所提高，130 次循环后，容量保持率为 98%左右。由于 $Li_4Ti_5O_{12}$ 在初始状态时，并没有储备多余的 Li 离子。因此这个结果表明，即使 NC-67 表面形成了

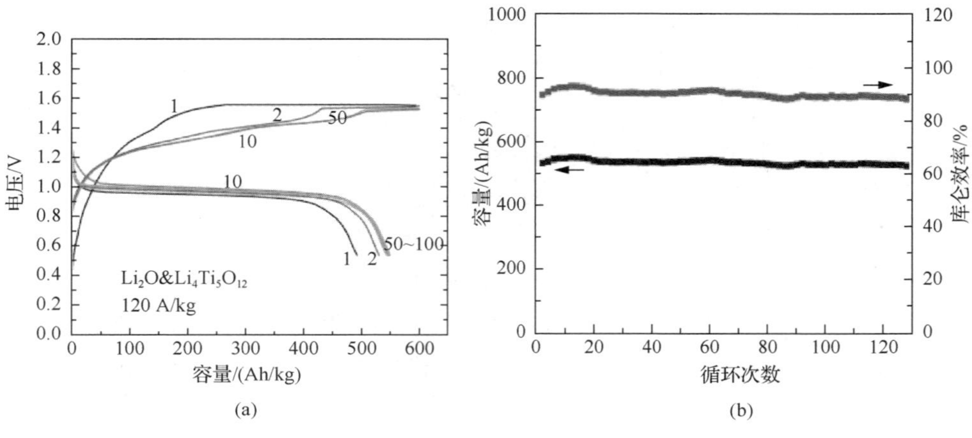

图 1.71　NC-67 材料相对于 $Li_4Ti_5O_{12}$ 负极的充放电曲线(a)及循环性能曲线(b)

某种不可逆反应的钝化层，如 Li_2CO_3 等，这个钝化层的形成也只是消耗了少量的 Li 离子，且该钝化层一旦形成后也十分稳定。

1.4.4　电池过程中纳米氧化锂的转变

上面已介绍，NC-67 材料具有很高的容量，较低的充放电电压差和良好的循环性能。我们将对电池充放电过程中，NC-67 正极材料的转变以及发生的氧化还原反应进行探索。

首先，我们使用 X 射线光电子能谱(XPS)对 NC-67 材料充电前后 Co 离子的价态进行检测，结果如图 1.72 所示。从图 1.72 可以看出，充电前，位于约 795eV (Co $2p_{1/2}$) 和约 780eV (Co $2p_{3/2}$) 处的两个峰表明，材料中 Co 以 Co_3O_4 的形式存在。而充电后，Co 的 $2p_{1/2}$、$2p_{3/2}$ 两个峰都没有明显变化。因此可以推断，在电池过程中，Co 离子的价态并没有发生变化，即 Co 离子没有通过氧化还原反应而为 NC-67 提供明显的容量。

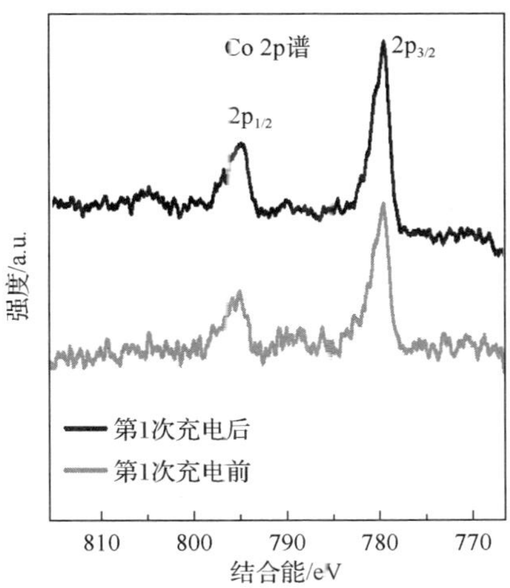

图 1.72　充放电前后 NC-67 材料中 Co 离子的价态变化

我们用原位拉曼光谱对 NC-67 正极材料在充电过程中的变化进行实时监测，结果如图 1.73 所示。在拉曼光谱图上，充电前的 NC-67 材料没有显示出明显的 Li_2O_2 或者 LiO_2 的特征谱。当充电容量达到 200Ah/kg 时，在 790cm^{-1} 处出现了一个新峰，此峰虽然较宽，但中心值与 Li_2O_2 相对应。当进一步充电到 400Ah/kg 时，这个峰高也在增高，直到 500Ah/kg 时保持恒定。表明在充电到 500Ah/kg 之前，NC-67 材料中的 Li_2O_2 含量在增多。然而当充电到 500Ah/kg 以上时，在 1120～1130cm^{-1} 处又出现了新的拉曼峰，且随着充电容量的进一步提高，该峰也进一步增强。该峰和 LiO_2 中的 O—O$^-$ (Z= –0.5) 共价键在 1123cm^{-1} 处的振动峰非常一致。因此可以推断，在充电超过 500Ah/kg 以上时，NC-67 中有类似于 LiO_2 的物质生

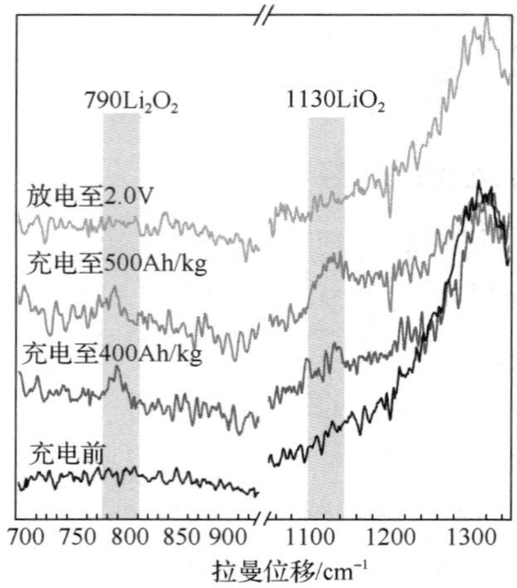

图 1.73　NC-67 材料在充放电过程中的拉曼光谱

成。从原位拉曼光谱可以看出，在 NC-67 充放电过程中，790cm^{-1} 和 1130cm^{-1} 这两个峰只在高度上有变化，而拉曼位移的位置基本无变化。当 NC-67 放电至 2.0V 时，这两个峰又基本消失。拉曼光谱结果表明，在电池充电过程中，NC-67 材料中有 Li_2O_2 和 LiO_2 的生成。

图 1.74 是对充放电 10 次后的 NC-67 材料进行的选区电子衍射(SAED)。SAED 结果显示，经过充放电循环后的 NC-67 材料中有与 Li_2O_2 晶格相匹配的低指数晶面特征，如(002)(101)(103)和(110)，以及 LiO_2 的(110)(020)(011)(120)和(111)。因此，SAED 结果表明 NC-67 充电后，转变成了 $Li_2O/Li_2O_2/LiO_2$ 的混合非晶相。同时，原位 X 射线衍射检测结果也表明在充放电过程中，大部分 Li_2O 晶体都转变成了非晶态，这一点和硫正极以及 Si 和 Al 负极在电池过程中非晶化转变类似。这种电池过程中的非晶态之间的相互转变相对于晶体之间的转变具有更好的动力学特征，因此也致使产生了上述较低的充电过电位。

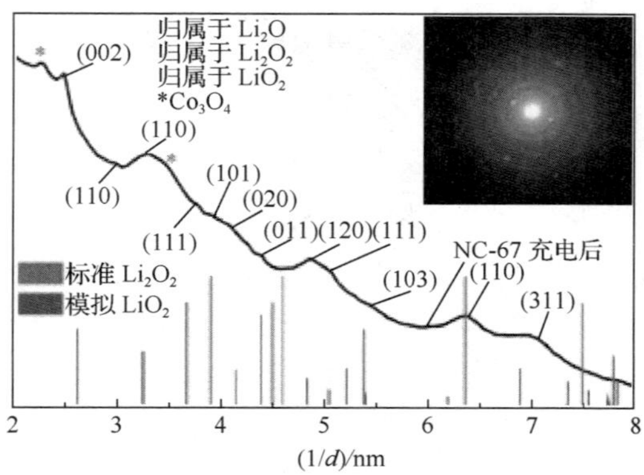

图 1.74　经过 10 次电化学循环后 NC-67 材料的 SAED 图

^{6}Li 的核磁共振谱（^{6}Li NMR）对 Li 离子所处的化学环境有最直接的响应。我们对不同充放电状态（SOCs）时的 NC-67 材料进行了 ^{6}Li NMR 检测，结果如图 1.75 所示（其中，所有化学位移都是相对于 1mol/L LiCl 的 D_2O 溶液作为 0 点）。纯 Li_2O 和 Li_2O_2 的 ^{6}Li NMR 标准图显示，纯 Li_2O 和 Li_2O_2 晶体分别在 2.90ppm 和 0.21ppm 有一个很尖锐的化学位移峰，其中 Li_2O_2 的半峰宽稍微大于 Li_2O。当处于放电状态时，NC-67 在 2.90ppm 处有一个尖锐峰，与标准 Li_2O 样品的 NMR 图一致，在 0.21ppm 处有一个很小的峰，表明放电态的 NC-67 材料主要由 Li_2O 和少量的 Li_2O_2（可能是上一个循环中未完全放电反应而残留的）组成。当充电至 400Ah/kg 时，在 0.21ppm 处有明显的化学位移出现，表明 NC-67 材料中有显著量的 Li_2O_2 生成。且当充电量超过 600Ah/kg 时，0.21ppm 处的峰超过了位于 2.90ppm 处的 Li_2O 的峰。非常有意思的是，同时在 −2.47ppm 处又出现了新的峰。虽然该峰相对较弱，但足以表明 NC-67 中有新的锂化合物生成，而在此处有核磁响应的锂化合物从未被报道过。为了确定这种新的锂化合物的组成，我们通过电子云密度泛函理论（DFT）进行了模拟计算，确定这个新化合物应归属类 LiO_2。因此，核磁结果也进一步证明了在充电过程中，Li_2O 逐步转变成 Li_2O_2 和 LiO_2 的过程。最后，低温电子顺磁共振（LT-ESR）也表明了在深度充电后，NC-67 材料中有单电子顺磁响应，表明有未成对电子的自由基生成，而这个 ESR 响应峰也只可能归结于材料中有类 LiO_2 生成。

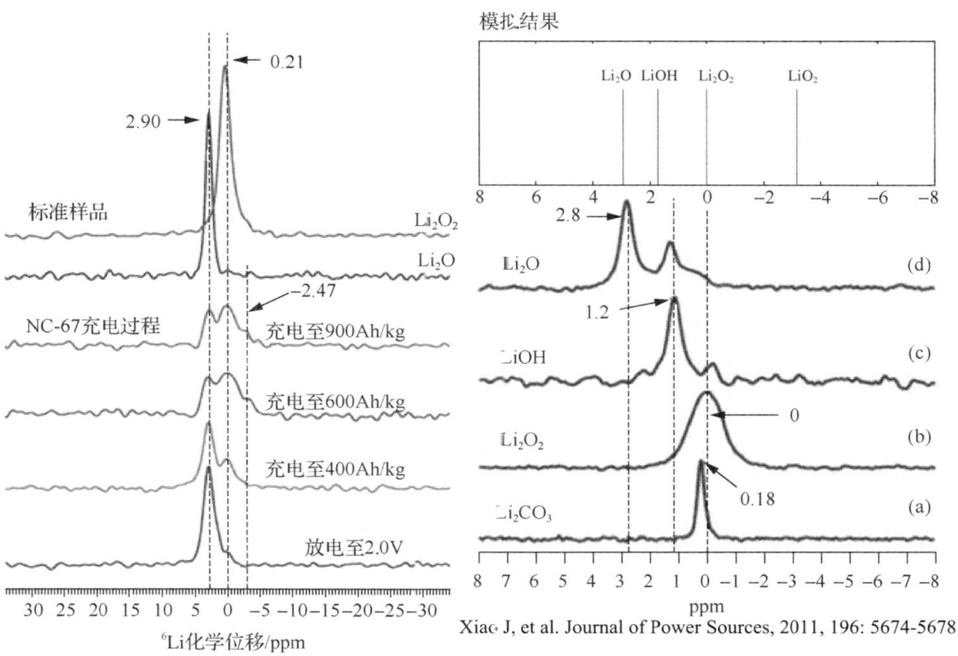

图 1.75　NC-67 材料在充放电过程中的 ^{6}Li 核磁响应变化

1.4.5　穿梭效应导致的自我过充电保护

如前文所述，只要充电电流不超过 2000Ah/kg，电池即使长时间过充都不会有 O_2 产生。我们对电池进行了长达 72 小时的过充，如图 1.76(a)所示，放电容量基本不受影响，仍然可以放出约 600Ah/kg 的容量。而这一可以长时间无损过充的现象，在锂氧气电池中从未观测到过。我们可以猜测，这是电池过程中，在电解液中自发生成了一种可溶性的氧化还原对 A/A^{x-}，而长时间的无损过充就是这种氧化还原对在电解液中穿梭产生的。穿梭效应的形成和过程如图 1.76(b)所示，由于 Co_3O_4 骨架对纳米氧化锂并不能做到完全包覆，因此当 NC-67 材料中有 O_2^- 产生时，高浓度 O_2^- 会进攻电解液中碳酸酯环上的甲基，这就是所谓的 S_N2 进攻过程。以 EC 电解液为例[如图 1.76(c)]，超氧根 O_2^- 会进攻环上的甲基，导致开环

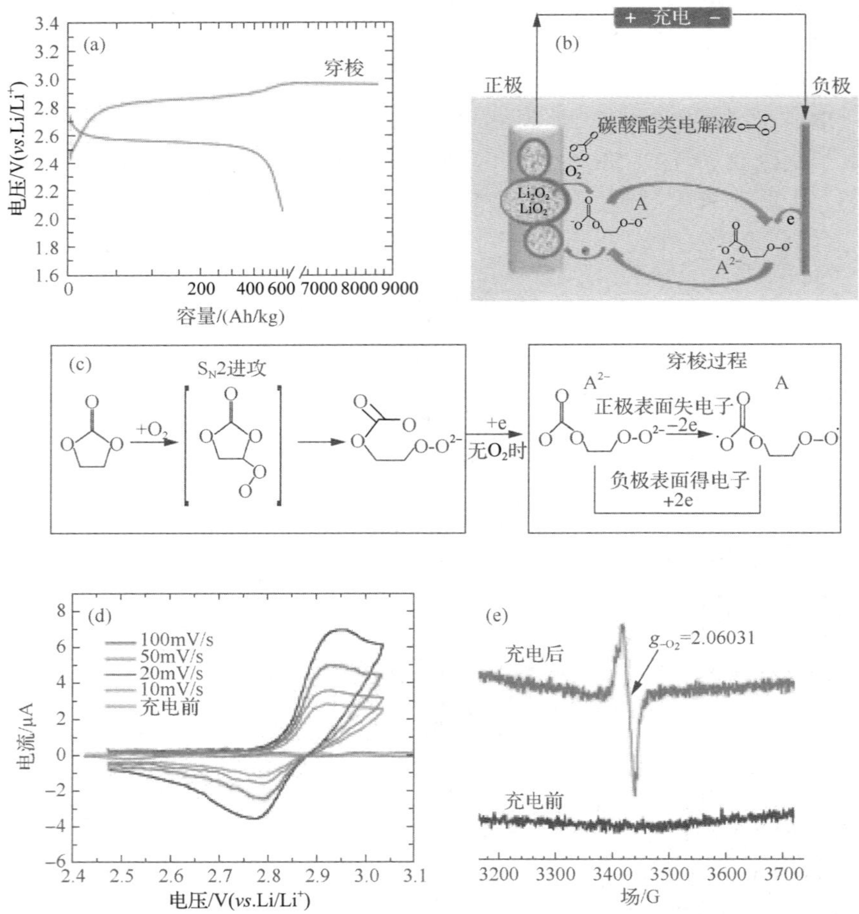

图 1.76　电池过程中的过充自我保护及穿梭效应形成和工作原理示意图

反应，从而形成一种中间态的超氧自由基产物 A。文献报道，在高浓度氧气存在时，A 可能会进一步被氧化成 CO_2、H_2O 和 Li_2CO_3。然而，在本工作中由于没有 O_2 参与，超氧自由基 A 就不会很快分解，而是通过电解液扩散到负极，并且在负极表面得电子从而被还原成 A^{x-}，随后再次扩散到正极。这样反复的过程就在电解液中产生了内部电流 I_s。只要外部充电电流不超过 I_s，正极电位就不会升高，从而阻断了过充时电极电压的升高，保护了电池。

为了验证电池过程中，电解液中产生了 A/A^{x-} 氧化还原对，我们拆开了长时间过充过的电池，收集了电解液并经稀释后进行了循环伏安测试，如图 1.76(d)所示，果然分别在 2.91～2.95V 和 2.76～2.79V 两处发现了明显的氧化还原峰。而且，氧化电流峰(i_p)和扫描速率平方根($v^{1/2}$)呈现出了良好的线性关系。这表明电解液中的确存在一种氧化还原对，对电解液的电化学过程起着扩散控制作用。原位 ESR 检测结果[如图 1.76(e)]也表明在对电池充电前，电解液中未检测到任何 ESR 响应，而过充时，电解液中检测到了自由基的存在，且 g=2.06031，这个 g 因子十分接近 LiO_2 分子中超氧根离子的 g 值[44]。根据以上结果，我们可以推测，在过充时，电解液中的确存在一种可以在正负极之间穿梭的超氧自由基氧化还原对。

从以上研究内容可以总结：我们已经成功将质量较小的阴离子作为氧化还原对，用于实际的锂离子电池中。通过设计和合成一种纳米尺寸的 Co_3O_4 与 Li_2O 的复合材料实现了 Li_2O 与 Li_2O_2 和 LiO_2 之间的循环，实际能量密度达到了 1000Wh/kg 以上。同时，通过这种特殊的复合纳米结构，材料的压实密度达到了 2.2g/cm^3，在保证纳米材料具有优异的电化学性能时，还提高了材料的压实密度。最重要的是，NC-67 材料具有低达 0.24V 的充放电过电位，优异的循环性能以及安全性能。另外，通过自发生成的溶解在电解液中的氧化还原对，产生了在过充电时的自发穿梭效应，对电池起到了过充电保护，从而抑制了 O_2 的产生。

本节这种新一代高容量正极材料正处于探索阶段，仍有很大提升空间。望能引起研究者的关注，为设计新材料提供一种全新的思路。

1.5　天然石墨负极材料

目前，锂离子二次电池中使用的负极材料有碳材料（石墨类碳材料、非石墨类碳材料）负极和非碳材料(合金和金属氧化物)负极。在碳材料负极中，石墨是较早用作锂离子二次电池负极材料的。石墨类负极材料随原料不同而种类繁多，典型的为天然石墨、人造石墨、石墨化碳纤维和石墨化中间相碳微珠。石墨作为锂离子二次电池负极材料，具有嵌锂电位低且平坦、容量高等特点。其嵌锂容量主要分布于 0～0.2V(*vs*.Li/Li$^+$)，这种优良的电压特征可以为锂离子二次电池提供高而平稳的工作电压。

天然石墨除了具有石墨类碳材料的一般特征外，还具有成本低、原材料丰富、不需高温石墨化处理的优点，因此我们以天然鳞片石墨为主进行了大量的研究工作。

1.5.1 天然石墨原料的预处理

天然石墨用作锂离子二次电池负极材料时，由于天然石墨中杂质的含量比较高，与溶剂相容性差，首次充放电时容易使石墨层发生剥离，从而导致电池循环寿命降低和影响大电流充放电性能。

因此，在实验过程中我们首先对石墨原料用物理和化学方法分别进行了预处理(提纯、粒度控制、形貌控制)，接着又分别采用软碳与硬碳类材料对石墨进行表面包覆后热处理。采用碱提纯法和低温酸处理法对石墨进行提纯后的结果表明，碳含量为 97%的石墨在提纯后纯度可达 99.99%以上，Fe 含量等也明显降低(表 1.12)，而对纯度为 99.9%的高纯碳石墨进行低温低浓度酸处理后，Fe 含量等持续降低，提纯效果十分明显(表 1.13)。

表 1.12 高碳石墨提纯结果对照表

高碳石墨	主要杂质元素/$\times10^{-6}$								灰分/%
	Fe	Al	Mg	Ca	Mn	Cu	Na	K	
提纯前	1708	565	508	258	20	15	11	69	2.98
提纯后	11	33	7	9	0	0	15	7	0.20

表 1.13 高碳石墨提纯结果对照表

石墨原料	主要杂质元素/$\times10^{-6}$								灰分/%
	Fe	Al	Mg	Ca	Mn	Cu	Na	K	
提纯前	63	6	8	22	6	0	5	2	0.15
提纯后	8	2	2	4	0	0	4	1	0.10

图 1.77 为天然鳞片石墨的 XRD 谱图。

鳞片石墨被认为是 2H+3R 结构。天然石墨中有 2H 排列结构(无定形石墨)和 2H+3R 排列结构(鳞片石墨)。2H 结构具有…ABABA…特征堆积，相对于 A 层来说，B 层是可以移动的，这种石墨具有六方晶系的对称性，称为六方石墨，又称 α-石墨。3R 结构的堆积结构则是 ABCABC…的顺序重复堆积，C 层相对于 B 层在一定的距离范围内可以移动，B 层相对于 A 层可移动，这种石墨具有三方晶系的对称性，称为三方石墨，又称 β-石墨。两种相之间可以相互转化并共存，但在常温常压下 2H 相在热力学上更稳定[45,46]。

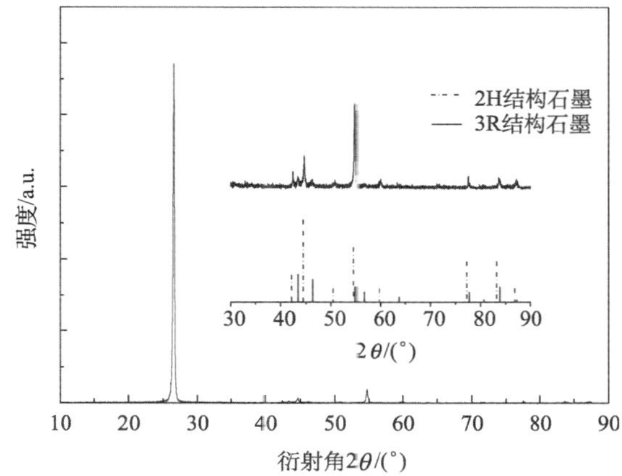

图 1.77　天然鳞片石墨的 XRD 谱图

比表面积是衡量电池负极材料性能的重要指标，比表面积的大小和稳定性会直接影响电池的可逆容量和电池的循环性能。由于天然鳞片石墨原料颗粒较大，D_{50} 为 100～500μm，不能满足石墨负极应用的要求，因此通过对材料进行粉碎分级处理，得到了 D_{50} 为 16～23μm，比表面积为 $5m^2/g$ 左右的石墨粉体。

石墨整形主要是石墨的球形化处理。天然鳞片石墨在锂离子二次电池负极材料应用中通常存在振实密度低的缺点，会明显降低电池的质量能量密度和体积。

通过对鳞片石墨进行球形化处理，其形貌由鳞片状变为土豆形(图 1.78)，材料的振实密度也由 $0.6g/cm^3$ 提高到 $1.1g/cm^3$ 以上。

整形前(振实密度$0.6g/cm^3$)　整形后(振实密度$1.1g/cm^3$)

图 1.78　鳞片石墨整形前后形貌

石墨负极材料的改性方法很多，包括表面氧化、表面包覆、元素掺杂等。我们主要是通过多种氧化处理及包覆的方式，获得了具有稳定电化学性能的负极材料。

1.5.2 改性后天然石墨的电化学性能

1. 氧化改性

实验结果证明在使用 H_2O_2、硫酸铈、550℃空气弱氧化、H_2O_2+盐酸、浓硝酸，以及浓硫酸等对石墨进行氧化处理后，材料的首次可逆容量都有提高，其中 H_2O_2、硫酸铈及浓硫酸的提高幅度超过 15mAh/g，其他氧化条件下的可逆容量也提高了 5～8mAh/g。图 1.79 是使用 H_2O_2 氧化处理前软碳包覆(直接包覆)，与处理后软碳包覆材料对钴酸锂做成电池的循环曲线。结果表明氧化后包覆材料的循环性能明显优于直接包覆的材料。

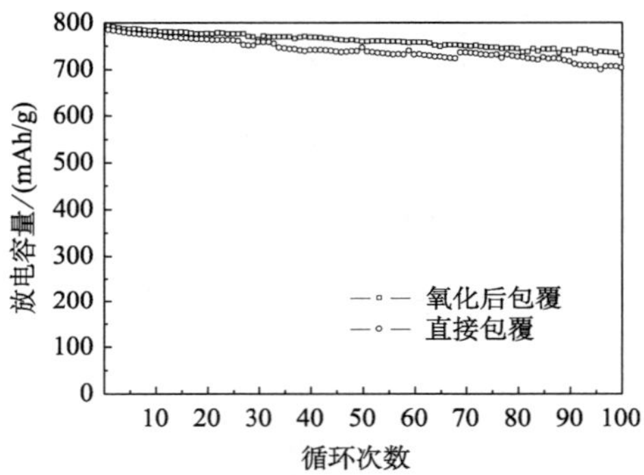

图 1.79 氧化处理前后石墨负极循环曲线

石墨由于其来源、制备过程、储运气氛等条件的不同，表面会存在某些含氧有机官能团(—OH、—COOH)和吸附杂质，它们有可能会对石墨首次充放电过程中溶剂的稳定性以及 SEI 膜的形成造成负面影响，导致充放电时不可逆损失增大。因此对石墨进行氧化处理是必要的，该氧化处理不仅会防止一些化学反应的发生，还会使材料可逆容量得到有效的提高。

2. 表面改性

根据包覆原料类型，表面包覆包括表面碳包覆、金属及其氧化物包覆、聚合物包覆等。碳包覆材料原料选择范围广、工艺简单，有些已成功用于锂离子二次电池负极材料的生产。碳包覆包括软碳包覆和硬碳包覆。

1) 软碳包覆

软碳属于易石墨化碳。使用软碳包覆石墨材料，不仅能显著降低材料的比表面积，还可以提高材料的容量和循环性能。低温软碳中存在较多的无定形结构，具有较高的嵌锂量。如图 1.80 所示，通过低温软碳包覆材料，比表面积由 5.1m^2/g 降至 2.0m^2/g 以下，可逆容量由 320.0mAh/g 提高到 345.2mAh/g，首次充放电效率由 93.0%提高到 94.8%。比表面积的减小有可能使石墨表面形成 SEI 造成的不可逆损失减小，因此材料可逆容量和效率都明显提高。另外，通过对石墨进行适当的氧化处理，其首次可逆容量能进一步提高至 354.2mAh/g，但效率会降低为 92.8%。实验结果说明氧化处理能使表面的微孔增加，提供更多的嵌锂空间，使得充放电容量增加，但影响充放电效率的因素比较复杂，所以尽管微孔的增加使得氧化后的可逆容量比氧化前有所增加，效率却并没有得到明显改善。

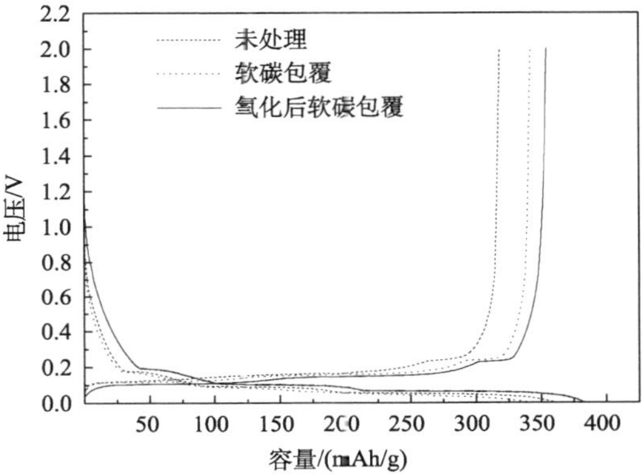

图 1.80　不同的处理方式对首次充放电曲线的影响

上述实验结果与过去的一些研究结果是一致的。如 Kuribayashi 等[47]制备的表面包覆焦炭的石墨负极材料显示出较低的不可逆容量和较高的可逆容量(200～320mAh/g)。仇卫华等[48]以环氧树脂包覆石墨后，在含碳酸丙烯酯(PC)的电解质溶液中包覆碳材料循环 5 次后就有了稳定的嵌锂容量，电极与电解质溶液的相容性得到改善。这种石墨在无 PC 的电解质溶液中性能更加稳定，第 1 次至第 10 次的放电容量均为 366mAh/g，此外还提高了石墨电极的大电流充放电性能。

图 1.81 是软碳包覆后的电子显微镜照片。由图像可以观察到，软碳包覆石墨

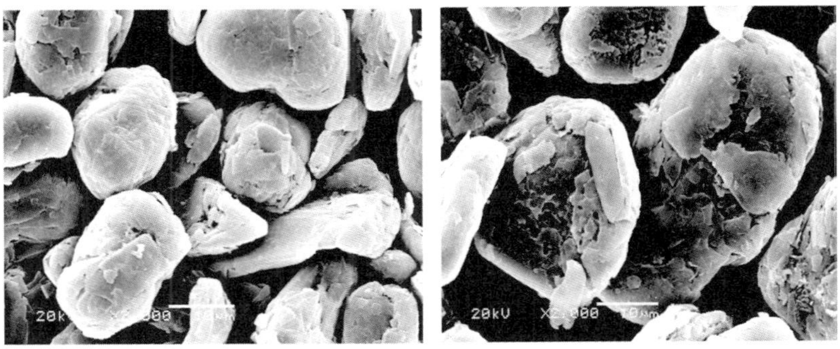

包覆前　　包覆后

图 1.81　软碳包覆前后形貌对比

样品的边缘及突出部分较石墨样变得不明显，存在部分圆弧过度现象。石墨表面尖角、断面的数量明显减少，说明包覆改变了石墨的形貌。由于包覆有效地覆盖了石墨的活性面和突出位，有利于减少其与电解液的局部反应，保证了 SEI 的成膜均匀性，因此提高了材料的电化学性能。

由软碳包覆后材料对锰酸锂做成成品电池，循环曲线如图 1.82，测试结果表明 100 次循环容量保持率为 92.3%，达到了市售负极材料性能的水平。

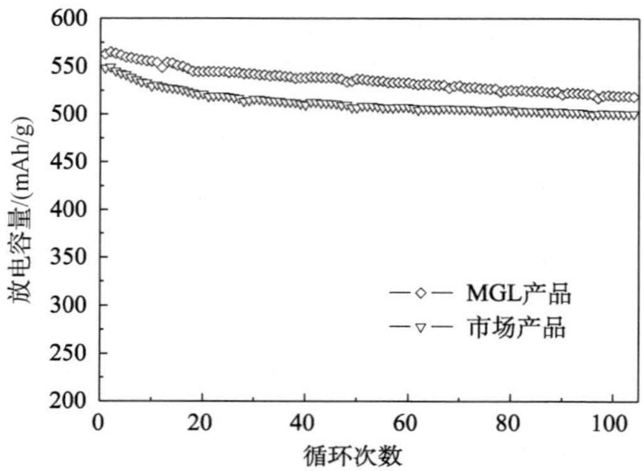

图 1.82　天然改性石墨负极材料的充放电循环曲线

我们在实验中认识到进行碳包覆时，包覆物的含量会明显影响材料的电化学性能。对软碳包覆石墨不同包覆量下的循环测试结果如图 1.83 所示。软碳包覆石墨的容量和循环性能随包覆物含量的增加呈先增加后降低的趋势。这可能是由于软碳包覆石墨时，随着包覆层含量的增加，包覆层厚度增加，石墨表面逐渐被包覆层覆盖完全，阻挡了电解液与石墨的进一步反应，降低了循环过程中锂离子嵌入脱出造成的石墨层脱落，使电池具有较高的可逆容量和循环性能。随着包覆层厚度的继续增加，包覆层虽然阻碍了电解液的消极作用，但同时也增大了锂离子

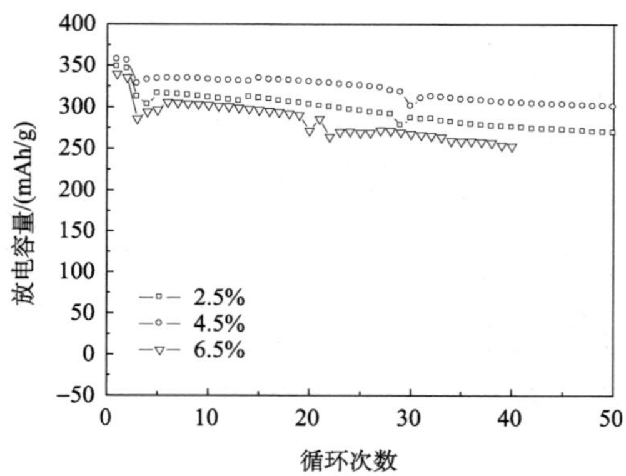

图 1.83　不同包覆量下材料的循环性能比较

通过包覆层扩散的阻力，导致锂离子的脱出困难，因此随着循环的进行，材料的容量和循环性都明显下降。

软碳材料的类型很多，不同的软碳材料对石墨进行包覆后的电化学性能也各有不同。如图 1.84 所示，软碳包覆后，材料的首次容量都明显提高，但效率和比表面积差别较大。其中样品 1 和样品 2 包覆下材料的首次容量均大于 345mAh/g，首次效率达到 94%以上；样品 3 包覆下的首次容量虽有 340mAh/g，高于包覆前的 320mAh/g，但首次效率比较低，只有 90%左右。造成这种结果的原因主要由材料自身的性质决定。从宏观来看，样品 3 包覆后材料的比表面积比较大，为 $10m^2/g$；而样品 1 和样品 2 包覆下的比表面积均小于石墨包覆前的比表面积。因为比表面积的增大导致形成 SEI 所消耗的不可逆容量增加，因此首次效率降低。

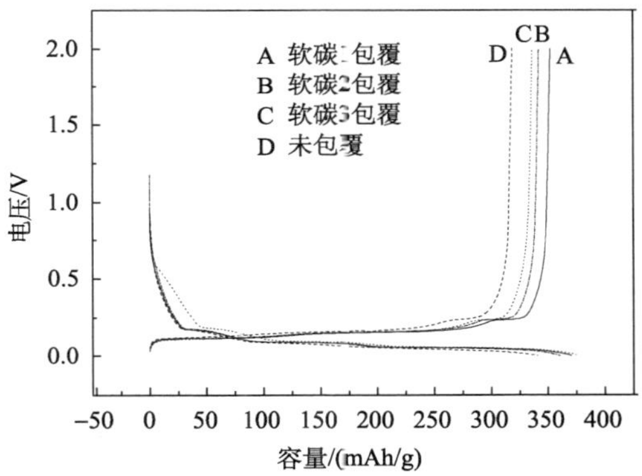

图 1.84　不同软碳材料包覆天然石墨的首次充放电曲线

2) 树脂包覆

树脂通常是高分子聚合物在低温热解下形成的无定形碳材料，属于硬碳，这类碳在高温下也难于石墨化。树脂低温热解后形成的碳材料晶面间距大，有利于锂的嵌入而不会引起结构的显著膨胀。通过低温热解酚醛树脂碳包覆天然石墨材料，改变热处理温度及时间，材料比表面积最小为 $7m^2/g$，最大可达 $20\sim30m^2/g$，但均高于包覆前石墨 $5.1m^2/g$ 的比表面积。树脂碳属于硬碳，硬碳包覆会导致比表面积增大。热处理条件不同，材料的电化学性能也相差较大，相关的实验结果如图 1.85 所示。

随着温度升高，酚醛树脂包覆天然石墨的碳化过程导致形成了无定形碳结构，产生了大量的纳米孔。一般在 700℃附近产生的纳米孔数目最多，随着碳化温度进一步升高，这些纳米孔之间会发生融合生成大孔而逐渐消失。微孔是导致材料可逆容量差异的主要原因。实验同时发现即使在 700℃的热处理温度下，处理时间的长短对材料的首次容量及物理性能也有很大影响。选择合适的处理时间，

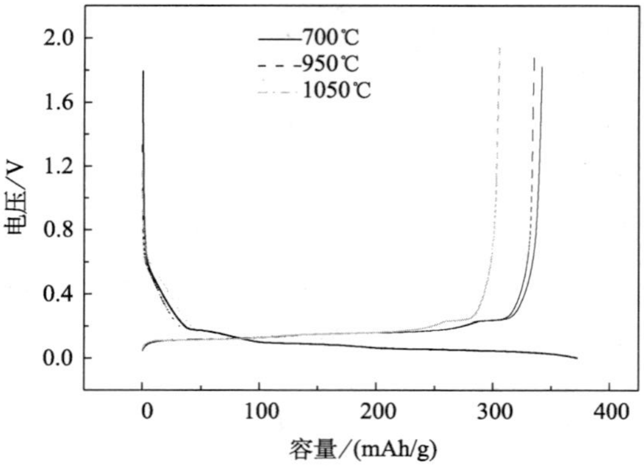

图 1.85　热处理温度对酚醛树脂包覆天然石墨首次充放电曲线的影响

材料的首次可逆容量最高可达 354mAh/g，效率达 93%左右。这主要与处理条件下包覆材料的热解程度有关。而且酚醛树脂在低温下会热解得到多并苯，这种结构的材料有利于锂在其中嵌入脱出。

3) 软碳与树脂混合包覆

通常，软碳包覆能有效降低比表面积，提高负极材料的首次充放电效率。硬碳具有比人造石墨更大的层间距，更高的嵌锂容量及优良的循环性能，但硬碳包覆后会导致材料的比表面积增大和首次效率较低，同时硬碳包覆处理后石墨容易结块，粉碎处理时对包覆层的破坏性较大。我们试图通过软碳和硬碳包覆相结合的方法改善石墨的电化学性能。软碳和硬碳二次包覆的结果如图 1.86。由图所示的结果可以知道，材料的首次容量为 347.5mAh/g，但效率并没有提高，只有 91.5%。软碳和硬碳包覆后材料的比表面积比较大，这可能是导致其效率降低的主要原因。

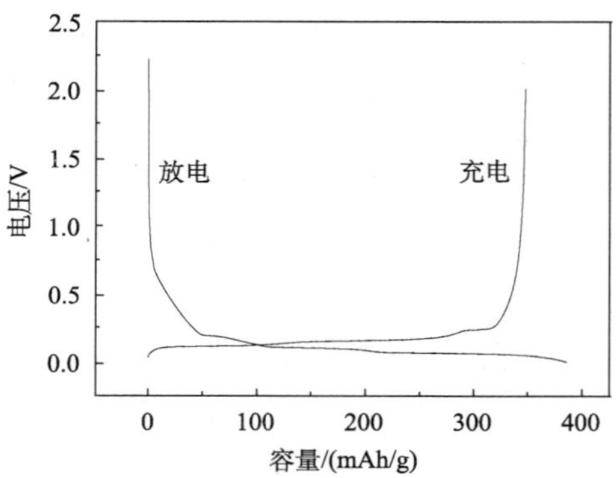

图 1.86　软碳和硬碳结合包覆后负极材料的首次充放电曲线

在另一组实验中我们发现，软碳和硬碳相结合进行包覆时，两种碳材料的选择是实验的关键。硬碳在低于 1200℃下处理时比表面积随热处理温度的变化差异很大，只有在极窄的温度范围和处理时间下才能获得相对较小的比表面积。软碳在低温热处理下虽能降低比表面积，但相对于硬碳包覆下比表面积的增加程度来说，软碳对比表面积的影响很小。所以，我们应该从两种碳材料在热处理时的行为变化出发，选择有利于优化材料各项性能指标的包覆材料，最终使负极材料的电化学性能进一步提高。

3. 掺杂改性

人们通过在石墨中掺入非金属元素(硼、氮、磷、硫等)和金属元素(钾、钒、镍、钴等)可改善石墨材料的性能[49]。不同元素在碳材料中的引入方法和改性机理也不同。如硼的缺电子特性，引入碳材料中能增加锂与碳材料的结合能，从而提高碳材料的可逆性能。在石墨中引入钾，可形成嵌入化合物 KC_8，由于钾从碳中脱出后可逆嵌入的不再是钾而是锂，所以 KC_8 中的钾脱出后石墨的层间距变大，有利于锂的快速嵌入。

4. 其他改性方法

将石墨与焦炭混合后制成焦炭与石墨混合负极极片[50]，可以提高石墨对电解质溶液的相容能力，如在碳酸丙烯酯(PC)中该电极的性能就比石墨电极好得多。通过真空蒸发法在焦炭极片上镀上一层超细(<0.1μm)石墨，得到的镀石墨焦炭极片在<0.2V(*vs*.Li/Li^+)的充放电特性与纯焦炭电极极为相似，不过电极的放电容量、充放效率和循环性能都得到提高。镀在焦炭上石墨的量对锂嵌入容量没有显著影响，镀层的作用是增加电极导电性，使电流分布更为均匀。另外，在石墨中加入银粉也可提高石墨的循环性能。

1.6　非石墨类负极材料

随着近年来电动汽车市场的启动和第三代手提电子装置如笔记本电脑等移动终端的快速发展，人们对锂离子二次电池的能量密度和功率密度要求越来越高。然而，要实现电池性能的大幅度提高，必须研究开发新的电池材料。下面将介绍我们在硅(Si)基材料、$Li_4Ti_5O_{12}$、Sn 基材料和其他新型负极材料方面的研究。

1.6.1　硅(Si)基材料

理论上，可以与锂形成合金的金属或类金属都可作为锂离子二次电池负极材料，如 Si、Ge、Sn、Pb、Al 等，这些材料统称为合金负极材料。与石墨相比，合金负极材料的理论储锂容量大，储锂电位低。在嵌锂过程中，Li^+通过电解质溶液到达负极的活性物质表面，在负极上得到自由电子，形成锂原子后沉积于负极表面，之后锂原子从负极材料的表面扩散到负极材料的内部，发生合金化反应，该过程对于外电路是放电过程；反之，在高电位下，锂原子由于化学性质活泼而在负极表面失去电子，形成 Li^+，并在电场作用下迁移至正极；负极内部的锂原子扩散到负极表面，对于负极而言发生了合金的分解，该过程对应于外电路为充电过程。

硅(Si)的理论容量高达 4200mAh/g，远高于石墨等碳类负极材料，是目前所研究的各种合金材料中理论容量最高的；Li 嵌入 Si 的电压低于 0.5V，且嵌入过程中不存在溶剂分子的共嵌入，适于作为锂离子蓄电池的负极材料。但是 Si 基负极材料迟迟未能实用化，主要是存在着以下三方面问题。

①充放电过程中材料巨大的体积膨胀效应。碳材料的体积膨胀率约为 10%，Si 材料却接近 300%，如此大的膨胀率导致活性材料在电化学嵌、脱锂中急速粉化，使活性材料颗粒间和活性材料与导电集流体间的导电性显著降低，导致电极寿命急速衰减。

②Li 在 Si 膜中的扩散系数 D 相对较小，大约为 10^{-11}～$10^{-13}cm^2/s$，且此扩散系数随着 Si 膜厚度的增加而变大。因此 Si 膜厚度增加导致极片电导率不断下降，电化学性能也显著恶化。

③首次循环中存在较高的不可逆容量。首次效率过低，影响配对正极材料的容量发挥。

人们发现在硅基材料中加入一些特殊的微米或者纳米材料，可以缓解在 Li 嵌入和脱嵌过程中颗粒所发生的较大体积变化，使得 Si 的循环性能得以改善。Li 等[51]的研究表明粉末 Si 在室温下 5 次循环后容量损失了 90%，而纳米 Si 颗粒(80nm)在第 10 次循环后仍有近 1700mAh/g 的容量，纳米 Si 的充放电曲线也更为平滑。另外一些二元、三元体系材料或者复合材料，也可以有效地抑制 Si 的体积膨胀，使之具有比单质 Si 更加优越的循环性能和电化学活性。Kim 等[52]通过球磨法和高温分解法制备的 SiO-C 复合材料首次充放电容量分别为 1050mAh/g 和 800mAh/g，首次效率达到 76%，100 次循环后容量保持在 760mAh/g 以上。然而，如上所述，经过人们的大量努力后，与纯 Si 材料相比较，一些复合材料的充放电循环性能有一定的改善，但是距离实际应用的要求还有很大差距。

利用气相沉积制备方法得到的无定形 Si 薄膜材料，能解决材料因体积膨胀引起的断裂和粉化问题，并且是可以明显改善循环性能的一种重要方法。Ohara 等[53]通过蒸镀得到厚度为 50nm 的 Si 薄膜，$2C$ 倍率放电容量可达 3500mAh/g，200 次循环后无明显衰减，$12C$ 倍率放电 1000 次循环后可逆容量仍超过 3000mAh/g。采用加入对 Li 不具有活性的元素 M 作为缓冲基体，或者在活性材料与衬底之间添加一过渡层，在一定程度上也可以改善 Si 基薄膜负极材料的循环性能。张宏芳等[54]采用磁控溅射的方法在粗糙铜箔上制备了具有“三明治”结构的 Si/Fe/Si 薄膜。惰性材料铁的加入一方面提高了薄膜的导电性，在一定程度上也改善了电压滞后现象，另一方面还有效缓解了薄膜的体积膨胀，改善了薄膜的循环性能。该薄膜首次放电量为 0.79mAh/cm^2，前 5 次循环后容量呈下降趋势，但在随后的几十次循环中呈明显上升趋势，70 次循环后放锂量达最大值 0.84mAh/cm^2 以上，200 次循环后仍维持在 0.55mAh/cm^2。

尽管通过人们的努力，硅负极材料的电化学性能得到了明显的改善，但是目前的 Si 基薄膜依然存在诸多的问题。其中比较重要的一个问题是厚度多为 1μm 以下，单位面积的极片无法提供足够的容量密度。厚度大于 1μm 的 Si 基薄膜，由于导电能力下降，Li^+在活性材料 Si 中的迁移变得困难，材料的容量降低，且随着循环次数的增加，材料表面出现裂纹，性能衰减很快。抑制材料断裂和提高导电性是改善 Si 基薄膜电化学性能的关键因素。我们研发的 Si 基薄膜负极材料，在活性材料中掺杂了 C 等化学元素，有效地抑制了材料在充放电过程中的断裂，较大程度改善了薄膜的导电性，提高了循环性能。下面介绍一种 Si 基复合薄膜负极，与目前报道过的 Si 基负极材料相比较，该材料具有更为优越的电化学性能。

1. Si 基材料的制备与研究

无定形薄膜沉积方法有化学气相沉积、真空蒸镀、热喷涂以及磁控溅射等，但在工艺的成熟度以及稳定性、可控性、效率与成本方面，磁控溅射技术要优于其他方法。磁控溅射技术是分别用自制的 Si/C 拼靶、石墨靶为靶材，利用固相或气相掺杂方法，以 Ar、C_2H_2 为工作气体，来制备 Si 基复合薄膜材料层与 C 层相间的负极极片。

该材料的制备过程简述如下。首先用 Si/C 拼靶为靶材，以 Ar、C_2H_2 作为溅射气体，在 Cu 集流体上得到 Si 和 SiC 共存的材料——Si_xC_y。然后将靶材更换为石墨，以 Ar 作为溅射气体，在 Si_xC_y 层上溅射 C 层。最后，重复更换靶材，即形成 Si_xC_y 层和 C 层交替出现的多层膜复合材料——Si_xC_y/C。通过调整各层膜的溅射工艺条件，并确定所需的 Si_xC_y 和 C 的层数，即可得到多层膜结构的 Si 基复合薄膜材料。

我们在玻璃基片上制备了 Si 基复合薄膜样品，将它和在铜箔表面沉积的样品分别通过 SEM 和 XRD 进行对比分析。

图 1.87(a)、(b)分别给出了铜箔上沉积 Si 基复合薄膜和从玻璃基片上剥离的 Si 基复合薄膜表面形貌图，可以看到铜箔上沉积的 Si 膜晶粒大小为 2～5μm，没有明显的晶形，应为铜箔的表面形貌。Si 膜晶粒之间结合良好，膜层较好地附着在 Cu 集流体上。而从玻璃基片上剥离的 Si 基复合薄膜表面非常均匀，没有明显

的晶界和晶粒存在。

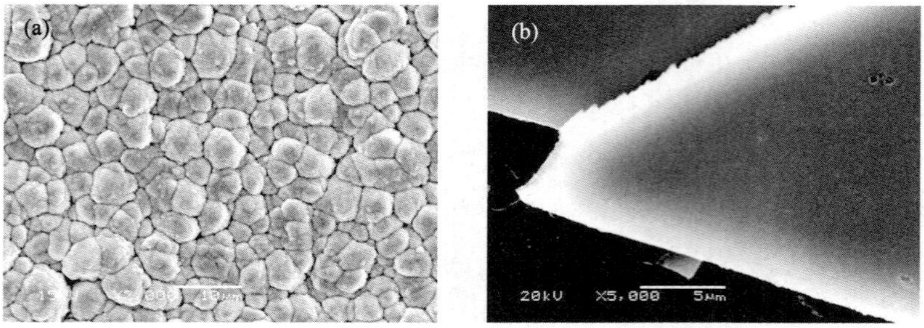

图 1.87　Si 基复合薄膜的表面 SEM 图

(a) 在铜箔表面生长的 Si 膜；(b) 玻璃基片上剥离的 Si 膜

图 1.88(a)、(b)给出了两种 Si 基复合薄膜的 XRD 谱图，铜箔上沉积的 Si 膜只出现了 Cu 的特征峰，这是由于 Cu 箔厚度远远大于 Si 膜；Si 基复合膜衍射峰强度非常低，无法分辨出明显的特征峰，如图 1.88(b)所示。扣除背景噪声后，在部分角度有杂乱衍射峰出现。对比晶体硅的特征谱，我们发现 Si 基复合薄膜的衍射峰很宽，而且角度也有偏差，这暗示着 Si 基复合薄膜并没有形成完整晶体，部分材料以微晶形态存在。由此可推测该 Si 基复合薄膜材料属于无定形结构或者纳米微晶结构。

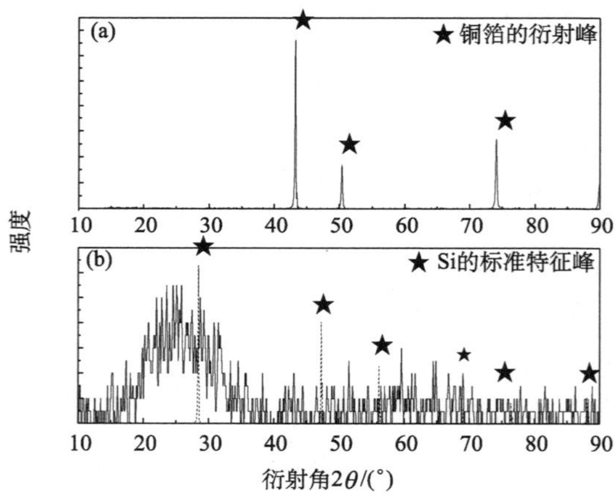

图 1.88　Si 基复合薄膜的 XRD 谱图

(a) 在铜箔表面生长的 Si 膜；(b) 玻璃基片上剥离的 Si 膜

图 1.89 给出的是 Si 基复合薄膜的 Raman 光谱图。从图中 b 曲线可看出，当采用低能模式进行测试时，该曲线没有明显的特征峰。当采用高能模式进行 Raman 测试时，图中 a 曲线有一明显的特征峰，位于 517.9cm^{-1} 处，该特征峰对应于微晶硅。结合 XRD 测试结果，可以推断 Si 基复合薄膜材料并不完全是无定形态，存

在着部分纳米微晶结构。

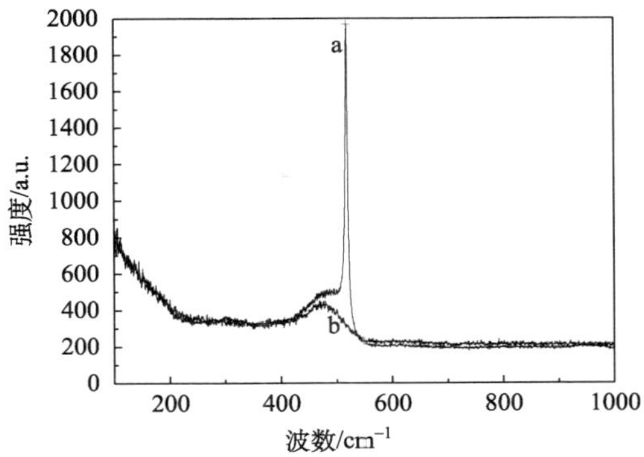

图 1.89　Si 基复合薄膜的 Raman 光谱

a. 高能模式检测；b. 低能模式检测

在氩气氛下把充电态的石墨极片和 Si 基复合薄膜极片从半电池中取出，用 DMC 洗去残留的电解质溶液，装入密封容器内。用差示扫描量热仪对极片做热稳定分析。如图 1.90 所示，充锂硅基极片在常温至 480℃范围内没有明显的放热峰，材料未发生分解反应。而充电石墨极片在 314℃的放热峰对应着 SEI 膜的分解，在 468℃附近存在着一个很宽的放热峰，说明发生了一个反应速率较慢的放热反应，可能是含锂石墨发生了分解反应。DSC 结果显示，硅基复合薄膜材料的热稳定性优于石墨材料。电解质溶液体系的反应由于受设备所限未能进行检测。

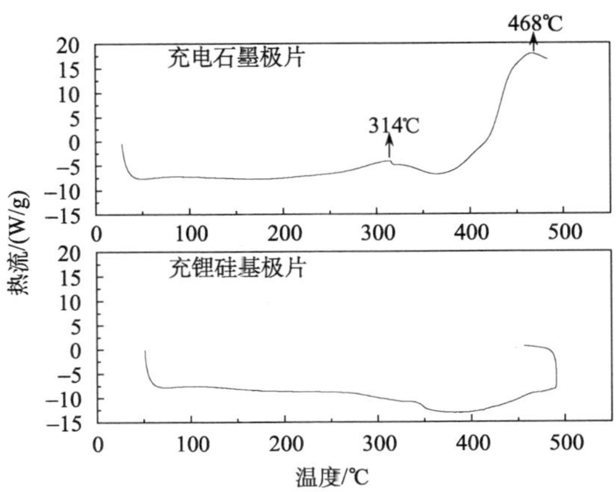

图 1.90　充电石墨极片和充锂硅基复合薄膜极片的 DSC 检测结果

2. Si 基材料的电化学性能

将 Si 基复合薄膜负极极片与金属 Li 组成模拟电池进行了电化学性能测试。图 1.91 为硅基复合薄膜的充放电曲线。由图中的结果可以看出，除首次充电曲线以外，充放电曲线均无明显的平台，放电范围为 0.2～0.7V。实验结果还说明，首次充电过程中电压一直保持在 0.1V，材料为双相共存；随后的充电过程在 0.35V 有短暂的平台，表示着材料由双相转变为单相；放电过程没有明显的电压平台出现，材料一直为单相。这种双相向单相的转变是否为造成首次不可逆容量较大的原因目前尚不清楚。

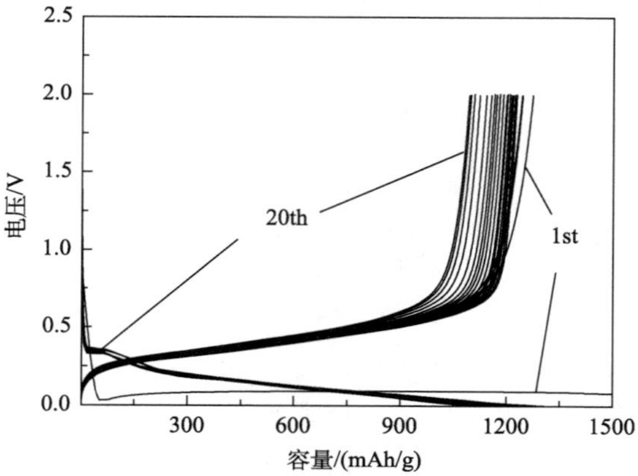

图 1.91　Si 基复合薄膜的充放电曲线

根据实验结果我们还观察到当溅射电流较小时，沉积薄膜的循环性能更为优越。根据磁控溅射理论，材料沉积速率取决于电流大小。小电流时沉积速率慢，形成的晶体颗粒会更小。由于该材料为纳米微晶结构，小的晶体颗粒可能会更好地缓冲材料的体积膨胀效应。图 1.92 给出了 Si 基复合薄膜材料的循环性能曲线，该材料的容量在 1200mAh/g 以上，循环过程中容量逐渐增加，充放电 380 次后仍无衰减，其循环性能曲线如图 1.92 所示。

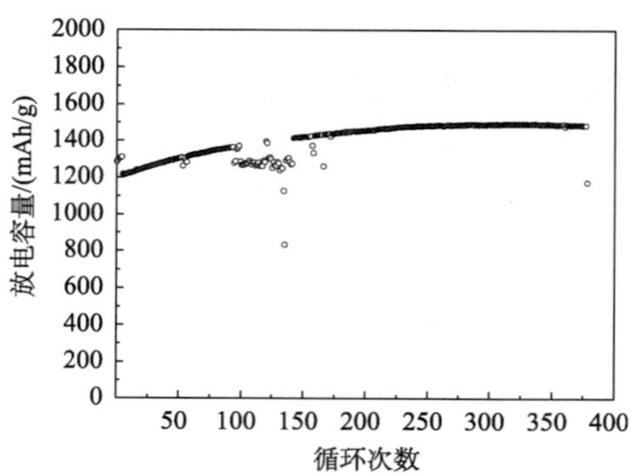

图 1.92　Si 基复合薄膜的循环性能曲线

如果极片内阻过大，将导致极片中锂离子的迁移困难，不但影响材料的倍率性能，也会对电池的安全性能构成隐患。为解决这一问题，借鉴太阳能电池 Si 过渡层的制备方法，我们在溅射过程中掺杂了氢气。实验结果表明：电导率的增加，极大地提高了材料的倍率放电性能。图 1.93 为 Si 基复合薄膜负极极片的倍率放电曲线，从放电曲线可以看出：随着电流的增大，材料的容量并没有出现明显的衰减，即使在 10*C* 倍率放电，容量仍保持在 1000mAh/g 以上，表现出良好的倍率放电能力。

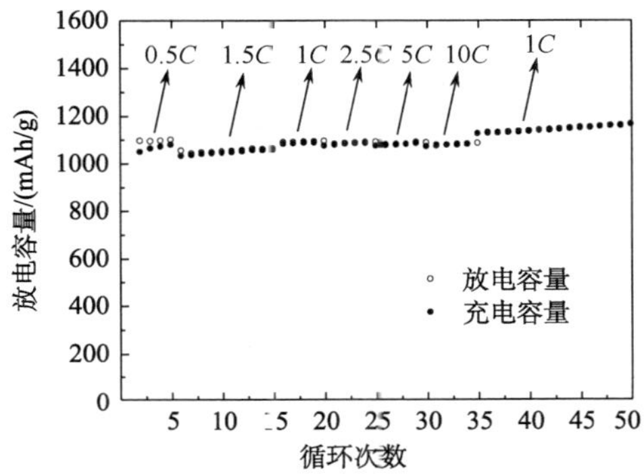

图 1.93　Si 基复合薄膜负极极片的倍率放电曲线

在上述 Si 基复合薄膜负极模拟电池的基础上，将 Si 基薄膜负极和 $LiCoO_2$ 组合($LiCoO_2$ 过量)在一起，进行了电池性能的初步研究。电池的电压测试范围为 2.5～3.9V，有关的充放电性能如图 1.94 所示。结果表明，Si 基复合薄膜负极(*vs.*$LiCoO_2$)电池 0.5*C* 放电容量达到 120mAh/g，100 次循环后容量保持率约为 80%；Si 基复合薄膜负极(*vs.*$LiMn_2O_4$)电池 0.5*C* 放电容量略低，只达到 78mAh/g，前 50 次循环比较稳定，没有明显的衰减现象。

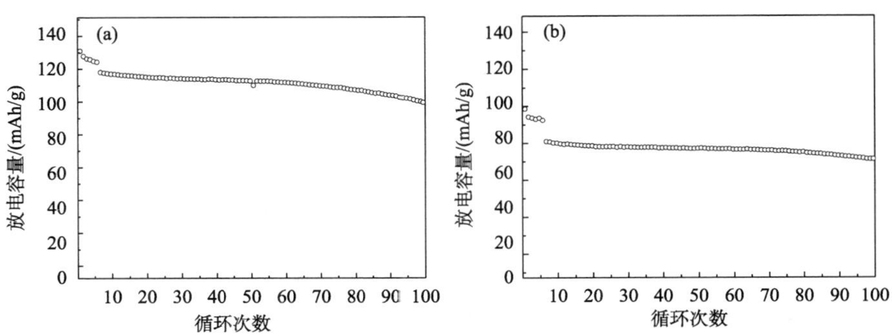

图 1.94　Si 基复合薄膜极片为负极的模拟电池循环性能测试

(a) *vs.*$LiCoO_2$；(b) *vs.*$LiMn_2O_4$

Si 基负极材料的发展经历了晶体 Si、纳米 Si 和无定形薄膜 Si 三个阶段后，以无定形薄膜材料为代表的负极已经表现出了高容量和优异的循环性能。由于气相沉积技术简单，且重现性好，因此预计在制备无定形 Si 基材料方面会得到越来越多的应用。掺杂化学元素是抑制 Si 材料体积膨胀的一种重要技术，同时对改善循环性能也显示出了有效的作用，所以积极开发多元掺杂的 Si 基复合材料是未来研发的重点，毫无疑问将会使电池做得更小更轻。

1.6.2 钛酸锂

钛酸锂常写为 $Li_4Ti_5O_{12}$，具有尖晶石结构，空间群为 $Fd\bar{3}m$。20 世纪 70 年代，钛酸锂作为超导材料被人们大量研究过，后来作为锂离子二次电池正极材料也被探讨过。由于钛酸锂相对于 Li 的电极电位高(为 1.5V)，因而作为负极材料未引起人们的关注。

最近，人们发现 $Li_4Ti_5O_{12}$ 作为锂离子二次电池的负极材料时，体积变化很小，结构非常稳定。因此，虽然容量小于碳负极材料，且相对于金属锂电极电位过高，但钛酸锂具有以下独特的优越之处：①在锂离子嵌入-脱出的过程中晶体结构能够保持高度的稳定性，使其具有优良的循环性能和平稳的放电电压。②具有较高的电极电压，从而避免了电解质溶液分解和保护膜的生成。③制备 $Li_4Ti_5O_{12}$ 的原料来源比较丰富，价格便宜，容易制备。基于上述原因，$Li_4Ti_5O_{12}$ 被认为是一种在特定领域中比较理想的可替代碳的锂离子二次电池负极材料。

1. 材料的制备与研究

$Li_4Ti_5O_{12}$ 的合成方法主要有固相反应法、溶胶-凝胶法两种。其中固相反应法适合规模生产，但其产物一般为微米级颗粒，粒度分布不均匀，通常需要进行粉碎和分级才能获得性能比较好的目标产物。使用溶胶-凝胶法可以使反应物在分子水平均匀混合，反应温度低，时间短，常用于合成超细或纳米级产物。

固相反应法[55]操作简单，对设备要求低，适用于大规模生产。通常是首先按一定物质的量比(Li∶Ti＝4∶5)定量称取 $LiOH \cdot H_2O$(或 Li_2CO_3)和 TiO_2，通过机械方式使反应物质均匀混合，在空气氛围中将混合物于 800～1000℃进行 5～8h 的反应，然后取出冷却后经球磨即可得到尖晶石结构的 $Li_4Ti_5O_{12}$。反应方程式为

$$5TiO_2+2Li_2CO_3 \longrightarrow Li_4Ti_5O_{12}+2CO_2 \quad (1.4)$$

$$5TiO_2+4LiOH \cdot H_2O \longrightarrow Li_4Ti_5O_{12}+6H_2O \quad (1.5)$$

由于固相反应容易受合成条件变化的影响，可能会导致材料的化学性质不均匀，粒径分布过宽等问题，所以还有人采用溶胶-凝胶法[56]合成 $Li_4Ti_5O_{12}$。使用该方法时，一般将钛酸丁酯和乙醇溶液按一定比例混合，再向其中加入定量的乙酸锂(一般 Li∶Ti＝4∶5)、乙醇、去离子水等，混合均匀后得到溶胶，经干燥、研磨后在 400～900℃空气中反应 5～8h，即可合成出颗粒分布十分均匀，且结晶性良好的钛酸锂。

除了上面两种主要的合成方法，近年来出现了许多新的合成方法制备锂离子二次电池负极材料 $Li_4Ti_5O_{12}$，包括喷雾干燥法、低温水热法、静电喷涂沉积法、微波法等。

$Li_4Ti_5O_{12}$ 作为锂离子二次电池负极材料，其导电性较差，且相对于金属锂的电位较高而容量较低，所以人们考虑对其进行掺杂改性。对 $Li_4Ti_5O_{12}$ 进行掺杂改性除了可以提高材料的导电性，降低电阻和减少极化，另外还能降低其电极电位，提高电池的能量密度。

为提高材料的电子导电能力，可以在材料中引入自由电子或电子空穴。对 $Li_4Ti_5O_{12}$ 的掺杂改性可以从取代 Li^+、Ti^{4+}或 O^{2-}三方面进行。当 Li^+位掺杂的阳离子高于 1 价，或者引入阴离子低于 2 价，就可产生自由电子。这是提高 $Li_4Ti_5O_{12}$ 的电子电导能力、改善其高倍率性能的主要方向。赵海雷等[57]掺杂了 V 元素，采用固相反应法，将 $LiOH\cdot H_2O$、TiO_2、V_2O_5 按不同掺杂量的化学计量比混合均匀后，放置坩埚炉中进行反应，合成出了锂离子二次电池负极材料 $Li_{(4-x)}V_xTi_5O_{12}$ ($x=0$，0.1，0.2)。

在材料的表面包覆导电层也是一种可以改善 Li^+及电子传导率的方法。另外，碳的引入也可以改善 $Li_4Ti_5O_{12}$ 材料的性能。碳可能会从 3 个方面改善材料的性能：①作为还原剂，促进锂的扩散使其能反应完全。②减小产物粒子粒径，并使小颗粒以链式结构团聚为大颗粒。③增加粒间结合力，抑制干扰离子的生长。

我们采用廉价的二氧化钛和锂盐为原料，掺入一定的氢氧化锆等，并以机械湿法球磨使物料混合均匀，在较短的合成时间和较低的合成温度下，合成出了具有较高容量和优异循环性能的钛酸锂材料，有关的结果讨论如下。

以 TiO_2 与锂盐为原料，采用高温固相法合成锂离子二次电池负极材料 $Li_4Ti_5O_{12}$，产物为微米级颗粒，粒度分布均匀。如图 1.95 中 XRD 结果所显示，材料为标准的尖晶石结构。团聚物颗粒粒度 D_{50} 为 5μm 左右。

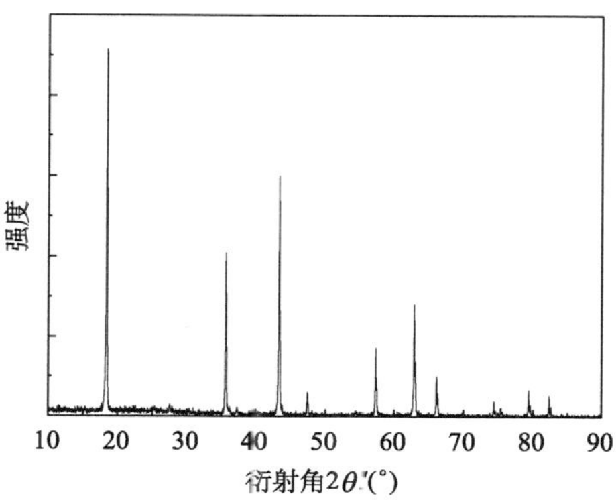

图 1.95　$Li_4Ti_5O_{12}$ 的 XRD 谱图

2. 材料的电化学性能

首先将合成出的 $Li_4Ti_5O_{12}$、乙炔黑和导电石墨、黏结剂按质量比 90∶4∶6 混合均匀，涂在铝箔上，并在干燥后，将其裁剪成ϕ14 的极片。进行电化学性能测试时，钛酸锂为工作电极，金属锂为对电极，电解液为 1mol/L $LiPF_6$-EC/DMC（体积比 1∶1）。充放电倍率首次为 0.2C，第二次以后为 1.0C，电压范围为 0.8～2.5V，电化学性能测试结果如图 1.96 所示。

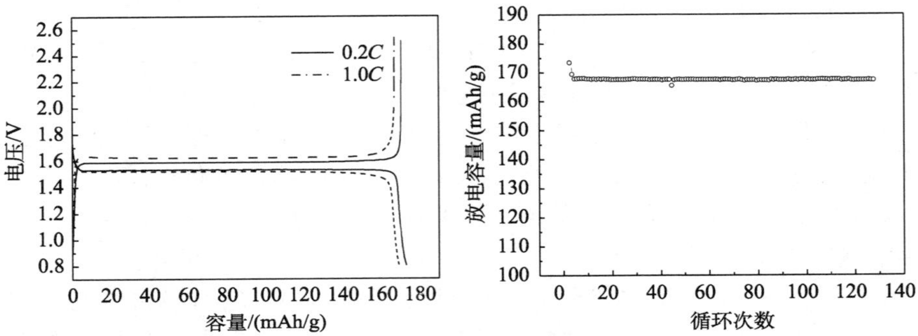

图 1.96　$Li_4Ti_5O_{12}$ 的电化学性能测试图

结果表明，所合成的微米级 $Li_4Ti_5O_{12}$ 材料的充电平台为 1.6V，放电平台为 1.5V，0.2C 进行放电，容量为 173mAh/g。以 1.0C 放电时容量为 168mAh/g，经 130 次充放电循环后，容量保持率在 98.7%以上，基本无衰减。

对材料的高温性能进行了如下的测试。以制备的 $Li_4Ti_5O_{12}$ 材料为负极，正极材料选用 $LiMn_2O_4$，电解液为 1mol/L $LiPF_6$-EC/DMC（体积比 1∶1），在充满氩气的真空手套箱中组装成 18650 型电池，进行电化学性能测试。如图 1.97 所示，经 1000 次循环后，常温（RT）下的容量保持率为 87.6%，高温（HT）下的容量保持率为 67.6%，具有较好的电化学性能。

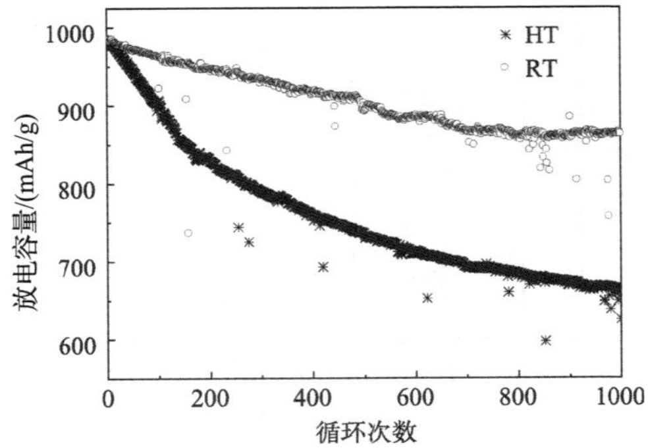

图 1.97　以 $Li_4Ti_5O_{12}$ 为负极材料的 18650 型电池高低温循环性能测试图

我们的实验结果表明，以钛酸锂为负极的功率型动力锂离子二次电池有可能会迅速地进入市场。国外这方面的研究进展也比较快，例如日本东芝公司于 2007 年宣布开发出了以钛酸锂为负极的安全且具有十年以上寿命的“SCiB”(Super Charge ion Battery)。据称，东芝的电池使用了钴酸锂正极、燃点较高的电解质溶液以及耐热性极佳的隔膜材料，在快速充放电条件下 25℃，10*C*(42A 充电，15A 放电)，即使反复充放电约 3000 次，容量也只降低不到 10%。由于可反复充放电超过 5000 次，因此按每天充电一次计算，可反复使用 10 年以上。另外新产品还能够以 50A 的大电流进行快充，单元及标准模块均可在 5min 充满电池容量的 90%以上。此外，在–30℃也可确保 80%以上的放电容量，因此还可在寒冷地区使用。

美国 EnerDel 公司在“第 7 届国际高级汽车电池与超级电容研讨会(AABC-07)”上也介绍其混合动力车锂离子二次电池的正极采用了 $LiMn_2O_4$，负极则采用了 $Li_4Ti_5O_{12}$。$Li_4Ti_5O_{12}$ 不仅被认为能够提高安全性，还可以提高电池在低温下的放电特性和在整个温度区间内的充放电周期寿命特性。在放电特性方面，该电池的放电倍率可以达到 50*C*。由于电池内阻较低，可以利用石墨作负极材料时的不同电解质溶液，因此在低温下的放电特性也很优异。放电倍率为 1*C* 时的试验结果表明，–30℃的条件下可以确保 90%以上的放电容量。对于充放电周期寿命特性来说，EnerDel 公司在 55℃、DOD 100%、放电倍率 5*C* 的条件下反复对电池单元进行充放电，基本没有出现容量下降的现象。上述性能得以实现的原因在于，进行充放电的过程，$Li_4Ti_5O_{12}$ 的体积膨胀率不足 1%，即使反复进行充放电，晶体结构也不会崩溃。相比之下，石墨的体积膨胀率通常为 9%左右，限制其充放电周期寿命特性的提高。不过，因为新开发电池的平均电压很低，仅为 2.5V，与负极采用石墨的锂离子二次电池相比，其缺点是能量密度较低。所以，EnerDel 公司认为，此次开发的电池单元不适用于纯电动汽车，而最适于需要高输出功率的混合动力车。

据报道，美国阿尔泰技术公司利用钛酸锂纳米晶体做电池负极，研制出了一种能快速充放电的新型锂离子二次电池，这种电池充电次数最高可达 20000 次，快速充满电只需 5min。日本石原产业通过锂钛湿法反应，也合成出了组成均匀的材料，且得到了与理论容量近似的 170mAh/g 充放电容量。国内的珠海银隆公司目前在钛酸锂电池的发展上具有一定优势，产品满足了特定用途，如快速充电、低温使用等，但是值得注意的是其单位能量密度较低，成为一个非常显著的制约因素。

1.6.3 球形钛酸锂

钛酸锂($Li_4Ti_5O_{12}$)是锂离子二次电池的一种重要组成材料，既可以作为正极使用，也可以作为负极使用。

前面主要讲了固相反应法合成的 $Li_4Ti_5O_{12}$。利用固相反应法合成钛酸锂时，首先将化学计量比的 TiO_2 和 Li_2CO_3(或 LiOH)通过机械方式混合，然后在空气中将混合物于 850℃高温下进行长时间(＞12h)的反应，然后冷却取出产物经球磨即可得到尖晶石结构的 $Li_4Ti_5O_{12}$[58-62]。固相反应法操作简单，适合大规模生产，但所得的材料多为纳米级的颗粒，且由于颗粒表面分子间作用力的影响，容易产生相互吸附而使粒度分布不均匀、形貌不规则，通常需要进行粉碎和分级才能获得电化学性能比较好的产品。液相法有溶胶-凝胶法、微乳液法、喷雾沉积、水热法等。由于在液相法中反应物可以在分子水平均匀混合，因此合成反应的温度较低，时间较短，用这些方法制备出的通常是尺寸可控的超细纳米级的 $Li_4Ti_5O_{12}$ 材料[63-68]。

如上所述，无论是固相法还是液相法，得到的 $Li_4Ti_5O_{12}$ 材料通常都是纳米级的材料。虽然具有大的比表面积而有助于反应活性的提高，但也被认为会使材料在充放电过程中失去活性，从而导致电池容量迅速下降[69,70]。此外，由于纳米材料的密度较小，电池的能量密度往往也较低。

为了解决上述固相法和液相法在制备 $Li_4Ti_5O_{12}$ 时存在的问题，我们研究了一种新型的水热合成方法。实验结果表明该法的优点在于降低了反应所需的温度和时间(800℃，2h)，所得的 $Li_4Ti_5O_{12}$ 材料粒径大小和形貌可控，且表现出较高的充放电容量和稳定的循环性能。

1. 球形钛酸锂的合成

首先将硫酸钛[$Ti(SO_4)_2$，化学纯，国药集团化学试剂有限公司]溶于蒸馏水，制取一定浓度的 $Ti(SO_4)_2$ 溶液，将该 $Ti(SO_4)_2$ 溶液与正丙醇(*n*-PrOH，分析纯，北京益利精细化学品有限公司)以 1∶1(体积比)混匀后，在 80℃的水浴中水解得到球形 TiO_2。

然后，按化学计量比称取一定量的氢氧化锂($LiOH·H_2O$，分析纯，汕头市西陇化工厂有限公司)溶于蒸馏水得到 LiOH 溶液，之后与上述球形 TiO_2 在水热反应釜中混合均匀，将反应釜置于 100℃的烘箱中反应 20h。取出水热反应所得的中间体烘干后，置于 800℃的马弗炉中加热 2h 后得到 $Li_4Ti_5O_{12}$ 样品。

为了找到合成反应的最佳温度范围，我们对中间体的加热过程进行了 TG 分析，结果如图 1.98 所示。从图中可以看出，中间体高温反应生成 $Li_4Ti_5O_{12}$ 是一个连续的失重过程：①60～120℃阶段是中间体失去吸附水的过程。②150～650℃阶段是中间体转变成 $Li_4Ti_5O_{12}$ 的过程，失重率为 7.4%，与理论值 7.3%十分接近。③650℃以后质量无明显变化，表明 $Li_4Ti_5O_{12}$ 已经完全生成且能够稳定存在。

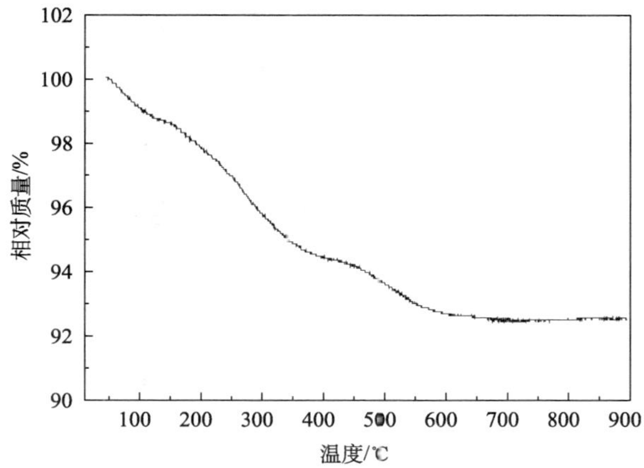

图 1.98　反应物质的 TG 曲线

用 XRD 对水热反应所得中间体及最终产物进行物相结构分析(铜靶，扫描速率 4°/min，扫描范围 10°～90°)，结果如图 1.99 所示。从图 1.99 可以看出，水热反应后，中间体与反应物的物相结构完全不同，经过高温处理 2h 后便可得到不含杂质的 $Li_4Ti_5O_{12}$ 产品，其 XRD 衍射图与标准谱图一致($Fd\bar{3}m$, JCPDS No.49-0207)。通过 Jade5.0 软件对产物的衍射数据进行精修并计算得到产物的晶胞参数为 8.360Å。

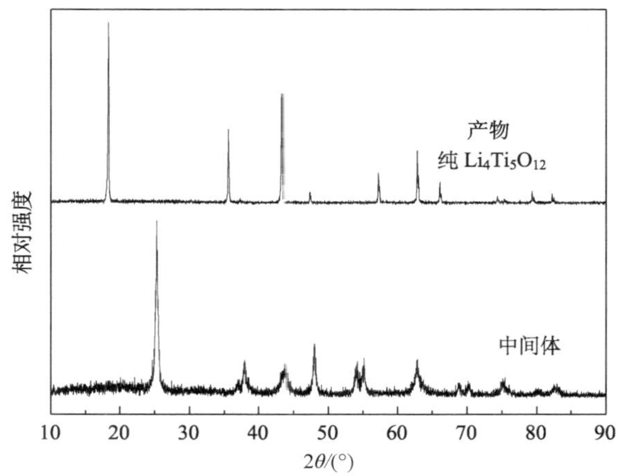

图 1.99　水热反应所得中间体及高温处理后所得 $Li_4Ti_5O_{12}$ 样品的 XRD 谱图

用扫描电子显微镜对反应物和所得生成物的分析结果示于图 1.100 中。由图中可知，参与反应的 TiO_2 原料为规则的球形，粒径为 0.5μm 左右，反应后所得的产品颗粒表面光滑致密，分布均匀，且仍保持了原料的球形形貌。

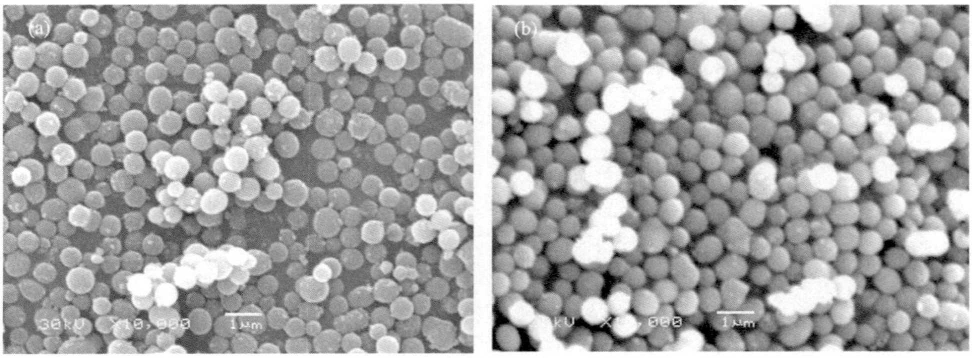

图 1.100　TiO_2 原料(a)和 $Li_4Ti_5O_{12}$ 产品(b)的 SEM 图(×10000)

我们用 BET 法测得所合成的球形 $Li_4Ti_5O_{12}$ 材料的比表面积为 5.80m^2/g。

2. 球形钛酸锂电化学性能研究

将合成出的球形 $Li_4Ti_5O_{12}$、乙炔黑和导电石墨、黏结剂按质量比为 90∶4∶6 混合均匀，搅拌成一定黏度的电极浆料，涂覆在铝箔上，经过烘干、碾压、裁剪等步骤制成了研究电极。以该电极为工作电极，金属锂作为对电极，1mol/L 的 $LiPF_6$/EC＋DMC＋EMC(体积比为 1∶1∶1)溶液为电解液，在充满氩气的手套箱中组装成 R2032 型电池，以 0.2*C* 的倍率进行充放电试验，电压范围为 1.0～2.5V，电化学性能测试如图 1.101 所示。

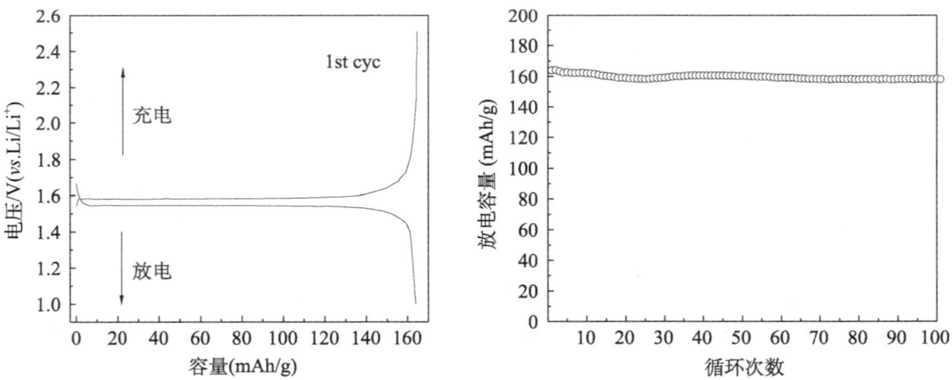

图 1.101　$Li_4Ti_5O_{12}$ 的电化学性能测试图

结果表明，所合成的球形 $Li_4Ti_5O_{12}$ 材料的充电平台为 1.6V，放电平台为 1.55V。首次放电容量为 164mAh/g，之后稳定在 160mAh/g 左右，经过 100 次充放电循环以后，容量保持率在 98.7%以上，基本无衰减。

我们对材料的倍率性能做了如下的测试。以 0.2*C*～4*C*（相当于 35～700mA/g）的倍率进行充放电，电压范围为 1.0～2.5V，电化学性能测试如图 1.102 所示。从图中可以看出，通过本方法制得的 $Li_4Ti_5O_{12}$ 表现出了良好的倍率性能，在 700mA/g 的电流密度下仍可有 124mAh/g 的放电容量。

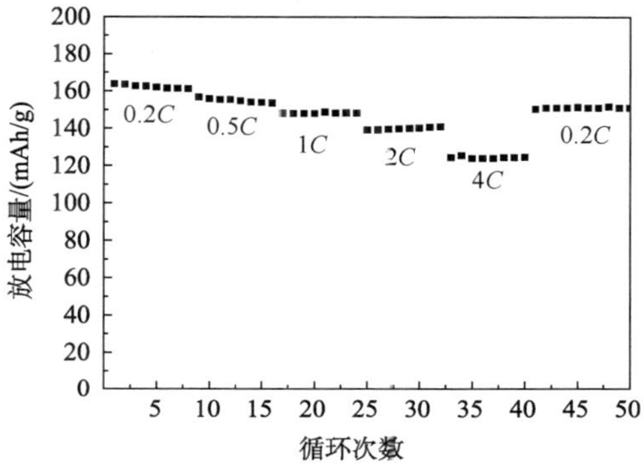

图 1.102　$Li_4Ti_5O_{12}$ 材料倍率放电曲线

在过去的二十多年中，人们对锂离子二次电池中的钛酸锂材料已经做了大量的研究工作。但是，以钛酸锂为负极材料的商品动力锂离子二次电池目前还没有得到较为广泛的应用，因此如何提高该材料的密度并改进其电化学稳定性和安全性依然是今后十分重要的工作。如果能够解析该材料在电池过程中的复杂化学反应及其机理，将会有助于彻底解决影响该电池应用而存在的一些问题。

1.6.4　其他负极材料

当 Sn 生成了 $Li_{22}Sn_5$ 金属间化合物时，理论容量为 990mAh/g。由于在充放电过程中 Li-Sn 化合物会产生较大的体积膨胀，造成了锡基材料的循环性能较差。采用生成 M 式金属间化合物的形式可以缓冲合金负极材料的体积变化，其中 M 为不与锂形成合金的元素。该体系的显著特点是活性粒子均匀分布在惰性基体上，惰性组分可缓冲锂嵌脱反应时引起的体积变形，在一定程度上提高了合金负极材料的循环性能。

Dahn 等[71]研究了 Sn-Fe-C 系统，并通过实验证明在放电过程中，电化学“非活性”的 $SnFe_3C$ 颗粒边界可以析出金属 Sn，使这种复合材料具有上百次的循环充放电能力。Kim 等[72]采用电子束蒸镀法制备掺 Ag 的 Sn-Zr 薄膜后发现随着 Zr 量的增加，Sn-Zr 薄膜的循环稳定性增加，在 200 次循环后，$Sn_{57}Zr_{33}Ag_{10}$ 的容量为 1700mAh/cm^3 左右。

1997 年日本富士公司推出了一种以非晶态锡基复合氧化物(amorphous tin composite oxides，ATCO)为负极的锂离子二次电池，这种电池具有更高的体积和容量(可达 500mAh/g 以上)，但首次不可逆容量也较大[73]。通过向锡的氧化物中掺入 B、P、Al 及金属元素的方法，可以制备出非晶态(无定形)结构的锡基复合氧化物，其可逆容量达到了 600mAh/g 以上，容量为 $2200mAh/cm^3$，是目前碳材料负极($500～1200mAh/cm^3$)的 2 倍以上，并且循环性能也比较好。以 $LiCoO_2$ 为正极组装的电池在 2.8～4.1V 电压范围内充放电 100 次后，容量仍保持在 90%以上，显示出较好的应用前景。该材料需要解决的问题是首次不可逆容量仍较高，充放电循环性能也有待进一步提高。

目前，人们正在研究的其他负极材料还包括含 Li 过渡金属氮化物、磷化物、钒酸盐和部分有机聚合物。这些材料都存在着循环性能较差、不可逆容量大以及制备成本较高等缺点，离实用化还有一定的距离。

1.7　电解质溶液

电解质溶液是锂离子二次电池重要的组成部分之一。在锂离子二次电池的工作过程中，电解质溶液充满于正负极以及与隔膜之间的空间，起着传输锂离子、沟通正负极的作用。设计一个具有优越电化学性能的电池，首先是选择合适的正极、负极、隔膜材料，当这些材料选定后，电池的充放电循环性能、倍率充放电性能、高低温性能以及安全性能等，在很大程度上就与电解质溶液有关。为了开发能够适用于电动汽车的动力锂离子二次电池，在进行了大量正极与负极材料研究的基础上，我们针对电解质溶液也做了深入、细致的研究工作。根据我们的经验，动力锂离子二次电池首先是要具有良好的安全性能，其次，大容量电池要求比小容量电池具有更好的长期循环稳定性。从下面的介绍和讨论可以看出，电解质溶液对电池的安全性和使用寿命至关重要。

1.7.1　电解质溶液中电解质对电池电化学性能的影响

我们首先研究了不同浓度的 $LiPF_6$ 对电池性能的影响。实验时配制了如下浓度的电解质溶液：0.8mol/L、0.9mol/L、1.0mol/L、1.1mol/L、1.2mol/L $LiPF_6$/EC＋DMC＋EMC(1∶1∶1，质量分数)。以锰酸锂为正极，石墨为负极材料装配了 5Ah 铝塑膜包装电池，每种电解质溶液采用了 4 块电池进行测试，共计使用了 20 块电池。测试的数据包括电池吸液量、首次充放电效率、静态内阻和倍率性能，测试结果如表 1.14 所示。

表 1.14　锂盐浓度对电池性能的影响

电解质溶液浓度/(mol/L)	吸液量/g	首次充放电效率/%	静态内阻/ mΩ
0.8	7.44	88.28	4.21
0.9	7.42	88.05	4.26
1.0	7.33	88.12	4.19
1.1	7.06	88.52	4.12
1.2	7.32	87.70	4.16

注：表中数据均为同种电解质溶液的四块电池的平均值。

从表 1.14 中的数据可以看出，当浓度为 1.1mol/L 时，电解质溶液吸液量最低，为 7.06g。尽管电池的首次充放电效率和电池静态内阻变化比较小，但是由表中的数据可知，当电解质溶液的浓度为 1.1mol/L 时，电池的首次充放电效率最高，静态内阻最低。另外，由表 1.15 中倍率充放电的对比结果可以了解到，浓度为 1.1mol/L 电解质溶液的倍率性能最好。

表 1.15　锂盐浓度对电池倍率性能的影响

电解质溶液浓度/(mol/L)	0.3*C*(100%)	0.5*C*/0.3*C*	1*C*/0.3*C*	2*C*/0.3*C*	3*C*/0.3*C*	4*C*/0.3*C*
0.8	100	98.2	96.6	95.7	94.6	91.4
0.9	100	98.0	96.6	95.7	95.0	93.3
1.0	100	99.1	98.3	97.8	97.4	95.9
1.1	100	99.8	99.2	99.1	98.7	97.9
1.2	100	99.4	98.7	98.0	97.4	96.8

$LiN(SO_2CF_3)_2$(LiTFSI)是美国 3M 公司推出的一种新型锂盐(Fluorad HQ-115)[74]。据说此种锂盐可以有效地消除高温下铝塑膜电池的气胀问题，但对水极为敏感，因此在一般的条件下并不能够得到很好的利用。需要注意的是，LiTFSI 会严重侵蚀正极铝箔。我们在实验中发现，在常规电解质溶液中添加一定比例的添加剂 LiTFSI 后，可以明显抑制铝塑膜电池在高温条件下的气胀现象，但也发现电池的充放电循环性能会变得比较差，同时负极铜箔上出现深色区域(图 1.103)。

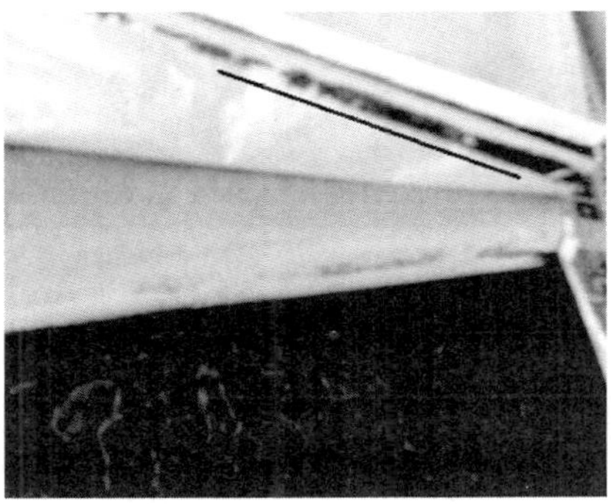

图 1.103　LiTFSI 对负极铜箔的腐蚀

与图中标记的黑实线平行的深色条形区域

1.7.2　各种功能型电解质溶液的研究

根据功能我们把电解质溶液划分为高功率型、高温型、低温型、防过充型以及高容量电池用动力型。

1）高功率型电解质溶液

高功率型锂离子二次电池包括电动工具用锂离子二次电池、航模用锂离子二次电池、混合动力车(HEV)用锂离子二次电池等。此类电池通常要求以 10*C*、20*C*，甚至 30*C* 或 40*C* 的倍率放电。常规电解质溶液无论从电导率还是从内阻方面(包括静态内阻、动态内阻、内阻增加速率)来说，都难以满足高功率电池的要求。由于在这种状态下电池的瞬间放电电流非常大，所以高功率型电解质溶液一般具备以下特征：①较高的电导率，这是满足高功率电池的必要条件。②电池的内阻相对较小，这有利于大电流放电时电池功率密度的发挥。③容易形成良好的 SEI 膜，保证能够在大电流充电时，锂离子能够顺利、完全地嵌入到负极内部。经过反复试验，我们开发出了一系列的高功率型电解质溶液，并用 18650 型高功率电池对电解质溶液的性能进行了测试。图 1.104 表示的是一种高功率型电解质溶液的倍率放电曲线。表 1.16 是两种高功率型电解质溶液的性能对比。

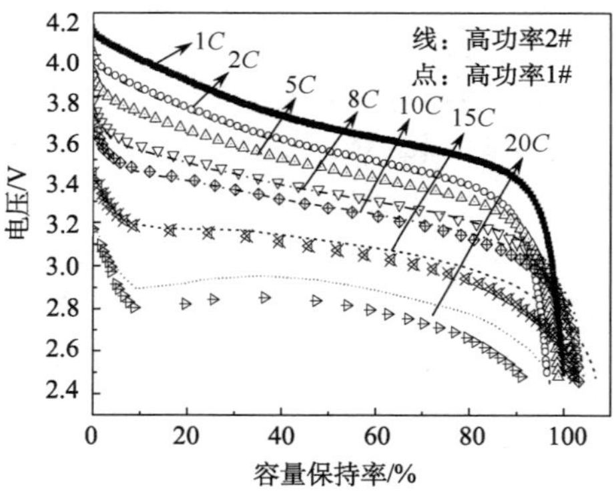

图 1.104　高功率型电解质溶液倍率放电曲线

表 1.16　高功率型电解质溶液于 18650 型电池中的电化学基本参数

电解质溶液种类	首次充放电效率/%	1*C* 电池容量/(mAh)	正极 1.0*C* 容量/(mAh/g)	1*C* 平均电压/V	300 次容量保持率/%	900 次容量保持率/%	化成前/后静态内阻/mΩ
高功率 1#	86.0	1331.7	142.4	3.68	92.4	83.6	15.59/17.76
高功率 2#	85.5	1248.4	138.6	3.69	99.2	82.7	19.52/19.28

从表 1.16 中两种高功率型电解质溶液化成前后电池静态内阻的变化可以发现，含 1#电解质溶液电池的首次充放电效率较高，电池化成前后的静态内阻也比含 2#

电解质溶液的电池小，但含 1#电解质溶液的电池化成前后静态内阻变化较大。由于静态内阻较小，在相同放电电压下使用高功率 1#的电池正极材料容量较高。

由表 1.17 中的数据可知，两种电解质溶液的倍率放电容量即使是在 20*C* 时都能达到 1*C* 放电容量的 90%以上，而且从 1*C* 到 15*C* 的范围内，高功率电解质溶液 1#的平均放电电压略高于 2#，但在 20*C* 放电时，高功率电解质溶液 1# 的平均放电电压较 2#低。

表 1.17　高功率型电解质溶液倍率放电性能对比

	1*C*		5*C*		8*C*		10*C*		15*C*		20*C*	
	A	B	A	B	A	B	A	B	A	B	A	B
容量比例/%	100	100	98.64	98.87	102.7	101.7	104.5	103.5	107.1	102.8	97.68	91.33
平均放电电压/V	3.65	3.66	3.44	3.46	3.22	3.33	3.24	3.24	3.05	3.04	2.87	2.79

注：A—高功率 2#；B—高功率 1#。

从图 1.105 可以看出，以 1*C* 充电和 10*C* 放电循环了约 750 次，具 2#电解质溶液的电池依然保持了 80%的初始容量。若以比较小的倍率进行放电时，即以 1*C* 充电和 1*C* 放电约 550 次后，电池的稳定性更加明显，电池仅损失 10%的容量。从上面的实验结果可以看出，高功率 2#电解质溶液具有十分优越的高倍率循环充放电性能。

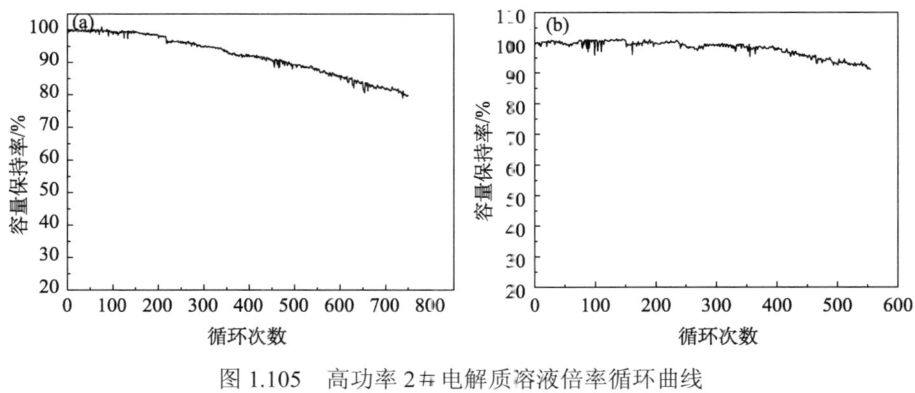

图 1.105　高功率 2# 电解质溶液倍率循环曲线

(a) 10*C* 循环充放电曲线；(b) 1*C* 循环充放电曲线

2) 高温型电解质溶液

通常，随着温度升高，电解质溶液中的 $LiPF_6$ 会发生分解，生成 PF_5、LiF 和 HF。由于 PF_5 会引起有机溶剂的分解，同时 HF 在高温下会促使 SEI 膜发生分解，甚至导致 SEI 膜对负极的保护减弱，因此当电池持续在比较高的温度下工作时，电池的充放电稳定性往往会受到影响。

美国喷气推进实验室的研究人员发现，如果向电解质溶液（1.0mol/L $LiPF_6$/EC＋DEC＋DMC，1∶1∶1，*V*/*V*）中添加 DMAc 或 NMP、VEC、VC 等，则锂离子二次电池的高温性能会得到一定的改善，其中 DMAc 效果最明显。这些化学物质改善高温性能效果的大小顺序是：DMAc＞VC＞VEC＞NMP。其中，DMAc 对负极的改善作用最为明显，而 VC 对改善正极的作用最为有效。

我们按照如下方式研究了电解质溶液在高温条件下的变化。

把新鲜制备的电解质溶液置入两个密闭的不锈钢容器内，容器内的剩余空间充满氩气，其中一瓶电解质溶液添加 1%（质量分数）的除水添加剂。两个容器同时放入烘箱内于 85℃加热 20h。把容器取出后，观察颜色、测试酸度。结果发现不含除水添加剂的电解质溶液从无色透明变为棕黄色，即透明度严重下降，此外，氢离子的浓度达到了 1.2×10^{-3}mol/L（图 1.106）。有意思的是，加有 1%除水添加剂的电解质溶液却仍然保持无色透明的状态，酸的浓度也保持在新鲜电解质溶液的水平。图 1.107 是尖晶石锰酸锂电池使用了含除水添加剂电解质溶液在 1*C* 充放电时循环稳定性的试验曲线。从上述试验可以看出，高温可能会改变电解质溶液的性能。在高温下，当电解质溶液的酸碱性发生明显的变化后，电解质溶液不再呈无色透明和低酸度的特点，所以也将不能再发挥正常的电解质溶液作用，会使电池性能劣化。

图 1.106　电解质溶液烘箱高温搁置试验

左：不含除水添加剂；右：含 1%除水添加剂

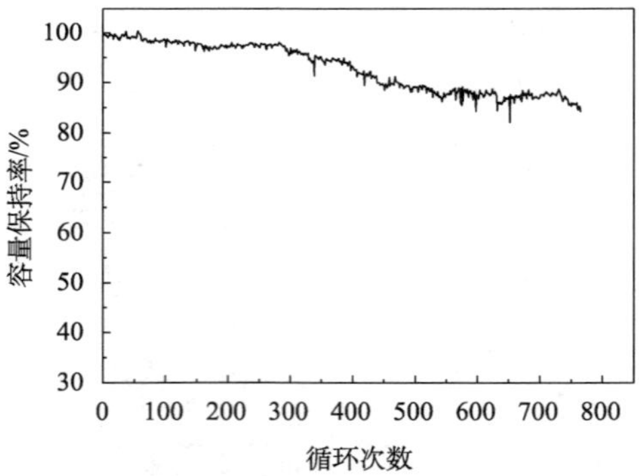

图 1.107　含除水添加剂电解质溶液的 1*C* 充放电时的循环性能

为了改善尖晶石锰酸锂电池在高温下的循环充放电性能，我们把 Li_2CO_3 作为添加剂进行了研究。实验中，配制了 Li_2CO_3 添加量分别为 0、1%、3%的高温电解质溶液，并对比研究了这几种电解质溶液在电池中的高温循环性能。所有的测试过程中电池始终置于 55℃烘箱中。图 1.108 是上述 3 种电解质溶液的尖晶石锰酸锂电池在 55℃的循环曲线。由图中的结果可以看出，随着添加量的增加，Li_2CO_3 能够明显改善锰酸锂电池的高温性能。当添加量为 3%时，保持初始容量 80%时所达到的循环充放电次数由 80 次提高到了 180 次。Li_2CO_3 能改善高温循环性能可能是因 Li_2CO_3 与高温下电解质溶液分解出的 HF 发生了反应，从而减少了 HF 在电解质溶液中的浓度。另外，由于 Li_2CO_3 本身是 SEI 膜的有效成分，Li_2CO_3 分解产生的 CO_2 也有利于成膜，因此，Li_2CO_3 能够有效地稳定锰酸锂电池的高温性能。

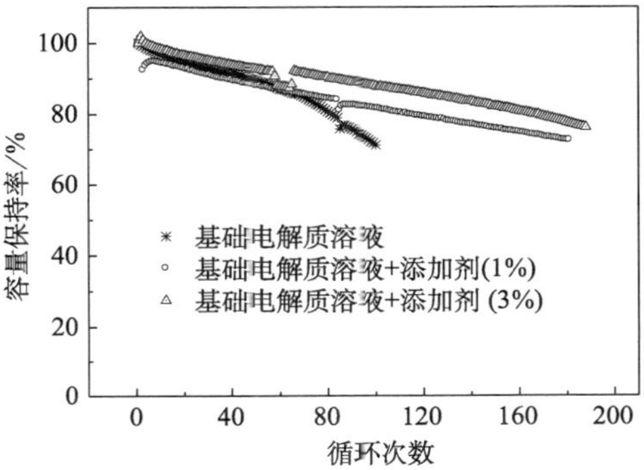

图 1.108　添加剂 Li_2CO_3 对电解质溶液高温循环性能的影响

3) 防过充型电解质溶液

目前，常用的防过充电解质溶液是在普通电解质溶液中加入一定量的防过充添加剂，如联苯(BP)和环己基苯(CHB)。但由于防过充添加剂会明显降低电解质溶液的电导率，并影响电池的循环性能和倍率放电性能，所以控制好防过充添加剂的加入量非常重要。

我们对动力锂离子二次电池用电解质溶液进行了如下的实验设计并反复试验。电池在常温 0.3C 充满电之后，采用 1C 充满到 10V 的充电制度，在过充设备上进行过充实验。实验前后电池外观变化如图 1.109 所示。

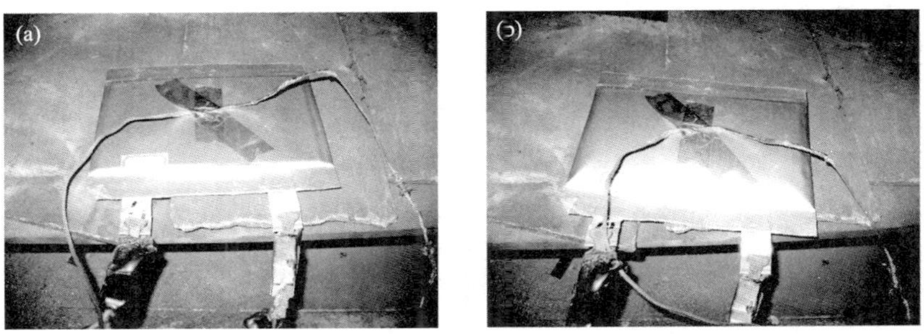

图 1.109　使用防过充电解质溶液的电池过充实验前后外观图

(a) 过充前；(b) 过充后

电池过充实验前后外观表现为胀气，不冒烟，不着火。实验过程中设备检测的温度变化曲线如图 1.110 所示。

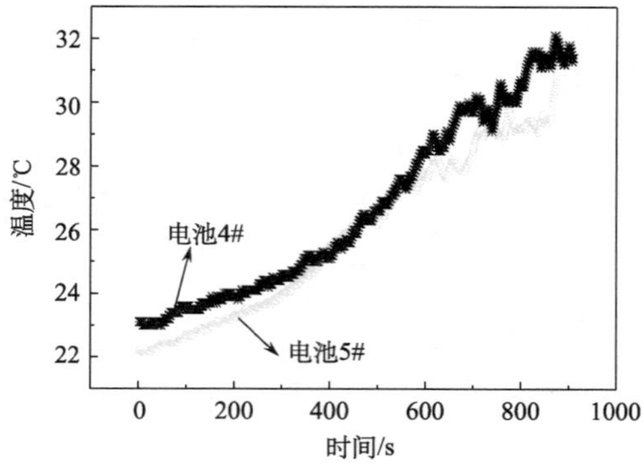

图 1.110　使用防过充电解质溶液的电池过充电温度变化图

用自制测温系统测得的相关温度见表 1.18。实验结果表明，使用了三种电解质溶液的电池在过充实验后温度的升高均不超过 50℃。

表 1.18　电池过充前后温度变化　　单位：℃

实测温度变化	电池 1#	电池 2#	电池 3#
开始温度平均值	21	21	21
终止温度平均值	46.5	43.5	47.3

常温下电池的循环试验结果如图 1.111 所示。

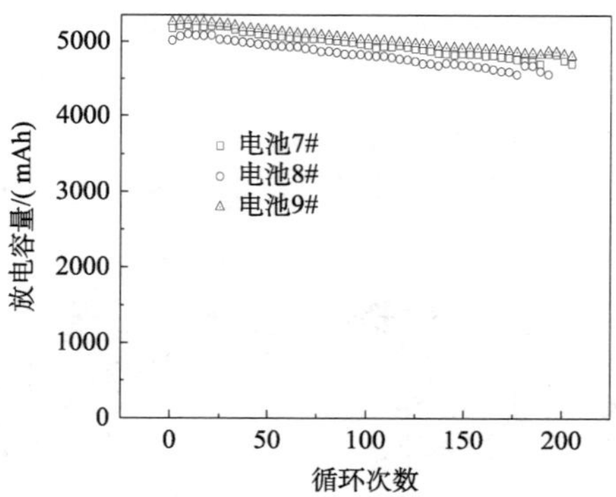

图 1.111　防过充电解质溶液循环曲线

从图 1.111 和表 1.19 可以看出，使用了防过充电解质溶液的电池还具有好的循环充放电性能。

表 1.19　电池循环容量衰减率

电解质溶液及电池	电池 7#	电池 8#	电池 9#
容量衰减率(循环次数)	0.41‰(200 次)	0.40‰(150 次)	0.38‰(200 次)

4) 高容量电池用动力型电解质溶液

动力型电解质溶液是指专为纯电动车用高容量型电池开发的功能型电解质溶液。为了满足大容量(30～120Ah)锂离子二次电池对安全性和循环稳定性的要求，我们在对动力型电解质溶液进行不断研究的基础上，开发出了一种能够明显改善大容量电池循环性能的动力型电解质溶液。该电解质溶液应用在 9Ah 电池中的循环性能测试结果如图 1.112 所示。

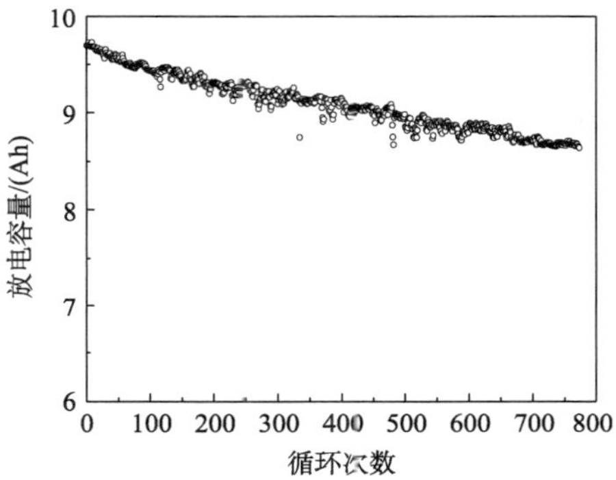

图 1.112　动力型电解质溶液 0.5*C* 循环曲线

从图 1.113 中 9Ah 电池(正极材料为 $LiMn_2O_4$，负极材料为石墨)的循环寿命来看，使用动力型电解质溶液后以 0.5*C* 进行循环充放电 750 次后电池还有约 83%的容量，1*C* 循环 300 次衰减率为 0.18‰，其稳定性要远比普通动力型电解质溶液好。因为改进的动力型电解质溶液能够明显地改善大容量锂离子二次电池的循环性能，按循环 1000 次剩余 70%的容量，每充电一次行驶 200km 推算，使用此电解质溶液的电池可以运行 20 万公里。使用该动力型电解质溶液的大容量电池还通过了过充、热箱等安全试验。

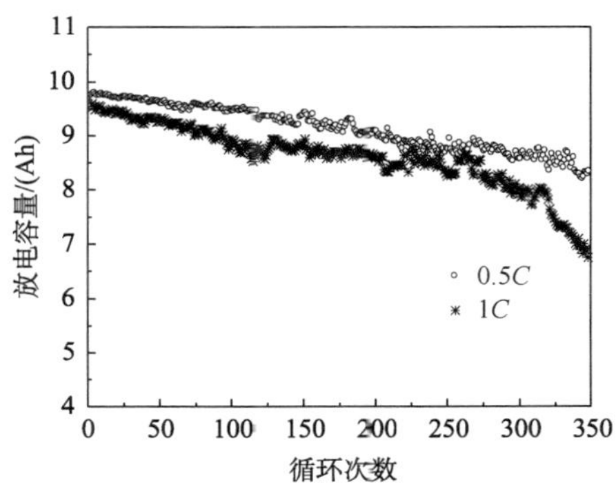

图 1.113　9Ah 电池 0.5*C* 和 1*C* 循环对比曲线

进一步改善动力电池的稳定性和安全性，今后依然是人们继续研究开发的一个重要领域。根据我们的经验和对国内外的情况分析，以下几个方面还需要进行大量的工作：

①开发新型添加剂，以进一步改善 $LiPF_6$ 电解质溶液的高温性能及安全性问题。

②加强对新型锂盐(包括 LiBOB、LiTFSI、$LiBF_4$)的进一步研究，包括若干种锂盐的联合使用，以改善目前 $LiPF_6$ 电解质溶液存在的问题。

③新型溶剂体系的开发，尤其是把新型溶剂体系与特定的锂盐相配合，以改善该锂盐的不足，并扩大锂盐的应用范围。

④研究电极上的表面电化学反应的机理，尤其是关于 SEI 膜形成、性质以及电极与电解质溶液的相互作用，为电解质溶液的进一步改善提供理论指导。

⑤研究 $LiPF_6$ 电解质溶液中 HF 和水含量的控制和消除方法及添加剂的使用。

1.8 固体聚合物电解质

本研究主要是利用制备的高纯度双乙二酸硼酸锂(LiBOB)与传统的PEO材料来合成固体聚合物电解质并将其应用到固体聚合物电池中。

1975 年，人们首次发现 PEO/碱金属盐复合物具有离子导电性，开启了基于高聚物的固体聚合物电解质研究的大门。虽然锂离子二次电池中的固体电解质仍处于基础研究过程中，但是由于与目前锂离子二次电池中的电解液相比较，固体聚合物电解质具有热稳定性好，与锂负极材料兼容性良好，以及容易加工等优点，因此引起了国际上工业界和科学界的兴趣，并被列入美国的 US-ABC、日本的 NEDO 以及欧洲的 JOULE 等研究计划中。近几年，利用锂金属直接作为电池负极的想法重新激发了人们的热情，而固体电解质也是其中实现锂金属负极正常工作的重要材料。

有关固体电解质的研究主要涉及材料的离子导电性、电化学稳定性、界面性质、热稳定性等，其中离子导电性是电解质最基本最重要的性质。人们通常认为，较高的电解质离子电导率能够支持电池以较快的倍率进行充放电。离子迁移数是固体电解质的又一个重要性质，因为离子迁移数代表的是不同类型的载流子对离子电导率的贡献比率。通常的液体电解质锂离子二次电池中，电解液常温离子电导率在 10^{-3}S/cm 以上，同时其离子迁移数达到 0.8～0.9。

在研究固体聚合物电解质时，人们通常考虑的基体是高分子聚合物如聚氧乙烯(PEO)、聚甲基丙烯酸甲酯(PMMA)、聚偏氟乙烯(PVDF)、聚丙烯腈(PAN)

等。由于 PEO 具有典型的醚氧结构单元—CH_2—CH_2—O—，对碱金属盐类有良好的络合溶解能力，化学稳定性良好，机械加工性能突出，成本较低，与锂金属负极相容性好等特点，成为目前研究最广泛的聚合物基体之一。此外，固体聚合物电解质中的锂盐经常选用具有较大体积的阴离子种类，如 $LiClO_4$、$LiPF_6$、$LiSO_3CF_3$(LiTf)、$LiN(SO_2CF_3)_2$，因为这些锂盐的离解能低，能释放出更多的自由锂离子，利于电解质获得较高的电导率。PEO-LiX 络合物在 PEO 熔点(63℃)以上虽然具有 10^{-3}S/cm 左右的离子电导率，在一些中温锂离子二次电池中已经得到应用，但是 PEO-LiX 络合物的室温离子电导率一般比较低，原因是 PEO 在室温下易结晶，并且与锂盐络合后结晶速率并没有得到明显抑制。另外，固体聚合物电解质的另一个重要参数即锂离子迁移数对于纯 PEO-LiX 络合物为 0.2～0.3，不能满足实用需求。

1.8.1　双乙二酸硼酸锂的制备

目前锂离子二次电池中所用的电解质盐主要是六氟磷酸锂 $LiPF_6$，它具有抗氧化性强、离子电导率高、电解液成膜性能好等优点，但是其热稳定性差，对于水分非常敏感，严重制约了电池的高温性能(＞60℃)。双乙二酸硼酸锂[$LiB(C_2O_4)_2$，简称 LiBOB]被认为是有可能替代现有电解质锂盐的一种新型材料，其结构如图 1.114 所示，它具有以硼原子为核心，与两个乙二酸根络合形成较大的阴离子。

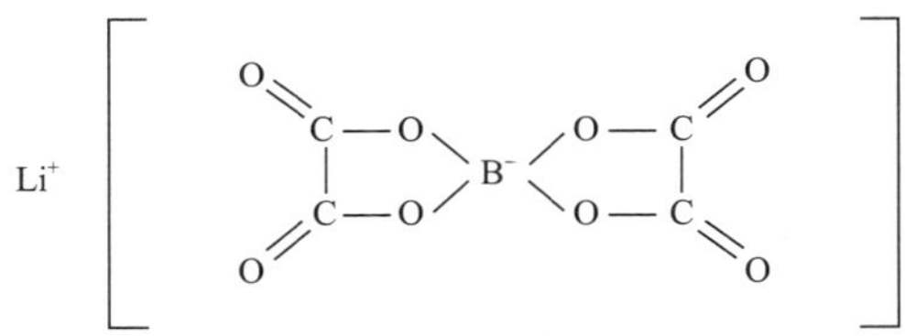

图 1.114　LiBOB 和 BOB^-阴离子的结构

LiBOB 的优点是负极优先成膜，其碳酸丙烯酯(PC)溶液可以在石墨表面形成优良的界面膜。其次，LiBOB 的热稳定性好，对水分影响的抵抗性强，单独的锂盐或者其电解液溶液都在较高温度下才分解。还有，BOB^-阴离子能够在铝箔上形成很好的钝化膜，电化学窗口较高，一般认为达到 4.5V 以上。LiBOB 的制备成本也比较低。

具体方法是首先将符合双乙二酸硼酸锂化学计量比的 $LiOH·H_2O$、H_3BO_3 以及 $H_2C_2O_4$ 溶解于去离子水中，将这种混合溶液蒸干得到的白色沉淀转移至无水乙腈中，并回流 48h 以上。然后滤除不溶物，蒸干乙腈溶液，将所得白色固体真空干燥得到产品。LiBOB 的 XRD 谱图如图 1.115 所示，峰位置和相对强度与文献结果保持了高度的一致。

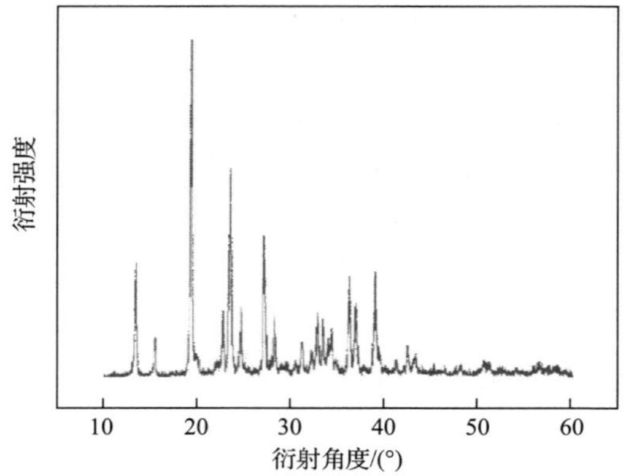

图 1.115　LiBOB 的 XRD 谱图

1.8.2　PEO-LiBOB 型固体聚合物电解质的电化学性能研究

过去，诸多的研究集中在固体电解质与低电压正极材料电池的电化学性能方面，例如 3V 级的正极材料 $LiFePO_4$、$LiMn_3O_6$ 和 V_2O_5 等。Scrosati 及其合作者[75]在较早期的研究中将 PEO_{20}-$LiSO_3CF_3$-10wt%Al_2O_3 型电解质应用到 $LiMn_3O_6$ 和 $LiFePO_4$ 实验电池中。本节中主要讨论了电压为 4V 级的正极材料，包括 $LiCoO_2$ 和 $LiNi_{1/3}Co_{1/3}Mn_{1/3}O_2$(LNCMO)，其平台电压分别为 3.90V 和 3.75V。

试验用厚度约 100μm 的半透明自支撑膜固体是通过经典的溶剂浇筑法得到。我们利用电化学阻抗谱分析了固体聚合物电解质的离子电导率以及锂对称电池的界面阻抗。电池充放电测试是利用如下所述的 R2032 型纽扣电池来完成的：首先均匀地将正极材料 $LiNi_{1/3}Co_{1/3}Mn_{1/3}O_2$ 或 $LiCoO_2$(70wt%)、导电石墨(15wt%，TIMREX 公司，KS-15)以及 PEO_{20}-LiBOB(15wt%)在乙腈中均匀混合制浆，然后将浓缩的浆液涂覆到干净的铝箔上，并干燥除去溶剂；圆形的锂金属片被用作负极，制备的含 LiBOB 固体电解质被作为隔膜和电解液；最后在氩气手套箱中完成了测试电池的组装。电池置于温度为 80℃的恒温箱中，其容量和循环性能测试均在武汉蓝电电子有限公司 CT2001A 型充放电测试仪上进行。

PEO_{20}-LiBOB 的本体和界面离子电导率曲线如图 1.116 所示。由图中的数据可知，电解质本体电导率在室温时约为 7.0×10^{-6}S/cm，40℃时为 1.8×10^{-5}S/cm，并且在 60℃增加至 2.1×10^{-4}S/cm。值得注意的是这种电解质在 60℃以上已满足实际电池循环对电导率的要求。当温度上升至 80℃以上时，电解质电导率达到 10^{-3}S/cm。

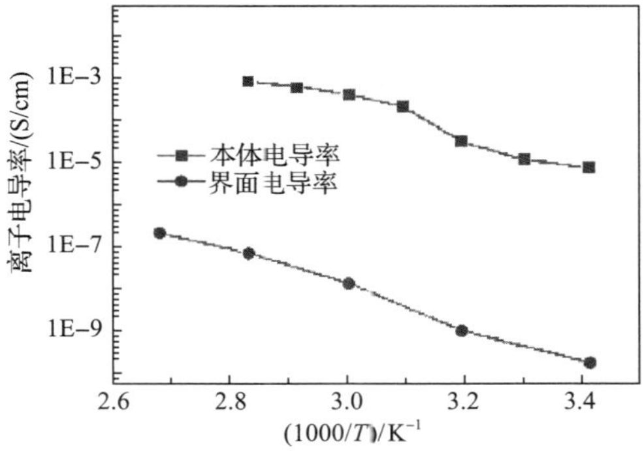

图 1.116　PEO_{20}-LiBOB 固体聚合物电解质的本体和界面离子电导率温度曲线

利用锂金属电极研究添加 MgO 对于 PEO_{20}-LiBOB 体系界面阻抗的影响结果如图 1.117 所示。试验过程中在 37 天内我们持续测试了 PEO_{20}-LiBOB 和 PEO_{20}-LiBOB-5wt%MgO 的电化学阻抗谱。对于起始的实验电池，MgO 的引入将 PEO_{20}-LiBOB 的界面阻抗降低了约 50%，这种阻抗的降低效应在一个月的时间内都保持稳定。我们认为很可能是 MgO 抑制了锂盐的还原，因此有利于获得更低的对锂界面阻抗。

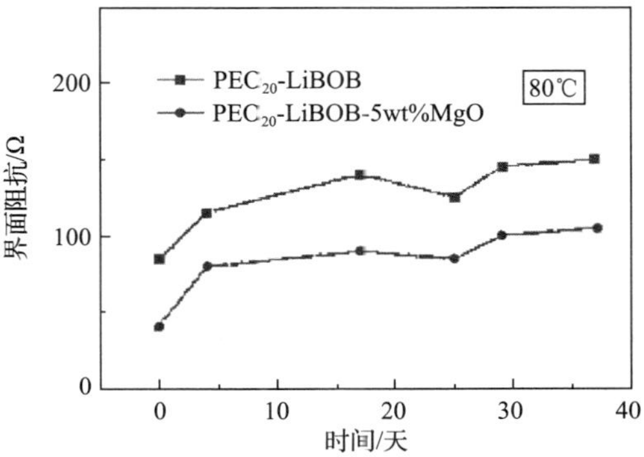

图 1.117　制备的 PEO_{20}-LiBOB 和 PEO_{20}-LiBOB-5wt%MgO80℃时相对于锂金属电极的界面阻抗随时间变化曲线

用两种 4V 级正极材料 $LiNi_{1/3}Co_{1/3}Mn_{1/3}O_2$ 和 $LiCoO_2$ 作为测电池的正极研究了所制备的 PEO_{20}-LiBOB 和 PEO_{20}-LiBOB-5wt%MgO 电解质的电化学稳定性。Li|PEO_{20}-LiBOB|$LiNi_{1/3}Co_{1/3}Mn_{1/3}O_2$ 电池的第 1 次、第 3 次和第 20 次充放电曲线示于图 1.118(a) 中。$LiNi_{1/3}Co_{1/3}Mn_{1/3}O_2$ 材料相对于锂负极在 3.75V 的电压平台清楚可见。电池以 0.2*C* 倍率循环时初始充放电容量分别为 168.8mAh/g 和 156.8mAh/g。首次不可逆容量为 12.0mAh/g，而首次库仑效率为 92.9%。这是经过前三次 0.05*C* 循环后的测试。电池的放电容量在前面三个循环中基本不变，但是经过 20 次循环后容量逐渐衰减至 142.5mAh/g，容量保持率为 90.9%，平均每个循环衰减

0.7mAh/g。在倍率性能测试中，使用相同的电流密度执行充放电过程，其结果如图 1.118(b)所示。这种电池能够支持以高达 1C 的倍率进行充放电循环，在 1C 时电池放电容量为 95mAh/g。

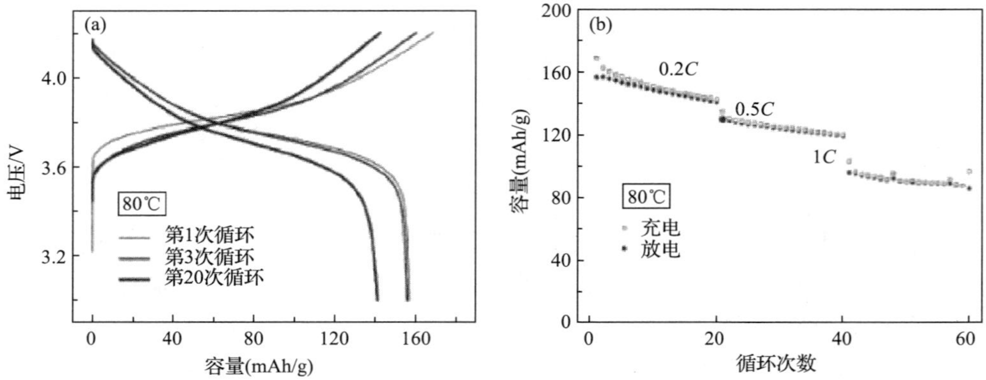

图 1.118　Li|PEO_{20}-LiBOB|LNCMO 电池在 80℃3.0～4.2V 区间以 0.2C 倍率的第 1 次、第 3 次、第 20 次充放电曲线(a)以及在 0.2C、0.5C 和 1C 的循环性能曲线(b)

如图 1.119 所示，进一步的研究发现使用 PEO_{20}-LiBOB-5wt%MgO 作为电解质时可以使两种正极材料获得更好的稳定性。由图中的数据可以看出，使用 PEO_{20}-LiBOB-5wt%MgO 作为电解质时，$LiNi_{1/3}Co_{1/3}Mn_{1/3}O_2$ 的初始放电容量未受到明显的影响，但是在 0.2C 倍率循环 30 周时不可逆容量显著地从每周 0.7mAh/g 降低至 0.5mAh/g。当 PEO_{20}-LiBOB 作为正极材料 $LiCoO_2$ 的支持电解质时，电池初始放电容量为 148mAh/g，以 0.2C 倍率 30 次循环后衰减至 124mAh/g，衰减率为每循环 0.8mAh/g，与 $LiNi_{1/3}Co_{1/3}Mn_{1/3}O_2$ 正极情况相似。但是当 PEO_{20}-LiBOB-5wt% MgO 作为支持电解质时，正极材料 $LiCoO_2$ 的初始放电容量基本不变，但是不可逆容量在循环充放电 30 次后降低至每周 0.4mAh/g。

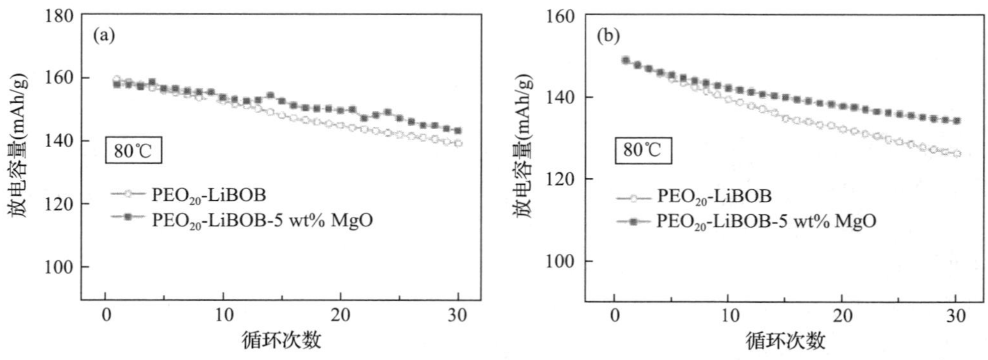

图 1.119　电池在 80℃3.0～4.2V 区间以 0.2C 倍率充放电的放电容量-循环次数曲线

(a) Li|PEO_{20}-LiBOB-5wt%MgO|$LiNi_{1/3}Co_{1/3}Mn_{1/3}O_2$；(b) Li|$PEO_{20}$-LiBOB|$LiCoO_2$

尽管本节描述的固体电解质还不具备在商品电池中应用的条件，但是由于锂离子二次电池中大量存在的有机电解液在空气中极易燃烧，由于电动汽车电池问题导致的事故近年层出不穷，因此对固体电解质的研究刻不容缓。本节中讨论的聚合物电解质对于 4V 级正极材料的良好兼容性和电化学特性可能应当首先归因于 LiBOB 的作用。因为锂盐阴离子体积大，锂盐容易解离，可以提供足够的载流子浓度。还有，阴离子可以通过开环反应在正极表面覆盖一层偏硼酸锂以及类似化合物的薄层，这种正极表面由于电解质氧化而产生的钝化膜将抑制电解液进一步的氧化，从而相应地减少了副反应的发生。此外，LiBOB 作电解质锂盐时，能够良好地吸收电解质制备或电极制备过程中的微量水分，同时对于电池工作过程中外界痕量水的扩散进入也有良好的抑制作用，有助于电池电化学性能的改善。

值得注意的是，锂离子电池用 PEO 基固体聚合物电解质有着优异的碱金属盐解离能力、化学及电化学稳定性，目前来看仍然是具有发展潜力的聚合物电解质材料。可从锂盐的选择和 PEO 改性的角度出发，进一步改善 PEO 基固体聚合物电解质材料的电化学性能。如优化钠盐结构与用量，选择半径大且具有吸电子基团的阴离子钠盐，研究制备可单独传导锂离子的钠盐，选择合适的增塑剂，利用聚合物接枝共混和添加无机填料等。其本质是增加锂盐的溶解性和解离度，提高 PEO 链段的运动能力，降低其玻璃化转变温度和抑制结晶，最终提高钠离子迁移数，促进锂离子的有效传输。

固体聚合物电解质也可以被应用于锂硫电池中。马强等[76]采用氟磺酰三氟甲基磺酰亚胺锂{Li[(FSO_2)(CF_3SO_2)N]，LiFTFSI}和聚氧化乙烯(PEO)分别作为导电锂盐和聚合物主链，通过简单的溶液浇铸法制备了新型固体聚合物电解质(SPEs)锂硫电池，测试结果表明，该类 SPEs 展现出相对高的首周放电容量(881mAh/g)，表现出良好的电池循环性能。有观点认为固体聚合物电解质可以抑制锂枝晶的形成，但是从枝晶的形成机理来看，并非简单的通过将有机溶剂替代为聚合物即能够解决锂枝晶问题，在固体聚合物电解质中锂枝晶的形成很大程度上取决于电解质材料结构决定的锂沉积的动力学过程以及锂表面所形成的 SEI 膜对于锂沉积的影响，此外，固体聚合物电解质往往机械强度较低，而较低的杨氏模量不能够抑制锂枝晶的生长。前期的一些机理方面的研究，也表明在聚合物电解质中枝晶同样是逐渐生长的。Brissot 等[77,78]通过安装在光学显微镜上的相机原位观测了锂/PEO-双(三氟甲基磺酰)亚胺锂(LiTFSI)/锂电池中枝晶生长和短路过程，其研究结果显示锂枝晶的形状与电流密度密切相关，垂直生长的枝晶导致内短路，而弯曲生长的枝晶虽不会导致明显的内短路，但会使电池电压下降。实验结果表明，在低电流密度的情况下仍然会出现枝晶生长的现象。这可能是锂负极/电解质界面的局部电流密度不均匀，导致局部区域满足扩散模型的枝晶生长条件。

近年来，中国科学院青岛生物能源与过程研究所的崔光磊研究员及其团队针对聚氧化乙烯(PEO)室温离子电导率较低、电位窗口窄的瓶颈问题，从能提高离子电导率的分子结构出发，结合离子传输机理与动力学传输的多尺度机制，设计出一款新型固体聚合物电解质，该电解质室温电导率可达 4.3×10^{-4}S/cm，具有较宽的电化学窗口[79]。在此基础上，该团队以“刚柔并济”的理念发展综合性能优异的复合固体聚合物电解质，并分别以三元材料和金属锂为正负极，组装固体聚合物锂电池。具体而言，所谓“刚柔并济”就是使用“刚”性多孔骨架支撑材料，如聚酰亚胺、芳纶、聚芳砜酰胺、玻璃纤维、阻燃纤维素和海藻酸盐等无纺布材料，改善电池的力学性能和尺寸热稳定性能，从而提高安全性能；“柔”性离子传输材料，如聚氧化乙烯(PEO)、聚偏氟乙烯-六氟丙烯(PVDF-HFP)、聚甲基丙烯酸甲酯(PMMA)、氰基丙烯酸酯、聚碳酸丙烯酯(PPC)和聚碳酸亚乙烯酯(PVCA)等赋予优异的离子传导性和界面稳定性，“并济”即两种或多种材料复合达到多赢的效果，实现刚柔的对立统一，来实现力学强度、耐热性能、电位窗口、界面稳定性和离子电导率等综合性能的提升，进而满足动力电池的要求[80]。可以看到，PEO 和锂盐在新型聚合物电解质中同样作为必要组分存在，因此可望在相关材料的研发中继续起到关键作用。

1.9　隔　膜

在锂离子二次电池主要原材料中，除正负极材料以及电解质溶液外，隔膜也是非常重要的组成部分。隔膜的主要作用是使电池的正、负极分隔开来，防止正负极接触而短路，此外隔膜还具有能使电解质离子通过的功能。

锂离子二次电池隔膜材料主要有聚烯烃类、高分子材料、无机材料等。根据原材料特点及加工方法不同，可将锂离子二次电池隔膜分成聚烯烃隔膜、聚合物隔膜、陶瓷隔膜、纤维隔膜等。

目前市场化的聚烯烃隔膜[81]主要以聚乙烯、聚丙烯为主，包括单层聚乙烯(PE)、单层聚丙烯(PP)以及三层 PP/PE/PP 的复合膜。目前聚烯烃隔膜的制备工艺有干法和湿法两种技术路线。干法制膜工艺生产过程控制技术要求高，双向拉伸设备造价昂贵，固定资产投入大。湿法制膜工艺相对技术要求较低，设备投入较小，但需要大量有机溶剂对膜进行萃取，此外，使用有机溶剂造成了费用较高并存在环境污染问题。

聚合物膜是目前研究最多的一种隔膜。制备聚合物时，首先把聚合物溶解在合适的溶剂中，并加入适量的增塑剂形成浆料，然后把浆料涂敷在平板上，当溶剂蒸发后即得到聚合物膜，然后干燥或萃取除去增塑剂，在聚合物膜中形成孔隙结构。制备聚合物膜时可以加入适量的无机填充物如纳米二氧化硅，可以提高聚合物膜的性能。相对于普通聚烯烃隔膜，聚合物膜的生产工艺要求较低，电化学性能较好，而且聚合物原料丰富，生产成本低。但是，聚合物膜一般机械强度较差，必须增强其机械强度才能适应机械自动化生产。

德国的 Degussa 公司生产的一种 SEPARION 隔膜，是以 PET 无纺布为支撑体，在其表面复合了一层无机陶瓷氧化物涂层，由有机底层/无机涂层组成的陶瓷多孔膜，该隔膜具有良好的热稳定性。与聚烯烃隔膜相比，安全性能有很大改进，但是隔膜的穿刺强度还有待提高。

采用静电纺丝法制备纳米纤维隔膜，是一种新型隔膜材料的制备方法和制备工艺。该方法是在高压电场的作用下，高分子材料溶液在喷丝头的尖端分裂成无数纳米射流并固化而形成聚合物纳米纤维隔膜。该隔膜热稳定性好，但产业化工艺较为复杂，目前这种工艺还不是很成熟，尚未实现商品化。

1.9.1　锂离子二次电池隔膜的测试与研究

隔膜的厚度、孔隙率、抗拉强度、穿刺强度、吸液性等基本参数都会影响电池的性能，表 1.20 列出了几种隔膜的基本参数。

表 1.20　几种隔膜的基本参数

特性 \ 隔膜	A	B	C	D
厚度/μm	40	25	35	25
孔隙率/%	45	49	40	40～75
抗拉强度/(kg/cm^2, MD)	>1300	700	60	300～500
抗拉强度/(kg/cm^2, TD)	130	800	70	300～500
穿刺强度/(gf)	>300	360	>100	>100
熔化温度/℃	135/160	180	>200	165
密度/(g/m^2)	22.5	12.5	40	12.3
吸液量/(g/m^2)	83.0	70.3	99.5	95.5

图 1.120 是用电子显微镜照片表示的几种隔膜的表面形貌。A、B、C、D 分别表示取自四个厂家的隔膜。

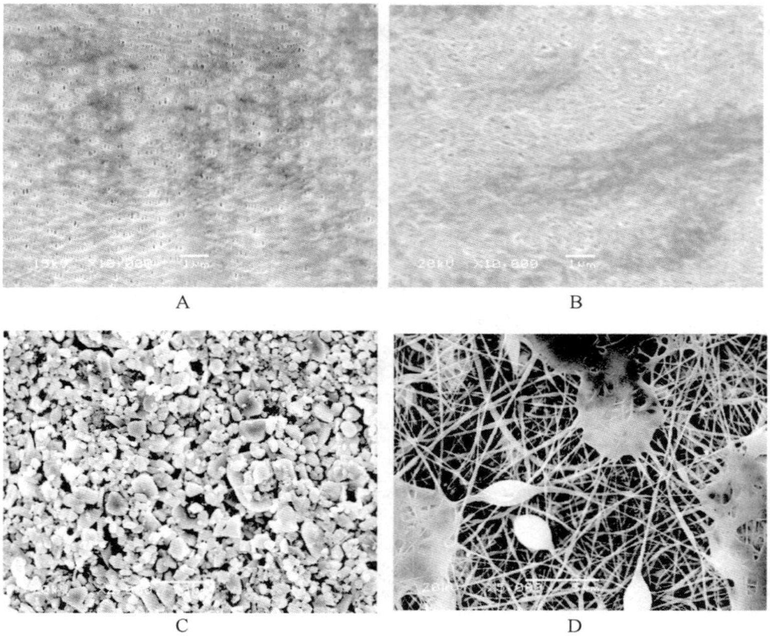

图 1.120　几种隔膜表面形貌比较

为了研究隔膜的温度效应，我们设计以下的实验方案。将几种隔膜裁成面积为 105mm×60mm 的小片，放进恒温箱里，分别在 80℃、100℃、120℃、150℃下烘烤 2h，计算隔膜收缩率(单位：%)。几种隔膜的收缩率测试结果见表 1.21。

表 1.21　几种隔膜不同温度下的收缩率　　单位：%

隔膜种类	收缩方向	80℃	100℃	120℃	150℃
A	TD	0	0	1.5	14.3
	MD	1.4	3.8	8.6	35.2
B	TD	1.0	1.4	11.4	38.7
	MD	1.0	1.4	11.4	40.0
C	TD	0	0	0	0.5
	MD	0	0	0	0.5
D	TD	0	0	0.5	1.0
	MD	0	0	0.5	1.0

注：TD—横向；MD—纵向。

从表 1.21 可以看出，不同材料、不同工艺制备隔膜的热收缩率有很大不同。热收缩性变化大的隔膜会直接影响电池的安全性能。

1.9.2　电池的电化学性能

采用各种隔膜分别制作了 6Ah 电池。电池的正极采用锰酸锂、负极采用石墨、电解质溶液采用 $LiPF_6$(EC∶EMC∶DMC＝1∶1∶1，质量分数)。对电池进行电化学性能测试的结果如表 1.22、表 1.23 和图 1.121 中所示。

1) 电池内阻

表 1.22　几种隔膜内阻比较

隔膜	内阻/mΩ
A	4.43
B	3.52
C	4.85
D	3.64

2) 电池倍率放电性能

表 1.23　几种隔膜倍率放电容量百分比　　单位：%

隔膜	0.3C	0.5C	1C	2C	3C	4C
A	100	99.8	99.7	99.4	98.4	96.1
B	100	99.8	99.8	99.7	99.5	99.4
C	100	99.7	99.4	98.2	96.6	94.5
D	100	94.6	91.5	89.9	88.7	88.0

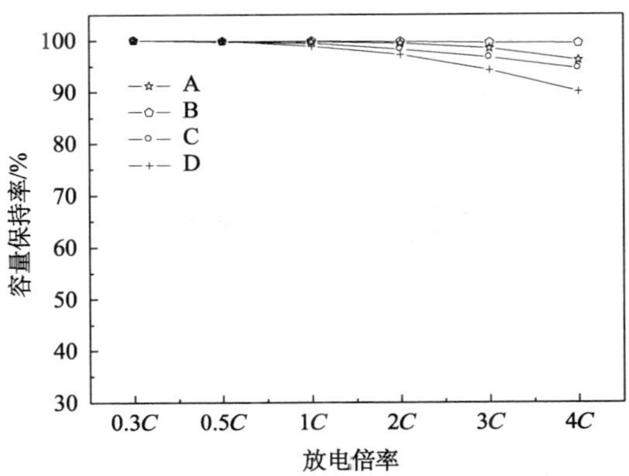

图 1.121　不同隔膜电池倍率性能比较

3) 电池循环性能

我们用几种类型的隔膜制作电池，在(25±1)℃下进行了充放电循环测试。实验条件为以 1*C* 恒流充电至限制电压 4.2V，转恒压充电至电流降至 0.1*C* 停止，搁置 5～10min，再以 1*C* 恒流放电至 3.0V，其循环稳定性如图 1.122 与图 1.123 所示。从图 1.123 中可以看出 C、D 隔膜电池的容量衰减率要小于其他两种类型的电池，这可能是由于 C、D 隔膜电解质溶液吸液量比 A、B 隔膜吸液量高，电解质溶液浸润性好，所以 C、D 隔膜电池的循环性能优于 A、B 隔膜电池的循环性能(图 1.122)。

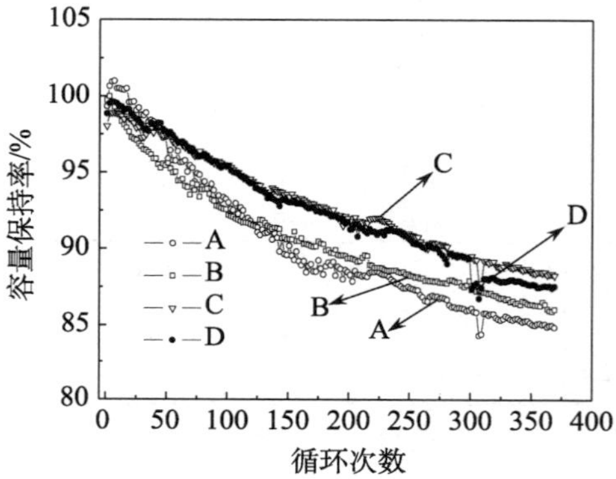

图 1.122 不同隔膜电池在 1*C* 循环下容量衰减情况

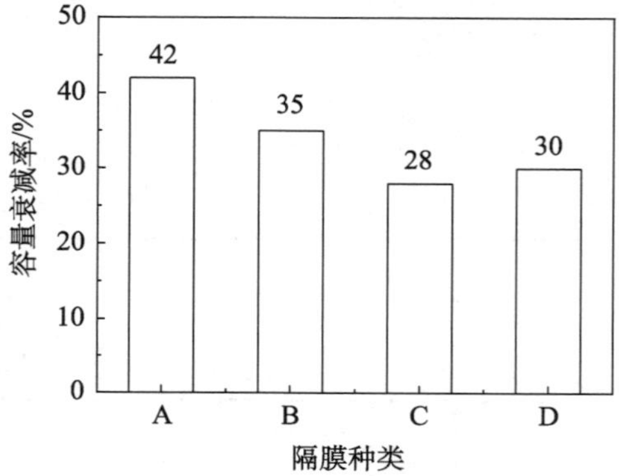

图 1.123 不同隔膜电池的容量衰减率

4) 安全性能

对几种隔膜制备的 6Ah 电池的安全性能进行了测试，包括针刺、挤压、过充电、过放电、热箱等，下面列出了典型的几种测试结果。

(1) 热箱 150℃、30min 实验。

图 1.124 为测试前后电池的照片，4 种隔膜制备的电池在 150℃均出现鼓胀现象，但电池未冒烟、未着火，通过测试。

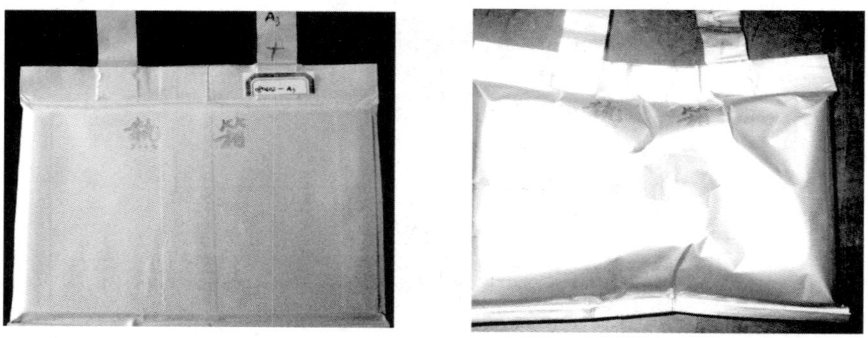

图 1.124 电池热箱实验电池照片

(2) 过充电 (3C、10V) 实验。

4 种隔膜制备的电池在过充测试中 (图 1.125) 稍有鼓胀，均未冒烟、未着火，通过测试。

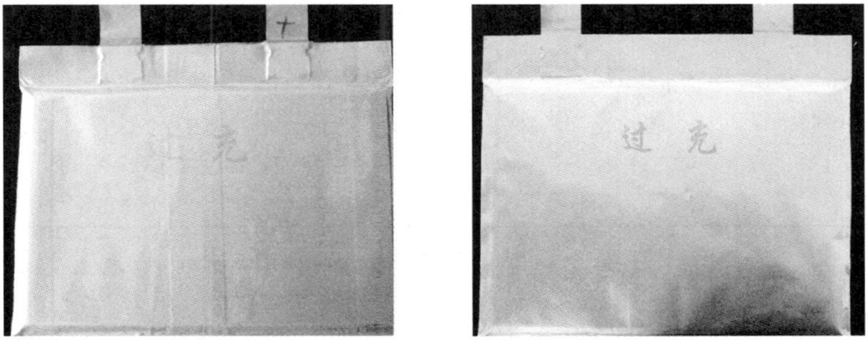

图 1.125　电池过充电实验电池照片

(3) 针刺实验。

4 种隔膜制备的电池针刺实验 (图 1.126) 均未冒烟、未着火，通过测试。

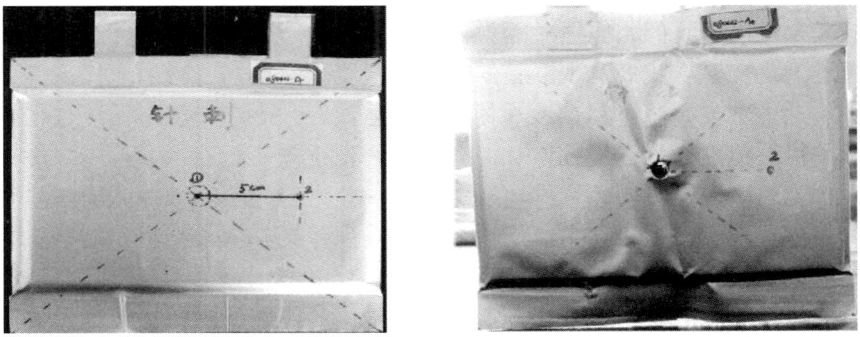

图 1.126　电池针刺实验电池照片

虽然从测试结果看，几种隔膜制备的 6Ah 电池均通过测试，但是从安全测试过程分析，隔膜 C 和 D 的电池安全性能还是要优于隔膜 A 和 B。

从测试结果可以得出，隔膜的厚度、孔隙率、孔径等参数影响电池的内阻、倍率充放电性能，隔膜的电解质溶液保持量对电池的循环性能有很大影响，而隔膜的抗拉强度、穿刺强度以及热收缩性能严重影响电池的安全性能。

1.9.3　隔膜对锂离子二次电池性能的影响

从以上测试结果及相关机理分析，可以总结出隔膜的特性与电池性能有如下关系 (表 1.24)：

表 1.24　隔膜特性与电池性能的关系

电池性能	隔膜特性	备注
容量	厚度	降低隔膜厚度，可以提高电池容量
内阻	电阻	隔膜电阻与厚度、孔径、孔隙率、扭曲等有关
倍率性能	电阻	隔膜电阻与厚度、孔径、孔隙率、扭曲等有关
快速充电	电阻	电阻小有利
高温循环	抗氧化性	氧化破坏循环性能
自放电	薄膜区或针眼	在电池组装过程中造成电池微短路
循环次数	电阻，收缩，孔径	高电阻/收缩率高/孔径小，导致较低的循环次数

1.9.4　对今后隔膜发展的看法

经过多年的发展，锂离子二次电池的性能得到了很大的改进，应用范围越来越广。但是如今，电池的安全性依然是人们最关注的问题，尤其是随着动力锂离子二次电池电动车辆的增加，国家有关部门对动力电池不断地提出严格的要求。例如，近几年来我们对电池安全性能的高温测试已经从原来的 85℃、120min 提高到 150℃、30min 等。由于电池的安全性受诸多因素的影响，所以为了进一步改善电池的安全性能，我们相应地对隔膜也提出了更高的要求。

通过大量实验，我们发现隔膜的耐穿刺强度一定要高。对于液体锂离子二次电池，电池内部自始至终存在着液体电解质溶液。因为在充放电循环过程中电解质溶液不可避免地被慢慢消耗，从而有可能产生下列两种问题。首先，由于电池极片面积比较大，在不同区域的电解质溶液的差异会导致区域极化电压差异。在电池的充电过程中，在极化电压增大的区域发生锂或其化合物沉积的概率会比较大，当锂或其化合物的沉积达到某一尺寸时，有可能刺穿隔膜而引起电池内部短路，从而导致电池的安全事故。其次，随着电池的不断使用，极片不均匀产生的电解质溶液分布的不均匀有可能导致隔膜存在无电解质溶液的干区。由于锂离子二次电池充放电时电压会高达 4.2V，无电解质溶液的隔膜干区此时承受的电场强度可能会达到 1680V/cm，因此在这样的隔膜干区非常容易发生静电击穿现象，从而使电池内部发生短路，引起电池的安全事故。

另外，隔膜的热收缩性一定要好。在锂离子二次电池使用过程中，特别是在电池被滥用时，电池温度会急剧升高。当超过一定温度时，隔膜会迅速收缩，由此而造成电池中正、负极片大面积直接接触，导致大范围的内部短路，引起电池的热失控。

还有，隔膜的机械强度也一定要高。目前，国内大部分电池厂家的电极极片质量还不是很好，如果隔膜的机械强度过低，电极极片上一点微小的毛刺，也容易刺穿隔膜，导致电池出现微短路现象，造成电池的安全事故。

当然，如何根据需要选择好电池的隔膜也是非常重要的。如手机和数码相机等电子产品，为了美观、便于携带，电池的电芯要做得非常小巧。为了追求高的能量密度，在狭小的体积中能容纳更多的电极活性材料，人们希望使用更薄的隔膜。现在很多厂家已经在使用 20μm 甚至 16μm 的隔膜。但是隔膜的性能与离子电导率密切相关，从而会直接影响电池的容量、循环性能以及安全性能等。需要注意的是，由于聚乙烯、聚丙烯等聚烯烃非极性材料制成的隔膜具有低的表面能，锂离子二次电池中使用极性碳酸酯类电解质溶液虽能很好地被浸润，但由于吸液性能并不理想，所以会影响离子的电导率。最近，通过对材料的表面进行处理来改善隔膜性能的工艺比较多，如辐照、表面等离子体处理以及紫外光照射等，且已经比较成熟。由于对聚烯烃隔膜进行表面处理，可以明显地提高隔膜的吸液性能，因此被认为是今后不断改善隔膜性能的一个重要方向。

与小型的单体电池不同，电动工具、电动自行车以及电动汽车等使用的是动力电池模块，是由几十甚至数百个电芯进行串、并联后形成的大容量或高功率型的单体电池的组合。在这种情况下，隔膜的安全性相当重要。近年来市场上对厚度为 40μm 聚丙烯隔膜的需求量日益增加，人们试图通过使用厚的隔膜来增强电池的安全性。但无论聚乙烯、聚丙烯还是其他热塑性高分子材料，在接近熔点时材料均会因熔化而收缩变形，因此动力电池的安全性隐患始终存在。德国的 Degussa 公司将有机物的柔性和无机物的良好热稳定性相结合，在无纺布表面复合了无机陶瓷氧化物后，制备出了有机底膜/无机涂层复合的锂离子二次电池隔膜。使用这类隔膜时，在电池充放电过程中即使有机底膜发生熔化，无机涂层仍然能够保持隔膜的完整性，从而在很大程度上防止大面积正/负极短路的出现。由于这种有机/无机复合的隔膜为解决大功率电池安全性提供了一个比较可行的方案，已经成为今后商品动力锂离子二次电池隔膜的一个重要发展方向。

1.10 基于钠离子二次电池体系的关键材料

1.10.1 钠离子二次电池的电极材料

1. 钠离子二次电池的电极材料技术现状

二次电池从本质上讲属于电化学储能技术，具有成本低，能量效率高的优点。目前发展比较成熟的锂离子二次电池具有能量密度高，循环寿命长、自放电小等优点，广泛用作各种便携电子产品的工作电源(手机、掌上电脑等)，并逐渐成为移动式装备的动力电池(电动车、潜艇等)。但是，人们逐步意识到锂存在资源短缺的问题。全球锂资源地壳丰度仅为 0.006%，同时分布不均；就目前的发展水平来看，如果为世界上所有的约 9 亿辆汽车都配备一个 20kWh 的锂离子电池，将消耗一半以上的锂资源；由于锂元素同样广泛应用于其他工业部门，在电动交通工具或规模化储能方面大量应用锂离子电池可行性较差。从 2015 年开始，因中国国内市场上电动车的大量推广应用，使得作为电极材料关键原料的碳酸锂市场价格明显上涨，就突出反映了这种资源供应有限的现实。因此，亟须发展下一代成本低廉、电化学优异的储能电池体系。与锂资源相比，钠储量十分丰富，地壳丰度约为 2.64%，海水中也含有大量的钠。同时钠和锂为同一主族元素，化学性质相近，且钠的再循环利用更加成熟廉价，用钠替代锂，开发钠离子二次电池具有广阔的应用前景。

一般认为，钠离子二次电池的工作机理同样基于钠离子在正负极中可逆嵌入/脱出，类似于锂离子二次电池体系中广为人知的“摇椅电池”机理(rock chair battery mechanism)，性能优异的电解质/电极界面是保证长循环寿命的关键。一方面，作为离子传输的媒介和电极反应发生的场所，电解质材料的首要性能是离子电导率，用于衡量离子传输速率的大小，但是电解质材料和电极材料构成的界面相在很大程度上决定了实际的循环寿命和倍率性能的发挥。理想情况下应当只发生电极反应，不发生电解质和电极之间的化学反应，或者是电解液自身的分解等副反应。另一方面，电极材料中离子的迁移速率和电化学反应过程中的相变可逆性在结构上决定可以释放出的电容量和循环寿命，直接决定了钠离子二次电池的能量密度和使用寿命。由于钠的标准还原电势(–2.71V)要小于锂的标准还原电势(–3.04V)，这就导致在一般情况下，钠离子电池在能量密度上要低于锂离子电池，未来有可能与锂离子电池形成互补。

钠离子电池的正极材料主要包括具有典型层状结构和隧道型结构的过渡金属氧化物材料、聚阴离子化合物材料、普鲁士蓝类化合物和有机正极材料；负极材料主要包括碳负极材料、金属氧化物材料、合金材料和有机负极材料等。钠离子电池的结构示意图如图 1.127 所示。

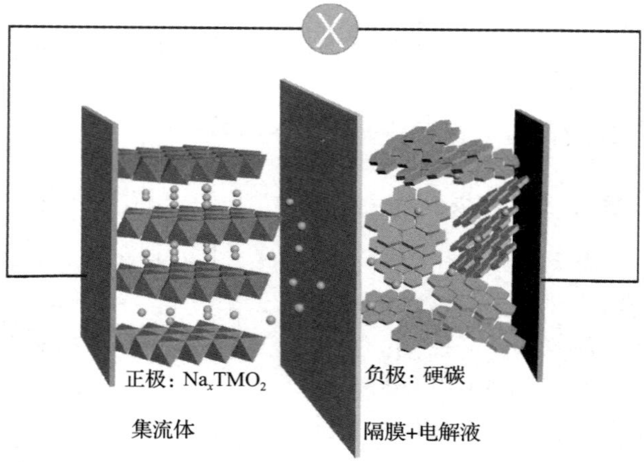

图 1.127　钠离子电池的结构示意图

过渡金属氧化物材料(Na_xTMO_2)主要包括层状和隧道结构材料。层状材料的分类和命名主要遵循 20 世纪 80 年代中期 Delmas 等[82]提出的结构分类法，即根据晶胞结构中离子层相对堆叠顺序的不同，主要分为 O3、P2 和 P3 相(O3：ABCABC 堆叠；P2：ABBA 堆叠；P3：ABBCCA 堆叠)。钠离子在三棱柱(P 相)或八面体(O 相)的层间位置。O3 与 P2 结构示意图如图 1.128 所示。早在 1988 年，Shacklette 等[83]就对 O3、O3'、P3 和 P2 相的 Na_xCoO_2 电化学性质进行了研究，发现 P2-Na_xCoO_2 表现出更高的比容量和更长的循环寿命，这就使得人们对 P2-Na_xCoO_2 以及 P2 相的正极材料引起了广泛的研究兴趣。随后，Delmas 等[84]通过原位 XRD 以及其他电化学测试手段对 P2-Na_xCoO_2 的电极反应即脱/嵌机理的考察，发现随着 Na 含量的变化，恒流循环曲线上出现了 9 个不同的相变点，这主要是由于不同的 Na 空位排布而产生的。考虑到 Co 的毒性和成本问题，人们主要关注其他过渡金属元素的正极材料。

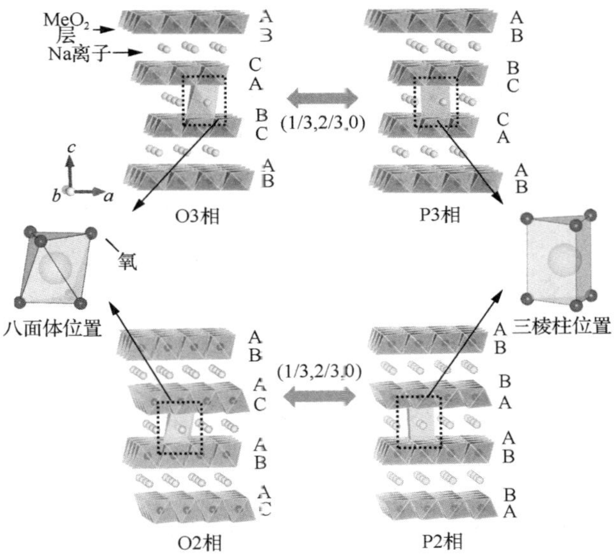

图 1.128　O3 和 P2 层状过渡金属氧化物材料的结构示意图

基于廉价锰元素的 P2-Na_xMnO_2(可逆区间大约为 $0.45\leqslant x\leqslant 0.85$)具有高度的电化学活性，是迄今为止持续的研究热点。Caballero 等[85]对 P2-$Na_{0.6}MnO_2$ 的研究表明：该材料在 2.0～3.8V 的电压区间初始放电比容量可达 140mAh/g，但认为其电极反应中结构可逆性较差。Ceder 等[86]测得 O3 相 α-$NaMnO_2$ 在 2.0～3.8V 的电压区间首周放电比容量达 185mAh/g，同时循环 20 周后比容量为 132mAh/g，且循环过程中并没有发现明显的结构变化。Komaba 等[87]对于 O3-$LiCrO_2$ 和 O3-$NaCrO_2$ 分别作为锂离子电池和钠离子电池正极材料时的电化学性能进行了比较研究，结果表明 O3-$LiCrO_2$ 几乎没有可逆储锂的电化学活性，而 O3-$NaCrO_2$ 在 2.0～3.6V 电压区间可逆储钠容量可达 120mAh/g，是一种很有潜力的钠离子电池正极材料。Han 等[88]制备的 O3-$NaNiO_2$ 正极材料在 4.0～1.5V 的电压区间、0.1C 倍率下，可逆容量可达 115mAh/g，在此过程中伴随一系列的典型相变，在充放电曲线上呈典型的阶梯状。为了抑制相变以获得更好的电化学可逆性，学术界对于多元过渡金属氧化物正极材料做了很多有益的探索。通过对 α-$NaFeO_2$ 框架结构中掺杂大比例 Mn 元素得到的正极材料 P2-$Na_xFe_{0.5}Mn_{0.5}O_2$（$0.13 \leqslant x \leqslant 0.86$），在电压区间为 1.5～4.3V（*vs*.$Na/Na^+$）时，表现出较好的电化学可逆性。此外，研究表明 $NaNi_{0.5}Mn_{0.5}O_2$ 在 2.2～3.8mA/g 的电流密度、2.2～3.8V（*vs*.Na/Na^+）的电压区间下，可逆容量为 105～125mAh/g[89]。Sathiya 等[90]制备的 $NaNi_{0.33}Mn_{0.33}Co_{0.33}O_2$ 在 2.0～3.8V（*vs*.Na/Na^+）的电压区间下可逆容量为 120mAh/g，且在电化学循环中伴随有 O3→O1→P3→P1 的一系列相变。多元过渡金属氧化物的研发，已经获得更好的电化学可逆性能，但是此类层状材料在水和 CO_2 环境中化学反应性较为活泼，因此要想将其应用于大规模生产，仍需改善其暴露于水和 CO_2 环境的稳定性。

隧道结构 $Na_{0.44}MnO_2$ 属于正交晶系，空间群为 *Pbam*。早在 1994 年，Doeff 等[91]首次报道了隧道结构 $Na_{0.44}MnO_2$ 的电化学活性。在非水系电解质中 $Na_{0.44}MnO_2$ 在 2.0～3.8V（*vs*.Na/Na^+）的电压区间内经历了六个两相转化，对应的理论可逆比容量为 120mAh/g。$Na_{0.44}MnO_2$ 同样可以作为水溶液电池的正极使用。Whitacre 等[92]以活性炭为负极，研究了 $Na_{0.44}MnO_2$ 电池的电化学性能，结果表明循环 1000 周后，容量基本无衰减，但其可逆容量仅为 35mAh/g。

目前，$LiFePO_4$ 广泛作为锂离子动力电池的正极材料，是一种典型的聚阴离子化合物。一般地，由于聚阴离子化合物具有开放式框架结构、强诱导效应和 X—O 强共价键（X =P，S，Si，B），因此其作为钠离子电池正极材料具有离子传输快、工作电压高、结构稳定等突出优点。其缺点主要是本征电子电导率很低，需要通过与碳等导电物质的复合改善电极性能。聚阴离子种类较多，例如 $(PO_4)^{3-}$、$(SO_4)^{2-}$、$(SiO_4)^{4-}$ 和 $(P_2O_7)^{4-}$，这里主要对磷酸盐、氟化磷酸盐和聚阴离子复合化合物进行介绍。

Uebou 等首次报道了 $Na_3V_2(PO_4)_3$ 在钠离子电池中具有电化学活性，而 Jian 等[93]对碳包覆的 $Na_3V_2(PO_4)_3$ 材料进行了研究。结果表明，电极过程发生 $Na_3V_2(PO_4)_3$ 与 $NaV_2(PO_4)_3$ 之间的可逆相变（体积形变仅为 8.26%），有 2 个 Na^+ 可逆脱/嵌（117mAh/g），对应的 V^{3+}/V^{4+} 电对的氧化还原电位为 3.6V。Saravanan 等[94]采用溶液法合成了多孔 $Na_3V_2(PO_4)_3/C$，在 2.3～3.9V 电压区间、0.1C 倍率下，该材料的可逆容量达 120mAh/g；在 40C 的倍率下仍有 60 mAh/g 左右的可逆容量，且循环 30000 周后容量保持率高达 50%。橄榄石 $NaFePO_4$ 具有一维 Na^+ 传输通道，其作为钠离子电池正极材料理论容量高达 154mAh/g[95]，因此引起了广泛关注。钠含量为 0.67 处由于 $Na_{2/3}FePO_4$ 的形成，产生电压降而出现两个明显的平台。大量研究表明钠在一维通道中扩散动力不足，且该材料体积形变大[96]。为此，许多研究组对 $NaFePO_4$ 进行了碳包覆和纳米化处理。Kim 等[97]研究了纳米级磷铁钠矿 $NaFePO_4$ 的电化学性能，发现该电极材料在 Na^+ 首次脱出过程中转变成无定形 $NaFePO_4$，进一步的充放电测试显示，其比容量可达 142mAh/g，倍率性能出色，循环 200 周后容量几乎无衰减(保持率为 95%)。

Ellis 等[98]首次研究了正交晶系 Na_2FePO_4F 电极材料在高电压下(～3.5V*vs.* Li/Li^+)的电化学活性。随后，Recham 等采用离子热合成路线得到了 Na_2FePO_4F 纳米粉末材料，电极过程中有 0.8 个 Na 可逆脱/嵌。Kawabe 等[99]对碳包覆的 Na_2FePO_4F/C 材料进行了研究，结果表明，在 6.2mA/g 的电流密度下，可逆容量达到 110mAh/g(为理论容量的 90%)，循环 20 周后容量保持率为 75%。Zou 等[100]通过喷雾干燥法得到了 Na_2CoPO_4F/C，该材料的放电容量为 107mAh/g，平均储钠电位约为 4.3V。钒基氟化磷酸盐 $NaVPO_4F$ 也得到了广泛研究，其中，以单斜结构(空间群：*C2/c*)和四方结构(空间群：*I4/mmm*)被研究得最多。Barker 等[101]首次报道了四方结构的 $NaVPO_4F$ 作为钠离子电池正极材料的性能，结果表明该材料的放电容量为 82mAh/g，平均储钠电位为 3.7V。

普鲁士蓝是一种典型的络合物，化学名称为亚铁氰化铁，由狄斯巴赫意外发现，最早作为一种容易制备的廉价的深蓝色颜料，在画图和青花瓷器中广泛应用。应用于钠离子电池中的普鲁士蓝(PBAs)的分子通式为 $KM^{II}Fe^{III}(CN)_6$(M=Mn, Fe, Co, Ni, Zn)，此类化合物属于立方晶系，空间群为 *Fm3m*[102, 103]。结构中存在空位，同时具有便捷的离子传输通道便于 Na^+ 快速脱/嵌而不发生结构畸变，也因其结构特性而可作为一种通用的离子交换材料。2012 年，Lu 等[104]报道了 $KM^{II}Fe^{III}(CN)_6$ 作为非水系钠离子电池正极材料的研究，结果表明 $KFe_2(CN)_6$ 可逆容量约为 100mAh/g，两个储钠电位为 3.5V 和 2.6V，分别对应于与 N 络合的高自旋态 Fe^{2+}/Fe^{3+} 电对和与 C 成键的低自旋态 Fe^{2+}/Fe^{3+} 电对的变化。为了提高 $AFe_2(CN)_6$ (A=K，Na；0≤A≤1)的电化学性能，大量研究已经采取了碳包覆、纳米化和提高结晶程度等方法。考虑到有机材料的规模化生产和易回收处理优势，它已经成为传统无机正极材料的一种重要替代品。Chihara 等[105]、Luo 等[106]和 Deng 等[107]分别对玫棕酸二钠盐($Na_2C_6O_6$)、苝四甲酸二酐(PTCDA)和苝酰亚胺(PTCDI)的电化学性能进行了报道，结果表明它们的可逆容量较高，循环性能出色。由于有机材料的工作电压远低于无机材料，且导电性不良时需要加入大量的碳材料，目前其应用前景还不容乐观。

根据结构方面存在的差异进行分类，作为电极材料的碳材料主要包括石墨、硬碳、软碳等。石墨材料作为锂离子电池负极材料，循环性能好、可逆容量高(理论容量可达 372mAh/g)，然而由于碳酸酯类非水电解液体系的限制，直接作为钠离子电池负极材料的效果并不理想[108]。基于醚类电解液中容易发生的“共嵌入”现象，Jache 等[109]首次证实 Na 能够以溶剂共嵌的方式快速而可逆地嵌入到石墨层中，这种情况下石墨负极材料的可逆容量约为 100mAh/g，循环 1000 周后仍有相当高的容量保持率。Stevens 等[110]对由葡萄糖分解得到的硬碳材料的电化学性质进行了研究，结果表明其可逆比容量达到 300mAh/g，通过进一步分析，他们认为斜坡区域对应 Na 在硬碳平行(或接近平行)层间的嵌入，平台区域对应 Na 在层间的纳米微孔中的嵌入。随后，Bommier 等[111]通过控制退火温度实现了对蔗糖基硬碳原子结构的调整，他们发现硬碳充放电曲线斜坡区域的容量随着缺陷浓度增加而按比例增大。图 1.129 给出硬碳材料作为钠离子电池负极时的充放电曲线和结构示意图。

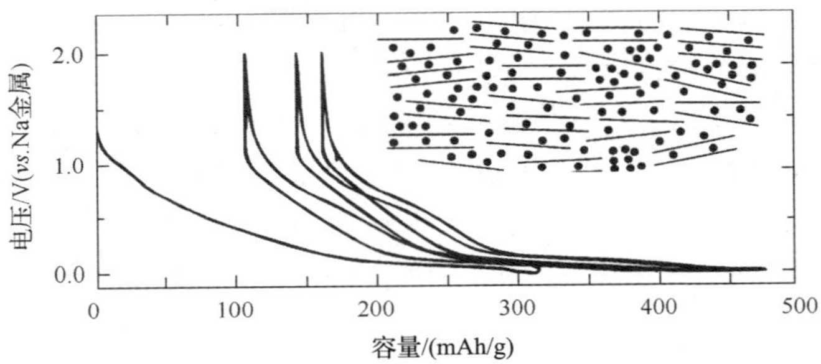

图 1.129 硬碳材料作为钠离子电池负极时的充放电曲线和结构示意图

金属氧化物可以通过嵌入反应和转换反应实现储钠，同时具有适中的工作电压，因此其作为潜在的钠离子电池负极材料也引起了广泛关注。Xiong 等[112]首次对无定形 TiO_2 纳米管(TiO_2NT)在钠离子电池中的电化学性能进行了报道，他们发现只有直径大于 80nm 的 TiO_2NT 表现出电化学活性。Wu 等[113]通过原位 XRD、非原位 XPS、扫描电子显微镜(SEM)和拉曼光谱分析等手段考察了商用 TiO_2 纳米颗粒的储钠机理。Na 的嵌入使得 Ti^{4+}被还原为 Ti^{3+}，同时生成一部分 Ti^0 和 Na_2O，在充电过程中锐钛矿 XRD 衍射峰并未出现。通过对 $Li_4Ti_5O_{12}$(LTO)的研究，Hu 的课题组首次报道了其储钠性能[114, 115]，尖晶石 LTO 的最高可逆容量可达 155mAh/g，对应于 0.9V 左右的储钠电位。Liu 等[116]采用静电纺丝技术与退火工艺合成了小尺寸 LTO/碳纳米纤维材料，在 0.5～2.5V 电压区间、0.2*C* 倍率下，该材料比容量可达 163mAh/g，且倍率和循环性能较好。Senguttuvan 等[117]首次报道了 $Na_2Ti_3O_7$ 和超导炭黑混合粉末在钠离子电池中的性能，由电压-组成成分曲线可看出，0.7V(*vs.*Na/Na^+)处的电位对应于炭黑添加剂的反应，0.3V(*vs.*Na/Na^+)处的电位对应于 2 个 Na^+的脱/嵌(可逆容量可达 200mAh/g)。一般认为，钛基氧化物材料作为钠离子电池负极材料主要基于嵌入反应机理，而 Fe_3O_4[118]、Fe_2O_3[119]、Co_3O_4[120, 121]、CuO[122]和 SnO_2[123]等过渡金属氧化物可以通过转换反应实现储钠性能，此类化合物作为钠离子电池负极材料具有高容量、高倍率性能、循环性能稳定等优点。

金属及准金属材料作为钠离子电池负极材料能够通过形成Na-Me二元金属化合物实现储钠，并具有较高的理论容量(370～2000mAh/g)和较低的储钠电位(小于 1V)，因而被广泛研究。但电极过程中材料的体积形变较大，因此对金属/准金属负极材料的研究目前主要集中于通过与碳材料等复合或设计特殊结构以增强循环稳定性。P 元素因为在理论上可以实现转变为 Na_3P，也具有很高的理论可逆比容量。此外，对羧酸盐类有机负极材料的研究发现，该材料的可逆容量和储钠电位均较理想，如对苯二甲酸钠($Na_2C_8H_4O_4$)作为钠离子负极材料，可逆容量为 250 mAh/g，对应的储钠电位为 0.29V。目前来看，硬碳材料是应用最广泛的钠离子电池负极材料，但是其工作电压低，且理论比容量要低于其他类材料，因此基于过渡金属氧化物和金属或准金属材料成为研究的热点。

2. 钠离子电池电极材料 $NaNi_{0.5}Mn_{0.5}O_2$ 的制备与性能评价

混合层状氧化物材料因其具有较高的工作电压以及优良的可逆相变特性等优点成为钠离子电池正极材料研究中的一个热点，其中典型的材料是层状镍锰酸钠 $NaNi_{0.5}Mn_{0.5}O_2$。Fielden 等[124]采用固相混合-高温反应法制备得到层状 $NaNi_xMn_{(1-x)}O_2$ $(0\leqslant x\leqslant 1)$，系统考察了不同 Ni/Mn 比例时 $NaNi_xMn_{(1-x)}O_2$ (x=0.00、0.25、0.33、0.50、0.66、1.00)的电极性能，当 x=0.66 时钠离子半电池体积能量密度高达 2705Wh/L，但循环性能有待提高。与固相法相比，通过共沉淀的方法首先合成 $Ni_{0.5}Mn_{0.5}(OH)_2$ 前驱体，再与钠盐经过高温反应也可得到镍锰酸钠。Komaba 等[89,125]采用此方法制备的镍锰酸钠，在 0.2C 的倍率下初始放电比容量可达 125mAh/g。

从原理上讲，与锂离子(0.76Å)相比，钠离子半径(1.02Å)较大，因此材料中的钠离子在高温结晶过程中一般不会占据过渡金属阳离子层而导致严重的混排现象，但是，对于混合过渡金属氧化物，如层状镍锰酸钠结构中 Ni 和 Mn 在固相法时由于前驱体的均匀程度难以控制，导致最终合成的材料中镍锰的分布不可控。利用溶液沉淀的方法得到前驱体，解决了两种以上过渡金属的分布均一性问题，但是过程较为复杂。这里发展的草酸前驱体法，是利用草酸的酸性和还原性，与反应物首先反应得到均一的草酸盐前驱体，之后利用高温反应即得到正极材料，过程简单，产物性能优异。草酸前驱体法是先利用小烧杯配置 4mol/L 的草酸溶液 10mL，并保持搅拌状态，其后各取 0.01 mol 的 Na_2CO_3、MnO_2 和 $Ni(OH)_2$ 缓慢加入到草酸溶液中，其化学反应方程式如下：

$$Na_2CO_3+Ni(OH)_2+MnO_2+4H_2C_2O_4 \longrightarrow Na_2C_2O_4+NiC_2O_4 \cdot MnC_2O_4+5H_2O+3CO_2 \quad (1.6)$$

反应完全后，将烧杯转移至干燥箱干燥得到前驱体。最后将上述前驱体转移到马弗炉中升温至 850℃反应 12h，自然冷却得到产品 $NaNi_{0.5}Mn_{0.5}O_2$，图 1.130 为 $NaNi_{0.5}Mn_{0.5}O_2$ 的合成工艺示意图。作为对比的高温固相法是按化学计量比称取一定的 Na_2CO_3、$MnCO_3$ 和 $Ni(OH)_2$，在玛瑙研钵中以酒精和水的混合溶液做分散剂充分研磨 1h，其后将研磨好的材料转移到马弗炉中升温至 850℃反应 12h，自然冷却至室温得到产品。

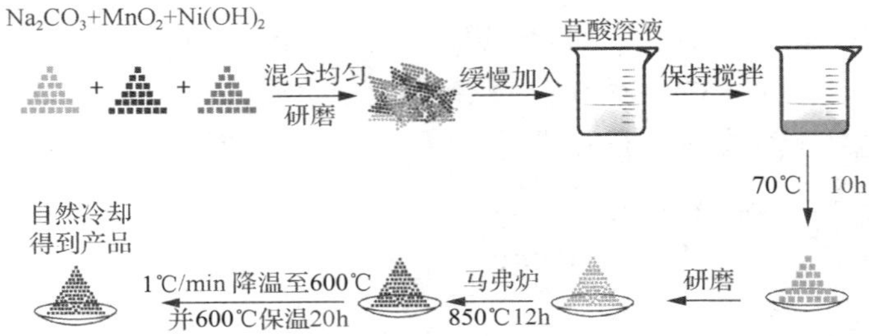

图 1.130　$NaNi_{0.5}Mn_{0.5}O_2$ 的合成工艺示意图

将活性物质、导电剂 Super P(电池级，瑞士特密高)和 PVDF 按质量比 8∶1∶1 混合，加入适量 *N*-甲基吡咯烷酮(NMP)后，搅拌均匀，涂布在铝箔上制成极片。半电池的对电极为 Na 片，电解液为 $NaPF_6$/EC+PC(1∶1)，采用玻璃纤维隔膜，在手套箱中组装成 2025 型纽扣式电池。样品的结构分析采用 DX-2700 型 X 射线衍射仪，用石墨单色器滤波；用铜靶的 Kα 为辐射源；管流、管压分别为 30mA、40kV。扫描速率为 4°/min，扫描范围为 5°～80°。采用 MIRA3 型场发射扫描电镜来观察样品的表面形貌以及颗粒大小，测试条件为：加速电压为 10kV，放大倍数为 10000、20000 和 50000。使用武汉蓝电电池测试系统(CT2001A)进行恒流充放电测试，充放电电压范围为 2.0～3.8V，在 0.5*C*(60mA/g)的倍率下对 $Na|NaNi_{0.5}Mn_{0.5}O_2$ 半电池进行了充放电性能测试。使用 CHI 1000C 恒电位仪进行 CV 测试，扫速为 0.1mV/s。

图 1.131 是镍锰酸钠的晶体结构示意图以及草酸前驱体法和固相法制备的镍锰酸钠粉末的 XRD 图。从 XRD 图中可以看出两种方法制备材料的衍射峰峰形尖锐，结晶度较好，属于 *R*3*m* 空间群，和 α-$NaFeO_2$ 层状氧化物属于同一种构型，与标准卡(PDF：54-0887)相一致，没有其他杂质峰存在，是纯相的镍锰酸钠化合物。

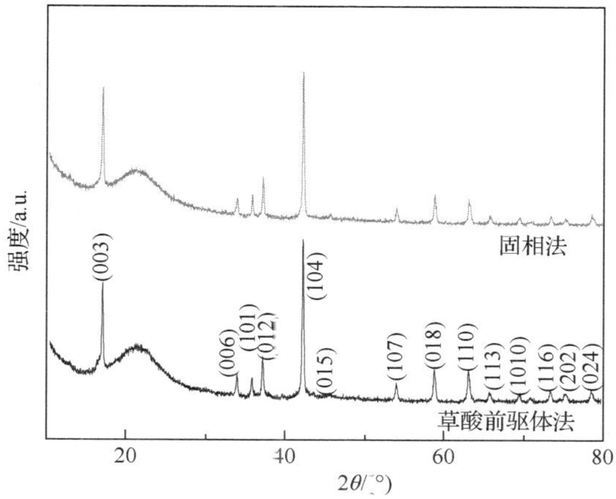

图 1.131　$NaNi_{0.5}Mn_{0.5}O_2$ 的晶体结构示意图和 XRD 谱图

图 1.132 为 SEM 观察到的草酸前驱体法(a)和固相法(b)制备的镍锰酸钠粉末在 10000，20000 和 50000 的放大倍数下拍摄的形貌图。可以看出，草酸前驱体法制备的镍锰酸钠由直径为 1μm 左右的颗粒组成，大小均一，层状结构更为典型，而固相法制备的镍锰酸钠的颗粒直径较大，在 1～3μm 之间，大小不一，由不规则的团聚体组成。图 1.133 中(a)和(b)分别展示了采用草酸前驱体法和固相法制备的镍锰酸钠正极材料的恒流充放电曲线，由两种方法制备的材料组装成的电池

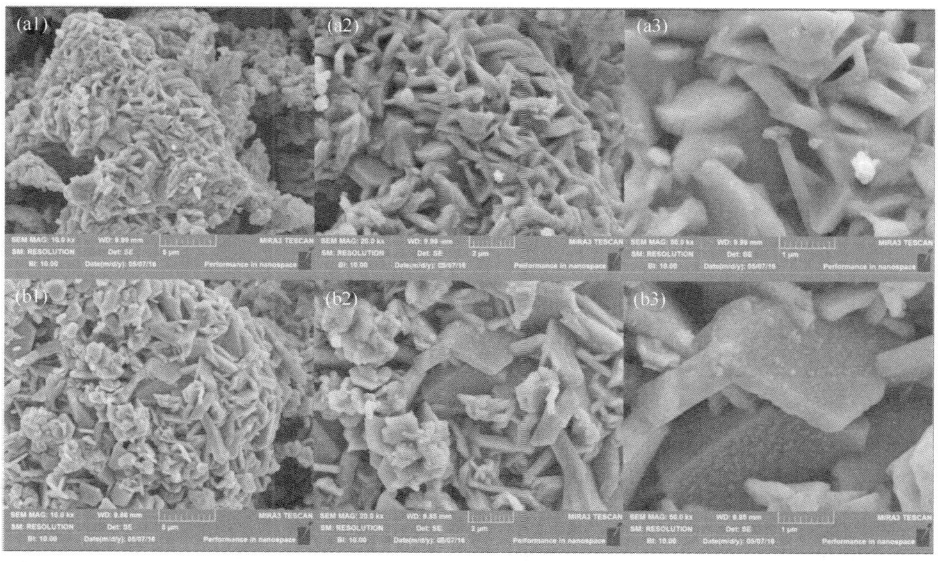

图 1.132　草酸前驱体法(a)和固相法(b)制备的 $NaNi_{0.5}Mn_{0.5}O_2$ 的 SEM 图(1、2、3 代表放大 10000、20000、50000 倍)

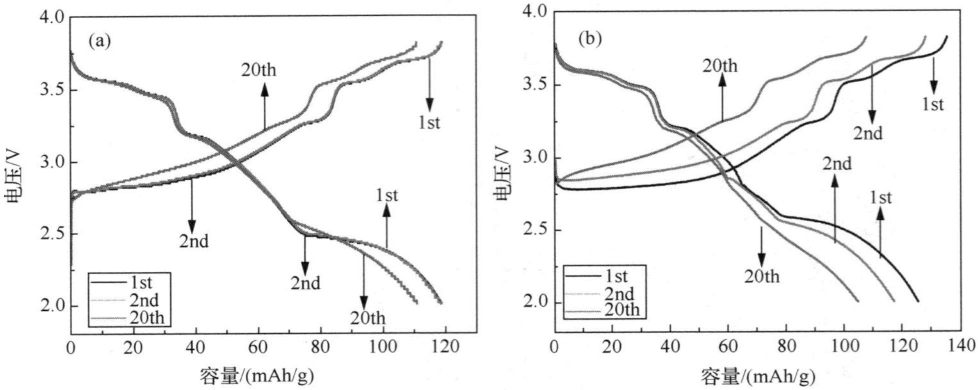

图 1.133 草酸前驱体法(a)和固相法(b)制备的 $NaNi_{0.5}Mn_{0.5}O_2$ 的恒流充放电曲线

在 0.5*C*(60mA/g)的倍率下，2.0～3.8V 的电压范围内的首次(1st)，第 2 次(2nd)以及第 20 次(20th)三圈的充放电曲线对比。从图中可知，草酸前驱体法合成的材料充放电曲线重合性好，说明其循环稳定性好，而固相法合成的材料充放电曲线重合性较差，说明其循环稳定性较差。

1.10.2 钠离子二次电池电解质材料的性能评价

1. 钠离子二次电池的电解质材料技术现状

锂离子二次电池名称的一个重要依据是锂在这种电池体系中基本处于离子状态，可逆地从正极迁移到负极，钠离子二次电池的发展理念基于相同的原理。但是尽管钠与锂是同主族元素，由于物理性质上存在较显著的差异，例如锂和钠在电负性上的差异(锂电负性为 0.98，钠电负性为 0.93，数据来源：《兰氏化学手册》第十四版)，钠离子和锂离子在半径上的差异等。这就决定了钠离子在电极材料体相中、在电极/电解液界面、在电解液体相中的迁移和电化学反应具有其自身的特点。钠离子二次电池涉及的电解质材料，主要有水相电解液、离子液体电解液、固体电解质，以及下面着重论述的非水电解液等类型。

水相电解液主要考虑到了水溶液离子电导率高，同时其不易燃特性利于提升电池的安全性，但是由于其电化学窗口较窄，导致输出电压低，质量能量密度不高。研究中一般使用无机钠盐如硫酸钠或硝酸钠的水溶液，主要工作是对相应的电极材料进行探索，考察电池的性能。钱江锋等利用普鲁士蓝类材料与磷酸钛钠 $NaTi_2(PO_4)_3$ 分别作为电池的正负极材料构造的电池输出平均电压为 1.3V，能量密度 42.5Wh/kg，且能够在 5*C* 倍率循环 250 次后保持 88%的容量[126]。张校刚等以多壁碳纳米管复合的 $NaTi_2(PO_4)_3$ 材料做负极，以隧道型锰酸钠 $Na_{0.44}MnO_2$ 为正极材料构建水溶液钠离子电池，平均输出电压为 1.1V，能量密度为 58.7Wh/kg[127]。

离子液体电解液是钠盐的离子液体溶液，具有液程宽，热稳定性好，不燃烧等优点，缺点是价格高昂，且黏度高不利于电池的倍率充放电。Nohira 等[128]以双氟磺酸亚胺钠与吡咯离子液体构建电解液 Na[FSA]-[C_3C_1Pyrr][FSA]，并研究了铬酸钠电池的性能，确定钠盐摩尔分数为 40%时倍率性能最佳。Johansson 课题组着重研究了以双氟磺酸亚胺钠为阴离子的咪唑型离子液体电解液的结构特征，证实其中$[Na(TFSI)_3]_2^-$是优势存在的离子组分[129]。

用于钠离子电池的固体电解质材料要求室温下具有较高的离子电导率，与传统钠硫电池中工作在 300℃左右的 β-氧化铝型固体电解质有较大区别。这种固体电解质材料可以分为玻璃-陶瓷固体电解质和固体聚合物电解质。前者是可以离子导电的玻璃或陶瓷结构的固体，后者是以钠盐溶解到聚合物结构中的离子导体。Hayashi[130]提出一种基于立方体 Na_3PS_4 晶体的玻璃态电解质，室温下可以获得高于 10^{-4}S/cm 的离子电导率。最早的固体聚合物电解质即是钠盐的聚环氧乙烯复合物，Hariharan 等[131]研究了聚环氧乙烯 PEO 与硝酸钠和磷酸钠等构成的复合物的相结构、离子电导率等性能。

下面主要讨论的钠离子电池电解液是非水电解液，是由电解质盐和无水有机溶剂构成的有机溶液，具有电池体系质量能量密度高、循环寿命长、电极副反应少等突出优点。其缺点主要是有机溶剂易燃导致的潜在安全性问题。与锂离子电池电解质材料的要求类似，钠离子电池非水电解液同样要满足以下要求。

(1) 化学稳定性。在电池工作时，电解液自身、电解液与隔膜、电解液与电极、电解液与集流体、电解液与包装材料之间都不应发生引起电池性能恶化的化学反应，例如电解液对于集流体的腐蚀或对于黏结剂的溶解等。

(2) 电化学稳定性。在氧化分解电压和还原分解电压之间有较大的差值，即具有较宽的电化学窗口。

(3) 热稳定性。电解液应具有较广的液程，其熔点和沸点都应当在电池工作温度之外。

(4) 离子导电性。电解质要具有较高的离子电导率，但要对电子绝缘。其目的在于保证快速的离子传输的同时，尽可能减少自放电。一般认为应用于二次电池的非水电解液的室温离子电导率都应在 10^{-3}S/cm 以上。

(5) 其他应用方面的要求包括：毒性较低满足环保要求；最好基于简单的可持续的合成过程；满足成本和批量生产的要求。

1979 年 Nagelberg 等[132]研究了 TaS_2 和 TiS_2 两种电极材料嵌钠时化学势的变化，使用的非水电解液是 1.1mol/L NaI 的 PC(碳酸丙烯酯)溶液以及 0.86 mol/L $NaPF_6$ 的 PC 溶液。而 1981 年 Delmas 等[133]研究了 O3 相和 P2 相 Na_xCoO_2 的充放电曲线，所采用的电解液是 1mol/L $NaClO_4$ 的 PC 溶液(以下电解液未注明浓度时，均为 1mol/L）。这三种电解液配方就是最早期出现的应用于钠离子电池的非水电解液。其后的 20 余年中，钠离子电池的相关研究基本处于非常缓慢的发展状态[101, 134-136]，作为电池关键材料的非水电解液在组成上也基本没有变化。

2011 年前后，钠离子电池的研究重新获得了学术界的关注。Komaba 等[125]用硬碳负极材料衡量了采用不同溶剂包括 EC、PC 和 BC 的 $NaClO_4$ 电解液的性能，结果显示 $NaClO_4$/PC 电解液用于硬碳半电池时容量和循环性能优于基于其他两种溶剂的电解液。类似地，采用 EC/DEC 混合溶剂要优于 EC/DMC 和 EC/EMC 混合溶剂。但是，在这个研究中 $NaClO_4$/PC 电解液与 $NaClO_4$/EC/DEC 电解液之间没有明显的差异。对于硬碳材料表面钝化产物的研究证实在锂离子电解液和钠离子电解液中，硬碳表面都有钝化层存在，但钠离子电解液钝化膜主要由无机盐类构成，包括氢氧化钠和碳酸钠等。相比之下，硬碳材料在锂离子电解液中形成的钝化膜成分以有机的烷氧基碳酸酯类为主。对于循环完后的基于 $NaClO_4$/PC 电解液的硬碳-镍锰酸钠实验电池拆解后进行表征，发现隔膜上有烷基钠和烷基碳酸钠存在，表明这种电解液的长期稳定性不好。事实上，其电池性能结果也显示，$NaClO_4$/PC 电解液支持下的电池库仑效率并不高，硬碳材料在电池中循环性能相对较好，在 0.1C 倍率循环 90 周比容量基本不衰减，正极材料 $NaNi_{0.5}Mn_{0.5}O_2$ 的衰减约为每周 0.5mAh/g，相对于总能量密度 120mAh/g 来说衰减是显著的。相比之下，利用 NaTFSA/PC 电解液来支持硬碳-镍锰酸钠实验全电池时，可以获得更好的性能。笔者认为 $NaClO_4$/PC 电解液不利于电池的长期电化学稳定性。

在另一篇公开文献中，Komaba 等[137]提出 FEC（fluoroethylene carbonate，氟代碳酸乙烯酯）可以作为一种钠离子电解液的成膜添加剂。添加 2%（体积分数）FEC 的 $NaClO_4$/PC 应用于 $NaNi_{0.5}Mn_{0.5}O_2$ 实验电池中，首周库仑效率从约 75%提升到 90%，且第二周之后都维持在 98%～99%，同时电池的循环寿命也得到显著提升。相比之下，该课题组的工作显示：可有效用于锂离子电池电解液的 VC 等添加剂对于钠离子电池电解液显示出负面的作用，但是目前来讲机理不明。Ponrouch 等[138]考察了采用 $NaClO_4$/EC/PC 以及加入 10%（体积分数）FEC 的 $NaClO_4$/EC/PC 电解液对于硬碳材料的电化学性能，结果表明 FEC 的加入增大了电池极化，对于硬碳材料的可逆容量和循环寿命都有不利影响。他们认为 EC/PC 作为溶剂能够有效地钝化电极/电解液界面。但是也有不同的结果公开报道，其原因可能是硬碳材料的不同导致了对于电解液测试的结果存在差异。

Palacin 等[139]系统考察了采用多种溶剂（PC、EC、DMC、DME、DEC、THF、Triglyme）和溶剂混合物（EC/DMC、EC/DME、EC/PC 和 EC/Triglyme），以及盐包括 $NaClO_4$、$NaPF_6$ 和 NaTFSI［双（三氟甲基磺酰）亚胺钠］构成的电解液多方面的性质，包括离子电导率、黏度、电化学窗口、电极反应放热，并以硬碳电池衡量了不同电解液的电化学循环性能，最终确认了 $NaPF_6$ 或者 $NaClO_4$ 溶解于 EC/PC

混合物得到的电解液综合性能最优。EC 的引入，使得界面成膜更加稳定且界面阻抗更小。对于硬碳材料，两种电解液对于硬碳材料都能获得良好的循环性能，但是 $NaPF_6$/EC/PC 电解液与富钠态的硬碳材料的热反应更小。此后该课题组进一步将 DMC 加入到 EC/PC 混合溶剂中构建电解液体系 $NaPF_6/EC_{0.45}/PC_{0.45}/DMC_{0.1}$，并构建了以氟化磷酸钒钠为正极和硬碳为负极的实验全电池，以 0.2*C* 倍率循环 150 次后容量保持在 97mAh，同时库仑效率为 98.5%[140]。

Pan 及其合作者[141]利用 1mol/L $NaClO_4$/EC/PC 电解液研究了碳纳米纤维的电化学性能，结果表明以 0.2*C* 倍率循环，具有约 233mAh/g 的可逆容量，循环 200 周后容量保持率为 97.7%。Philippe 等[142]考察了 $NaClO_4$/EC/DEC 电解液在 Fe_2O_3 电极表面的成膜组成，并且与 $LiClO_4$/EC/DEC 电解液的钝化进行比较。结果证实在这样的钠离子电解液中，电极表面钝化膜主要是无机成分，而锂离子电解液形成的钝化膜为有机成分和无机成分构成的复合膜。

Ma 等[86]制备了 α-$NaMnO_2$ 正极材料，并利用 1mol/L $NaPF_6$/EC/DMC 作为电解液衡量其电化学性能。此时实验电池在 0.1*C* 倍率时首周放电比容量为 185mAh/g，且 20 周后达到 132mAh/g，相当于首周时约有 0.76 个 Na 离子参与正极的可逆反应。这个结果要远优于 1985 年 Mendiboure 等[134]制备的 α-$NaMnO_2$，利用 $NaClO_4$/PC 作为电解液时，首周只有约 0.22 个 Na 离子参与电极反应。造成这种显著差异的原因主要是早期钠离子电池的电解液水分含量过高所致。

2012 年，Sathiya 等[90]利用 $NaClO_4$/EC/DMC 电解液测试了正极材料 $NaNi_{1/3}Mn_{1/3}Co_{1/3}O_2$ 的电化学性能。实验电池在 0.1*C* 倍率，2.0～3.8V 电压区间循环时，在 50 周内保持 120 mAh/g 的比容量，并且基本不衰减。Kim 等[143]利用 $NaClO_4$/PC 电解液研究了硬碳-$Na(Ni_{1/3}Fe_{1/3}Mn_{1/3})O_2$ 实验全电池的电化学性能，经过 150 周，0.5*C* 倍率循环，电池容量保持率为 83.0%。Cao 等[144]利用高氯酸钠 EC/EMC 溶液作为电解液，表征了一种中空碳纳米线的电化学性能，结果表明这种负极材料可以给出 251mAh/g 的初始放电容量，以 0.5 *C* 倍率充放电 400 周后容量保持率为 82.2%。

2013 年，Jian 等[93]以 $Na_3V_2(PO_4)_3$/C 为正极，衡量了不同的电解液配方包括 $NaClO_4$/PC、$NaBF_4$/PC、$NaPF_6$/EC/DEC、NaFSI/EC/DEC 和 NaFSI/PC。$NaClO_4$/PC 电解液的库仑效率为 94%左右，且首周之后基本不变，而其他的电解液库仑效率逐步提升，尤其是对于 NaFSI/PC 电解液，首周库仑效率达到 98.7%，之后库仑效率达到 99.8%以上，此时 $Na_3V_2(PO_4)_3$/C 实验电池在 0.1*C* 倍率下循环 80 周容量保持率为 93%。

2014 年，Bhide 等[145]研究了 $NaPF_6$、$NaClO_4$ 以及 $NaCF_3SO_3$ 三种钠盐在 EC/DMC 混合溶剂中的电化学性能，结果表明 $NaPF_6$、$NaClO_4$ 的溶液离子电导率都在 5～7 mS/cm 之间，且 $NaPF_6$ 溶液电化学性能更为优良，对于 $Na_{0.7}CoO_2$ 正极

材料获得最优的循环性能。Yuan 等[146]研究了 $NaPF_6$/EC/DEC 电解液支持下正极材料 P2 型 $Na_{0.67}[Mn_{0.65}Co_{0.2}Ni_{0.15}]O_2$ 的电化学性能，结果表明这种材料以 0.1*C* 在 2.0～4.4V 之间充放电，比容量从 141mAh/g 经过 50 周逐步衰减到 125mAh/g。尤雅等利用 1mol/L $NaPF_6$/EC/DEC 溶液研究了高品质普鲁士蓝晶体作为正极材料的电化学性能[23]，结果表明其能够释放出 170mAh/g 的比容量，且循环 150 周基本不变，同时库仑效率达到 98%，接近 100%。周豪慎等利用 1mol/L $NaPF_6$ 的 EC/DMC 电解液考察了 O3 结构的 $NaTi_{0.5}Ni_{0.5}O_2$ 正极的电化学性能[147]，结果表明这种材料能够以 20mA/g 的电流密度释放出 121mAh/g 的可逆容量，100 周后容量保持率达到 93.2%。Jang 等[148]考察了 $NaClO_4$ 的 EC/DEC 溶液及其 EC/PC 溶液与钠负极的反应活性，结果表明后者的电化学氧化稳定性更高，而且对于钠金属负极保持化学惰性，因此能够更好地支持 $Na_4Fe_3(PO_4)_2P_2O_7$ 正极可逆地循环。

麦立强及其合作者利用 1mol/L $NaClO_4$/EC/DMC 电解液研究了不同碳复合 $Na_3V_2(PO_4)_3$ 的电化学性能，其中 $Na_3V_2(PO_4)_3$/C 复合物在 0.5 *C* 能释放出 118mAh/g 的初始容量，同时能够以 5*C* 倍率在 200 周内放出 96.4%的比容量[149]。Jiao 及合作者[150]利用 1mol/L $NaClO_4$ 的 EC/DEC 溶液研究了 Sn-C 复合材料的电化学性能，结果表明这种负极材料以 200mA/g 的电流密度具有 493.6mAh/g 的比容量，以 1000mA/g 的电流密度循环 500 周后仍然有 415mAh/g 的比容量。Scrosati 及其合作者利用高氯酸钠的乙基甲基磺酸酯溶液作为电解液，较 $NaClO_4$/PC 电解液表现出更高的电化学氧化稳定性，并构建了以 $Na[Ni_{0.25}Fe_{0.5}Mn_{0.25}]O_2$ 为正极材料，Fe_3O_4/C 复合材料作为负极材料的实验全电池。在 1*C* 倍率以上循环，表现出较高的容量保持率[151]。

2015 年，Talaie 等利用添加 2%(质量分数)FEC 的 $NaClO_4$/PC 电解液测试了 P2-$Na_{(2/3-z)}[Mn_{1/2}Fe_{1/2}]O_2$ 正极材料的循环寿命。实验发现 $Na_{0.67}[Mn_{0.5}Fe_{0.5}]O_2$ 和 $Na_{0.67}[Mn_{0.65}Ni_{0.15}Fe_{0.2}]O_2$ 在 0.1*C* 倍率下分别在 2.1～4.0V 和 2.0～4.1V 电压区间可以稳定地循环 100～150 周而没有容量衰减[152]。

与碳酸酯类电解液相比，醚类电解液表现出特殊的电化学性能。Jache 等[109]利用 $NaPF_6$/diglyme 电解液实现了石墨材料的可逆储钠，主要是基于钠离子和溶剂分子在石墨片层结构中发生的共嵌入。以 0.1C 倍率循环时，可以在 1000 周里基本保持 100mAh/g 的比容量，同时库仑效率达到 99.9%，嵌钠产物为 $Na(Diglyme)_2C_{20}$。另一方面，醚类电解液通常氧化稳定性较差，在支持具有较高工作电压的钠离子电池正极材料 $Na_{1.5}VPO_{4.8}F_{0.7}$ 时库仑效率仅为 98%左右，且 $Na_{1.5}VPO_{4.8}F_{0.7}$-石墨全电池衰减较为明显[153]，5*C* 倍率下 250 周后容量保持率为 70%。Zhi 等提出 1mol/L $NaPF_6$/Diglyme 电解液可在钠电极表面实现高度可逆和非枝晶生成的电极过程。实验电池以 0.5 mA/cm^2 循环 300 周，库仑效率能一直保持在 99.9%左右，XPS 测试发现钠表面形成了氧化钠和氟化钠为主要成分的无机钝化膜[154]。2015

年，陈军等报道了一种基于 DEGDME 与 NaTf 盐（三氟甲基磺酸钠）构造的 4mol/L 电解液能够有效地抑制一种有机的蒽醌与碳材料复合正极在电解液中的溶解，从而获得良好的电池循环性能[155]。

迄今为止，学术界并未对钠离子半电池或钠离子全电池的一般电解液配方形成类似于锂离子电解液 $LiPF_6$/EC/DMC 的共识。同样钠盐的环状碳酸酯溶液被广泛采用，但是对于只用 PC、EC/DEC、EC/PC 分别代表的单纯环状碳酸酯溶剂、环状碳酸酯与线型碳酸酯混合溶剂或是环状碳酸酯混合溶剂没有明显的倾向。截至 2020 年 12 月，根据 web of knowledge 数据正式登记的公开文献数据，世界范围内涉及钠离子电池的 SCI 论文约 7500 篇，对其中 209 篇涉及过渡金属氧化物正极材料和硬碳负极材料的文献采用的电解液进行统计，约 96.7%的研究使用了碳酸酯作为溶剂的电解液，其他 3.3%涉及醚类溶剂、磺酸酯和离子液体电解液的使用。

对于钠离子电池电解液的功能化，如阻燃化的研究才刚刚开始；利用 FEC 作为添加剂被证实能够获得良好的半电池循环性能，但是这种性能是否在全电池中成立仍需要更多的实验证据。例如 FEC 对于硬碳材料电化学性能的影响目前仍处于争议状态。

2. 基于新型非水电解液的钠离子二次电池的电化学性能评价

基于 $NaClO_4$ 或 $NaPF_6$ 的电解液支持正极材料如层状氧化物正极 $NaNi_{0.5}Mn_{0.5}O_2$ 或隧道结构正极材料 $Na_{0.44}MnO_2$ 工作时，充电过程在高电压区域（大于 3.5V）具有明显的“虚假容量”现象，特别是在首次充电过程中有显著的不可逆容量[125, 148]。Komaba 等提出是由于碳酸酯基电解液不能良好地钝化钠电极表面，可溶性的负极还原产物迁移到正极发生氧化分解等表面反应，成为正极电极反应的副反应，严重影响了电池库仑效率和可逆循环性能[156]。通过正极材料掺杂或者电解液优化的方式能够显著提高氧化物正极材料在电池中的循环寿命。虽然锂离子电池的相关研究已证实通过引入多种电解液添加剂，可以显著提升二次电池的循环性能，但是对于钠离子二次电池，目前公认有效的电解液添加剂只有氟代碳酸乙烯酯（FEC）。Chen 等[157]最近报道 NaDFOB/EC/PC 电解液相对于 $NaPF_6$/EC/PC 和 $NaClO_4$/EC/PC 电解液，对 $Na_{0.44}MnO_2$ 正极材料可以获得更优异的循环性能。

我们制备了二氟草酸硼酸钠[sodium difluoro (oxalato) borate，NaDFOB]，并配制电解液，主要考察了其对于离子电导率和电化学氧化转变电压的影响，同时利用恒流充放电测试，考察了 NaDFOB 电解液对于 Na|$NaNi_{0.5}Mn_{0.5}O_2$ 半电池容量和循环性能的影响。

实验过程中按文献[158]所描述的工艺流程制备 NaDFOB。将制备的 NaDFOB 溶解于乙腈/乙醚混合溶液，重结晶两次后，在 100℃高真空条件下干燥 48h，惰性气体保护下迅速转移到手套箱中，配制含有 0.8mol/L NaDFOB 的电解液。钠离子电池电解液的配制是在充满高纯氩气的手套箱(水含量＜0.5ppm，氧含量＜0.5ppm)中进行。离子电导率测试利用上海雷磁公司的 DDS-307 型电导率仪，测试环境温度为 25℃。

镍锰酸钠(O3 构型 $NaNi_{0.5}Mn_{0.5}O_2$)是按前文所述的草酸前驱体方法制备。将镍锰酸钠、导电炭黑 Super P(电池级，瑞士特密高)和黏结剂 PVDF(8%)(苏威)按质量比 8∶1∶1 混合，加入适量 *N*-甲基吡咯烷酮(NMP)后，搅拌均匀，涂布在铝箔上，110℃干燥 6h 后制成极片，放置在手套箱中备用。对电极为自制圆形 Na 片，采用玻璃纤维隔膜，在手套箱中组装成 2032 型纽扣式电池。利用 CHI660E 电化学工作站并采用线性扫描伏安法测试电解液的氧化转变电压，扫描范围从开路电压(OCP)到 5.5V，扫描速率 0.5mV/s。使用武汉蓝电 LANHE 测试系统(CT2001A)进行恒流充放电测试，充放电电压范围为 2.0～3.8V，在 0.2 *C* 倍率下对 $Na|NaNi_{0.5}Mn_{0.5}O_2$ 电池进行了充放电容量和循环性能测试。本实验中配制了 0.8mol/L NaDFOB/EC/PC、0.8mol/L NaDFOB/PC/DMC，并将其与商品的 1mol/L $NaClO_4$/EC/PC 的离子电导率等特性进行比较。电解液的电导率-温度曲线如图 1.134 所示。可以看到 $NaClO_4$ 电解液因浓度较高，且 $NaClO_4$ 在溶剂中电离程度较大，获得了较高的离子电导率，室温下达到 7mS/cm。当温度升至 70℃时，离子电导率达到 12mS/cm，显示出了 $NaClO_4$ 作为电解质盐的优点。相比之下，两种基于 NaDFOB 作为电解质盐的电解液显现出略低的电导率，而 PC/DMC 溶剂配方在室温下获得约 5.8mS/cm 的电导率，要高于 EC/PC 溶剂配方的 4.2mS/cm，表明线型碳酸酯如 DMC 的引入能够有效地提升离子电导率，其原因在于线型碳酸酯具有较小的黏度，其加入有利于离子在电解液中的扩散。

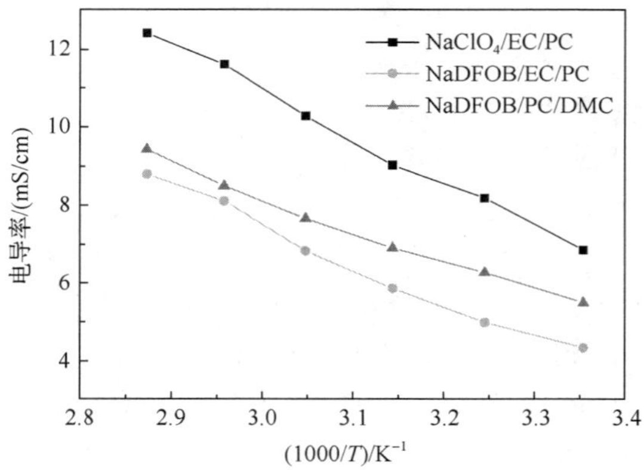

图 1.134 基于 EC/PC 和 PC/DMC 溶剂配方的 0.8mol/L NaDFOB 电解液的电导率-温度曲线

不同电解液的电解质盐浓度-电导率曲线如图 1.135 所示。可以看到对于商品的 $NaClO_4$ 电解液，虽然电解质盐浓度的增加，离子电导率快速增加，到 0.6 mol/L

以上浓度时变化不大，但是对于两种以 NaDFOB 为电解质盐的电解液，浓度对于离子电导率的影响要更小，这种现象与锂离子电池电解液中双草酸硼酸锂作为盐时的电导率现象类似。

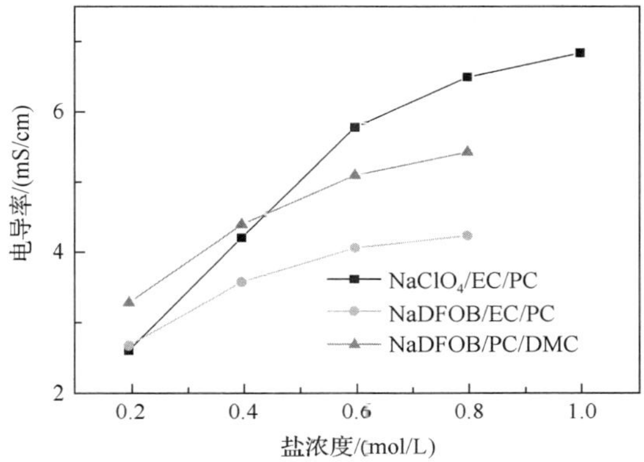

图 1.135　基于 EC/PC 和 PC/DMC 溶剂配方的 NaDFOB 电解液的电解质盐浓度-电导率曲线

图 1.136 给出基于 EC/PC 和 PC/DMC 溶剂配方的 NaDFOB 电解液的阳极氧化曲线。对于传统的 $NaClO_4$/EC/PC 电解液，实验电池在 4.7 V 以上即表现出显著的氧化电流，对应于电解液在此电压以上的分解。相比之下，以 NaDFOB 作为电解质盐时，测试结果显示在 5.5V 时氧化电流与 $NaClO_4$ 体系相比可以忽略不计，这就清楚地表现了 NaDFOB 电解液高度的电化学氧化稳定性，虽然文献指出 $NaPF_6$ 电解液的氧化稳定性不如 NaDFOB 电解液，我们的结果证实 $NaPF_6$ 电解液的氧化稳定性略高于 NaDFOB 电解液。

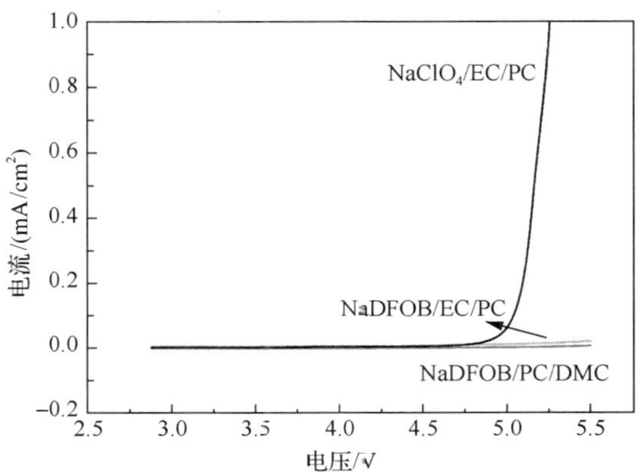

图 1.136　基于 EC/PC 和 PC/DMC 溶剂配方的 NaDFOB 电解液的阳极氧化曲线

图 1.137 给出基于不同配方电解液的电池循环性能曲线，正极材料为 O3-$NaNi_{0.5}Mn_{0.5}O_2$。可以看到虽然 NaDFOB/PC/DMC 在实验中表现出较高的室温离

子电导率，但是其电池容量衰减最快。相比之下，溶剂中有 EC 存在时，在 400 周循环后可逆容量也能够保持在 90%以上，表明 EC 在钠离子电池非水电解液中具有其独特作用，值得深入考虑。此外，将 NaDFOB 与 $NaClO_4$ 电解液混合，同样能够得到优异的循环性能，表明 NaDFOB 可能以添加剂的形式应用到传统的电解液配方中。

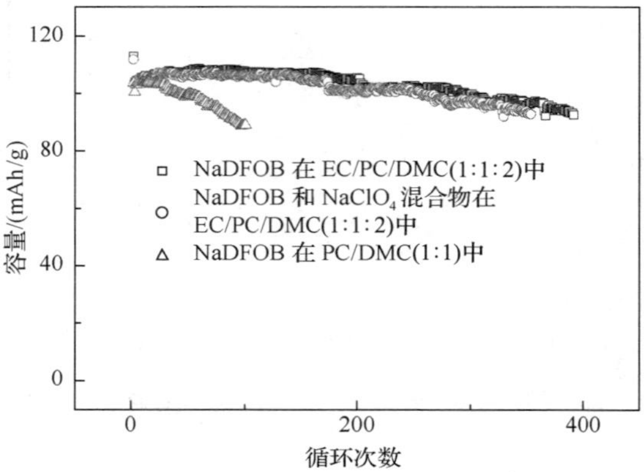

图 1.137　基于不同配方电解液的电池循环性能曲线

近年来，国际学术界关于钠离子电池正极材料的研究蓬勃发展，但基本研究对象和研究思路依然是保持一个延续传统、稳步前进的态势，工作侧重点或偏向合成方法，或偏向结构表征，或偏向机理认识等。本小节的草酸前驱体法主要体现了一种有效的制备方法，与传统工艺上较为简易的高温固相法相比，性能上具有较大的优势；然而，我们也承认，高温固相法如果经过系统的工艺参数优化，产品性能也会达到较为优异的水平。与其相比，草酸前驱体法主要体现出一种较为独特的前驱体处理方法，结合后续特定的高温烧结过程得到最终材料，由于草酸前驱体具备的阳离子均匀分布特性以及烧结过程中固体中物质分解产生的较多空隙，可能有利于高温烧结中氧的扩散。同时，本工作也未涉及材料的表面处理或表面包覆。根据锂离子电池过渡金属氧化物正极的商业化实践经验，表面包覆是获得长循环寿命的必要前提条件之一。在其后的工作里，我们制备了高性能的 $Na_{0.44}MnO_2$ 材料，并完成了阳离子掺杂、阴离子掺杂等工作，显著提升了其可逆比容量和循环稳定性。具体请参考公开文献[159-163]。与此同时，在近年的研究工作中，我们进一步发展了适应于室温钠硫二次电池的电解液，其指导思想主要在于利用功能性添加剂组分提升非水电解液的电化学稳定性，从而能够更好地支持室温钠硫二次电池的充放电循环，以及获得了非水电解液的阻燃特性，从而提升安全性能[164-166]。

参考文献

[1] 王剑, 其鲁, 柯克, 等. 新合成方法制备的 $LiCoO_2$ 正极材料的结构和电化学性能研究[J]. 无机化学学报, 2004, 19(6): 635-640

[2] 江卫军, 赛喜雅勒图, 商士波, 等. 非化学计量比的 $Li_{1+x}CoO_2$ 正极材料的性能[J]. 物理化学学报, 2007, 12(增刊): 56-59

[3] 刘芹. 高电压钴酸锂的改性及其储能特性的研究[D]. 成都: 电子科技大学, 2018

[4] 雷雨. 高电压钴酸锂正极材料包覆改性的研究进展[J]. 化学工业, 2016, 34(3): 31-35, 39

[5] 胡国荣, 卢苇, 梁龙伟, 等. Ni-Mn 共掺杂高电压钴酸锂锂离子电池正极材料[J]. 无机化学学报, 2015, 31(1): 159-165

[6] Zhu Z, Yu D, Shi Z, et al. Gradient-morph $LiCoO_2$ single crystals with stabilized energy density above 3400 W h L^{-1}[J]. Energy & Environmental Science, 2020, 13(6): 1865-1878

[7] 江卫军, 陈永翀, 郭营军, 等. 锂离子电池正极材料 $Li_{1+x}Co_{0.2}Ni_{0.8}O_2$ 的合成与电化学性能研究[J]. 北京大学学报(自然科学版), 2006, 12(增刊): 22-27

[8] Ying J R, Wan C R, Jiang C Y, et al. Preparation and characterization of high-density spherical $LiCo_{0.2}Ni_{0.8}O_2$ cathode material for lithium secondary batteries[J]. Journal of Power Sources, 2001, 99: 78-84

[9] Liu H S, Zhang Z R, Gong Z L, et al. A comparative study of $LiNi_{0.8}Co_{0.2}O_2$ cathode materials modified by lattice-doping and surface-coating[J]. Solid State Ionics, 2004, 166(34): 317-325

[10] 侯宪全, 江卫军, 其鲁, 等. 高容量锂离子电池正极材料 $LiNi_{0.8}Co_{0.2-x}Mg_xO_2$[J]. 物理化学学报, 2007, 12(增刊): 40-45

[11] Cho T H, Park S M, Yoshio M. Preparation of layered $Li[Ni_{1/3}Co_{1/3}Mn_{1/3}]O_2$ a as cathode for lithium secondary battery by carbonate co-precipitation method[J]. Chemistry Letters, 2004, 33(6): 704-705

[12] Park S M, Cho T H, Yoshio M. Novel synthesis method for preparing layered $Li[Mn_{1/2}Ni_{1/2}]O_2$ as a cathode material for lithium ion secondary battery[J]. Chemistry Letters, 2004, 33(4): 748-749

[13] 代克化, 王银杰, 冯华君, 等. 氢氧化物共沉淀法制备 $LiMn_{0.45}Ni_{0.45}Co_{0.1}O_2$ 正极材料的反应条件[J]. 物理化学学报, 2007, 23(12): 1927-1931

[14] Dai K H, Xie Y T, Wang Y J, et al. Effect of fluorine in the preparation of $Li(Ni_{1/3}Co_{1/3}Mn_{1/3})O_2$ via hydroxide co-precipitation[J]. Electrochimica Acta, 2008, 53(8): 3257-3261

[15] Ngala J K, Chernova N A, Ma M, et al. The synthesis, characterization and electrochemical behavior of the layered $LiNi_{0.4}Mn_{0.4}Co_{0.2}O_2$ compound[J]. Journal of Materials Chemistry, 2004, 14: 214

[16] 王剑, 祁毓, 李永伟, 等. C/$LiNi_{1/3}Co_{1/3}Mn_{1/3}O_2$ 体系的放电性能[J]. 物理化学学报, 2007(增刊): 46-50

[17] Song M Y, Ahn D S. On the capacity deterioration of spinel phase $LiMn_2O_4$ with cycling around 4 V[J]. Solid State Ionics, 1998, 112(1-2): 21-24

[18] Kim J H, Myung S T, Sun Y K. Molten salt synthesis of $LiNi_{0.5}Mn_{1.5}O_5$ spinel for 5 V class cathode material of Li-ion secondary battery[J]. Electrochimica Acta, 2004(49): 223

[19] Lee Y S, Sun Y K, Nahm K S. Synthesis of spinel $LiMn_2O_4$ cathode material prepared by an adipic acid-assisted sol-gel method for lithium secondary batteries[J]. Solid State Ionics, 1998, 109: 285-294

[20] Chiang Y M, Sadoway D R, Jang Y, et al. High capacity temperature-stable lithium aluminum manganese oxide cathodes for rechargeable batteries[J]. Electrochemical and Solid State Letter, 1999, 2: 107

[21] Guo Z P, Wang G X, Liu H K, et al. Structure and electrochemistry of $LiCr_xMn_{1-x}O_2$ cathode for lithium-ion batteries[J]. Solid State Ionics, 2002, 148: 359

[22] Eriksson T A, Doeff M M. A study of layered lithium manganese oxide cathode materials[J]. Journal of Power Sources, 2003, 119-121: 145

[23] Shen C H, Liu R S, Gundakaram R, et al. Effect of codoping in $LiMn_2O_4$[J]. Journal of Power Sources, 2001, 102: 21-28

[24] Zhao S L, Chen H Y, Wen J B, et al. Electrochemical properties of spinel $LiCo_xMn_{2-x}O_4$ prepared by sol-gel process[J]. Journal of Alloys and Compounds, 2009, 474: 473-476

[25] Wang C Y, Lu S G, Kan S R, et al. Enhanced capacity retention of Co and Li doubly Doped $LiMn_2O_4$[J]. Journal of Power Sources, 2009, 189: 607-610

[26] Taniguchi I, Song D, Wakihara M. Electrochemical properties of $LiM_{1/6}Mn_{11/6}O_4$(M=Mn, Co, Al, Ni) as cathode materials for Li-ion batteries prepared by ultrasonic spray pyrolysis method[J]. Journal of Power Sources, 2002, 109: 333-339

[27] Yuka I, Yasushi I, Yuka T, et al. Relation between crystal structures, electronic structures, and electrode performances of $LiMn_{2-x}M_xO_4$(M＝Ni, Zn) as a cathode active material for 4V secondary Li batteries[J]. Journal of Power Sources, 2003, 119-121: 733-737

[28] Sigala C, Guyomard D, Verbaere A, et al. Positive electrode materials with high operating voltage for lithium batteries: $LiCr_yMn_{2-y}O_4$ ($0 \leqslant y \leqslant 1$) [J]. Solid State Ionics, 1995, 81: 167

[29] Amine K, Tukamoto H, Yasuda H, et al. Preparation and electrochemical investigation of $LiMn_{2-x}Me_xO_4$(Me: Ni, Fe, and $x=0.5, 1$) cathode materials for secondary lithium batteries[J]. Journal of Power Sources, 1997, 68: 604

[30] Tsutomu O, Sachio T, Masato I. Solid-state redox potentials for $LiMe_xMn_{4-x}O_4$(Me: 3d-transition metal) having spinel-framework structures: A series of 5 volt materials for advanced lithium-ion batteries[J]. Journal of Power Sources, 1999, 81-82: 90-94

[31] Zhong Q M, Arman B, Zhang M J, et al. Synthesis and electrochemistry of $LiNi_xMn_{2x}O_4$[J]. Journal of the Electrochemical Society, 1997, 144: 205-213

[32] Xia H, Meng Y S, Lu L, et al. Electrochemical properties of nonstoichiometric $LiNi_{0.5}Mn_{1.5}O_4$ thin-film electrodes prepared by pulsed laser deposition[J]. Journal of the Electrochemical Society, 2007, 154: A737

[33] Laoire C O, et al. Rechargeable lithium/TEGDME-$LiPF_6/O_2$ battery[J]. Journal of the Electrochemical Society, 158: A302-A308

[34] Laoire C O, et al. Influence of nonaqueous solvents on the electrochemistry 66 of oxygen in the rechargeable lithium–air battery[J]. Journal of the Physical Chemistry C, 2010, 114(67): 9178-9186

[35] Lu, Y C, et al. The influence of catalysts on discharge and charge voltages of 69 rechargeable Li–oxygen batteries[J]. Electrochemical and Solid-State Letters, 2010, 13(70): A69-A72

[36] Zhi Z, Akihiro K, Yin Z Y et al. Anion-redox nanolithia cathodes for Li-ion batteries[J]. Nature Energy, 2016: 16111

[37] Li S, et al. High-rate aluminium yolk-shell nanoparticle anode for Li-ion 101 battery with long cycle life and ultrahigh capacity[J]. Nature Communications, 2015, 6(102): 7872

[38] Wang C. et al. Slurryless Li_2S/reduced graphene oxide cathode paper for 72 high-performance lithium sulfur battery[J]. Nano Letters, 2015, 15: 1796-1802

[39] Kang S, Mo Y, Ong S P, et al. A facile mechanism for recharging Li_2O_2 in Li–O_2 batteries[J]. Chemistry of Materials, 2013, 25: 3328-3336

[40] Kushima A, et al. Charging/discharging nanomorphology asymmetry and rate-dependent capacity degradation in Li–oxygen battery[J]. Nano Letters, 2015, 15: 8260-8265

[41] Yang Z H, et al. Glass transition dynamics and surface layer mobility in 79 unentangled polystyrene films[J]. Science, 2010, 328: 1676-1679

[42] Shin, K. et al. Enhanced mobility of confined polymers[J]. Nature Materials, 2007, 6 (81) 961-965

[43] Ellison C J, Torkelson J M. The distribution of glass-transition 83 temperatures in nanoscopically confined glass formers[J]. Nature Materials, 2003, 2: 695-700

[44] Lu J, Lee Y J, Luo X Y, et al. A lithium–oxygen battery based on lithium superoxide[J]. Nature, 2016, 529: 377-382

[45] Derosa P A, Balbuena P B. A lattice–gas model study of lithium intercalation in graphite[J]. Journal of the Electrochemical Society, 1999, 146 (10): 630-638

[46] Tatsumi K, Iwashita N, Sadaebe H, et al. The influence of the graphitic structure on the electrochemical characteristics for the anode of secondary lithium batteries[J]. Journal of the Electrochemical Society, 1995, 142 (3): 716-720

[47] Kuribayashi I, Yokoyama M, Yamashita M. Battery characteristics with various carbonaceous materials[J]. Journal of the Power Sources, 1995, 54: 1-5

[48] 仇卫华, 张刚, 卢世刚, 等. 锂离子电池负极材料———树脂包覆石墨的性能[J]. 电源技术, 1999, 23 (1): 7-9

[49] Tossici R, Berretoni M, Rosolen M, et al. Electrochemistry of KC_8 in lithium-ion cells[J]. Journal of the Electrochemical. Society, 1997, 144 (1): 186-188

[50] Paik C H, Lee J K. Charge/Discharge characterization of mixed carbon active materials. 8th international meeting on lithium batteries, 1996, 115-116

[51] Li H, Huang X, Chen L, et al. A high capacity nano–Si composite anode material for lithium re–chargeable batteries[J]. Electrochemical and Solid-State Letter, 1999, 2 (11): 547-549

[52] Kim J H, Sohn H J, Kim H, et al. Enhanced cycle performance of SiO-C composite anode for lithium-ion batteries[J]. Journal of Power Sources, 2007, 170: 456-459

[53] Ohara S, Suzuki J, Sekine K, et al. A thin film silicon anode for Li-ion batteries having a very large specific capacity and long cycle life[J]. Journal of Power Sources, 2004, 136: 303-306

[54] 张宏芳, 杨化滨, 宋英杰, 等. 锂离子电池用“三明治”型 Si/Fe/Si 薄膜负极材料的制备及其性能[J]. 物化学报, 2007, 23 (7): 1065-1070

[55] Nakahara K, Nakajima K, Matsushima K, et al. Preparation of particulate $Li_4Ti_5O_{12}$ having excellent characteristics as an electrode active material for power storage cells[J]. Journal of Power Sources, 2003, 117: 131-136

[56] 刘东强, 赖琼钰, 郝艳静, 等. $Li_4Ti_5O_{12}$ 溶胶-凝胶法合成及其机理研究[J]. 无机化学学报, 2004, 20 (7): 829-832

[57] 赵海雷, 林久, 仇卫华, 等. 钒掺杂对 $Li_4Ti_5O_{12}$ 性能的影响[J]. 电池, 2006, 36 (2): 124-126

[58] Zaghib K, Simoneau M, Armand M, et al. Electrochemical study of $Li_4Ti_5O_{12}$ as negative electrode for Li-ion polymerre chargeable batteries[J]. Journal of Power Sources, 1999, 81-82: 300-305

[59] Zaghib K, Armand M, Gauthier M. Electrochemistry of anodes in solid-state Li-ion polymer batteries[J]. Journal of Electrochemical Society, 1998, 145: 3135

[60] Scharner S, Weppner W, Schmid Beurmann P. Evidence of two-phase formation upon lithium insertion into the $Li_{1.33}Ti_{1.67}O_4$ spinel[J]. Journal of the Electrochemical Society, 1999, 146: 857

[61] Pyun S I, Kim S W, Shin H C. Lithium transport through $Li_{1+\delta}[Ti_{2-y}Li_y]O_4$ ($y=0$; 1/3) electrodes by analysing current transients upon large potential steps[J]. Journal of Power Sources, 1999, 248: 81-82

[62] Guerfia A, Sevigny S, Lagace M, et al. Nano-particle $Li_4Ti_5O_{12}$ spinel as electrode for electrochemical generators[J]. Journal of Power Sources, 2003, 119-121: 88-94

[63] Wang D, Ding N, Song X H, et al. A simple gel route to synthesize nano-$Li_4Ti_5O_{12}$ as a high-performance anode material for Li-ion batteries[J]. Journal of Materials Science, 2009, 44: 198-203

[64] Bach S, Pereira-Ramos J P, Baffier N. Electrochemical properties of sol–gel $Li_{4/3}Ti_{5/3}O_4$[J]. Journal of Power Sources, 1999, 81-82: 273-276

[65] Jiang C H, Ichihara M, Honma I, et al. Effect of particle dispersion on high rate performance of nano-sized $Li_4Ti_5O_{12}$ anode[J]. Electrochimica Acta, 2007, 52: 6470-6475

[66] Li Y, Zhao H L, Tian Z. H., et al. Solvothermal synthesis and electrochemical characterization of amorphous lithium titanate materials[J]. Journal of Alloys and Compounds, 2008, 455: 471-474

[67] Yu Y, Shui J L, Chen C H. Electrostatic spray deposition of spinel $Li_4Ti_5O_{12}$ thin films for rechargeable lithium batteries[J]. Solid State Communications, 2005, 135: 485-489

[68] Nakahara K, Nakajima R, Matsushima T, et al. Preparation of particulate $Li_4Ti_5O_{12}$ having excellent characteristics as an electrode active material for power storage cells[J]. Journal of Power Sources, 2003, 117: 131-136

[69] Pasquier A D, Huang C C, Spitler T. Nano $Li_4Ti_5O_{12}$–$LiMn_2O_4$ batteries with high power capability and improved cycle-life[J]. Journal of Power Sources, 2009, 186: 508-514

[70] Arico A S, Bruce P, Scrosati B, et al. Nanostructured materials for advanced energy conversion and storage devices[J]. Nature Materials, 2005, 4: 366

[71] Mao O, Dahn J R. Mechanically alloyed Sn-Fe(-C) powders as anode materials for Li-ion batteries: III Sn_2Fe: $SnFe_3C$ active/inactive composites[J]. Journal of the Electrochemical Society, 1999, 146: 423-427

[72] Kim Y L, Lee S J, Baik H K, et al. Sn-Zr-Ag alloy thin-film anodes[J]. Journal of Power Sources, 2003, 119-121: 106-109

[73] Idota Y, Kubota T, Matsufuji A, et al. Tin-based amorphous oxide: A high capacity lithium-ion storage material[J]. Science, 1997, 276: 1395-1397

[74] Yamaki J, Tanaka T, Watanabe I, et al. Inhibition of aluminum corrosion by $LiN(SO_2CF_3)_2$ methyl difluoroacetate electrolyte for use in Li-ion[J]. FL, USA, 2003, 10: 12-16

[75] Croce F, Settimi L, Scrosati, et al. Superacid ZrO_2-added, composite polymer electrolytes with improved transport properties[J]. Electrochemistry Communications, 2006, 8(2): 364-368

[76] 马强, 戚兴国, 容晓晖, 等. 新型固态聚合物电解质在锂硫电池中的性能研究[J]. 储能科学与技术, 2016, 5(5): 713-718

[77] Brissot C, Rosso M, Chazalviel J N, et al. In situ study of dendritic growth in lithium/PEO-salt/lithium cells[J]. Electrochimica Acta, 1998, 43(10): 1569-1574

[78] Brissot C, Rosso M, Chazalviel J N, et al. Dendritic growth mechanisms in lithium/polymer cells[J]. Journal of Power Sources, 1999, 81-82: 925-929

[79] 黄祯, 冯国星. 中国科学院高能量密度锂电池研究进展快报[J]. 储能科学与技术, 2016, 5(2): 172-180

[80] 崔光磊. “刚柔并济”的固态聚合物锂电池从基础研究到全海深固态锂电池. 中国化学会 2017 全国高分子学术论文报告会, 成都, 2017

[81] 刘新厚. 新型纳米纤维锂离子电池隔膜. 2007 动力锂离子电池技术及产业发展国际论坛, 48-49

[82] Delmas C, Braconnier J J, Fouassier C, et al. Electrochemical intercalation of sodium in Na_xCoO_2 bronzes[J]. Solid State Ionics, 1981, 3/4: 165-169

[83] Shacklette L W, Jew T R, Townsend L. Rechargeable electrodes from sodium cobalt bronzes[J]. Journal of Electrochemical Society, 1988, 135(11): 2669-2674

[84] Berthelot R., Carlier D, Delmas C. Electrochemical investigation of the P2-Na_xCoO_2 phase diagram[J]. Nature Materials, 2011, 10(1): 74-80

[85] Caballero A. , Hernán L, Morales J, et al. Synthesis and characterization of high-temperature hexagonal P2-$Na_{0.6}MnO_2$ and its electrochemical behavior as cathode in sodium cells[J]. Journal of Materials Chemistry, 2002, 12(4): 1142-1147

[86] Ma X, Chen H, Ceder G. Electrochemical properties of monoclinic $NaMnO_2$[J]. Journal of the Electrochemical Society, 2011, 158(12): A1307

[87] Komaba S, Takei C, Nakayama T, et al. Electrochemical intercalation activity of layered $NaCrO_2$ *vs*. $LiCrO_2$[J]. Electrochemistry Communications, 2010, 12(3): 355-358

[88] Han M H, Gonzalo E, Casas-Cabanas M, et al. Structural evolution and electrochemistry of monoclinic $NaNiO_2$ upon the first cycling process[J]. Journal of Power Sources, 2014, 258: 266-271

[89] Komaba S, Nakayama T, Ogata A, et al. Electrochemically reversible sodium intercalation of layered $NaNi_{0.5}Mn_{0.5}O_2$ and $NaCrO_2$[J]. ECS transaction, 2009, 16(42): 43-55

[90] Sathiya M, Hemalatha K, Ramesha K, et al. Synthesis, structure, and electrochemical properties of the layered sodium insertion cathode material: $NaNi_{1/3}Mn_{1/3}Co_{1/3}O_2$[J]. Chemistry of Materials, 2012, 24(10): 1846-1853

[91] Doeff M M, Peng M Y, Ma Y P, et al. Orthorhombic Na_xMnO_2 as a cathode material for secondary sodium and lithium polymer batteries[J]. Journal of the Electrochemical Society, 1994, 141(11): 11

[92] Whitacre J F, Tevar A, Sharma S. $Na_4Mn_9O_{18}$ as a positive electrode material for an aqueous electrolyte sodium-ion energy storage device[J]. Electrochemistry Communications, 2010, 12(3): 463-466

[93] Jian Z L, Han W, Lu X, et al. Superior electrochemical performance and storage mechanism of $Na_3V_2(PO_4)_3$ cathode for room-temperature sodium-ion batteries[J]. Advanced Energy Materials, 2013, 3(2): 156-160

[94] Saravanan K, Mason C W, Rudola A, et al. The first report on excellent cycling stability and superior rate capability of $Na_3V_2(PO_4)_3$ for sodium ion batteries[J]. Advanced Energy Materials, 2013, 3(4): 444-450

[95] Zhu Y, Xu Y, Liu Y, et al. Comparison of electrochemical performances of olivine $NaFePO_4$ in sodium-ion batteries and olivine $LiFePO_4$ in lithium-ion batteries[J]. Nanoscale, 2013, 5(2): 780-787

[96] Moreau P, Guyomard D, Gaubicher J, et al. Structure and stability of sodium intercalated phases in olivine $FePO_4$[J]. Chemistry of Materials, 2010, 22(14): 4126-4128

[97] Kim Y J, Park Y W, Choi A, et al. Composites: An amorphous red phosphorus/carbon composite as a promising anode material for sodium ion batteries[J]. Advanced Materials, 2013, 25(22): 3045-3049

[98] Ellis B L, Makahnouk W R M, Makimura Y, et al. A multifunctional 3.5V iron-based phosphate cathode for rechargeable batteries[J]. Nature Materials, 2007, 6(10): 749-753

[99] Kawabe Y, Yabuuchi N, Kajiyama M, et al. A comparison of crystal structures and electrode performance between Na_2FePO_4F and $Na_2Fe_{0.5}Mn_{0.5}PO_4F$ synthesized by solid-state method for rechargeable Na-ion batteries[J]. Electrochemistry, 2012, 80(2): 80-84

[100] Zou H, Li S, Wu X, et al. Spray-drying synthesis of pure Na_2CoPO_4F as cathode material for sodium ion batteries[J]. ECS Electrochemistry Letters, 2015, 4(6): A53-A55

[101] Barker J, Saidi M Y, Swoyer J L. A sodium-ion cell based on the fluorophosphate compound $NaVPO_4F$[J]. Electrochemical and Solid-State Letters, 2003, 6(1): A1

[102] Kumar A, Yusuf S M, Keller L. Structural and magnetic properties of $Fe[Fe(CN)_6]\cdot 4H_2O$[J]. Physical Review B, 2005, 71(5): 54414

[103] Martínez-Garcia R, Reguera E, Balmaseda J, et al. On the crystal structures of some nickel hexacyanoferrates(Ⅱ, Ⅲ)[J]. Powder Diffraction, 2012, 19(3): 284-291

[104] Lu Y, Wang L, Cheng J, et al. ChemInform abstract: Prussian blue: A new framework of electrode materials for sodium batteries[J]. Chemical Communications, 2012, 48(52): 6544-6546

[105] Chihara K, Chujo N, Kitajou A, et al. Cathode properties of $Na_2C_6O_6$ for sodium-ion batteries[J]. Electrochimica Acta, 2013, 110: 240-246

[106] Luo W, Allen M, Raju V, et al. An organic pigment as a high-performance cathode for sodium-ion batteries[J]. Advanced Energy Materials, 2014, 4(15): 1400554

[107] Deng W, Shen Y, Qian J, et al. A perylene diimide crystal with high capacity and stable cyclability for Na-ion batteries[J]. ACS Applied Material & Interfaces, 2015, 7(38): 21095-21099

[108] Asher R C, Wilson S A. Lamellar compound of sodium with graphite[J]. Nature, 1958, 181(4606): 409-410

[109] Jache B, Adelhelm P. Use of graphite as a highly reversible electrode with superior cycle life for sodium-ion batteries by making use of co-intercalation phenomena[J]. Angewandte Chemical International Edition in English, 2014, 53(38): 10169-10173

[110] Stevens D A, Dahna J R. High capacity anode materials for rechargeable sodium-ion batteries[J]. Journal of Electrochemical Society, 2000, 147: 1271-1273

[111] Bommier C, Surta T W, Dolgos M, et al. New mechanistic insights on Na-ion storage in nongraphitizable carbon[J]. Nano Letters, 2015, 15(9): 5888-5892

[112] Xiong H, Slater M D, Balasubramanian M, et al. Amorphous TiO_2 nanotube anode for rechargeable sodium ion batteries[J]. Journal of Physical Chemistry Letters, 2011, 2(20): 2560-2565

[113] Wu L M, Bresser D, Buchholz D, et al. Unfolding the mechanism of sodium insertion in anatase TiO_2 nanoparticles[J]. Advanced Energy Materials, 2015, 5(2): 1401142

[114] Sun Y, Zhao L, Pan H, et al. Direct atomic-scale confirmation of three-phase storage mechanism in $Li_4Ti_5O_{12}$ anodes for room-temperature sodium-ion batteries[J]. Nature Communications, 2013, 4: 1870

[115] Zhao L, Pan H L, Hu Y S, et al. Spinel lithium titanate($Li_4Ti_5O_{12}$) as novel anode material for room-temperature sodium-ion battery[J]. Chinese Physics B, 2012, 21(2): 028201

[116] Liu J, Tang K, Song K, et al. Tiny $Li_4Ti_5O_{12}$ nanoparticles embedded in carbon nanofibers as high-capacity and long-life anode materials for both Li-ion and Na-ion batteries[J]. Physical Chemistry Chemical Physics, 2013, 15(48): 20813-20818

[117] Senguttuvan P, Rousse G, Seznec V, et al. $Na_2Ti_3O_7$: Lowest voltage ever reported oxide insertion electrode for sodium ion batteries[J]. Chemistry of Materials, 2011, 23(18): 4109-4111

[118] Hariharan S, Saravanan K, Ramar V, et al. A rationally designed dual role anode material for lithium-ion and sodium-ion batteries: Case study of eco-friendly Fe_3O_4[J]. Physical Chemistry Chemical Physics, 2013, 15(8): 2945-2953

[119] Zhang N, Han X, Liu Y, et al. 3D porous γ-Fe_2O_3@C nanocomposite as high-performance anode material of Na-ion batteries[J]. Advanced Energy Materials, 2015, 5(5): 1401123

[120] Rahman M M, Glushenkov A M, Ramireddy T, et al. Electrochemical investigation of sodium reactivity with nanostructured Co_3O_4 for sodium-ion batteries[J]. Chemical Communications(Camb), 2014, 50(39): 5057-5060

[121] Wen J W, Zhang D W, Zang Y, et al. Li and Na storage behavior of bowl-like hollow Co_3O_4 microspheres as an anode material for lithium-ion and sodium-ion batteries[J]. Electrochimica Acta, 2014, 132: 193-199

[122] Klein F, Jache B, Bhide A, et al. Conversion reactions for sodium-ion batteries[J]. Physical Chemistry Chemical Physics, 2013, 15(38): 15876-15887

[123] Gu M, Kushima A, Shao Y, et al. Probing the failure mechanism of SnO_2 nanowires for sodium-ion batteries[J]. Nano Letters, 2013, 13(11): 5203-5211

[124] Fielden R, Obrovac M N. Investigation of the $NaNi_xMn_{(1-x)}O_2$ $(0 \leqslant x \leqslant 1)$ system for Na-Ion battery cathode materials[J]. Journal of the Electrochemical Society, 2015, 162(3): A453-A459

[125] Komaba S, Murata W, Ishikawa T, et al. Electrochemical Na insertion and solid electrolyte interphase for hard-carbon electrodes and application to Na-ion batteries[J]. Advanced Functional Materials, 2011, 21(20): 3859-3867

[126] Wu X Y, Cao Y L, Ai X P, et al. A low-cost and environmentally benign aqueous rechargeable sodium-ion battery based on $NaTi_2(PO_4)_3$-$Na_2NiFe(CN)_6$ intercalation chemistry[J]. Electrochemistry Communications, 2013, 31: 145-148

[127] Pang G, Nie P, Yuan C Z, et al. Enhanced performance of aqueous sodium-ion batteries using electrodes based on the $NaTi_2(PO_4)_3$/MWNTs-$Na_{0.44}MnO_2$ system[J]. Energy Technology, 2014, 2(8): 705-712

[128] Ding C S, Nohira T, Hagiwara R, et al. Na[FSA]-[C_3C_1pyrr][FSA] ionic liquids as electrolytes for sodium secondary batteries: Effects of Na ion concentration and operation temperature[J]. Journal of Power Sources, 2014, 269: 124-128

[129] Monti D, Jónsson E, Palacín M R, et al. Ionic liquid based electrolytes for sodium-ion batteries: Na^+ solvation and ionic conductivity[J]. Journal of Power Sources, 2014, 245: 630-636

[130] Kumar D, Hashmi S A. Ionic liquid based sodium ion conducting gel polymer electrolytes[J]. Solid State Ionics, 2010, 181(8-10): 416-423

[131] Bhide A, Hariharan K. Composite polymer electrolyte based on $(PEO)_6$: $NaPO_3$ dispersed with $BaTiO_3$[J]. Polymer International, 2008, 57(3): 523-529

[132] Nagelberg A S, Worrell W L. Thermodynamic study of sodium-intercalated TaS_2 and TiS_2[J]. Journal of Solid State Chemistry, 1979, 29(3): 345-354

[133] Delmas C, Braconnier J J, Fouassier C, et al. Electrochemical intercalation of sodium in Na_xCoO_2 bronzes[J]. Solid State Ionics, 1981, 3-4(AUG): 165-169

[134] Mendiboure A, Delmas C, Hagenmuller P. Electrochemical intercalation and deintercalation of Na_xMnO_2 bronzes[J]. Journal of Solid State Chemistry, 1985, 57(3): 323-331

[135] Ma Y P, Doeff M M, Visco S J, et al. Rechargeable Na Na_xCoO_2 and $Na_{15}Pb_4$ Na_xCoO_2 polymer electrolyte cells[J]. Journal of the Electrochemical Society, 1993, 140(10): 2726-2733

[136] Paulsen J M, Dahn J R. Studies of the layered manganese bronzes, $Na_{2/3}[Mn_{1-x}M_x]O_2$ with M=Co, Ni, Li, and $Li_{2/3}[Mn_{1-x}M_x]O_2$ prepared by ion-exchange[J]. Solid State Ionics, 1999, 126(1-2): 3-24

[137] Komaba S, Ishikawa T, Yabuuchi N, et al. Fluorinated ethylene carbonate as electrolyte additive for rechargeable Na batteries[J]. ACS Applied Material & Interfaces, 2011, 3(11): 4165-4168

[138] Ponrouch A, Goñi A R, Palacín M R. High capacity hard carbon anodes for sodium ion batteries in additive free electrolyte[J]. Electrochemistry Communications, 2013, 27: 85-88

[139] Ponrouch A. , Marchante E, Courty M, et al. In search of an optimized electrolyte for Na-ion batteries[J]. Energy & Environmental Science, 2012, 5(9): 8572

[140] Ponrouch A, Dedryvère R, Monti D, et al. Towards high energy density sodium ion batteries through electrolyte optimization[J]. Energy & Environmental Science, 2013, 6(8): 2361

[141] Chen T Q, Liu Y, Pan L K, et al. Electrospun carbon nanofibers as anode materials for sodium ion batteries with excellent cycle performance[J]. Journal of Materials Chemistry A, 2014, 2(12): 4117-4121

[142] Philippe B, Valvo M, Lindgren F, et al. Investigation of the electrode/electrolyte interface of Fe_2O_3 composite electrodes: Li *vs* Na batteries[J]. Chemistry of Materials, 2014, 26(17): 5028-5041

[143] Kim D, Lee E, Slater M, et al. Layered $Na[Ni_{1/3}Fe_{1/3}Mn_{1/3}]O_2$ cathodes for Na-ion battery application[J]. Electrochemistry Communications, 2012, 18: 66-69

[144] Cao Y L, Xiao L F, Sushko M L, et al. Sodium ion insertion in hollow carbon nanowires for battery applications[J]. Nano Letters, 2012, 12(7): 3783-3787

[145] Bhide A, Hofmann J, Durr A K, et al. Electrochemical stability of non-aqueous electrolytes for sodium-ion batteries and their compatibility with $Na_{0.7}CoO_2$[J]. Physical Chemistry Chemical Physics, 2014, 16(5): 1987-1998

[146] Yuan D D, He W, Pei F, et al. Synthesis and electrochemical behaviors of layered $Na_{0.67}[Mn_{0.65}Co_{0.2}Ni_{0.15}]O_2$ microflakes as a stable cathode material for sodium-ion batteries[J]. Journal of Materials Chemistry A, 2013, 1(12): 3895-3899

[147] Yu H J, Guo S H, Zhu Y B, et al. Novel titanium-based O3-type $NaTi_{0.5}Ni_{0.5}O_2$ as a cathode material for sodium ion batteries[J]. Chemical Communications, 2014, 50(4): 457-459

[148] Jang J Y, Kim H, Lee Y, et al. Cyclic carbonate based-electrolytes enhancing the electrochemical performance of $Na_4Fe_3(PO_4)_2(P_2O_7)$ cathodes for sodium-ion batteries[J]. Electrochemistry Communications, 2014, 44: 74-77

[149] Li S, Dong Y F, Xu L, et al. Effect of carbon matrix dimensions on the electrochemical properties of $Na_3V_2(PO_4)_3$ nanograins for high-performance symmetric sodium-ion batteries[J]. Advanced Materials, 2014, 26(21): 3545-3553

[150] Liu Y C, Kang H Y, Jiao L F, et al. Exfoliated-SnS_2 restacked on graphene as a high-capacity, high-rate, and long-cycle life anode for sodium ion batteries[J]. Nanoscale, 2015, 7(4): 1325-1332

[151] Oh S M, Myung S T, Yoon C S, et al. Advanced $Na[Ni_{0.25}Fe_{0.5}Mn_{0.25}]O_2$/C-$Fe_3O_4$ sodium-ion batteries using EMS electrolyte for energy storage[J]. Nano Letters, 2014, 14(3): 1620-1626

[152] Talaie E, Duffort V, Smith H L, et al. Structure of the high voltage phase of layered $P_2Na_{2/3-z}[Mn_{1/2}Fe_{1/2}]O_2$ and the positive effect of Ni substitution on its stability[J]. Energy & Environmental Science, 2015, 8(8): 2512-2523

[153] Kim H, Hong J, Park Y U, et al. Sodium storage behavior in natural graphite using ether-based electrolyte systems[J]. Advanced Functional Materials, 2015, 25(4): 534-541

[154] Seh Z W, Sun J, Sun Y, et al. A highly reversible room-temperature sodium metal anode[J]. ACS Central Science, 2015, 1(8): 449-455

[155] Guo C, Zhang K, Zhao Q, et al. High-performance sodium batteries with the 9, 10-anthraquinone/CMK-3 cathode and an ether-based electrolyte[J]. Chemical Communications (Camb), 2015, 51(50): 10244-10247

[156] Komaba S, Yabuuchi N, Nakayama T, et al. Study on the reversible electrode reaction of $Na_{1-x}Ni_{0.5}Mn_{0.5}O_2$ for a rechargeable sodium-ion battery[J]. Inorganic Chemistry, 2012, 51(11): 6211-6220

[157] Chen J, Huang Z, Wang C, et al. Sodium-difluoro(oxalato)borate(NaDFOB): A new electrolyte salt for Na-ion batteries[J]. Chemical Communications (Camb), 2015, 51(48): 9809-9812

[158] Allen J L, McOwen D W, Delp S A, et al. *N*-Alkyl-*N*-methylpyrrolidinium difluoro(oxalato)borate ionic liquids: Physical/electrochemical properties and Al corrosion[J]. Journal of Power Sources, 2013, 237: 104-111

[159] Xu S, Bao C, Yu M, et al. Layered P3 type $K_{0.48}Ni_{0.2}Co_{0.2}Mn_{0.6}O_2$ with microspherical and microcubic mixed morphology as a cathode material for potassium-ion batteries[J]. Materials Letters, 2020, 270

[160] Shi W J, Zheng Y M, Meng X M, et al. Designing sodium manganese oxide with 4d-Cation Zr Doping as a high-rate-performance cathode for sodium-ion batteries[J]. ChemElectroChem, 2020, 7(12): 2545-2552

[161] Shi W J, Zhang D, Meng X M, et al. Low-strain reticular sodium manganese oxide as an ultrastable cathode for sodium-ion batteries[J]. ACS Applied Material & Interfaces, 2020, 12(12): 14174-14184

[162] Shi W J, Yan Y W, Chi C, et al. Fluorine anion doped $Na_{0.44}MnO_2$ with layer-tunnel hybrid structure as advanced cathode for sodium ion batteries[J]. Journal of Power Sources, 2019, 427: 129-137

[163] Zhang D, Shi W J, Yan Y W, et al. Fast and scalable synthesis of durable $Na_{0.44}MnO_2$ cathode material via an oxalate precursor method for Na-ion batteries[J]. Electrochimica Acta, 2017, 258: 1035-1043

[164] Zhao X M, Zhu Q, Xu S D, et al. Fluoroethylene carbonate as an additive in a carbonates-based electrolyte for enhancing the specific capacity of room-temperature sodium-sulfur cell[J]. Journal of Electroanalytical Chemistry, 2019, 832: 392-398

[165] Zhao X M, Yan Y W, Ren X X, et al. Trimethyl phosphate for nonflammable carbonate-based electrolytes for safer room-temperature sodium-sulfur batteries[J]. ChemElectroChem, 2019, 6(4): 1229-1234

[166] 张鼎, 赵小敏, 王晓敏, 等. 室温钠硫二次电池的电解质材料研究进展[J]. 新材料产业, 2018, (2): 60-66

第 2 章　动力锂离子二次电池

由于全球性的石油资源迅速减少和大气环境污染的不断恶化，最近十多年来，寻找高效的节能环保方法和技术来解决能源和环境问题一直是科技发达国家最热门的研究开发领域之一。由于电动汽车（electric vehicle，EV）依靠车载二次电池（可充电电池）中的电力来驱动车辆，其所需的电力可以来自现有电网夜间的峰谷电力或由太阳能和风能发电等来充电，因此被认为是今后最具发展前景的一种零排放的新型交通和运输工具。

到目前为止，包括中国在内的很多国家在开发电动汽车技术方面做了长期大量的工作，但是因为在关键的车载二次电池技术方面进展较慢，许多国家的电动汽车的市场占有率并不高[1]。近年来，我们在尖晶石结构锰酸锂正极动力电池的研究开发方面进展迅速，受到了人们的极大关注，尽管在 2008 年北京奥运会期间，搭载了我们研制的锰酸锂动力电池能源系统的五十多辆零排放公交车已成功地实施了全世界第一次大规模的运行，然而，由于在过去的十多年中，即使是手机和笔记本计算机中使用的容量为 2Ah 以下的钴酸锂正极锂离子二次电池也曾多次出现着火或爆炸等事故，所以当由几十或几百个 100Ah 的大容量锂离子二次电池组成的能源系统搭载到各种车辆上后，其安全性必然是很多人担心的问题。此外，长期以来有很多人认为在充放电过程中锂离子会形成不可逆的枝晶状物质，从而引发安全隐患[2]，还有人担心现有的电解质溶液体系中锰的溶解会降低电池的稳定性，所以认为尖晶石锰酸锂的稳定性问题很难解决[3]，因此电动汽车电池的循环充放电稳定性成了人们关心的又一个重要问题。围绕着上述这些问题，长期以来通过大量的工作，我们现在不仅基本了解了导致电池安全性问题的主要原因，找到了一些解决问题的办法，而且我们还通过电池材料的合成、电池过程机理的解析以及对电池结构的详细研究，使得尖晶石锰酸锂正极电池的稳定性达到了满足电动汽车需求的目标。

下面将主要通过大量的实验结果分析并讨论电池的安全性和稳定性等问题。

2.1　选择动力锂离子二次电池的正负极材料

动力锂离子二次电池中的正负极材料对电池安全性和稳定性的影响至关重要。由于在本书的第 1 章中已经对材料的合成与研究做了详尽的介绍，本节主要叙述电池关键材料的选择。

1. 正极材料

锂离子二次电池用正极材料主要为含锂的一些化合物，如钴酸锂($LiCoO_2$)、锰酸锂($LiMn_2O_4$)、多元金属复合氧化物(即三元材料，$LiNi_{1/3}Co_{1/3}Mn_{1/3}O_2$)和磷酸亚铁锂($LiFePO_4$)等。目前，从国内外的技术发展现状来看，钴酸锂是最早开发、技术最为成熟的正极材料。虽然钴酸锂的合成技术已经比较成熟，但由于钴资源比较贫乏，价格昂贵，并且钴酸锂在充电状态下的热稳定性差，因此一般认为其适用于小型锂离子二次电池，用于电动车电源时需要妥善的安全设置和完善的电池管理技术，即使如此，使用钴酸锂电池组驱动的电动汽车在近年来出现了许多燃烧事故。

具有正交橄榄石结构的磷酸亚铁锂($LiFePO_4$)正极材料工作电压适中(3.2V)，容量比较高(170mAh/g)，结构稳定(O 与 P 以强共价键牢固结合，即使是在充电状态，材料的热稳定性也良好)。此外，在常温下磷酸亚铁锂电池的电化学稳定性也非常优越。但是 $LiFePO_4$ 正极电池与尖晶石锰酸锂正极电池相比存在电压低，以及材料的电导率和振实密度低等问题，这些原因导致了电池的能量密度低，低温性能和大电流放电性能差，限制了电池的应用范围[4,5]。

具有尖晶石结构的锰酸锂是一种热稳定性良好的高电压(3.8V)正极材料。同时，由于锰的资源比较丰富，锰酸锂的合成工艺简单，因此锰酸锂作为新一代正极材料用于动力锂离子二次电池具有非常显著的优势。从 20 世纪 90 年代初开始，人们就一直试图把锰酸锂材料用于锂离子二次电池中[6]。日本的日产汽车和 NEC 已经计划把以尖晶石锰酸锂为正极材料的大容量动力电池应用于纯电动汽车。我们开发出了一种独特的复合金属氧化物材料合成技术，生产出了具有十分优越的热稳定性和循环充放电稳定性的尖晶石锰酸锂材料，并制作出了具有良好安全性与稳定的循环充放电特性的大容量动力锂离子二次电池。

除了尖晶石结构的锰酸锂之外，由于三元正极材料也具有比较好的安全性能，且材料的充放电容量高，所以一种以锰为主要成分的三元材料作为正极的小型动力锂离子二次电池(20Ah 或 20Ah 以下容量)也预计在混合动力车和轻型电动车中有广泛的应用前景。近年来，由于对电池能量密度的追求，人们也尝试将高镍正极材料如 523 材料、622 材料、811 材料等用于锂离子动力电池的装配中去，并且已经获得了良好的综合性能[7,8]。

2. 负极材料

碳材料是最早应用于锂离子二次电池的负极材料，也是现在唯一大规模商品化的锂离子二次电池负极材料。碳负极材料包括石墨类碳材料与非石墨类碳材料，其中石墨类碳材料以其嵌锂电位低且平坦、嵌锂容量高、循环稳定性好、不可逆容量较小、价格低、原材料丰富等优点已经成为动力锂离子二次电池首选的负极材料。但石墨类负极材料也存在以下缺陷：①锂离子在石墨中的化学扩散系数较小，不适合于大电流充放电。②石墨与电解质溶液的相容性比较差，容易出现容量的损失。③石墨在充放电过程中容易发生层状剥落，导致循环性能变差。④首次充电过程中在负极表面形成固体电解质界面膜，导致首次充放电效率较低。因此，对石墨类负极材料需要进行改性处理，从而提高动力锂离子二次电池的性能。值得注意的是，近年来对于石墨的结构调控和表面处理等方面的研发工作取得显著进展，“快充”型石墨逐步得到应用[9-12]。

作为一种零应变的负极材料，氧化物负极材料钛酸锂（$Li_4Ti_5O_{12}$）引起了人们的关注。钛酸锂具有尖晶石结构，空间群为 $Fd3m$。$Li_4Ti_5O_{12}$ 作为锂离子二次电池的负极材料，体积变化很小，化学结构稳定。该材料虽然容量小于碳负极材料，相对于金属锂的电极电位高，但它具有以下优点：①在锂离子嵌入-脱出的过程中晶体结构能够保持高度的稳定性，使其具有优良的循环性能和平稳的放电电压。②具有较高的电极电压，从而避免了电解质溶液分解或保护膜的生成。③制备 $Li_4Ti_5O_{12}$ 的原料来源比较丰富，价格便宜，容易制备。虽然 $Li_4Ti_5O_{12}$ 自身的导电性差，但在对其进行掺杂和包覆改性后，$Li_4Ti_5O_{12}$ 的导电性可以得到很大的改善。由于以上种种原因，$Li_4Ti_5O_{12}$ 作为一种负极材料已经表现出了十分独特的电化学性能。近年来对非碳负极材料的研究也非常热门[13,14]。

主要的非碳负极材料包括锂过渡金属氮化物、过渡金属氧化物和纳米合金材料。锂过渡金属氮化物具有很好的离子导电性、电子导电性和化学稳定性，用作锂离子二次电池负极材料后其放电电压通常在 1.0V 以上。该类负极材料电极的放电容量、循环性能和充、放电曲线的平稳性因材料的种类不同而存在很大差异。如 Li_3FeN_2 用作锂离子二次电池负极时，放电容量为 150mAh/g、放电电压在 1.3V（*vs.*Li/Li^+）附近，充、放电曲线非常平坦，无放电滞后，但循环充放电时容量有明显衰减。$Li_{(3-x)}Co_xN$ 具有 900mAh/g 的高放电容量，放电电压为 1.0V 左右，但充、放电曲线不平稳，有明显的电压滞后和循环容量衰减。目前，这类材料要达到实际应用，还需要进一步深入研究。SnO/SnO_2 用作锂离子二次电池负极具有容量高、放电电压比较低[0.4～0.6V（*vs.* Li/Li^+）附近]的优点，但该材料也存在首次不可逆容量损失大、容量衰减较快、放电电压曲线不够平稳等缺陷。

SnO/SnO_2 因制备方法不同电化学性能也有很大差异，如低压化学气相沉积法制备的 SnO_2 可逆容量在 500mAh/g 以上，而且循环性能比较好，100 次循环后也没有衰减。在 SnO（SnO_2）中引入一些非金属、金属氧化物，如 B、Al、Ge、Ti、Mn、Fe 等并进行热处理，可以得到无定形的复合氧化物（称为非晶态锡基复合氧化物，amorphous tin-based composite oxide，ATCO）。与锡的氧化物（SnO/SnO_2）相比，锡基复合氧化物的循环性能有了很大提高，但仍然很难达到商业化标准。

总之，除钛酸锂外的非碳负极材料具有很高的体积能量密度，越来越引起人们的兴趣，但是由于该类材料存在着循环稳定性差，不可逆容量较大，体积膨胀收缩系数大以及材料制备成本较高等缺点，至今未能实现产业化。负极材料的发展趋势是以改善电池的安全性和循环稳定性为主要目标的，所以还有人在考虑通过多种方法将碳材料与各种高容量非碳负极材料复合而研究开发新型的高容量非碳复合负极材料。但是，要将非碳负极材料应用于对循环性能和安全性能要求更高的动力电池还有很多问题需要解决。

通过大量深入的研究和技术开发工作，我们已经对锰酸锂正极体系的动力电池中使用的负极材料如石墨、MCMB、钛酸锂等都取得了不同程度的研究进展。一些研究证明，锰酸锂/石墨材料体系与锰酸锂/MCMB 体系相比较，电池寿命更长。此外，虽然锰酸锂/钛酸锂体系电池循环寿命可以长达 20000 次，但是该体系电池的电压只有 2.4V，因此我们目前在大容量电池产品中还是优先选择锰酸锂/石墨体系。

电解质溶液对动力电池性能也非常重要[15, 16]。我们已经观察到电解质溶液中的锂盐 $LiPF_6$ 容易分解产生 PF_5 和 HF 等，这些物质的出现可能会导致锰离子的溶出，并在负极发生沉积，从而改变负极 SEI 膜的组成和结构，影响电池整体循环性能，尤其是高温循环性能。例如，在进行了大量试验后，我们发现通过加入特定的添加剂可以改善正、负极表面的物理化学性能从而可有效改善电池的循环性能。

2.2　纯电动车用高能量动力锂离子二次电池

2.2.1　动力电池的基本结构

在确定了动力电池的关键材料体系后，如何设计好电池的结构就成了进一步改进电池性能的又一项重要工作。电动汽车的能源系统要求电池内阻尽可能小，从而增强电池的输入输出功率特性并降低电池内部的能量损失。经过大量试验和分析，我们发现传统小型电池的电极片组合模式导致了电池内部电流路径较长，内阻大，而卷绕型电池使得能量集中，降低了电池的安全性能，因此这两种方式都无法用于动力电池。如果采用特殊多层叠绕工艺则可大大降低电池内阻，例如我们的电动汽车用 100Ah 动力电池的内阻小于 0.8mΩ，仅仅是传统工艺电池内阻的 1/5。这一技术用于动力电池后表明，由于电池的内阻远远小于其他结构电池的内阻，电池不仅在大电流密度充放电的情况下具有良好的电化学特性，而且电池工作时内部能量消耗低，产生热量少，可以满足纯电动汽车大功率输入及输出要求。

此外，当动力电池以比较高的放电倍率进行工作时，极化效应会直接影响电池功率的输出特性。因此为了在大电流密度的状态下也不影响动力电池的使用寿命，必须设计好电池的结构来保证在电池的极片上各点电流均匀分布。该技术主要涉及极耳的引出位置、极片长宽比例、铝塑膜材料等。

在进一步研究中我们很快又发现，随着国家 863 计划对电池安全实验指标的要求不断提高，仅仅采用热稳定性良好的锰酸锂材料制作的电池难于通过极限安全试验。这是因为小型锂离子二次电池的不锈钢外壳技术，当出现短路等滥用情况时，由于在极短的时间内不能释放出电池内部大量热能和由于电解质溶液的分解产生气体，无法阻止电池的燃烧或爆炸。从 2003 年开始，我们采用铝塑复合膜作为动力电池的外壳体，进行了一系列试验。通过对大量数据的分析，我们找到了电池内部热能与铝塑膜结构和铝塑膜内部压力的关系，并将特制的铝塑膜成功应用于动力锂离子二次电池。这种特制的铝塑膜及其技术可以使电池在极限条件下，当电池内部压力升高到一定值会使突然产生的大量气体和热量在短时间内释放完毕，从而保证电池的安全性。

铝塑膜最初多用于医药及食品的包装。当普通铝塑膜开始用于动力电池时，我们遇到膜易被腐蚀的问题。这是由于电池内部的电解质溶液是含有 $LiPF_6$ 的有机溶液，而电解质溶液在微量水的作用下会产生 HF，HF 具有很强的腐蚀性。因此，用于动力电池的铝塑膜对铝层的厚度、防水、防腐蚀的要求都比较高。我们使用的铝塑复合膜的结构如图 2.1 所示。

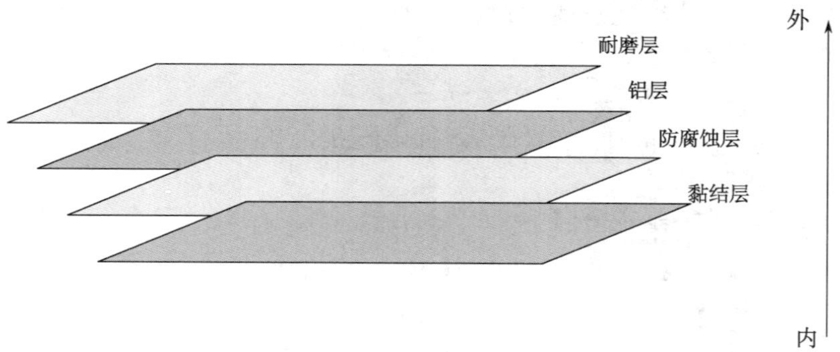

图 2.1　铝塑复合膜结构图

从铝塑膜的结构来看，耐磨层是电池的外表面，可以防止汽车长期运行中电池位置错动引起的磨损，铝层可以起到防止水分进入的作用。根据电池容量的大小和工艺不同，厚度可以选择不同的规格。防腐蚀层的材料选择较广泛，但对电池用防腐蚀层的要求较高，一般采用 PET 材料，厚度为 10～15μm。黏结层在电池的最里层，直接接触电池中的电解质溶液，我们选用的材料是 PP。另外，由于在热封时上下层 PP 融合后具有很好的密封效果，动力电池的安全性得到了进一步的改善。

铝塑膜动力锂离子二次电池的极耳也是影响电池结构安全性的一个重要因素。极耳是电池与负载间电流的桥梁，极耳经过铝塑复合膜的热封边缘将内外部沟通。如果极耳与铝塑复合膜结合有缝隙，则电池内部进入水分，影响电池的寿命。目前国外一些小型聚合物电池通过在极耳金属材料上附着与铝塑复合膜内层相同材料的胶体块解决了此问题。但该技术对基体金属材料的表面处理要求较高，成本高，且此类技术仅用于厚度较小的极耳加工，无法用于动力电池。我们根据自身电池的工艺开发出了厚度可以柔性选择的一套新的极耳制作工艺，且新型极耳最大的优点是把电池结构的薄弱点转化成为一种功能开关，即一旦电池内部发生短路等安全问题导致电解质溶液分解，使得电池内部压力急剧上升时极耳开关处会首先撑开，缓解内部压力，从而使电池不会出现爆炸起火等现象。另外，我们的极耳制作工艺简单，成本低(小型动力电池上使用的自制极耳仅为进口极耳成本的 1/10)，大幅度降低了电池的成本。极耳的结构如图 2.2 所示。

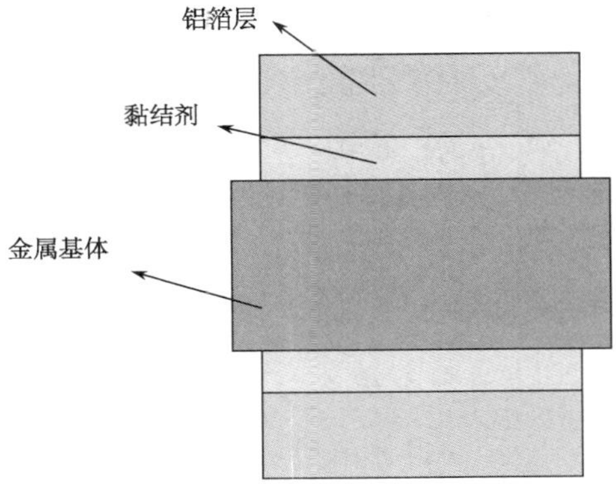

图 2.2　极耳的结构图

极耳引出位置对电池的安全性能影响也非常大。我们研究分析了两种极耳引出位置对电池的影响。一种是平行于电池长度的方式，这种引出方式的缺点是电池集流体长度受限制，极耳与集流体的接触面积有限，当电池进行大电流放电时，接触处容易发生脱离现象，从而增加了电池的内阻。另一种是垂直于电池长度的方式引出，这种引出方式克服了平行引出的缺点，接触面积增大，能很好地解决电池极耳处引起的电阻增高问题。

小容量如 10Ah 和大容量如 100Ah 动力电池在寿命和安全性上有很大的差别，这其中部分原因是电池极片规格发生变化所导致的。随着电池容量的增大，电池的寿命和安全性能都将随之劣化，因此合理的电极设计是保证大容量电池寿命和安全性必要的条件。通常可以借助于以下热分析方法对电池进行热场分析，并通过研究各种规格电极极片在电池大电流情况下的发热状况，来完成最终电池结构的设计。

如图 2.3 所示，在电池热分析实验过程中，我们把电池固定在特制的钢架上，使电池表面几乎完全与空气接触，处于自然对流散热状态。实验前室温控制在

(23±2)℃，将电池放置至与环境温度平衡。电池正负极与试验台的通道相连。试验中，热成像仪镜头面向电池面积最大的表面，热成像仪型号为 FLIR Therma CAM P60。

图 2.4 所示为典型的电池热成像照片，颜色(灰度)显示不同温度。为了与数值仿真结果进行比较对照，对试验中电池表面温度取图中所示的 10 个区域，9 个点，如图 2.4 所示。10 个区域分别用 AR01、AR02、AR03、AR04、AR05、AR06、AR07、AR08、AR09、AR10 标记。在数据处理时取这 10 个区域的平均温度。

图 2.3　电池连接示意图

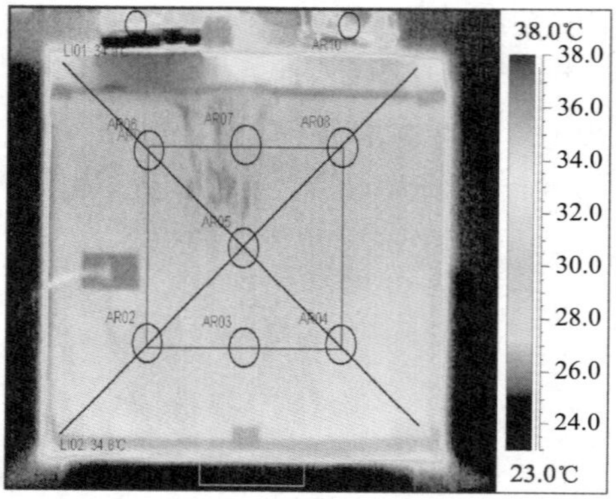

图 2.4　热成像照片及数据处理对象点

试验内容共两项，一项为单体电池从满荷电状态用 2*C*(200A)放电至终止电压 3V，另一项为将单体电池以 1*C*(100A)电流从 SOC(state of charge)为 0 的状态过充电到电池电压为 5V。图 2.5 和图 2.6 显示了 200A 放电和 100A 充电过程中电池表面各点的温度变化情况，在放电过程中电池正负极极耳处温升较高，而其他区域温度变化一致，且各区域温差很小；在充电过程中电池正负极极耳处温度较低，而其他区域温度变化趋势一致，且温差变化较小。通过图中曲线分析发现，

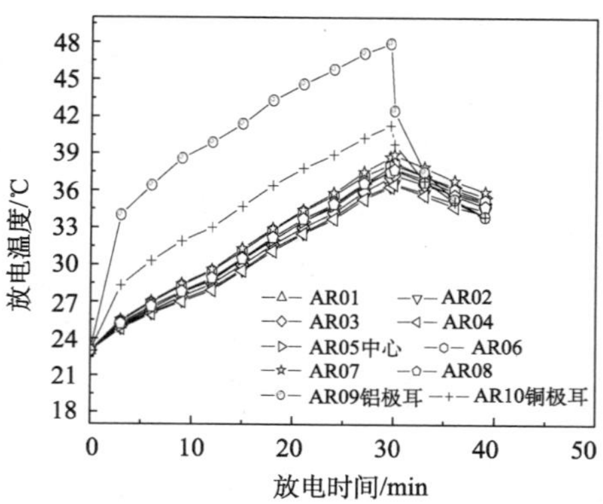

图 2.5　200A 放电过程各标定点温度变化

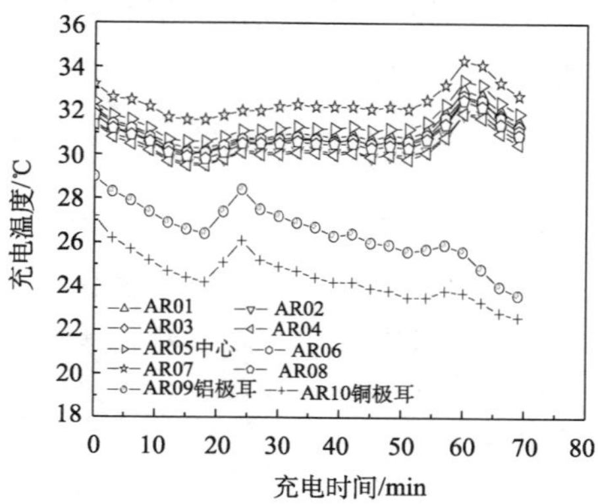

图 2.6　100A 充电过程各标定点温度变化

如果出现区域发热较高，可初步判断电池内部对应处接触阻抗较大，拆开电池仔细分析并重新设计电池，直到电池表面各点热成像的结果接近，即各点之间的温度差小于生产厂家的技术要求所规定的数值。

除上述之外，选择合适的电池注液和化成方法也非常重要。

2.2.2　电池的制作及测试

电池的制作过程中采用了具有尖晶石结构的 $LiMn_2O_4$ 为正极物质，聚偏氟乙烯(PVDF)为黏结剂，乙炔黑和鳞片石墨为添加剂。电池极片按以下方式制作：以 *N*-甲基吡咯烷酮(NMP)作为溶剂，在 PVDF 充分溶解后加入乙炔黑、鳞片石墨和活性物质，将充分混合制得的浆料进行涂布并制成极片。负极活性物质为天然石墨，极片制作方法与正极相同。制成的极片经过烘干、压片及裁片后(采用 1mol/L $LiPF_6$/EC＋DMC＋EMC，质量比为 1∶1∶1)，组装成容量为 30～150Ah 的铝塑膜锂离子二次电池。

电池的充电方式一般采用恒流充电或恒压充电。在实际应用时通常采用恒流充电后逐渐减小电流的充电方式，类似恒压充电。锂离子二次电池的放电方式主要是恒流放电、恒功率放电、脉冲放电方式。恒流放电一般在试验中应用，车辆实际运行中电池处于后两者放电状态。在电池的实际应用中，由于多数车辆都有能量回收装置，因此，电池在一次充满电后的放电过程中通常伴随着不断充电/放电的反复过程。为了保证电池在使用过程中的安全，在充放电过程中必须严格控制。控制电池充放电的方式有时间控制、电压控制以及温度控制。在实际应用中，经常把三种控制方式共同使用。另外，由于在不同正极材料体系中，锂离子二次电池的工作电压不同，因此充放电的电压限制也不同，如锰酸锂电池的充放电电压范围为 3.0～4.3V，但考虑到动力电池充电的安全性，通常将上限控制为 4.2V。图 2.7 为 100Ah 动力电池的恒流充放电曲线。100Ah 动力电池的电化学性能为。①放电容量：103Ah，402Wh。②恒流充电比例：96%。③电池质量：3.2kg，

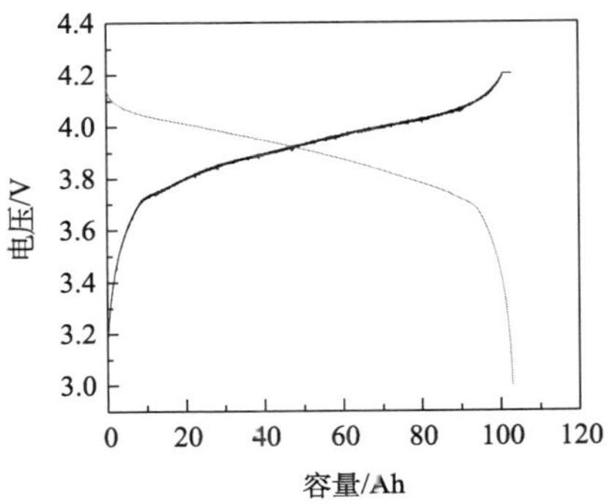

图 2.7　100Ah 动力电池充放电曲线

质量能量密度：125.6Wh/kg。④体积能量密度：229.1Wh/L。⑤内阻：0.65mΩ。⑥3.7V 电压以上容量达 90%。

图 2.8 为 100Ah 动力电池的充电曲线。从图 2.8 可以看出，电池充电过程中恒流充电时间占总充电时间的比例大于 95%。电池充电时恒流/恒压时间比例越大，说明电池的充电时间越短，越容易实现快速充电。

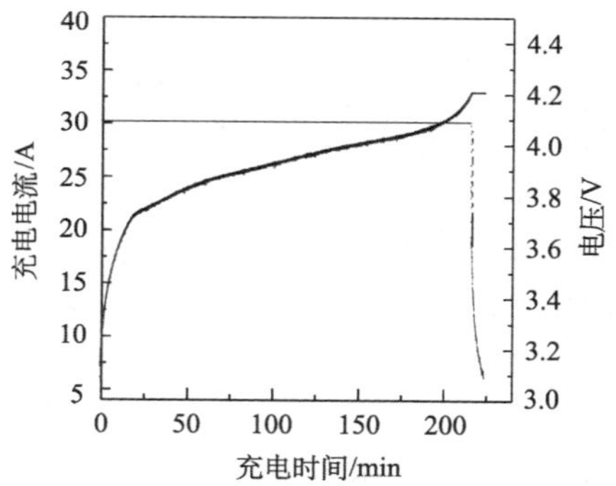

图 2.8　100Ah 动力电池充电曲线

2.2.3　电池的倍率放电性能

动力电池的倍率放电性能是非常重要的电化学参数，表示电池放电电流的大小。电池的放电倍率（C）＝电池放电电流（A）/电池额定容量（Ah）。根据放电倍率的大小，可分为低倍率（＜0.5C）、中倍率（0.5～3.5C）、高倍率（3.5～7.0C）、超高倍率（＞7.0C）。即电池的放电倍率越高，放电电流越大。

通常，电池能承受的最大放电倍率是由电池本身的物理化学性质决定的。由于电池在大电流放电过程中往往会导致温度迅速上升，而温度上升太快会发生热失控情况，因此电池生产厂对不同的电池允许的最大放电倍率也不同。

表 2.1 是对 MGL 100Ah 动力电池进行了不同电流放电后得到的各种试验结

表 2.1　100Ah 锰酸锂正极电池在不同放电电流下的性能

放电倍率	放电电流/A	放电容量/Ah	放电容量占 0.3C 容量比例/%	最高温度/℃
0.3C	30	102.9	100	31.0
1.0C	100	100.7	97.8	35.6
1.5C	150	100.9	98.0	41.9
2.0C	200	100.4	97.6	47.5
3.0C	300	97.9	95.2	57.0
4.0C	400	40.8	39.6	53.8

注：① 电池放电终止截止电压为 3.0V；② 恒流 4C 放电 343s，未达到终止条件，人为停止试验；③ 电池初始 SOC=100%，且已静置足够时间。

果。其中，以 300A 的电流进行恒流放电后，放电容量为 97.93Ah(占 0.3*C* 放电容量的 95.16%)，放电结束电池表面温度升高到 57℃，电池在 400A 放电电流下仍可以放电 343s 以上。这些结果表明该电池具有良好的动力电池性能。图 2.9 与图 2.10 为电池在不同放电倍率下的放电曲线与温度变化曲线图。

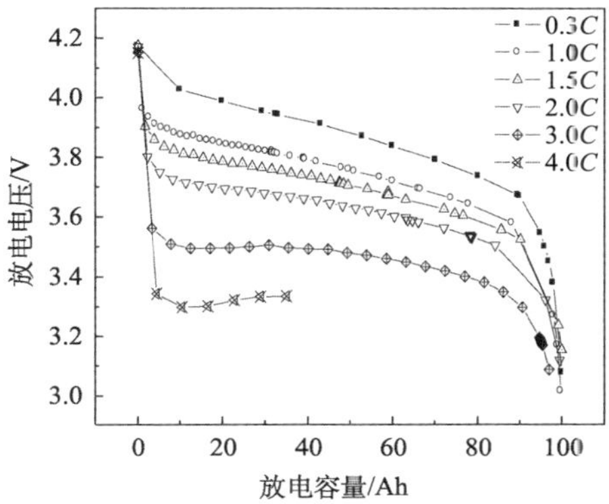

图 2.9　不同放电电流下的放电曲线

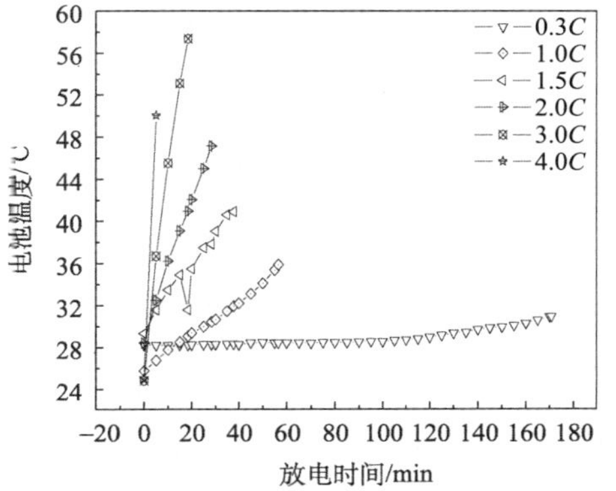

图 2.10　不同电流放电过程中温度变化情况

电池在不同倍率放电时的温度变化情况对电池的设计和性能评价有指导作用。我们采用图 2.3 的试验装置，测试了 100Ah 电池在 0.3*C*、0.5*C*、1.0*C*、1.5*C*、2.0*C* 放电时的表面热成像，再从表面取点分析，取点方式与图 2.4 相同，得到测试数据绘图如图 2.11～图 2.16。

从图 2.11～图 2.15 可以看出：①电池在 0.3*C* 和 0.5*C* 放电过程中，电池的表面温度变化不大，而电池在 1.0*C*、1.5*C*、2.0*C* 放电时随着放电时间的增长，电池表面温度明显升高，1.0*C* 放电末期的最高温度上升近 10℃，1.5*C* 放电时上升约 15℃，2.0*C* 放电时电池由于放电时间较短，电池的表面温度也升高约 15℃。②在放电过程中，AR06 区域的温度始终最高，这里是靠近正极极耳周围的区域，即

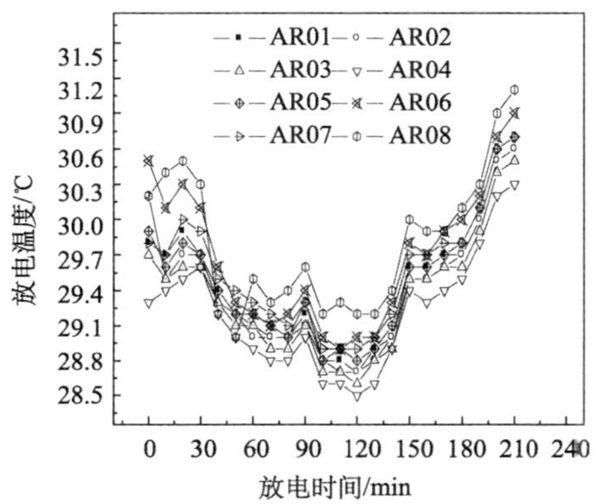

图 2.11　0.3*C* 放电电池表面各点温度分布图

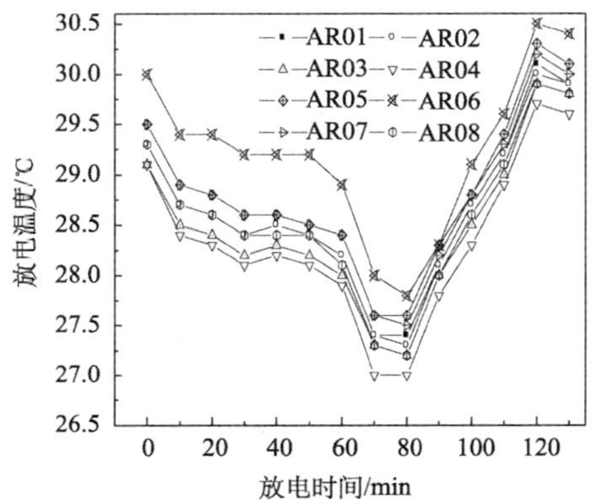

图 2.12　0.5*C* 放电电池表面各点温度分布图

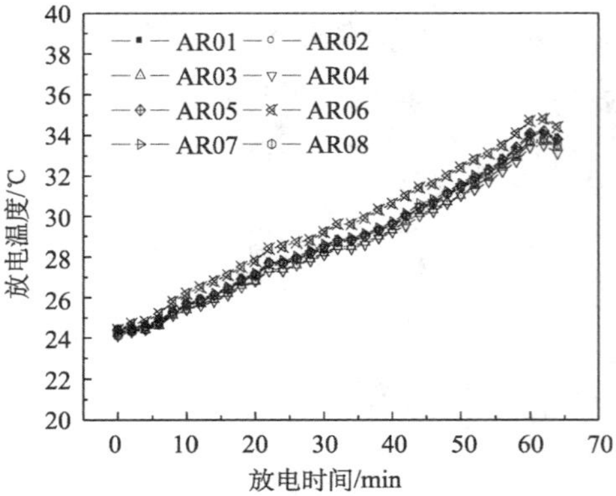

图 2.13　1.0*C* 放电电池表面各点温度分布图

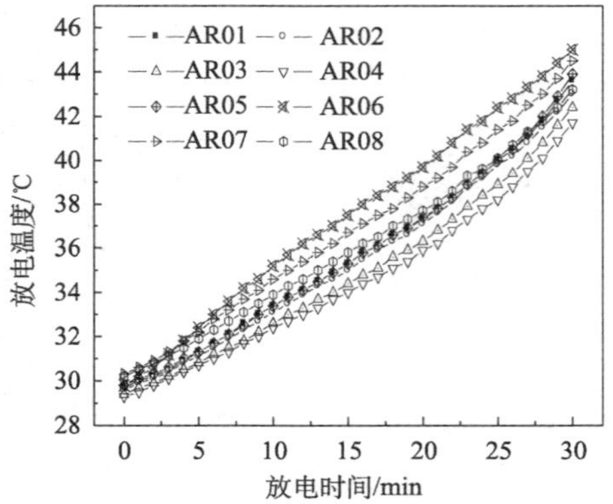

图 2.14　1.5*C* 放电电池表面各点温度分布图

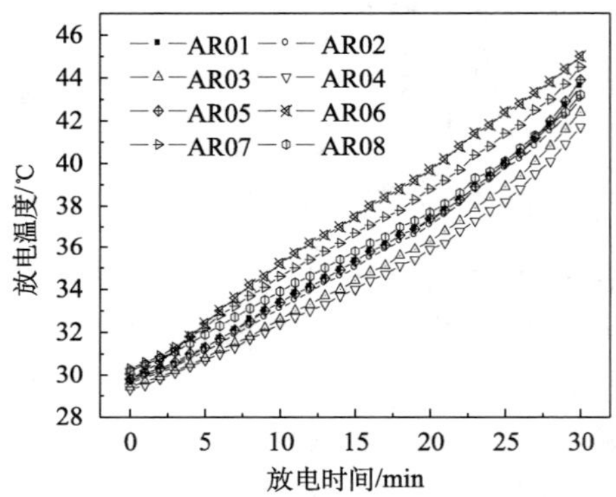

图 2.15　2.0*C* 放电电池表面各点温度分布图

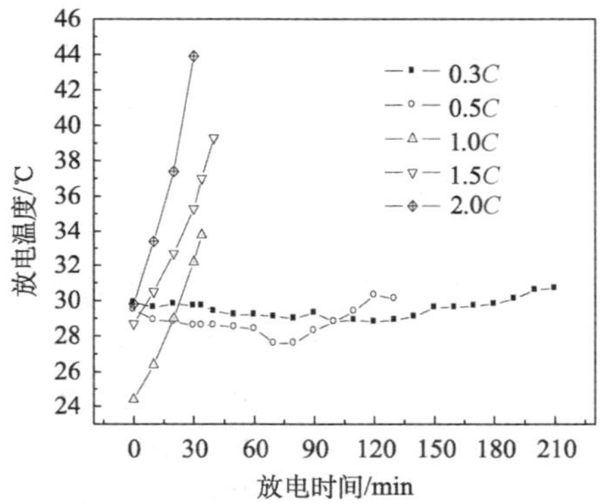

图 2.16　同一个点在不同放电电流下的温度分布图

极耳温度明显要高于其他部位。③负极极耳附近的温度也比较高，即 AR08 区域的温度仅次于 AR06 区域温度。这可能是因为这两个区域处在极耳与集流体相焊接的位置，该区域中接触内阻比较大，因此相应的温升比较高。另一个导致 AR06、AR08 区域温差大的原因可能是由于铜和铝的导热性和散热性的不同所引起的。④在电池的底部，电池的发热量较小，温升比较低。⑤电池 2.0*C* 放电时表面各点的温度差小于 5℃。

图 2.11～图 2.15 的倍率放电与温度的关系对于说明我们所设计的电池内部结构的合理性有重要意义。首先，我们设计的电池结构使得电池内部电流密度的分布比较均匀，即电池表面各点的温度差较小，这一点对保证电池在使用过程中的一致性和寿命非常重要。其次，由于我们把纯电动车的电池储能系统正常的工作电流设计为小于或等于 0.5*C*，因此电池能源系统即使在长时间的工作状态下，电池内部因素导致的升温是比较小的。这一结论非常重要，因为我们发现在北京奥运会前五年多的公交车运行试验中，大量的实验结果表明具有尖晶石结构的锰酸

锂正极铝塑膜大容量电池的温度升高非常有限，就是在 2008 年北京奥运会期间 24h 连续运行的状态下，电池的能源系统温度也没有超过 50℃。另外，通过上述实验，不仅可以知道电池的结构设计是否合理，还可以分析电池在生产工艺过程中是否有虚焊等现象出现，这有助于产品的质量控制。当然，电池表面温度与倍率放电的关系对于电池内部各种原材料的选择和结构设计也有很好的指导作用，因为在更换一种材料或改变一种工艺后，可以通过图 2.16 的实验来分析电池的倍率性能是否发生了变化，以及工艺改变后电池的单点温度升高程度如何等。

2.2.4　电池恒流充电的性能

我们对 100Ah 动力电池进行了不同电流的恒流充电测试。结果表明电池 0.3*C* 恒流充电容量可达总容量的 96%，1.0*C* 恒流充电也可充入接近总容量 80%的容量。测试数据表明，电池具有良好的充电性能，可以实现快速充电，2h 内即可以充满电。表 2.2 为电池在采用不同电流充电时获得的数据，图 2.17 为电池在不同充电倍率下电压与容量的关系。

表 2.2　100Ah 不同电流充电的容量和能量数据表

充电电流	充电容量/Ah	终止条件
0.3*C*	97.2	电池电压＞4.2V
1.0*C*	79.0	电池电压＞4.2V
1.5*C*	84.8	电池电压＞4.3V
2.0*C*	65.3	电池电压＞4.3V
3.0*C*	6.3	电池电压＞4.4V，SOC=30%

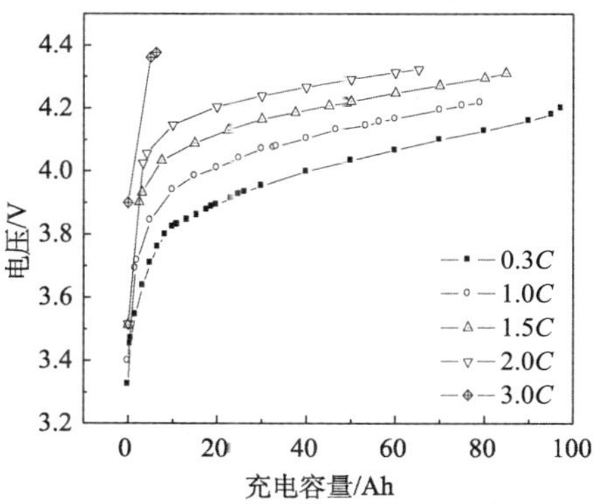

图 2.17　不同充电倍率下电压与容量的关系图

2.2.5　电池的高低温性能

电池在常温下充满电后，在低温箱–20℃下放置 16h，然后再进行 0.3*C* 放电。同样的电池在常温下充满电后，于高温箱 55℃下放置 4h 后，再进行 0.3*C* 放电。

图 2.18 是 0.3C 的放电电流在不同温度时测得的放电曲线。表 2.3 是在 0.3C 放电电流时获得的不同温度下放电性能的对比。

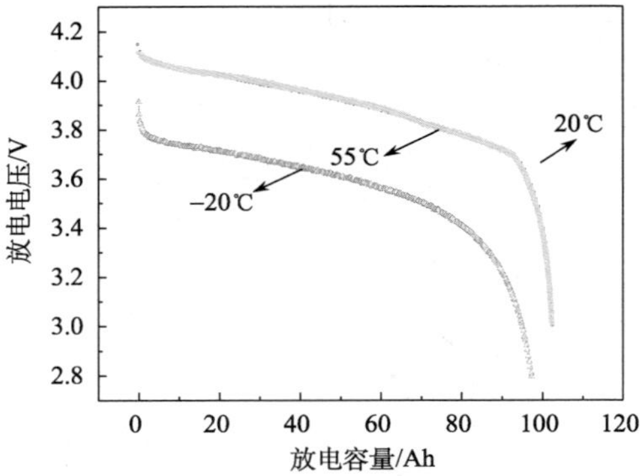

图 2.18　不同温度的放电曲线

表 2.3　100Ah 电池不同温度下放电性能对比

温度/℃	放电容量/Ah	放电容量与常温放电容量比率/%
20	102.9	100
–20	97.5	94.7
55	102.3	99.5

从表 2.3 和图 2.18 中给出的结果来看，电池在低温与高温时性能完全可以正常发挥。

图 2.19～图 2.22 是在不同温度、不同放电电流情况下，对电池高低温性能进行研究的结果。从图 2.19～图 2.22 的放电曲线可以看到，锰酸锂电池具有非常好的低温特性，即该电池在 0℃下可以 2.0C 进行放电，在–20℃下电池可以 1.0C 进行放电，在–40℃下可以 0.3C 进行放电。图 2.22 显示出电池在–40℃下仍然可以

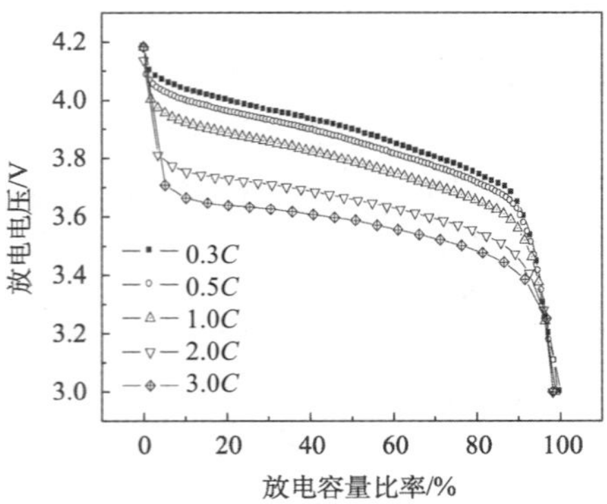

图 2.19　20℃不同电流放电曲线

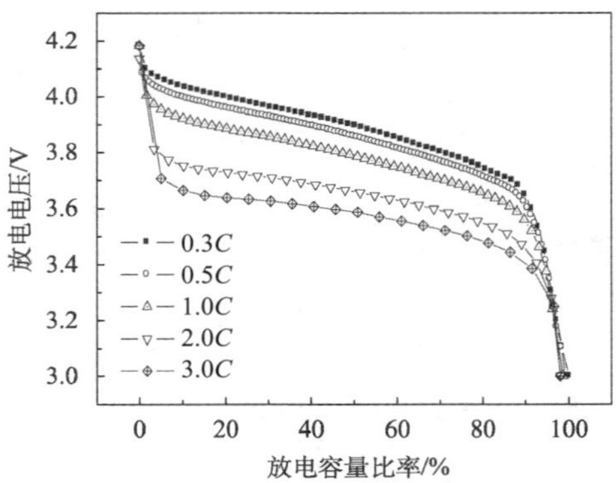

图 2.20　0℃不同电流放电曲线

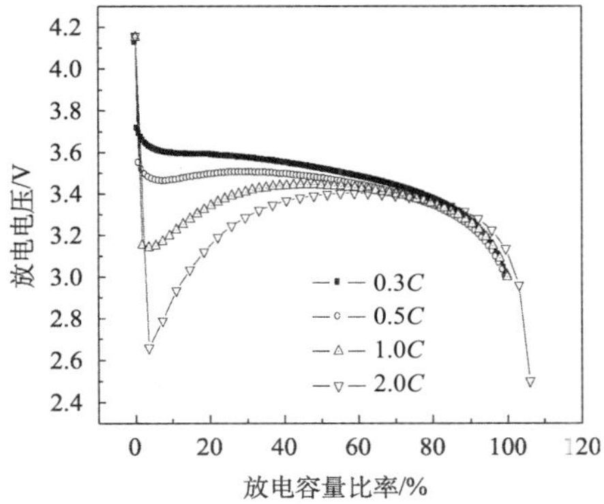

图 2.21　–20℃不同电流放电曲线

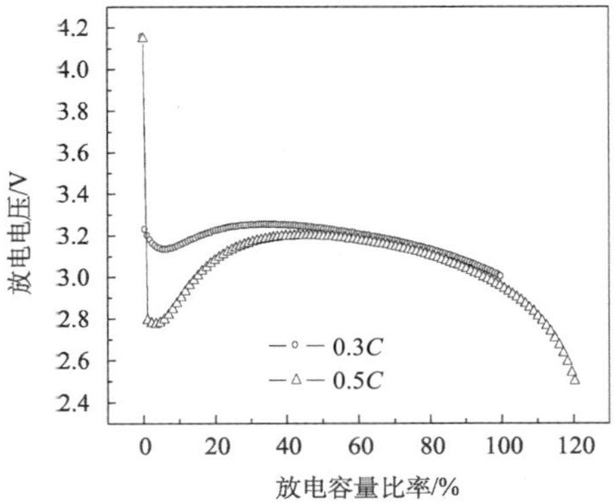

图 2.22　–40℃不同电流放电曲线

0.5*C* 放电，但是由于初期放电的电池内阻太大而使电压突降到 2.8V。如果在电动汽车上，当电池电压低于 3.0V 时管理系统会启动低压保护，因此在–40℃下以 0.5*C* 以上电流放电实际上是不可行的。中国的国军标对动力电池有–40℃的应用要求，在所有的锂离子二次电池体系中，唯有锰酸锂电池可以满足国军标的要求。

2.2.6　电池的荷电保持性能

电池充满电后，满荷电态搁置 28 天后以 0.3*C* 电流对电池进行放电，然后再进行 3 次充放电。电池首次放电容量为 98.2Ah，即荷电保持能力为 95.5%，进行了 3 次充放电后放电容量恢复至 99.3Ah，容量恢复率为 96.5%。

2.2.7　电池的循环寿命

我们采用恒流-恒压充电方式研究了单体电池的循环寿命。充电电流为 30A，放电电流为 50A，充放电的电压范围是 3.0～4.2V，即以 100%DOD(depth of discharge，放电深度)的方式进行循环性能测试。电池循环了 744 次，容量保持率为 80.8%，循环充放电的稳定性曲线如图 2.23 所示。

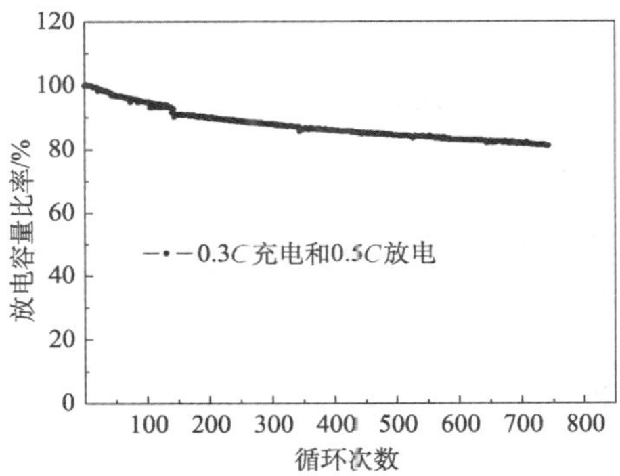

图 2.23　100Ah 动力电池循环充放电稳定性曲线

2.2.8　电池的安全性能

从 2003 年开始，我们的 100Ah 锰酸锂正极铝塑膜动力电池经历了多次国家有关方面的安全性能测试。表 2.4 是根据国家标准《QC/T743－2006 电动道路车辆用锂离子蓄电池》的安全性能测试方法，对我们的单体电池在 100%SOC 荷电状态下进行针刺、挤压、短路、跌落、热箱、过充电等安全测试所得到的结果。图 2.24～图 2.27 是对 100Ah 动力电池组进行安全测试时的照片，测试中电池均未发生燃烧和爆炸。从 2003 年起，国家有关部门每年都抽检我们的动力电池产品，大量实验测试结果均表明 100Ah 的锰酸锂正极电池具有良好的安全性能。

表 2.4　100Ah 电池安全测试项目及结果

测试项目	QC/T743—2006 指标要求	测试结果	结论
针刺	不起火、不爆炸	电池未起火、未爆炸	达标
挤压	挤压变形 50%，电压为 0V，不燃烧、不爆炸	电池电极分成三段，未起火、未爆炸	达标
过充电	1*C* 过充电至 5V，电池不漏液，不起火、不爆炸、不产生明显变形	电池不漏液、不起火、不爆炸、不产生明显变形	达标
跌落	距离地面 1.5m 处跌落，不漏液、不起火	电池不漏液、不起火	达标
外部短路	短路 10min，不燃烧、不爆炸	电池不燃烧、不爆炸	达标
热箱	85℃下 120min，不漏液、不起火	①85℃　120min，电池不漏液、不起火 ②150℃　30min，电池不漏液、不起火	达标

图 2.24　100Ah 动力电池 150℃、30min 后测试的照片

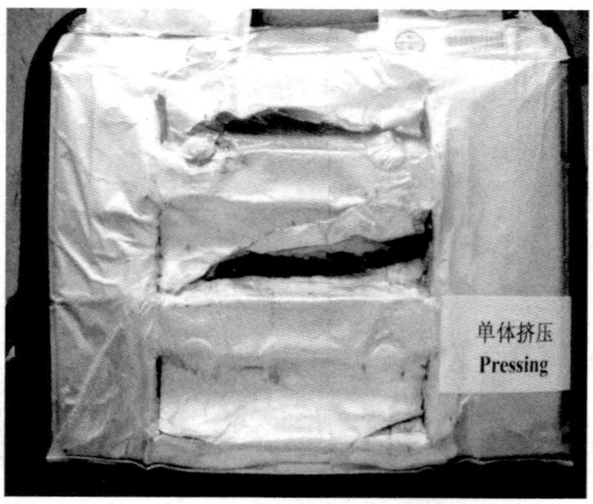

图 2.25　100Ah 动力电池挤压测试后的照片

图 2.26　100Ah 动力电池短路测试后的照片

图 2.27　100Ah 动力电池针刺测试后的照片

2.3　轻型电动车用动力锂离子二次电池

目前轻型电动车用动力锂离子二次电池主要有两种。一种为钢壳液态的锂离子二次电池。由于该类电池存在重大安全隐患，目前的使用仅限于 10Ah 左右或更小容量的电池。另一种是聚合物电池。但由于聚合物电池的制造工艺较复杂、成本高、倍率充放电性能和低温性能也比较差，所以使用范围受到限制。

考虑到轻型电动车属于非道路车辆，锂离子二次电池储能系统的电压比较低，使用的电池数量远少于电动汽车，因此在经过长期的试验和研究后，我们选用了与电动汽车用大容量动力电池有所不同的材料和电池结构技术。在电池的研制过程中，我们发现在采用了特殊的多层叠绕工艺技术后，不仅可以使轻型电动车能源系统的电池有比较低的内阻，还使得电池在大电流充放电时改善输入输出功率特性、减少电池内部的能量损失。

鉴于轻型电动车行驶距离比电动汽车要短，速度也比电动汽车明显要小，因此目前我们为轻型电动车设计电池动力系统时一般将电池组考虑在数百瓦到数千瓦之间，电压则为 24V、36V 或 48V。轻型电动车对锂离子二次电池的一般要求可以描述为：①比较高的能量密度和功率密度。②良好的倍率性能。③安全性良好。④循环寿命长。⑤电池的一致性好等[17-20]。

2.3.1　轻型电动车用锂离子二次电池的制作与性能测试

我们以 $LiNi_{1/3}Co_{1/3}Mn_{1/3}O_2$ 作为正极物质，聚偏氟乙烯(PVDF)为黏结剂，乙炔黑和鳞片石墨为添加剂制备了正极极片。制作时，首先以 *N*-甲基吡咯烷酮(NMP)作溶剂，在充分溶解 PVDF 后，再加入乙炔黑、鳞片石墨和活性物质，然后把经过充分混合的物质均匀涂布在铝箔上。负极活性物质为天然石墨，涂布的基体为铜箔，制作方法同正极极片。将极片进行烘干、压片、裁片、卷绕、注液后(电解液 1 mol/L 的 $LiPF_6$/EC+DMC+EMC，其质量比为 1∶1∶1)，组装成容量为 10Ah 的铝塑膜锂离子二次电池。

图 2.28 为电池在常温下的充放电曲线，由图可知此类型电池的放电平台为 3.6V 左右。

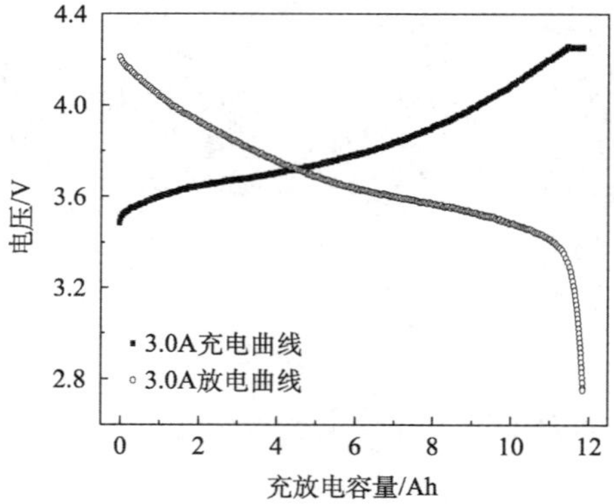

图 2.28　电池在常温下的充放电曲线

表 2.5 和图 2.29 是电池在不同放电倍率下的放电情况，从图和表中我们确认此类电池具有较好的倍率充放电性能。

表 2.5　10Ah 电池倍率放电性能

倍率/指标	0.3*C*	0.5*C*	1.0*C*	2.0*C*	3.0*C*
2.75V 放电容量/Ah	12.2	12.2	11.7	11.0	10.6
占 0.3*C* 放电比率/%	100	99.5	95.3	89.7	86.5
2.75V 放电能量/Wh	45.1	44.5	41.8	38.0	35.5
放电末期温度最高值/℃	28.5	29.5	33.0	39.0	46.0

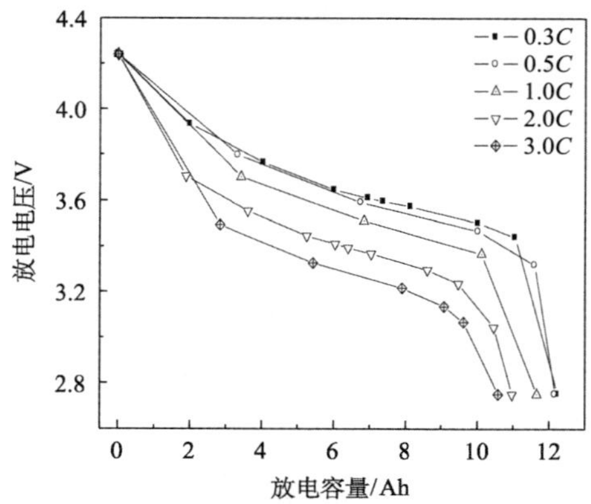

图 2.29　电池在不同放电倍率时的曲线

图 2.30 为电池在常温下 1.0*C* 充放电时的循环曲线图。从图中的数据可知，在常温下 1.0*C* 循环 1000 次后，电池的容量保持在 84.1%以上，容量衰减率为 0.16‰，即该电池具有非常好的循环性能。

图 2.31 表示的是电池在高温(55℃)下以 1.0*C* 进行充放电的循环曲线。从图中我们可以看出，在高温下以 1.0*C* 循环了 500 次后，电池的容量保持在 80.5%以上，容量衰减率仅为 0.39‰。

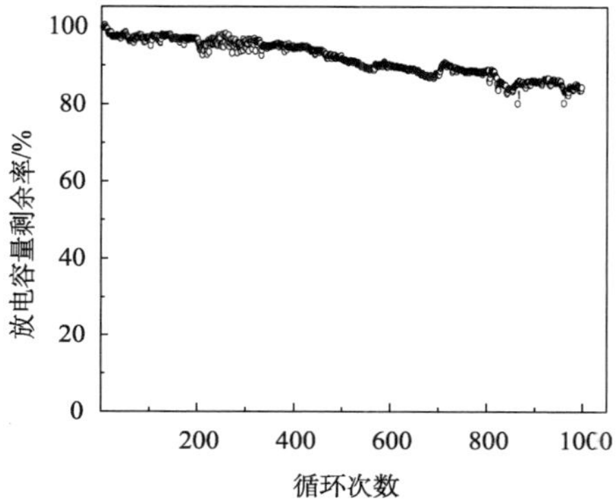

图 2.30　电池的常温循环性能

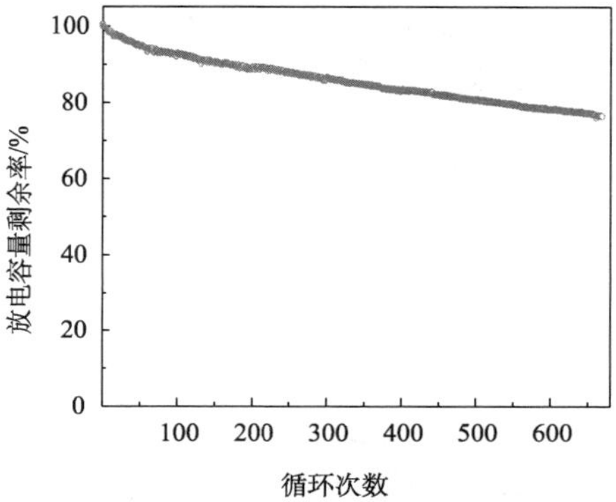

图 2.31　电池的高温循环性能

2.3.2　单体电池的安全性能测试

根据电动道路车辆用锂离子蓄电池国家标准(QC/T743－2006)要求，我们对 10Ah 卷绕电池进行了相应的安全性能检测，结果如下。

1)过充电实验

电池以 10A 的电流充电至 10V，表面最高温度达到 72.5℃，电池最终在极耳处漏气，但未着火、未爆炸。电池在过充电时电压和温度的变化如图 2.32 所示，过充电前后的照片如图 2.33 所示。

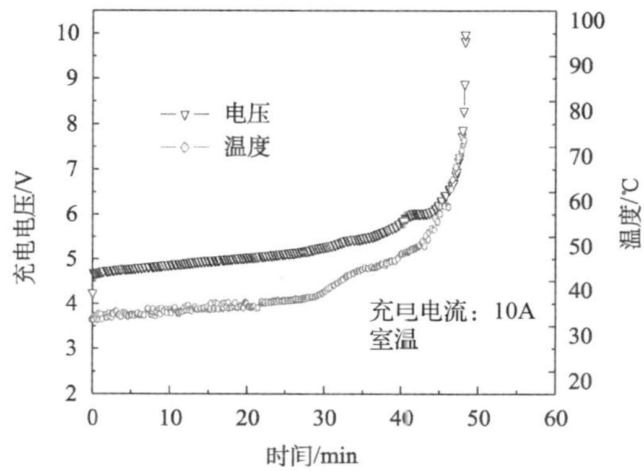

图 2.32　电池在过充电过程中温度和电压的变化

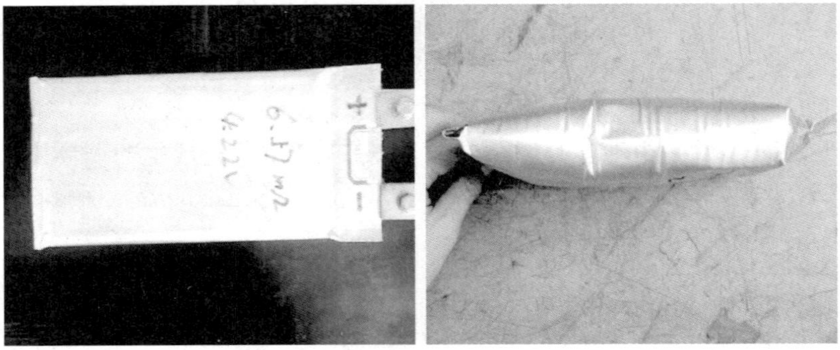

过充电前　　过充电后

图 2.33　电池过充电前后的照片

2) 过放电实验

过放电后电池微微发软，表面温升 3℃，但是电池不冒烟、不起火、不爆炸。电池过放电前后的照片如图 2.34 所示。

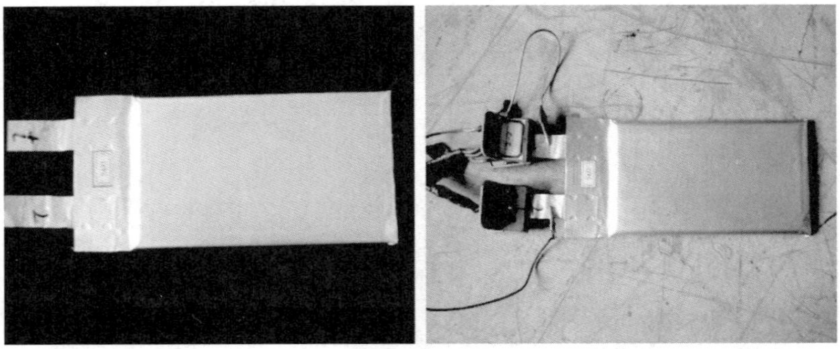

过放电前　　过放电后

图 2.34　电池过放电前后的照片

3) 短路实验

短路实验中，外部电路电阻为 0.7mΩ，短路时间为 10min，电池表面最高温度达 91℃，电池在极耳处漏气，但是电池不冒烟、不起火、不爆炸。电池短路前后的照片如图 2.35 所示。

4) 热箱实验

热箱实验中，于 150℃保持 30min，电池未起火、未爆炸。热箱实验前后的电池照片如图 2.36 所示。

5) 跌落实验

电池从 1.5m 高度自由落体至水泥地面上，分别从电池的六个面跌落六次，跌落后电池明显变形，但电池未泄漏、未起火、未爆炸。电池跌落前后的照片如图 2.37 所示。

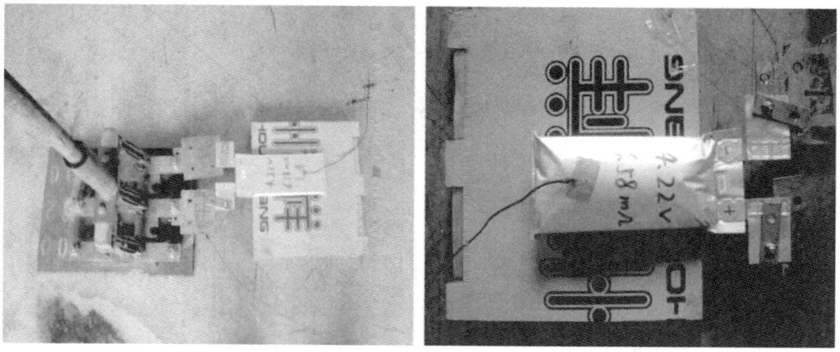

短路实验前　　短路实验后

图 2.35　电池短路前后的照片

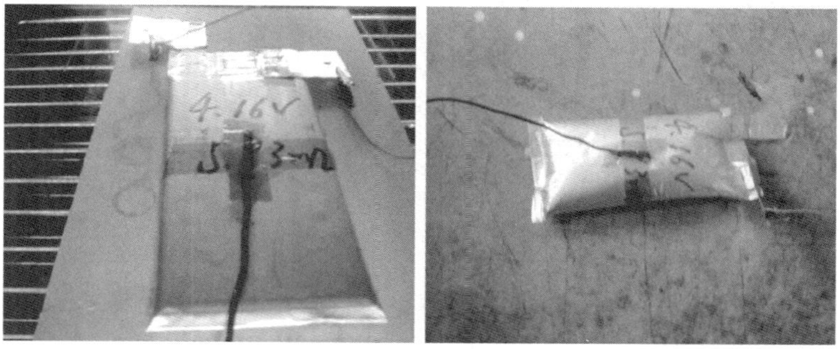

热箱实验前　　热箱实验后

图 2.36　电池热箱实验前后的照片

跌落实验前　　跌落实验后

图 2.37　电池跌落前后的照片

6) 挤压实验

电池挤压过程中不冒烟、不起火、不爆炸。电池挤压前后照片如图 2.38 所示。

7) 针刺实验

电池针刺过程中不冒烟、不起火、不爆炸。电池针刺前后照片如图 2.39 所示。

挤压实验前　　挤压实验后

图 2.38　电池挤压前后的照片

针刺实验前　　针刺实验后

图 2.39　电池针刺前后的照片

2.3.3　电池的一致性

在生产的成品电池中随机挑选了 100 只 10Ah 自行车电池，然后测量了电池在 50%SOC 时电压的一致性。结果表明电池电压的偏差在±7mV 以内，满足轻型电动车对锂离子二次电池的一致性要求，测试结果如图 2.40 所示。

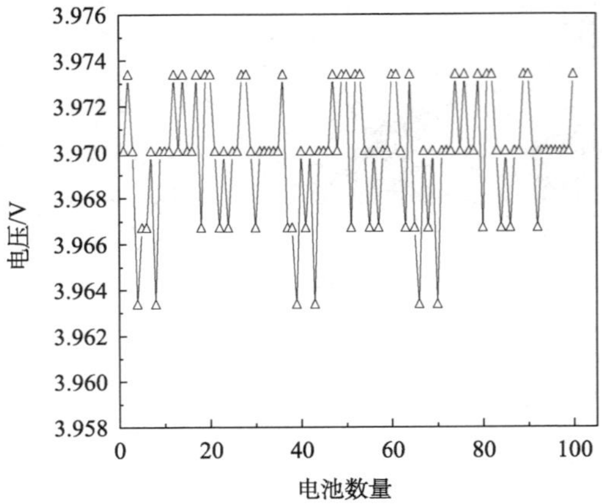

图 2.40　电池电压一致性分析图(50%SOC)

以上对以锰等多元金属氧化物为正极材料的动力锂离子二次电池进行的研究结果表明，该类电池在常温和高温下均具有十分优越的循环充放电稳定性以及良好的倍率充放电性能和安全性，完全可以满足轻型电动车辆(尤其是电动自行车)对高性能可充电电源的使用要求。

2.4 混合动力车用高功率锂离子二次电池

混合动力车是把纯电动车技术和内燃机汽车技术直接结合在一起的产物，高功率动力锂离子二次电池是混合动力车的一个重要组成部分。虽然目前的混合动力车(hybrid electric vehicle，HEV)采用的是小容量的二次电池，但混合动力车依然可以节油，并减少污染物的排放。在混合动力车中，电能和内燃机是汽车的动力部分，两者动力优势互补。通常，电池系统一般在车辆启动、加速、爬坡、减速和刹车等需要大功率输出和输入时启动。

混合动力电动汽车目前主要有以下 3 种：

(1) 以内燃机为主动力，电动马达作为辅助动力的“并联方式”。这种方式主要以燃油的发动机驱动行驶，而电动马达则是在车辆起步和加速等发动机油耗较大时工作。由于电动马达只是通过辅助驱动来降低发动机的油耗，所以只需要在汽车上增加电动马达和几个安时的储能电池即可实现动力的混合。

(2) 是一种在低速时依靠电动马达驱动行驶，速度提高时内燃机和电动马达则相互配合，共同驱动车辆的“串联、并联方式”，这种方式结构比较复杂。

(3) 只用电动马达驱动行驶的“串联方式”。虽然车辆只依靠电动马达驱动行驶，但因为同样需要安装燃料发电机给电池系统充电，所以也是混合动力车的一种。

混合动力电动汽车对二次电池有如下特殊要求：①对电池功率特性要求大于能量特性。②高倍率充电放电，电池能量转换效率高。③电池在特定的荷电状态下进行长期浅充放电。④发热小，散热良好。⑤电池结构达到车载使用时的冲击和振动要求。⑥电池荷电状态(SOC)易于监控。⑦高压串联，电池一致性要好等。

基于以上特殊要求，可以通过以下几点考虑混合动力车用动力电池的技术参数。

(1) 功率密度(W/kg)。表示每千克质量的电池能提供的功率。它的大小不仅决定电池所能输出的最大功率，还可以表示汽车的加速性能和最高车速。

(2) 能量密度(Wh/kg)。表示电动模式下的连续行驶能力。

(3) 循环次数。动力电池的使用过程是一个不断反复进行充电—放电—充电—放电的循环过程。由于每充电和放电一次，动力电池中的化学物质就要发生一次化学反应，因此随着充电和放电次数的增加，动力电池中的化学活性物质会慢慢地发生变化，并逐渐减弱其化学活性，降低动力电池充电和放电效率，最后可能完全丧失其充电和放电功能。

(4) 成本。电池的成本与电池的技术含量、材料、制作方法和生产规模有关，降低成本是动力电池需要努力的方向。

2.4.1 国内外混合动力车用高功率锂离子二次电池状况

近年来，国内外在研究和开发混合动力车用高功率电池方面做了大量的工作[21,22]。

2002 年，日本新能源产业技术综合开发机构(New Energy and Industrial Technology Development Organization，NEDO)计划用 5 年的时间开发有效能量近 3kWh，能量密度不小于 70Wh/kg，输入和输出功率密度不小于 1800W/kg 的高功率锂离子二次电池模块，其使用寿命 15 年，用于满足燃料电池汽车和混合动力车的应用。截至 2006 年，日本日立、GS-Yuasa 和松下公司开发的不同体系的高功率锂离子二次电池电化学性能均已达到目标要求。2007 年，NEDO 又斥资 100 亿日元，计划历时 5 年通过“产学研”结合的方式开发插电混合动力车(PHEV)。

2004 年开始，日立公司就与新神户成立了专门生产 HEV 用高功率锂离子二次电池的新公司——Hitachi Vehicle Energy，Ltd.，计划生产以锰酸锂材料为正极的锂离子二次电池和模块。之后，该公司又开发出 5.9Ah 高功率锂离子二次电池，输入和输出功率密度都达到 2500W/kg。该电池在 50℃高温下经过 50 万次脉冲循环后容量仍保持 80%，内阻上升不到 15%，显示出良好的使用寿命。

GS-Yuasa 公司[23]采用 $Li(Mn_{1/3}Co_{1/3}Ni_{1/3})O_2$ 为正极材料开发出 25Ah 的高功率锂离子二次电池，常温 1C 循环 3000 次后容量仍保持 80%，同时在 50%荷电状态(SOC)下输出功率密度达到 2000W/kg，输入功率密度达到 1300W/kg，能满足 HEV 的使用要求。为了达到 NEDO 的目标，该公司又开发出以 $Li(Mn_{1/3}Co_{1/3}Ni_{1/3})O_2$ 为正极材料，无定形碳为负极材料，10Ah 的高功率锂离子二次电池，能量密度达到 100Wh/kg。该电池在 50%荷电状态下 10C 10s 输出功率密度达到 2820W/kg，输入功率密度达到 3230W/kg，在 50℃的高温下 50%SOC 储存 3 个月后，功率性能几乎没有衰减，容量衰减率小于 4%。另外，GS-Yuasa 采用 8 块 10Ah 电池串联组成的 0.3kWh 电池模块，能量密度达到 80Wh/kg，在 50%荷电状态下 10C 10s 输出功率密度达到 2340W/kg，输入功率密度达到 2650W/kg。

松下公司[24]的 7.2Ah 高功率锂离子二次电池采用了 $LiNi_{0.53}Co_{0.3}Al_{0.17}O_2$ 为正极材料，焦炭为负极材料，能量密度达到 92Wh/kg(175Wh/L)，在 50%荷电状态 10C 10s 输出功率密度达到 3400W/kg，输入功率密度达到 3100W/kg，在 40℃环境温度下，可用寿命预计达 10～12 年。松下用 10 块该电池串联组成的 0.25kWh 电池模块，平均电压为 36V，能量密度达到 78Wh/kg(95Wh/L)，在 50%荷电状态下的输出和输入功率密度分别达到 2600W/kg 和 2100W/kg。

2007 年，日本东芝公司宣布计划从 2008 年 3 月开始批量生产新型快速充电且拥有 10 年以上寿命的锂离子二次电池“SCiB”(Super Charge ion Battery)。该电池采用 $Li_4Ti_5O_{12}$ 为负极材料，$LiCoO_2$ 为正极材料，并配合使用燃点较高的电解质溶液以及耐热性良好的隔膜，电池容量为 4.2Ah，标称电压为 2.4V，能量密度约为 67.2Wh/kg(131.6Wh/L)。东芝用 10 个单元串联组成了标准模块，其能量密度约为 50.4Wh/kg(74.7Wh/L)，在快速充放电条件下[25℃，10*C*(42A)充电，15A 放电]，充放电循环 3000 次，容量衰减不到 10%。以 50A 的大电流进行快充，东芝的电池单元及标准模块均可在 5min 充满 90%以上的容量。东芝的电池还具有良好的低温放电性能，在–30℃仍可放出 80%以上的容量。

在美国，高功率锂离子二次电池的研究和开发得到了美国能源部和美国先进电池联合会(USABC)的大力支持。美国 USABC 在 2002 年启动了 Freedom CAR& Vehicle Technologies 混合动力车计划，计划开发用于满足功率需求为 0.3kWh 和 0.5kWh 的电池模块。为了实现此计划，美国阿贡国家实验室(ANL)在开发三元材料、$LiFePO_4$、$Li_4Ti_5O_{12}$ 等方面展开了积极的工作[25-28]。2006 年，美国总统布什又将发展节油、降低污染的混合动力车放在了国家经济安全战略的高度，并拨款 3200 万美元用于高功率锂离子二次电池混合动力车的研发。

2007 年，A123 Systems 公司宣布采用纳米 $LiFePO_4$ 材料开发的高功率锂离子二次电池寿命比镉镍电池长 10 倍，功率高 5 倍，充电 5min 能够达到 90%的容量，目前该电池已经装配在 DeWalt 公司的 36V 大功率电动工具上使用。该公司目前正在为福特和通用等汽车公司开发面向 HEV 及 PHEV 的锂离子二次电池。据称截至 2008 年 3 月，A123 Systems 开发的 HEV 用高功率锂离子二次电池，除了–30℃冷启动试验不能满足 5kW 恒功率放电和电池成本偏高外，其余指标均已达到 Freedom CAR 0.3kWh 电池模块的要求。

2007 年 5 月，美国 EnerDel 公司称研制出负极使用的 $Li_4Ti_5O_{12}$，正极使用尖晶石 $LiMn_2O_4$ 材料的 5Ah 混合动力车用锂离子二次电池。该电池以 50*C* 倍率连续放电可以放出 1*C* 容量的 95%，但电池的温度仅为 34.4℃。在–30℃的条件下，该电池可以 1*C* 倍率放电仍可放出 90%以上的容量。在 55℃的高温下，即使多次对该电池进行 100%DOD 的 5*C* 充放电循环，1000 次循环后的容量保持率仍在 95%以上，显示出优异的循环使用寿命。

美国 Altair Nanotechnologies 公司称开发出以 $Li_4Ti_5O_{12}$ 为负极，$LiCoO_2$ 为正极的 10Ah 高功率锂离子二次电池。该电池 100%DOD 10*C* 充放电循环寿命高达 20000 次以上，在 50%荷电状态下 10s 输出功率密度接近 5000W/kg，10s 输入功率密度大于 4000W/kg，即使在–40℃的低温下，电池的平均电压仍达到 2.1V 以上，可以放出 60%以上的容量。据说该电池即使在 240℃的高温下，将电池储存 30min

后不冒烟、不着火、不爆炸。

2007 年，USABC 又发布了 PHEV 研发目标，计划开发 10 英里①和 40 英里 PHEV 用高功率锂离子二次电池模块。其中，以电池驱动行驶 10 英里所需要的电池模块的能量密度为 56.7Wh/kg，功率密度大于 500W/kg，寿命为 15 年/30 万次；用于满足电池驱动行驶 40 英里的电池模块能量密度要求为 96.7Wh/kg，功率密度大于 208.3W/kg，寿命同样为 15 年/30 万次。承担此项目的公司分别是 3M（三元正极材料电池体系），A123 Systems（$LiFePO_4$ 正极材料电池体系），Compact Power（尖晶石材料电池体系），EnerDel（纳米锂钛氧化物/高电压镍锰正极材料电池体系）和 Saft（层状镍酸锂电池体系）。

韩国也正积极研发应用于混合动力车的高功率锂离子二次电池。三星 SDI 公司采用 18650 型电池模块进行了组合，单体电池的脉冲放电功率在 60%DOD 时大于 3500W/kg，电池的能量密度约为 31Wh/kg。LG 公司[29]开发了用锰酸锂尖晶石为正极材料，硬碳为负极材料的 7.5Ah 高功率铝塑膜电池，能量密度达到 66Wh/kg，在 50%荷电状态下 10s 脉冲放电功率密度达到 3200W/kg。

我国的锂离子二次电池研发晚于日本和美国，但在国家 863 计划电动汽车重大专项的支持下，近年来高功率锂离子二次电池的输入和输出功率密度以及安全性能得到了较大提高。“十五”期间，开发出了采用 $LiMn_2O_4$ 为正极活性材料的用于燃料汽车或 HEV 的 15Ah 高功率锂离子二次电池，其能量密度大于 70Wh/kg，功率密度大于 1200W/kg。“十一五”期间，国家 863 计划电动汽车重大专项又对 HEV（hybrid electric vehicle，混合动力电动汽车）、PHEV（plug-in hybrid electric vehicle，插电式混合动力电动汽车）、FCV（fuel cell vehicle，燃料电池电动汽车）用高功率动力锂离子二次电池关键材料和电池的研发给予了支持。

2.4.2　8Ah 高功率锂离子二次电池的制作

高功率锂离子二次电池与镍氢电池等相比较，具有能量密度高、单体电池电压高和自放电小等优点，是今后混合动力车最重要的储能电源。近年来，随着锂离子二次电池新材料研发的进展、电池制作技术的创新以及众多科研机构和企业的参与，高功率锂离子二次电池的成本在不断降低，电池的安全性能也得到很大提高。

目前，锂离子二次电池和镍氢电池被认为是适合于混合动力车（HEV）用的两种动力电池，而锂离子二次电池具有更高的能量密度和功率密度，有希望成为最适合 HEV 使用的电池[30-33]。经过几年的努力，我们研发的混合动力车用锂离子二次电池的电化学性能完全达到了车用高功率电池的要求，下面对 8Ah 电池进

① 1 英里=1.60934km。

行介绍。

我们的混合动力车用 8Ah 电池，采用自主研发的新型层状锰系材料 $LiMn_xCo_yNi_zO_2$ 作为正极材料，人造石墨作为负极材料。在电池的结构设计上采用层叠式结构，这种结构相比卷绕式结构而言，电芯内的极片和隔膜在电池充放电过程中受到的应力更趋于一致。由于采用层叠式结构，增大了电芯的表面积，更有利于电池热量的散发。

在电池的封装工艺上，我们采用了铝塑膜作为锂离子二次电池的外包装材料，这样可以使电池的成本更低，质量更小，安全性能更好[34]。表 2.6 是我们开发的混合动力车用 8Ah 电池基本参数。

表 2.6　混合动力车用 8Ah 电池基本参数

额定容量/Ah	标称电压/V	质量/g	内阻/mΩ	能量密度/(Wh/kg)
8.0	3.6	280	<1.5	105

2.4.3　8Ah 高功率锂离子二次电池的电化学性能

电池的大电流放电、长寿命、低自放电和宽的工作温度范围是混合动力车用高功率电池的重要考核指标。下面的实验结果表明 MGL 8Ah 高功率锂离子二次电池完全符合混合动力车的使用要求。

影响电池大电流放电的关键因素之一是电池的内阻，而电阻的大小又和电池内部的离子传导、电子传导、能量传递等密切相关。我们通过对电池体系和电池结构设计的优化，首先降低了电池内阻，提高了电池的大电流放电特性。图 2.41 是电池的倍率放电曲线。从图 2.41 可以看出，电池 25*C* 的放电容量是 1*C* 放电容量的 92%，放电平台为 3.15V，与 1*C* 的放电平台相比，25*C* 的放电平台仅降低了 0.45V，显示了电池良好的倍率性能。

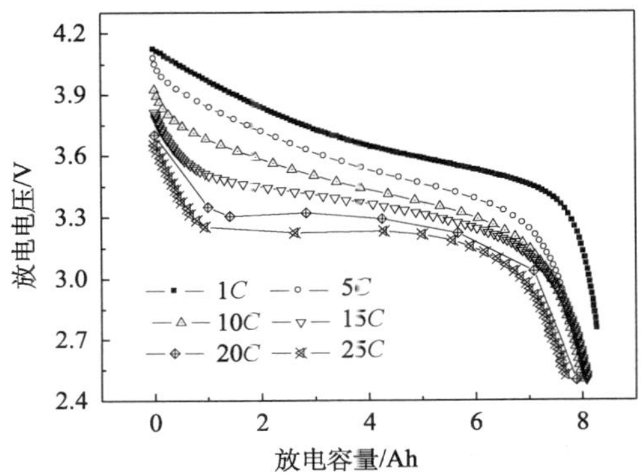

图 2.41　电池的倍率放电曲线

混合动力车主要动力源是内燃机，在启动加速和爬坡时用电池辅助，减速时通过电池回收能量，因此混合动力车对电池的容量要求不高，但功率要求却相应大幅度提高。为检测电池在不同放电深度(DOD)下的脉冲充放电功率，根据Freedom CAR 测试标准，我们对电池进行了脉冲放电电流为 5*C* 的混合脉冲功率特性(hybrid pulse power characterization，HPPC)测试。测试方法为：首先将电池充满电，然后以 1*C* 电流进行放电至不同的 DOD，接着测试该 DOD 下的 10s 大电流脉冲充放电功率。图 2.42 为不同 DOD 下脉冲充放电功率密度曲线。

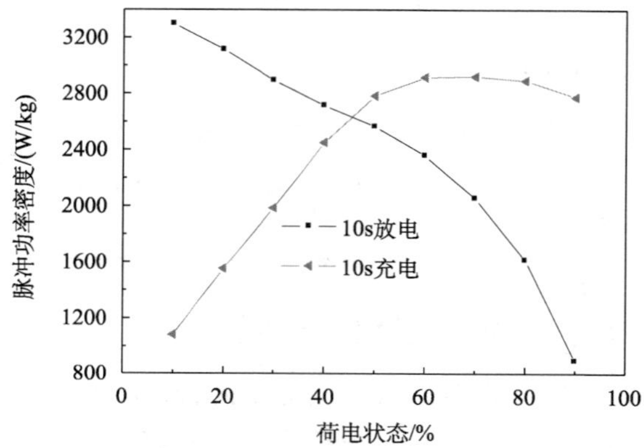

图 2.42　不同 DOD 状态下电池脉冲充放电功率密度曲线

如图 2.42 所示，电池的脉冲放电功率密度随 DOD 的升高而降低，在 70%DOD 后降幅明显加大；脉冲充电功率密度随 DOD 的升高而升高，但在 60%DOD 后增幅减缓，甚至在 80%DOD 时脉冲充电功率还有所下降。通常混合动力车中电池的使用范围一般为 30%～70%SOC，对应 DOD 为 70%～30%。测试结果表明电池在 30%～70%DOD 范围内其脉冲充电和放电功率密度均在 1950W/kg 以上，其中 50%DOD 时特征放电功率密度为 2564W/kg，充电功率密度为 2784W/kg，显示了电池优良的脉冲放电能力。

由于电池运行循环测试比较复杂，而且测试时间较长，因此我们按照 8Ah 的额定容量对电池在常温下进行长期的 1*C* 充放电循环，其循环寿命曲线如图 2.43 所示。图中结果表明，电池经 2000 次循环后容量保持率仍在 80%以上，显示了研制的电池具有非常出色的循环性能。

由于 HEV 用电池除了汽车行驶时使用外，其余大部分时间处于搁置状态，所以搁置状况是 HEV 用电池非常重要的一个性能。在这里我们测试了电池常温及高温下的搁置状况。常温搁置试验是将电池 1*C* 充电至所需荷电态(SOC)，搁置一段时间后测出电池 1*C* 放出残余容量值及再次 1*C* 循环获得的容量恢复值。表 2.7 为电池的常温和高温搁置数据。由表 2.7 可知，满荷电状态电池在 55℃下搁置 7 天，其 1*C* 放电容量为搁置前保持值的 94.6%，容量恢复率达到 97.8%。这表明研制的电池具有优良的常温及高温搁置性能。

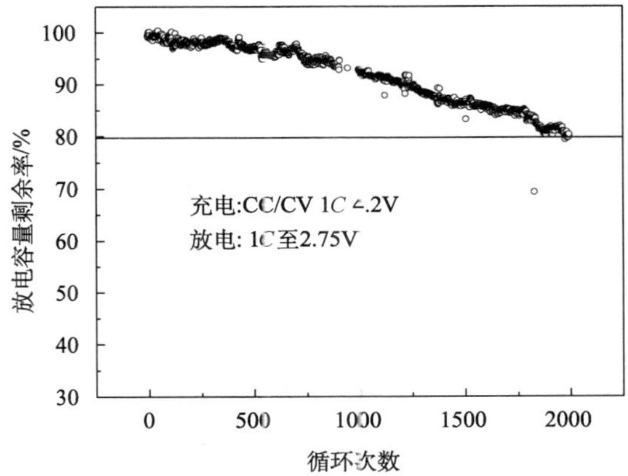

图 2.43　电池循环寿命曲线

CC-恒流充电；CV-恒压充电,下同

表 2.7　电池的搁置性能

搁置状态	容量保持率/%	容量恢复率/%
25℃，50%SOC，28 天	97.0	99.6
25℃，100%SOC，28 天	96.5	98.3
55℃，100%SOC，7 天	94.6	97.8

混合动力车用高功率锂离子二次电池需要具有较宽的工作温度范围。在这里我们对满电状态下的电池先后在四个不同温度下进行了 0.5C 放电性能测试(放电前将电池在所需温度下开路搁置 12h 以上)，放电性能如图 2.44 所示。从图中可以看出，电池具有优异的高温放电能力，低温放电能力一般，这对机动车的冷启

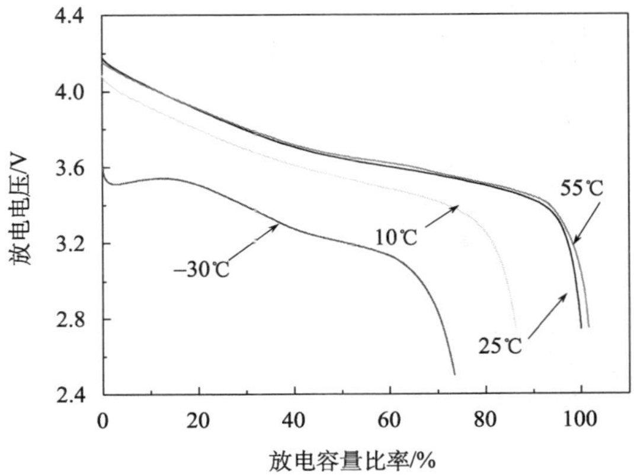

图 2.44　电池不同温度下的放电曲线

动会有一定的影响，但是这可以利用汽车空调系统对电池工作温度加以控制，保证电池在一个合适的温度下工作。

2.4.4　8Ah 高功率锂离子二次电池的热性能分析

当混合动力车功率增大而电池内部散热又较困难时，电池温度会迅速上升。电池的发热不但会降低电池的能量效率，而且高温还会促使电池性能恶化，还有可能导致热失控。因此对电池进行热性能研究，了解电池的正常温度特性是十分重要的。

我们采用红外热成像仪对 8Ah 高功率锂离子二次电池以 15C(120A)放电进行了热性能测试。图 2.45～图 2.48 是电池热成像照片。为了分析电池在放电过程中各区域的温度变化，对电池的表面温度取图中所示的 8 个区域。8 个区域分别用 AR1、AR2、AR3、AR4、AR5、AR6、AR7 和 AR8 标记，在数据处理时取这 8 个区域的平均温度。以下为各个区域的说明。

AR1：以电池中心为圆点，以电池的宽度为直径所成的圆；

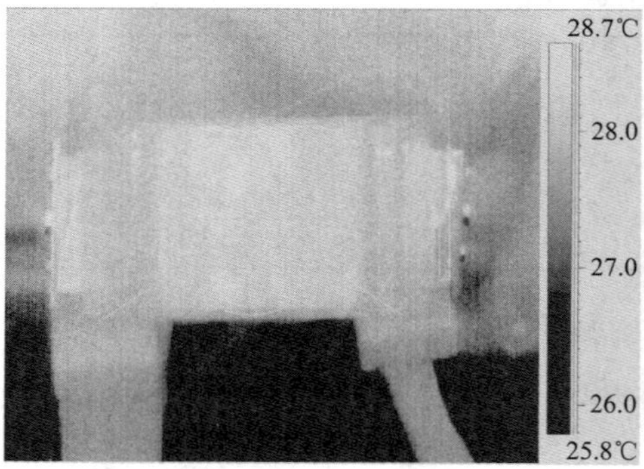

图 2.45　电池放电前热成像照片

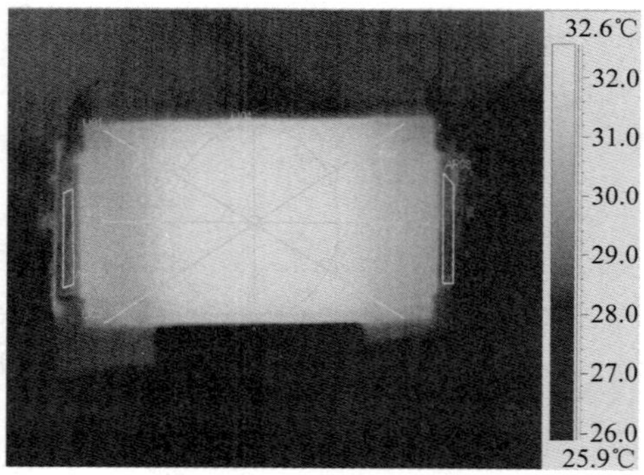

图 2.46　电池放电 30s 时热成像照片

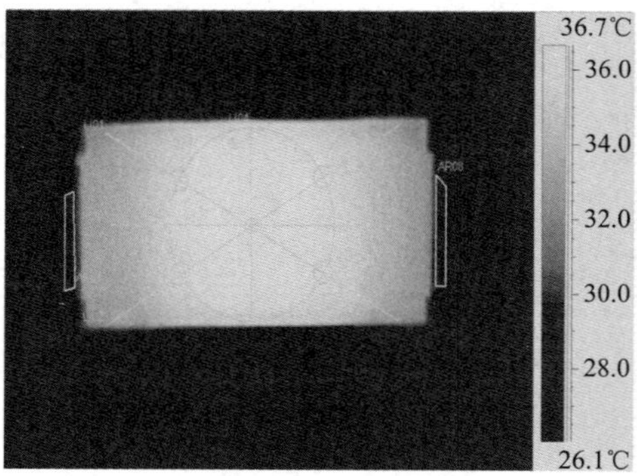

图 2.47　电池放电 1min 时热成像照片

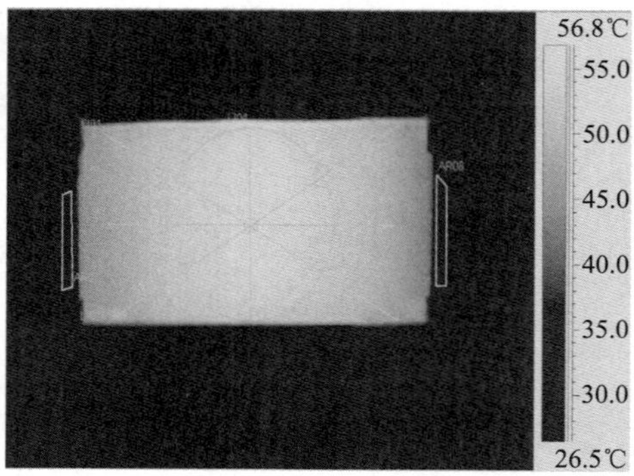

图 2.48　电池放电结束时热成像照片

AR2(AR3、AR4、AR5)：AR1 与电池对角线相交的点所在区域；

AR6：电池中心；AR7：负极极耳处；AR8：正极极耳处。

由图 2.49 中所示的测试结果可以看出，电池在 15C 放电时，第一分钟内电池表面各区域间(极耳除外)温度差异不大，而且电池表面的温度较低，最高放电温度约为 36.7℃。随着电池放电深度的不断增大，电池表面的温度差异开始逐渐明显，由于电池的中心位置(AR6)散热困难，所以此处温度最高，而且热量呈辐射状向四周扩散，使得电池表面的温度差异变大，但电池的极耳在放电过程中温升并不明显。该研究结果为电池组的编组方式设计提供了可靠的热性能数据，对电池组使用寿命和安全性能的提高均有十分重要的意义。

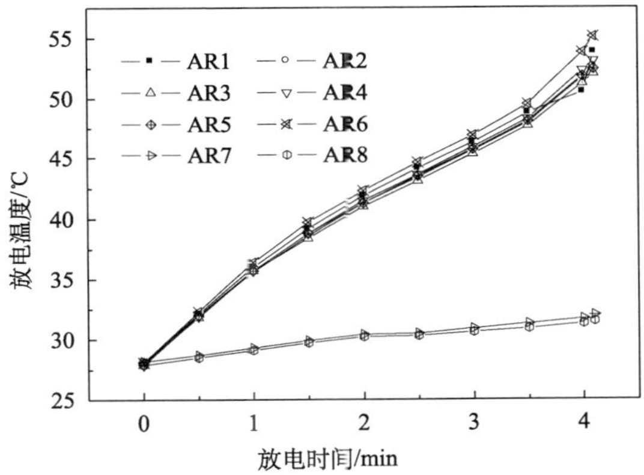

图 2.49　电池 15C 放电过程中，各标定区域温度变化曲线

2.4.5　8Ah 高功率锂离子二次电池的安全性能测试

近年来，锂离子二次电池已经在移动通信、笔记本电脑等便携式电子产品中广泛使用，然而锂离子二次电池在电动汽车领域的商业化发展却受到了限制，其中主要原因就是锂离子二次电池的安全问题。锂离子二次电池在滥用条件下(如加热、过充、过放、短路、振动、挤压等)会出现着火、爆炸乃至使人员受伤等事件，因此不断改善电池的安全性是研发车用动力锂离子二次电池的关键。

我们根据国家科技部 863 计划现代交通技术领域办公室颁布的《2007 年度 HEV 用高功率锂离子动力蓄电池性能测试规范》，对制备的混合动力车用 8Ah 高功率电池进行了电池的安全性能测试。测试结果表明，我们开发的 8Ah 高功率锂离子二次电池各项安全性能指标完全符合要求，电池具有可靠的安全性能。

1) 过充试验(1C/10V)

当电池过充电至 10V 时，电池表面最高温度为 63℃。电池不冒烟、不起火、不爆炸，实验结果如图 2.50 和图 2.51 所示。

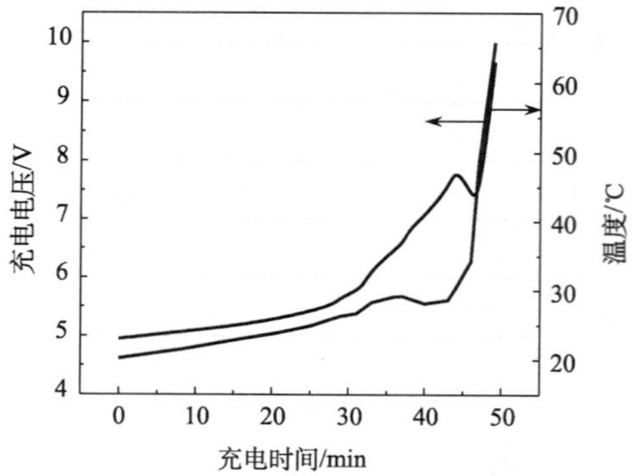

图 2.50　电压和电池表面温度随时间变化曲线

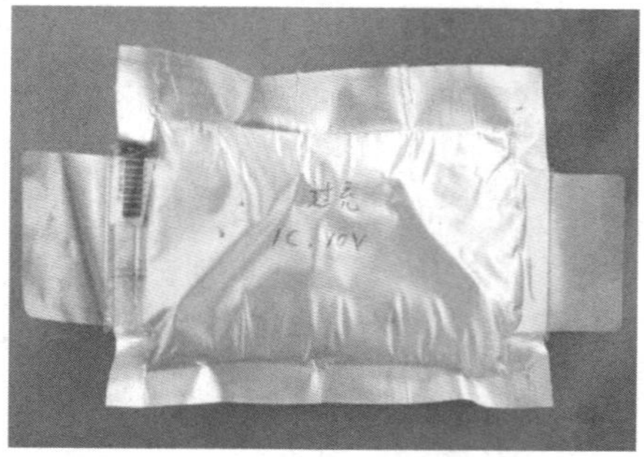

图 2.51　过充电后电池照片

2）热箱试验（150℃/30min）

如图 2.52 和图 2.53 所示，电池在 150℃烘箱中保持 30min 后，电池表面最高温度为 154℃。电池不冒烟、不起火、不爆炸。

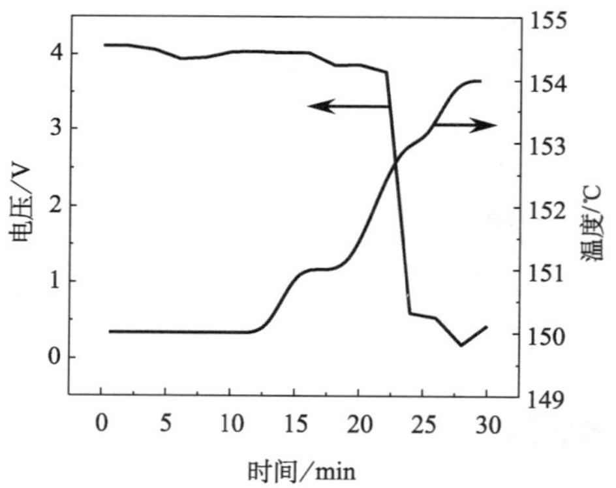

图 2.52　电压和电池表面温度随时间变化曲线

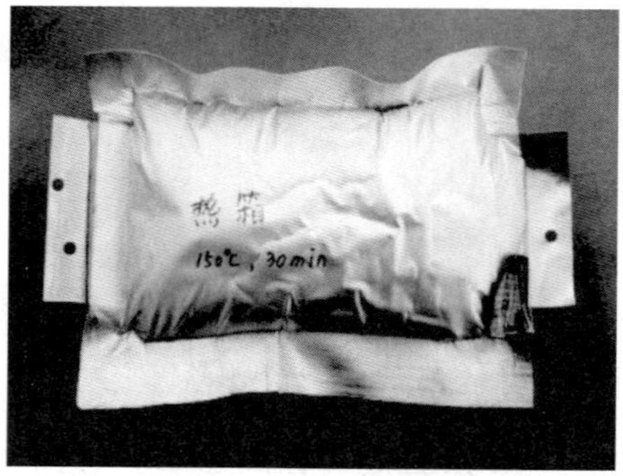

图 2.53　热箱试验后电池照片

3）短路试验

短路实验后电池表面最高温度达 80℃，电池不冒烟、不起火、不爆炸，如图 2.54 所示。

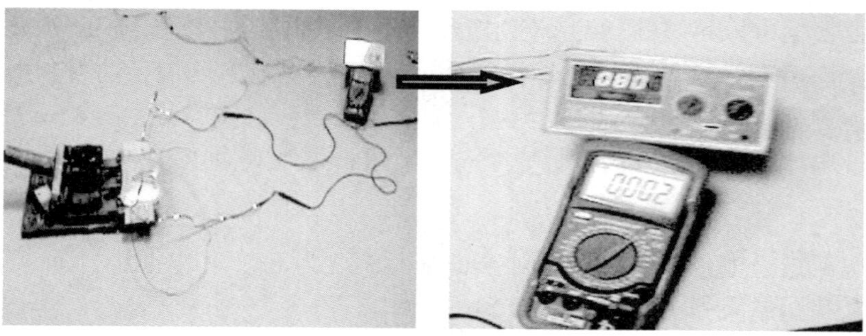

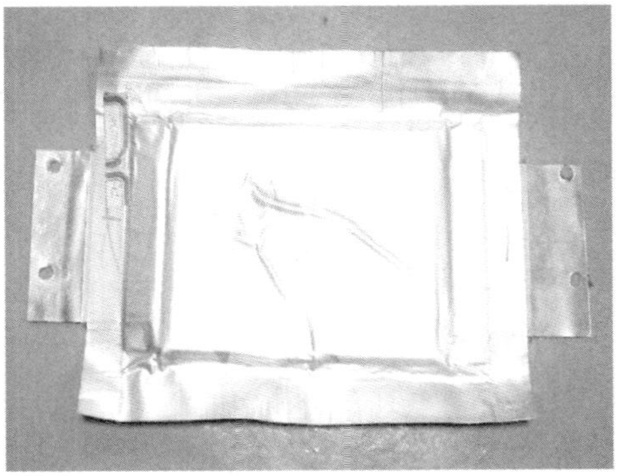

图 2.54　短路试验后电池照片

4) 针刺试验

针刺试验后，电池胀气，但不起火、不爆炸，如图 2.55 所示。

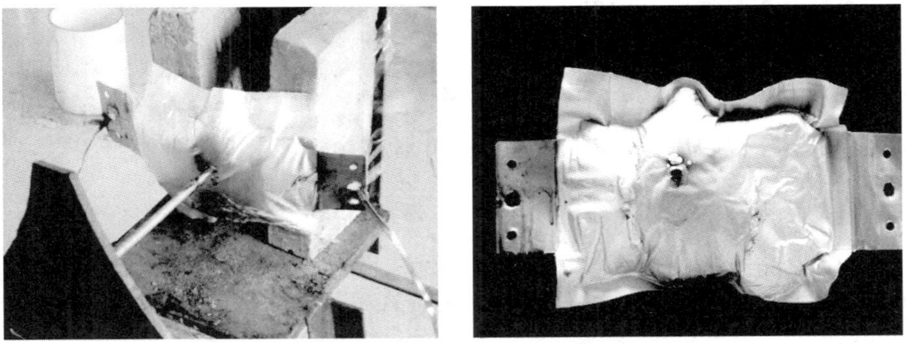

图 2.55　电池针刺试验照片

5) 挤压试验

挤压试验后，电池不冒烟、不起火、不爆炸，如图 2.56 所示。

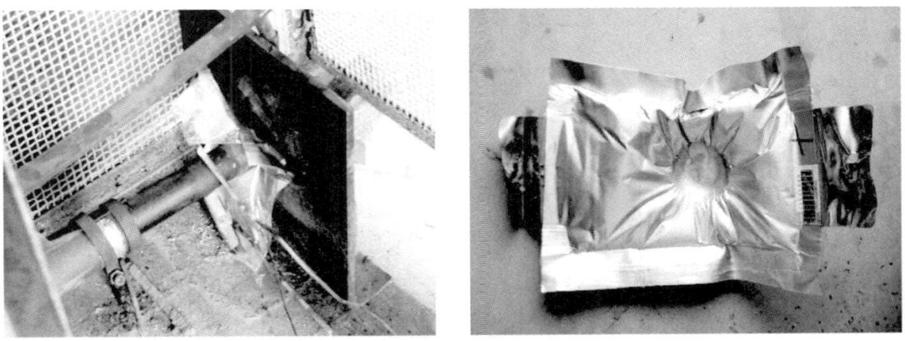

图 2.56　电池挤压试验照片

2.5　电动工具用高功率锂离子二次电池

常见的电动工具和航模等长期以来一直使用镍镉电池或铅酸电池。由于上述电池所用的铅及镉金属会造成严重的环境污染，因此欧盟发布了《关于在电子电气设备中限制使用某些有害物质指令》(ROHS)，禁止含有铅和镉等金属物质的镍镉电池或铅酸电池进入欧洲。目前，人们正在积极开发具有能量密度高和环保等特点的锂离子二次电池，随着高功率锂离子二次电池的成功研发，锂离子二次电池有望在电动工具、航模等领域得到广泛应用[19]。

鉴于现阶段电动工具等的特点，要求电池具有如下性能：①10*C* 或更高倍率的大电流放电性能。②良好的安全性能。③长的循环使用寿命。④低成本。⑤无环境污染。

2.5.1　电动工具用高功率锂离子二次电池的制作与性能研究

我们在研制电动工具用高功率电池时，思路与混合动力车虽然是相似的，但也考虑了一些特定的因素。其中，如何选择好并添加适量的导电剂，从而进一步改变电极的电子导电通道、提高电池的大电流放电性能是非常重要的。

2.5.2　高功率电池的制作与性能研究

下面以 18650 型高功率锂离子二次电池为例进行电池制作的说明。我们在制作正极极片时，首先以 *N*-甲基吡咯烷酮(NMP)作溶剂，在溶解黏结剂聚偏氟乙烯(PVDF)后，加入导电剂(乙炔黑和导电石墨)和正极活性物质 $LiNi_{1/3}Co_{1/3}Mn_{1/3}O_2$ (SEM 如图 2.57)，然后充分混合制浆，并用涂布机将其均匀涂布在铝箔上，最后进行烘干和碾压。负极极片的制作方法类似，但其活性物质为石墨，集流体为铜箔。将正负极片用 PP/PE/PP 隔膜隔开，按圆柱形锂离子二次电池制造工艺卷绕成

图 2.57　$LiNi_{1/3}Co_{1/3}Mn_{1/3}O_2$ 材料的 SEM 图

型后，装配成 18650 型锂离子二次电池，电解质溶液采用 1mol/L $LiPF_6$/EC＋DMC＋EMC(质量比为 1∶1∶1)加少量添加剂。

为了满足电池大电流放电的要求，我们采用了薄电极、多极耳的电池设计，这样做不仅减小了电池的欧姆电阻，有利于电池的大电流放电，同时减少了电池工作时产生的热量。

采用 $LiNi_{1/3}Co_{1/3}Mn_{1/3}O_2$ 正极材料，按最优化工艺制作的 18650 型高功率锂离子二次电池，其主要性能如表 2.8 所示。

表 2.8　18650 型高功率锂离子二次电池的基本特性

尺寸/mm	额定容量/mAh	质量/g	内阻/mΩ	1C 平均电压/V	最大连续放电电流/A	最大脉冲放电电流/A
ϕ18×65	1300	42	8	3.65	26	40

作为功率型电池，大倍率放电是其必须具备的特性。由图 2.58 和表 2.9 可以看出倍率增加至 20C 时仍可放出容量的 90%以上，说明了所研制的电池有良好的倍率放电特性。从图 2.58 可以看到随着倍率的增加电压平台逐渐下降，10C 放电的电压平台大约为 3.48V 左右。这是由于随着放电电流的增加导致的电池内阻升高所致。在进行倍率放电实验时，我们同时测试了电池的表面温度变化。表 2.9

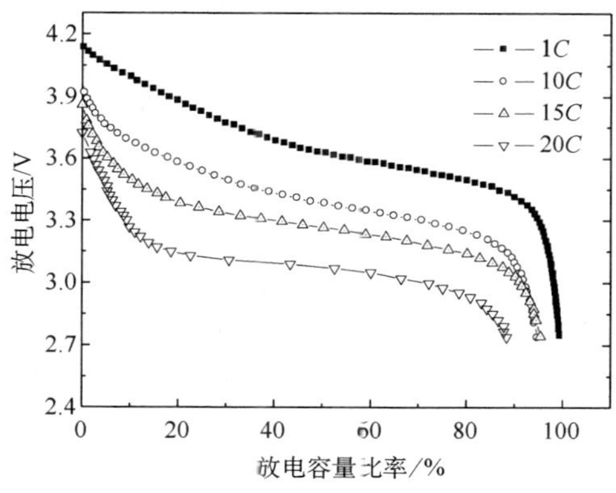

图 2.58　电池的倍率放电曲线(25℃)

表 2.9　倍率放电性能表

放电电流	容量比例/%	平均电压/V	放电温度/℃
1C	100	3.65	—
10C	96	3.48	33
15C	97	3.29	58
20C	90	3.12	57

中的数据表明，在 13A(10*C*)连续放电时电池壳体表面的最高温度为 33℃，26A(20*C*)连续放电时电池壳体表面的最高温度为 57℃。尽管电池升温比较快，但是多极耳的结构对大电流放电和克服电池的发热有一定的改善作用。

图 2.59 是电池 1*C* 充放电的循环性能，常温下，1*C* 充放电寿命可达近 1000 次，图 2.60 为 1*C* 充电/10*C* 放电的循环性能，循环充放电 800 次后的容量依然保持在 80%以上，即以锰为主的多元金属氧化物材料显示十分优越的电化学稳定性。

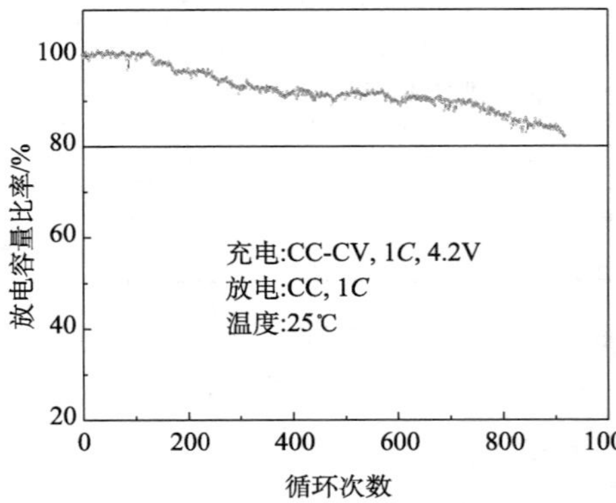

图 2.59　电池的 1*C* 充放电的循环性能

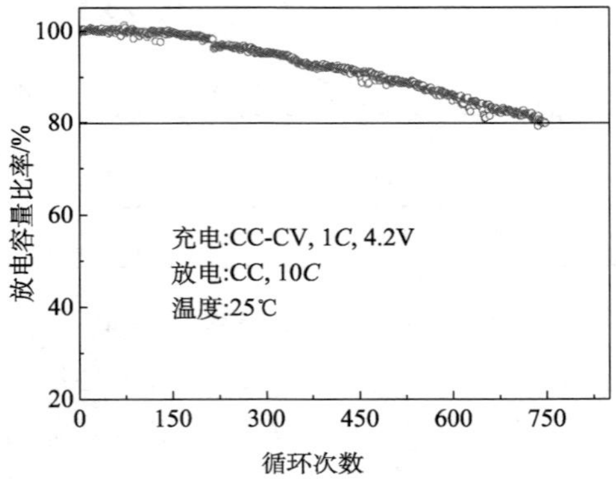

图 2.60　电池的 1*C* 充电/10*C* 放电的循环性能

$LiNi_{1/3}Co_{1/3}Mn_{1/3}O_2$ 正极材料有效提高了电池循环特性，这是与其结构特点分不开的。$LiNi_{1/3}Co_{1/3}Mn_{1/3}O_2$ 与 $LiCoO_2$ 的结构类似，属 α-$NaFeO_2$ 层状结构。其中 Li 原子占据 3*a* 位置，Ni、Co、Mn 随机占据 3*b* 位置，氧原子占据 6*c* 位置。其过渡金属层由 Ni、Co、Mn 组成，每个过渡金属原子由 6 个氧原子包围形成 MO_6 八面体结构，而锂离子嵌入过渡金属原子与氧形成的$(Ni_{1/3}Co_{1/3}Mn_{1/3})O_2$层之间。这种复合金属氧化物正极材料具有十分稳定的电化学性能，可能是由于材料的固溶体中存在锰等的多种金属氧化物，但是因为 Ni^{2+}与 Co^{3+}作用，姜-泰勒效应有可能“失效”，即该材料比较好地保留了层状物结构的高容量特点和稳定性。此外，采用薄电极和多极耳的独特结构设计，减小了电池的欧姆电阻，同时降低了电池热量的产生，这样就减小了电池大倍率循环时温度对电池性能的影响，提高了常温 1*C* 循环及大倍率循环的特性。

由图 2.61 可见，三元材料在高温环境中仍保持良好的循环特性，600 次后容量仍有初始容量的 85%。

电动工具电池在使用中偶尔会出现瞬间的较大电流放电，而正常使用的电流要比瞬间电流小一些。为了模拟使用时较为真实的情况，我们对电池进行了运行模拟的循环测试。具体测试方法为：电池以 1*C* 方式充满电，用 10*C* 放电 5s，然后用 5*C* 放电 2min，接着再用 10*C* 放电 5s，然后以 5*C* 放电 2min，接着再以 10*C* 放电 5s，最后，以 5*C* 放电至 2.75V。图 2.62 为电池在运行模拟测试下的充放电循环性能。可以看出，电池循环 600 次后容量仍有初始容量的 91%左右。

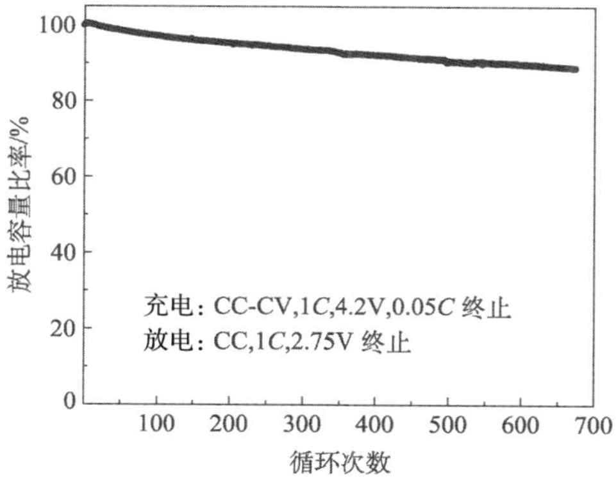

图 2.61　电池的高温 55℃ 充放电循环性能

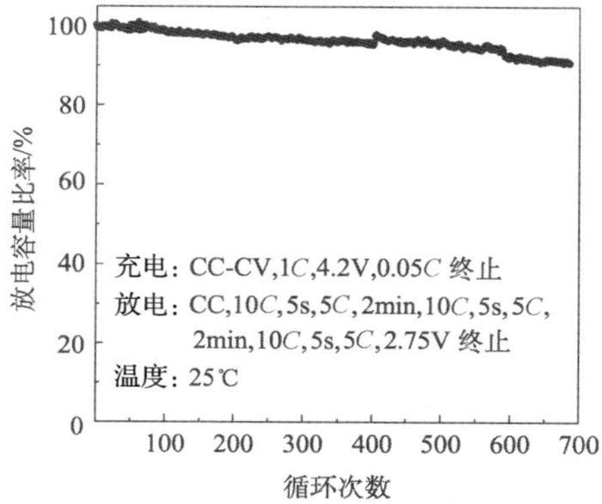

图 2.62　电池的运行充放电循环性能

图 2.63 为锂离子二次电池在不同温度下的 1C 放电曲线。表 2.10 给出了电池高、低温放电容量比例、平均电压。由图 2.63 和表 2.10 中的数据可以看出，电池在高温情况下有较好的放电能力，但高温也可能会对电池正负极的表面 SEI 膜、电解质溶液等造成一定影响。在低温（–20℃）放电时，电池初期的放电电压下降较快，然后电压有所回升，但常温放电容量比率仍为 80%。

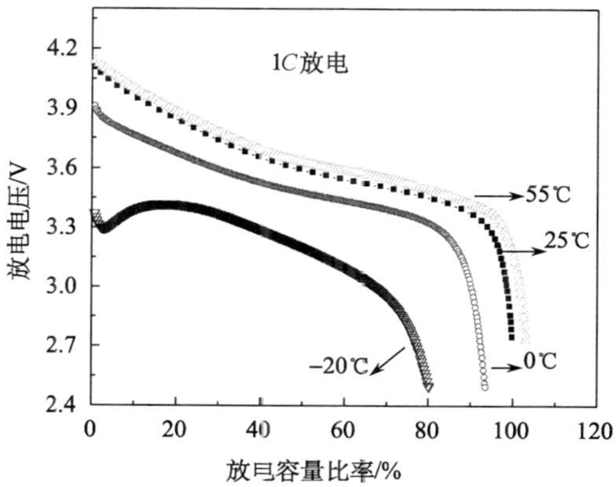

图 2.63　电池在不同温度下的放电曲线（1C）

表 2.10　高低温放电性能表

放电温度/℃	容量/mAh	容量比率/%	平均电压/V
55	1410.0	102.0	3.66
25	1350.0	100.0	3.62
0	1264.9	93.7	3.49
–20	1081.1	80.1	3.21

表 2.11 给出了电池的常温和高温搁置性能。从表中可以看出，在充满电的状态下常温搁置一个月，电池的自放电率小于 6%，继续 1*C* 充放电循环，容量恢复率达 99%；在高温(55℃)搁置 7 天，电池的容量恢复率仍能至 97%。

表 2.11　电池的常温和高温搁置性能

搁置条件	自放电率/%	容量恢复率/%
25℃，满荷态，28 天	4.4	99
55℃，满荷态，7 天	8.8	97

我们还针对电池的各种滥用进行了安全性测试，包括热箱(150℃/30min)、过充(3*C*/10V)、针刺、挤压、短路、跌落，所有的检测项目均通过安全检测。

图 2.64 是过充电压和时间的曲线。由图 2.64 可以看出，过充电至 5.5V 时电压有所下降，然后迅速上升至 10V，安全阀被冲破，电池有气体排出。图 2.65 是热箱实验时电池温度、电压和时间的曲线。结果表明在升温过程中电压在 100℃左右时迅速下降，直至 0V，安全阀被冲破。电池表面随热箱的温度上升而上升，但是有一定的滞后，当热箱温度已经到达 150℃后，电池温度还会继续升高，如图 2.65 所示最高温度为 160℃。由于之前安全阀被冲破，因此 150℃ 30min 的热箱试验中电池没有发生起火或者爆炸，通过了热箱试验。

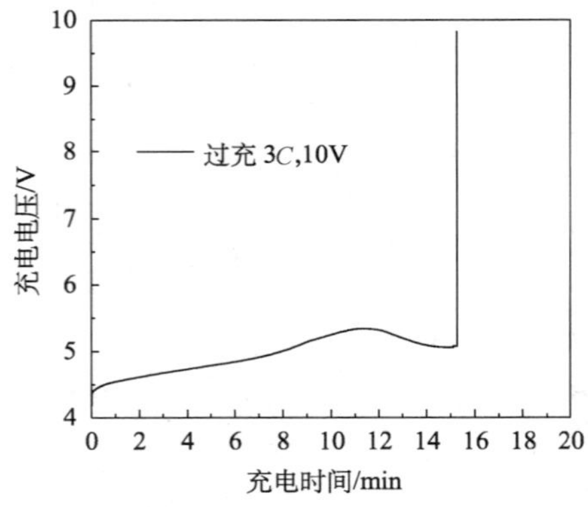

图 2.64　过充电测试曲线

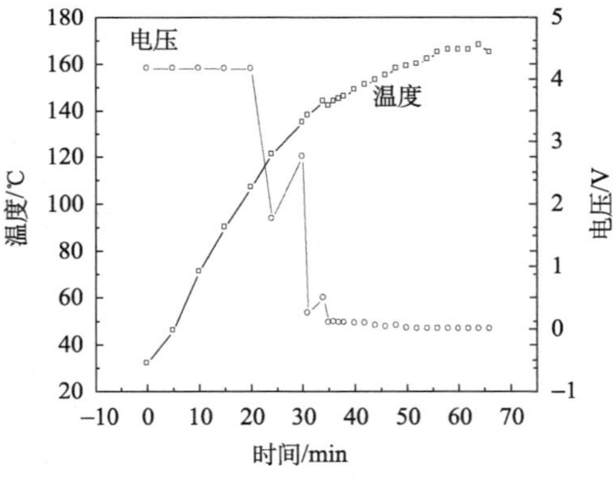

图 2.65　热箱测试曲线

上述的一系列结果表明，目前我们开发的 18650 型电动工具用高功率锂离子二次电池具有优越的倍率放电、使用寿命长、安全性好等特性，可满足无绳电动工具的使用要求，具有广阔的市场前景。

2.5.3　研制高功率电池需要注意的问题

为了改善锂离子二次电池的大电流放电性能，人们通常在活性物质中添加导电剂如石墨和乙炔黑[35-37]。此外，就极片的加工性能而言，虽然石墨较乙炔黑好，但乙炔黑的导电性好，所以我们以石墨与乙炔黑混合物为导电添加材料，按几种不同比例的乙炔黑及石墨混合物添加在正极中制成电池进行研究。由图 2.66 可知，适当比例的石墨与乙炔黑混合物(乙炔黑比例从下至上递增)能获得良好的大倍率放电效果。另外，其他一些实验结果还表明，在负极中加入纳米导电材料，不仅可提供高倍率的放电效果，对于大电流放电还可提升其放电电压。

隔膜是锂离子二次电池重要的组成部分，其性能不仅影响了电池的界面结构、内阻等，还直接与电池的容量、循环性能和高倍率放电性能密切相关。众所周知，隔膜越薄阻抗越小，使用较薄的隔膜可有效提升大电流放电能力。另一方面，隔膜的孔洞越多，离子通过时阻力越小，同样利于提高大电流放电能力。图 2.67 为厚度相同、孔隙率不同的两种隔膜的放电曲线，从图中可以看出，多孔隔膜的放电电压平台较高。

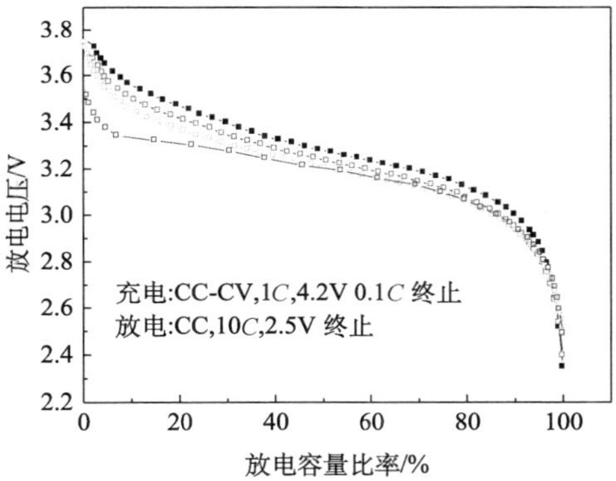

图 2.66　不同乙炔黑含量电池的充放电曲线

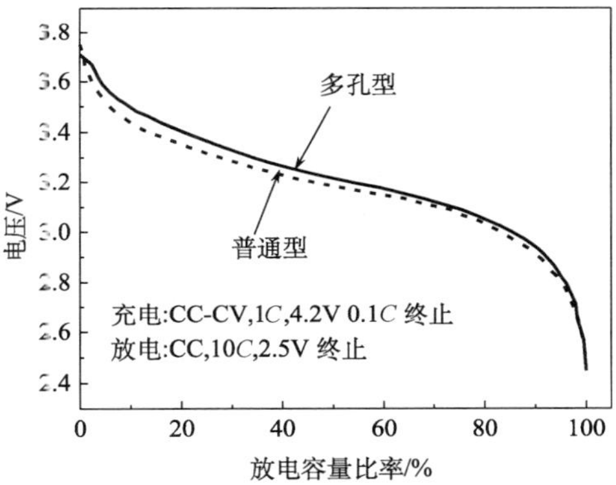

图 2.67　不同隔膜材料高功率放电曲线图

电解质溶液是影响锂离子二次电池性能的又一重要因素。通过对电解质溶液体系的优化，不仅能够改善电极界面 SEI 膜的组成，延长电池循环寿命，而且能够提高电解质溶液的电导率，减小极化，提高电池的倍率充放电性能。电解质中的添加剂与电导率有很大关系，选择适当的电解质溶液有助于大电流放电。如图 2.68 所示，选择恰当的添加剂，有助于提高电池放电电压平台。

在高功率电池的放电过程中，热的释放及热传导与电池的结构密切相关，所以结构尺寸的适当设计会造成不同的效果。即使是同一尺寸的电池，通过内部组合结构的改变与优化，如极片的编排、极耳的排列等，也可以满足不同放电倍率的要求。

电池极耳数目对电池性能的影响明显，图 2.69 为采用 3 种工艺得到的不同极耳数目的 18650 型电池的 10C 放电曲线。由图中的曲线可以看出，随着极耳数目的增多，电池的高倍率放电性能得到了较大的提高。我们认为在设计大电流放电的锂离子二次电池时，可在电极极片上多焊接几个极耳，这样在高倍率放电条件下高倍率放电初期电池内部就会有多个区域内阻较小、电流密度较大，反应速率较快，从而缓和单极耳情况下局部热效应的剧烈变化。同时，当电极上焊接多个极耳时，相当于几个小电池并联而形成一个大电池，大大降低了电池的内阻。

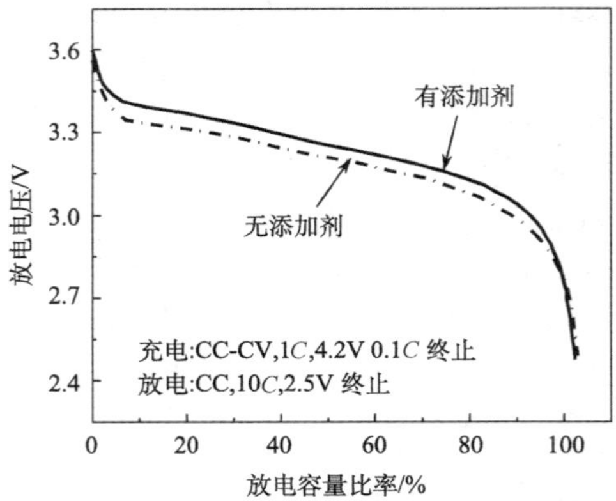

图 2.68　不同电解质溶液对高功率电池的影响

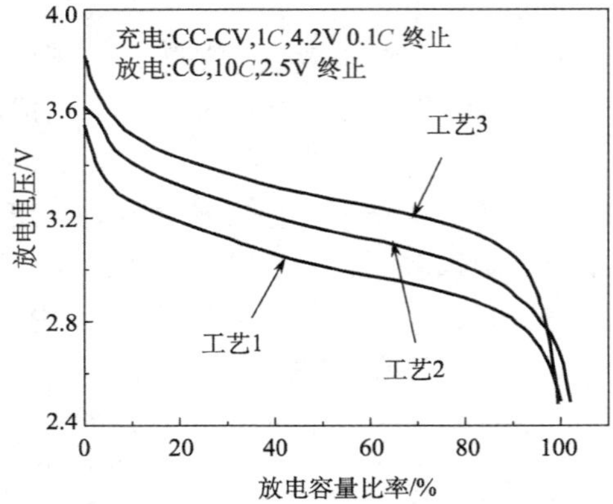

图 2.69　极耳数目对大电流放电的影响

此外，我们还探讨了极耳的宽度对电池性能的影响。如图 2.70 的结果所示，以工艺 3 为基础，将极耳宽度增大 1 倍制作电池后，不仅能够有效地降低电池内阻，提高电池的大电流放电能力，而且还可以很好地控制电池表面温度。

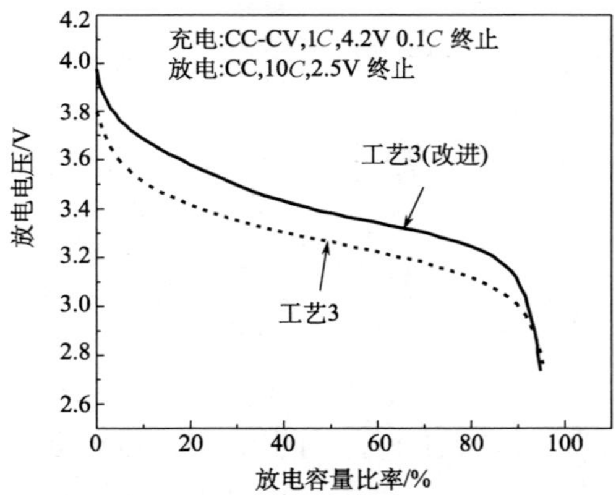

图 2.70　不同宽度的极耳对大电流放电的影响

2.6　电动汽车用动力锂离子二次电池电化学特性的进一步研究

2008 年秋天，随着北京奥运会的结束，世界首次大规模使用尖晶石锰酸锂正极材料动力锂离子二次电池的五十辆快速充电公交车也圆满完成了任务，开始在北京市区运行。由于 2008 年北京奥运会电动公交车用储能二次电池系统的成功，一个时期里显然在国内外出现了很多人对电动汽车产业前景的盲目乐观。但是，从当时的研发和实际技术水平考虑，也有些人意识到对电动汽车系统性认识的不足以及对高能量密度锂离子二次电池研究的欠深入很有可能会限制该产业的正常发展。于是，国家工业和信息化部在 2008 年北京奥运会后颁布的《新能源汽车生产企业及产品准入管理规则》（简称《准入规则》）中明确地将使用铅酸电池与镍氢电池的电动乘用车也列入了电动汽车产业发展内容[38]。

然而，低能量密度的铅酸电池等所储藏的电能显然无法支持人们所期望的电动汽车。图 2.71 中给出了几种动力电池在能量密度、功率密度上的比较。从图 2.71 中我们可以清楚地看出，动力锂离子二次电池不仅在能量密度方面远优于铅酸电池和镍氢电池，其良好的功率特性还使电动汽车具有很好的动力特性。简言之，由于铅酸电池和镍氢电池的能量密度和功率密度低、循环寿命差、低温性能差以及污染环境严重等问题，这些电池无法使用到充一次电至少要行驶一百公里的道路电动汽车上，这也是过去的一百多年中电动汽车迟迟没能发展起来的主要原因。

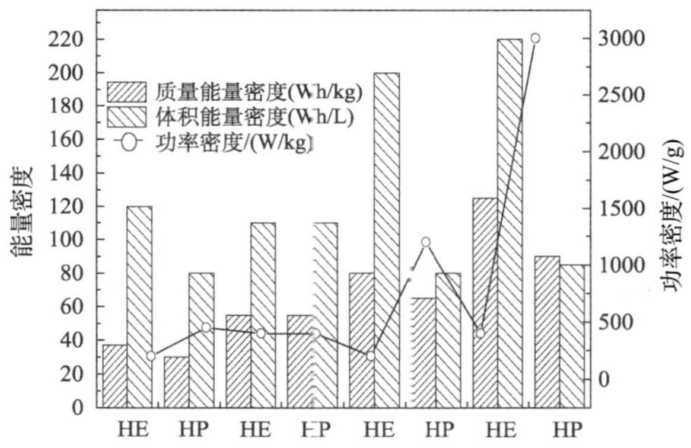

图 2.71　电动车用动力电池的性能比较

在过去的二十多年中，我们一直努力开发用于电动汽车的高能量密度型动力锂离子二次电池和电池关键材料，并将其在纯电动车、混合动力车上进行规模化的试用和推广[39, 40]。当然，经过长期的探索后，我们今天已经清楚充满电后长距离的行驶以及加速性良好等虽然是现代电动汽车要求具备的基本性能，但是对电动汽车安全性和可靠性的严要求和高标准同样也是人们追求的目标。

为了使具有高能量密度特性的动力锂离子二次电池同时也具备良好的安全性和可靠性，近年来我们采用尖晶石锰酸锂与以锰为主的多元金属氧化物正极材料分别研制了多种锰型高功率和高容量动力锂离子二次电池，在详细研究这类电池电化学性能和热稳定性的基础上，我们还比较了锰型动力电池与海内外几家公司制造的 $LiFePO_4$ 动力电池的性能。如本节中大量试验结果所表明的，我们的锰型高容量和高功率动力电池不仅具有高能量密度、优越的高低温与倍率充放电特性、热稳定性良好，同时电池的 SOC-OCV 线性关系还十分有利于电池的系统管理及电动汽车安全性的有效控制。

根据使用正极材料的不同，目前动力锂离子二次电池主要分为多元金属氧化物正极材料、尖晶石锰酸锂正极材料、磷酸亚铁锂正极材料这三大类型。根据电池的用途和功能，则可将电池分为用于纯电动车的高能量电池与用于混合动力车的高功率电池。我们研制的锰酸锂型高能量动力电池经过了 2008 年北京奥运会电动公交车的成功应用后，更大规模的应用例子是 2010 年的上海世博会电动公交车。几乎是在同一时期，即在 2007 年后我们开发的多元金属氧化物正极材料型动力锂离子二次电池也开始被应用于混合动力车和电动叉车，这两大类动力锂离子二次电池到目前为止均没有出现导致电动汽车安全问题的报道。磷酸亚铁锂型动力电池近两年虽然受人们极大的关注，并开始了小批量的试用，但是该电池由于存在多方面难以解决的问题而频繁出现了爆炸和燃烧事故。下面我们通过实验数据、道路工况测试数据等对锰基多元金属氧化物型与磷酸亚铁锂型动力电池的性能进行相应的分析和讨论。

2.6.1 电池的制作

由于用途不同，电动汽车对储能电池有不同的但十分具体的性能要求，例如要求功率型动力电池的功率密度≥1800W/kg。针对该要求我们于 2007 年研究开发了电化学性能优异的 8Ah 锰基多元金属氧化物($LiNi_xCo_yMn_zO_2$，其中 x，y≤0.33，z≥0.33)型高功率电池。具体制作方法是以文献[41]中所合成的物质 $LiCo_xNi_yMn_{(1-x-y)}O_2$ 为正极，石墨为负极，正负极片用 PP/PE/PP 隔膜隔开，电池的电解质溶液采用 1mol/L $LiPF_6$/EC＋DMC＋EMC(质量比为 1∶1∶1)，电解液中添加了阻燃剂，并采用了独特结构设计的铝塑膜作为电池的外包装材料。对用上述方法制作成的混合动力车用 8Ah 高功率锂离子二次电池分别进行了单体和成组的性能研究。

2.6.2 电池的研究与比较

在对该 8Ah 电池进行了仔细的分析后，我们对容量为 10Ah 的磷酸亚铁锂高功率电池做了对比分析研究，对比用的 10Ah 磷酸亚铁锂电池是海外某公司的产品。

1) 能量密度对比分析

图 2.72 和图 2.73 分别是我们研制的 8Ah 高功率电池与 10Ah 磷酸亚铁锂高功率电池的充放电曲线。为了方便讨论，我们的 8Ah 电池以下统称 MGL 8Ah 电池。

通过测试在放电过程中所放出的能量，可以分别计算出 MGL 8Ah 电池的质量能量密度为 100Wh/kg，体积能量密度为 150Wh/L；$LiFePO_4$ 电池的质量能量密度为 83.66Wh/kg；体积能量密度为 143.53Wh/L。此外，与 MGL 8Ah 电池相比较，$LiFePO_4$ 电池能量密度也偏低，即质量能量密度低 15%左右，体积能量密度低 5%左右。如图 2.72 和图 2.73 所示，与 MGL 8Ah 电池相比较，$LiFePO_4$ 材料单体电池的放电平均电压低 0.4V 左右。磷酸亚铁锂电池低电压的性能不仅是导致电池能量密度低的一个主要原因，还意味着在电动汽车上可能要比尖晶石锰酸锂正极材料电池多使用五分之一的电池才能维持相同的车辆功率电压。

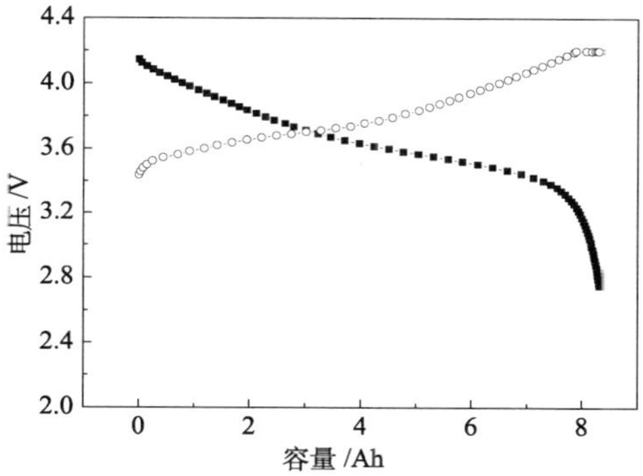

图 2.72　MGL 8Ah 电池的充放电曲线

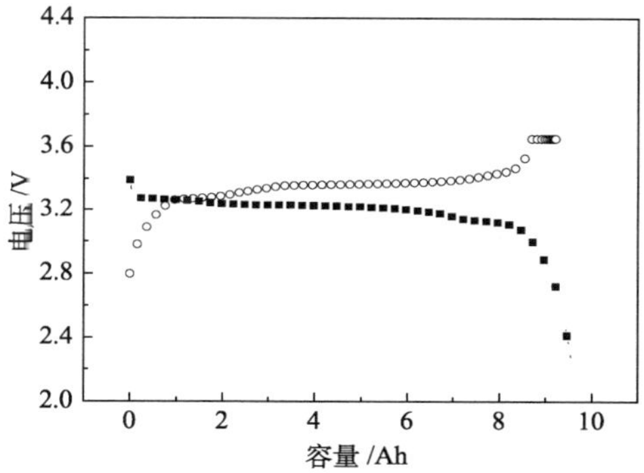

图 2.73　$LiFePO_4$ 电池的充放电曲线

2) 倍率性能对比分析

MGL 8Ah 电池和 $LiFePO_4$ 电池的倍率放电曲线、温度变化如图 2.74～图 2.78 所示。

出于对电池安全性和成本的考虑，作为功率型二次电池应用到混合动力车时，还考虑车辆在加速和爬坡时短时间内需要由电池系统提供瞬间大功率电力、考虑在急刹车时的大量刹车能的回收，因此要尽可能用较小的电池承受大倍率的充放电。

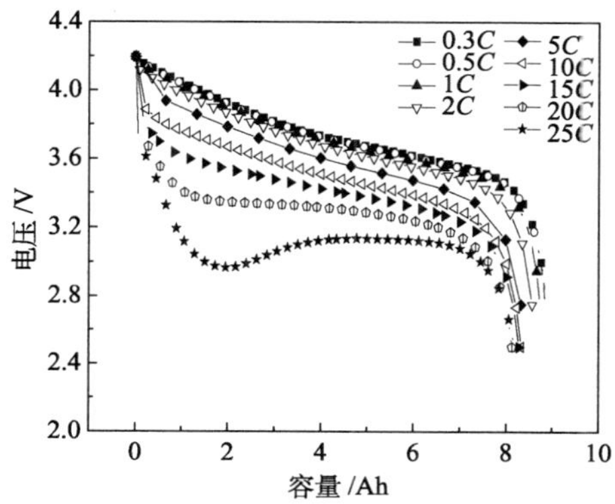

图 2.74　MGL 8Ah 电池的倍率放电曲线图

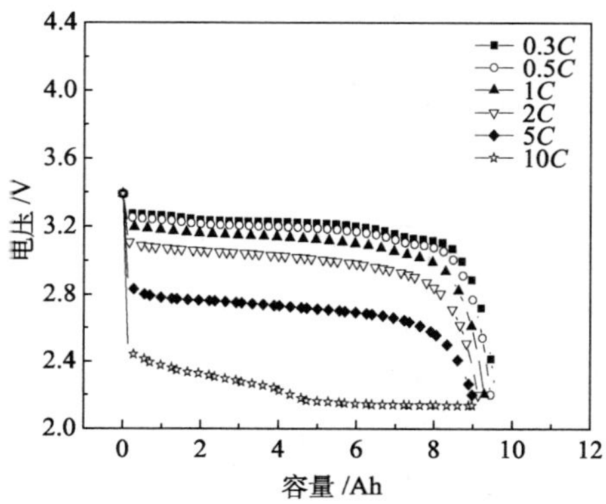

图 2.75　$LiFePO_4$ 电池的倍率放电曲线图

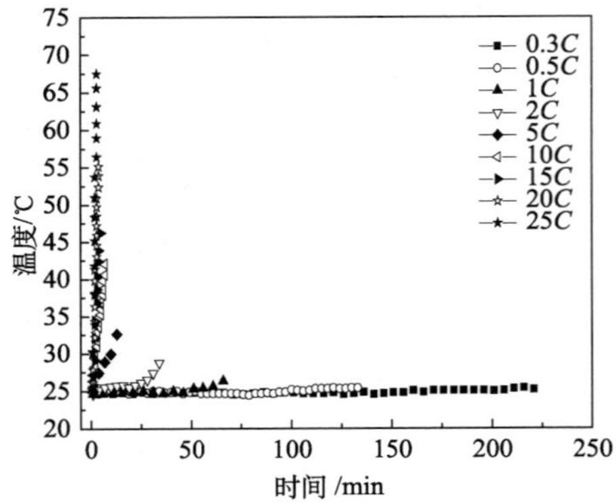

图 2.76　MGL 8Ah 电池倍率放电的温升情况图

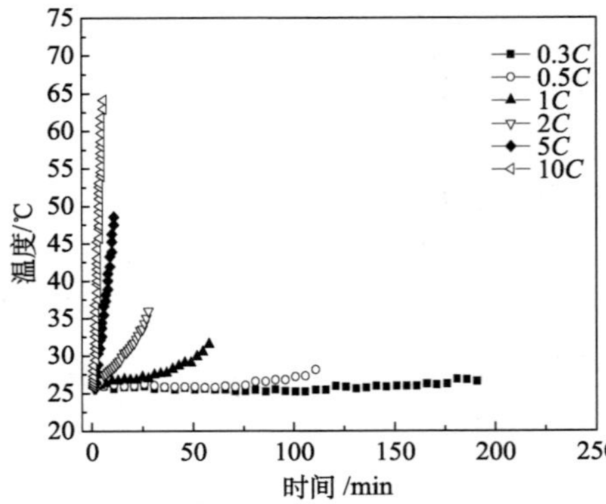

图 2.77　$LiFePO_4$ 电池倍率放电的温升情况图

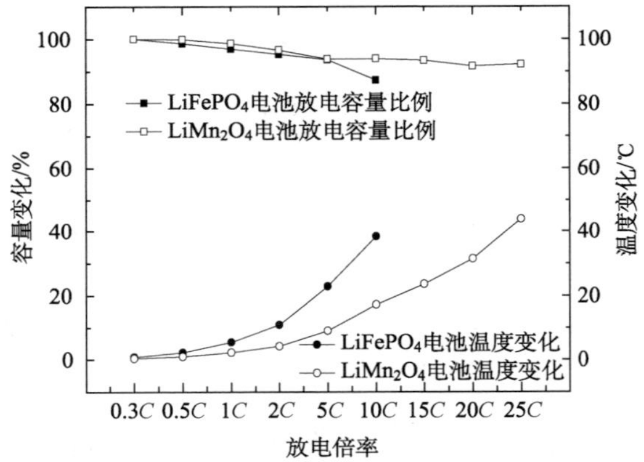

图 2.78　MGL 8Ah 电池与 $LiFePO_4$ 电池倍率放电过程中的容量与温度变化

对于 10Ah 左右的电池来说，电池中通过 100～200A 的使用电流是很平常的事情，因此高功率电池应该具有稳定的 10～20*C* 的短时间电流承受能力。图 2.74 中的数据表明，MGL 8Ah 电池在 20*C* 放电时与图 2.75 中 $LiFePO_4$ 材料的电池 2*C* 时的放电能力相当；图 2.75 中的电池在 5*C* 放电时，电压迅速下降，至 10*C* 时已经完全失去放电能力。而图 2.74 中 MGL 8Ah 电池即使是在 20*C* 的状态下依然可以正常工作，显示出了良好的大倍率放电性能。文献[42]、[43]曾经讨论了实验室制备的磷酸亚铁锂正极材料的电化学性能，但是我们认为该工作并没有给出材料在电池中的电化学性能表现，另外也缺乏低温性能和电池温度变化等方面的数据，因此美中不足。由于正极材料的性能并不等同于电池的性能，因此性能优越的高功率磷酸亚铁锂正极电池的应用估计还需要一段时间。

图 2.76 和图 2.77 中的数据描述的是两种电池在大倍率放电时温度的变化情况。图 2.76 和图 2.77 中的数据经过变换处理后用图 2.78 中的曲线来描述。由图 2.78 可以看出，MGL 8Ah 电池在不同倍率下的温度上升要远小于 $LiFePO_4$ 材

料的电池。MGL 8Ah 电池的这一特性非常重要，因为在大电流充放电时的温度升高与否，或升高多少是影响电池安全性能的一个重要因素。通常，在混合动力车的使用过程中，随着频繁充放电大电流的出现和热量的不断累积，电池温升的幅度越小，电池越安全。$LiFePO_4$ 正极材料电池温度升高的原因可能有多种，但是考虑到 $LiFePO_4$ 本身的电导率很小，因此正极材料本身可能是导致电池内阻偏大并引起温度升高的主要原因。上述结果表明混合动力车中大倍率电流在使用时，由电池阻抗引起的发热和热积累会不断升高电池温度，因此需要高度关注该类电池在使用过程中温度的变化。此外，由于高内阻使得电池在放电过程中电压降过大，同样会无法满足大倍率的充放电。

3) 高低温性能对比分析

MGL 8Ah 高功率电池和 $LiFePO_4$ 电池的高低温放电曲线如图 2.79、图 2.80 所示。从测试结果可以看出，MGL 8Ah 电池在–20℃可以放出室温容量的 73.5%，$LiFePO_4$ 电池放出 67.43%；在高温 55℃，MGL 8Ah 电池可以放出室温容量的 101.6%，而 $LiFePO_4$ 电池放出 101.2%。由上述测试结果得知，在高温下两种电池的区别并不是很明显。但在低温时，尽管 $LiFePO_4$ 电池仅比 MGL 8Ah 高功率电池在容量方面降低了 6%，但是因为前者的电压已经低于 2.9V，作为单体电池时已经无法正常工作。

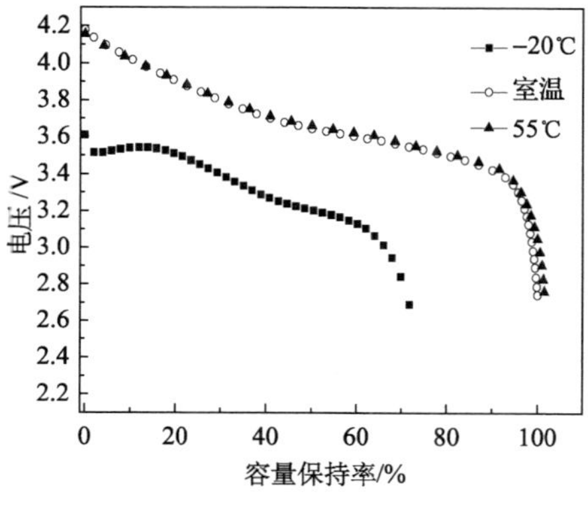

图 2.79　MGL 8Ah 电池的高低温放电曲线图

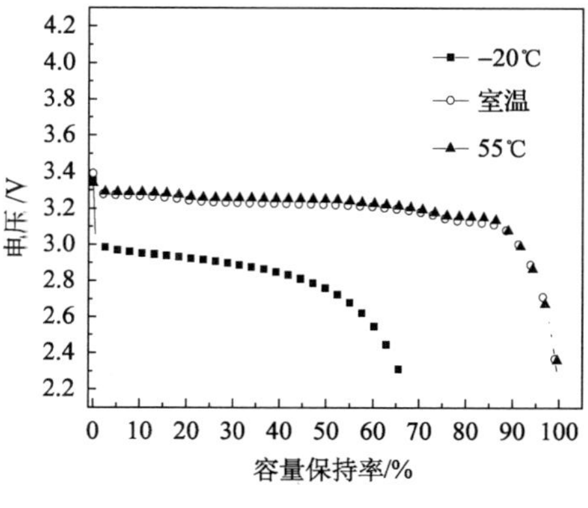

图 2.80　$LiFePO_4$ 电池的高低温放电曲线图

4) HPPC 对比分析

MGL 8Ah 电池和 $LiFePO_4$ 电池的 HPPC (hybrid pulse power characterization，混合脉冲功率特性) 测试结果如图 2.81、图 2.82 所示。

测试结果显示，在 50% DOD 下，MGL 8Ah 高功率电池的脉冲放电功率密度为 2500W/kg，脉冲充电功率密度为 2700W/kg；$LiFePO_4$ 电池的脉冲放电功率密度为 1000W/kg，混合脉冲充电功率仅为 670W/kg。由该测试结果可看到，在混合动力电动汽车上电池系统最频繁工作的电压区间，MGL 8Ah 高功率电池的功率密度要远远高于 $LiFePO_4$ 电池，是用于混合动力电动汽车的理想电池。

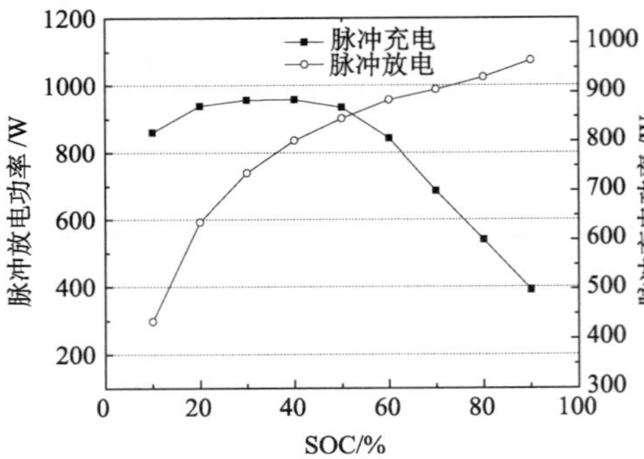

图 2.81 MGL 8Ah 电池的 HPPC 图

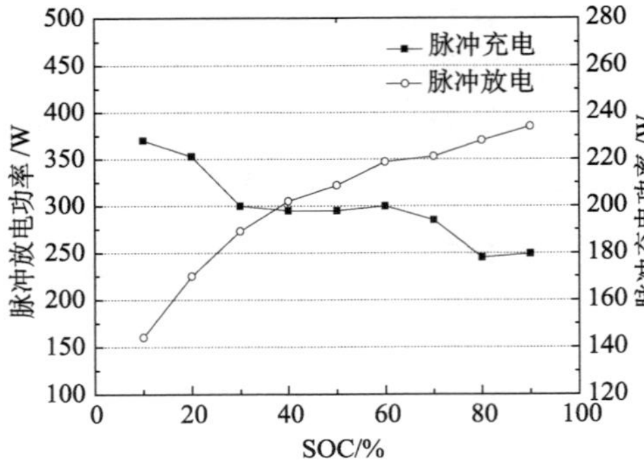

图 2.82 $LiFePO_4$ 电池的 HPPC 图

5) SOC-OCV、SOC-R 对比分析

MGL 8Ah 高功率电池和 $LiFePO_4$ 电池的 SOC-OCV、SOC-R 测试结果如图 2.83、图 2.84 所示。其中，SOC 为电池荷电态(state of charge)，OCV 为电池开路电压(open circuit voltage)，R 为内阻(resistance)。

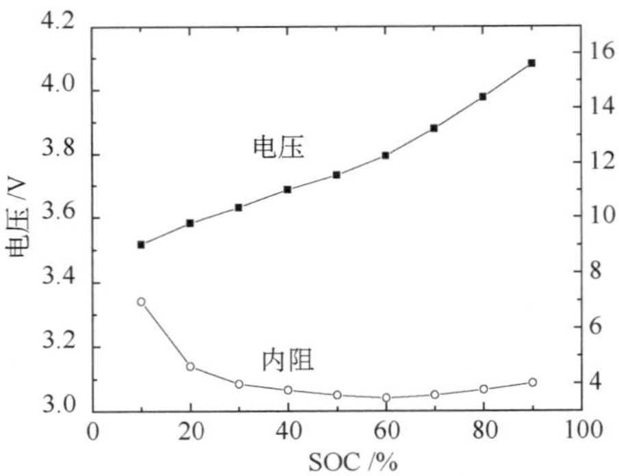

图 2.83 MGL 8Ah 电池 SOC-OCV、SOC-R 关系

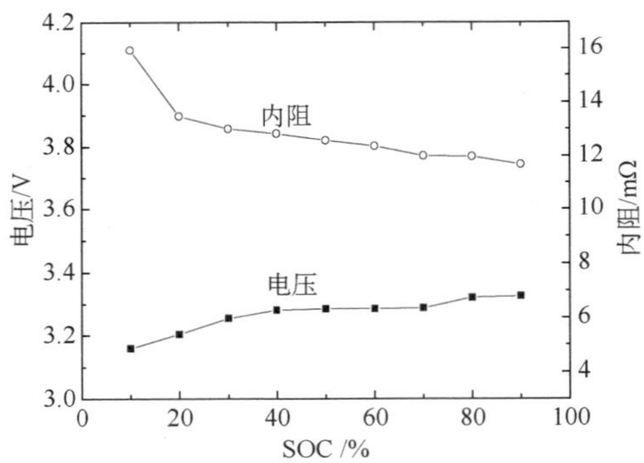

图 2.84 $LiFePO_4$ 电池 SOC-OCV、SOC-R 关系

从图 2.83 和图 2.84 可以看出，$LiFePO_4$ 单体电池的直流内阻是 MGL 8Ah 高功率电池的 2 倍以上，同时，$LiFePO_4$ 单体电池的 OCV 随 SOC 的升高变化平坦，而 MGL 8Ah 高功率电池的 OCV 则随 SOC 的升高呈现明显而且稳定线性地升高。这一特性对电池管理系统是至关重要的，因为 SOC 为 30%～70%的区间是高功率电池被使用最为频繁的区间，由于磷酸亚铁锂电池电压变化幅度很小，使得普通的 SOC 估算法对磷酸亚铁锂系统将失去作用，因此极易导致电池系统的失控。

2.6.3　小结

如本节中讨论的，由于 $LiFePO_4$ 材料的电导率低（为 10^{-9}S/cm），仅是 $LiMn_2O_4$ 材料电导率的万分之一（锰酸锂的电导率为 10^{-5}S/cm），因此为了提高 $LiFePO_4$ 材料的导电性，在实际工艺制造过程中需要以掺杂、包覆或共晶的方式加入导电性物质。此外，由于 $LiFePO_4$ 材料在合成过程中控制不当时极易出现 Fe^{2+} 氧化为 Fe^{3+} 的现象，往往使得材料的一致性很难控制。这些问题可能是影响 $LiFePO_4$ 正极材料电池一致性差、倍率放电性能不良、容易发热等问题的重要原因。除此之外，在不同的荷电状态下磷酸亚铁锂电池极小的电压变化难于被监测和控制是我们近年来搞清楚的另一个重要问题。2008 年 6 月在美国高速公路上一辆进行实验的混合动力汽车的燃烧以及 2012 年 5 月在深圳发生的致三人死亡的电动汽车燃烧事故可能就是由这些因素导致的。

其实，无论是在 2008 年开始试验的两辆磷酸亚铁锂正极电池的电动公交车，还是近年来开始在深圳试运行的某公司的近百辆磷酸亚铁锂正极电池系统电动公交车，OCV 与 SOC 不良线性所导致的问题早就暴露，并严重影响了电动汽车的运行。在本节中所讨论的磷酸亚铁锂正极动力电池在出厂时电池的不一致性应该是比较小的，但是使用一段时间后与尖晶石锰酸锂正极电池相比较，该单体电池的不一致性在迅速扩大，电池系统也明显出现了温度升高。深圳的近百辆电动公交车在使用一年后电池容量不仅衰减了 20%以上，电池的不一致性十分严重，电池系统的充放电也难于正常进行。

通过对 Mn 型（多元金属复合氧化物正极材料、尖晶石 $LiMn_2O_4$）和 $LiFePO_4$ 电池在功率型和能量型应用中的比较和讨论，我们可以看出，目前 Mn 型电池的优越性主要体现在以下几个方面：①工作电压平台高、能量密度以及功率密度高，因此与其他电池相比较可以用少于约四分之一的电池数量和体积驱动电动汽车行驶相同的距离。②倍率放电性能优越，且在大倍率放电时电池的温度变化小，动力电池经常受温度升高导致的安全性问题发生的概率由此得到了控制。③高低温性能优越，该特性使得电池即使是在寒冷的冬季也不会影响电动汽车的性能。④SOC 与 OCV 关系具有良好的线性，因此电动汽车动力系统控制简单，电池系统的寿命和安全性得到了进一步的保障。

由我们的实验数据分析和电池的几年实际使用情况来看，我们认为在诸多的功率型动力锂离子二次电池中，锰型多元金属氧化物正极材料型动力电池将逐渐发展成为一种主要趋势，在能量型动力锂离子二次电池中，尖晶石锰酸锂则因其独特的性能和资源优势，会继续在车载二次电池应用领域中扮演重要的角色。今后一个时期内，随着技术的不断进步，新型高电压 Mn 系材料（平台电压为 4.7V）很快就会被应用到下一代高能量密度电池中。同时，因为新型金属氧化物负极材料和非碳类负极材料的研究进展，新一代具有更加稳定循环充放电性能的高功率电池也预计会迅速进入市场。

参 考 文 献

[1] 刘世磊. 发达国家电动汽车产业最新进展及启示[N]. 中国能源报, 2019-03-11(018)

[2] 张良, 张得胜, 陈克等. 动力电池热失控引发电动汽车火灾的典型特征研究[J]. 中国安全生产科学技术, 2020, 16(7): 94-99

[3] 唐定国, 江卫军. 锂离子电池正极材料现状与发展趋势[J]. 新材料产业, 2006, 9: 60-64

[4] Goodenough J B, Akshaya K. Padhi K S Nanjundas Wamy et al. Cathode materials for secondary(rechargeable) lithium batteries: US, 5910382, 1999

[5] Croce F, Epofanio A D, Hassoun J, et al. A novel concept or the synthesis of an improved $LiFePO_4$ lithium battery cathode[J]. Journal of Electrochemical and Solid State Letters, 2002, 5(3)： A47-52

[6] Guyomard D, Tarascon J M. Li metal-free rechargeable $LiMn_2O_4$ /carbon cells: Their understanding and optimization[J]. Journal of the Electrochemical Society, 1992, 139(4)： 937-948

[7] 胡国荣. 高镍三元正极材料产业化过程中难点问题探讨[J]. 电源技术, 2019, 43(8): 1245-1249

[8] 天津力神开发高能动力锂电池[J]. 浙江化工, 2018, 49(6): 31

[9] 李荣辉, 闫伟, 吴晓强, 等. 高容量高倍率的氮掺杂二次粒子石墨负极材料[J]. 储能科学与技术, 2019, 8(1): 116-122

[10] 孙方静, 韦连梅, 张家玮, 等. 锂离子电池快充石墨负极材料的研究进展及评价方法[J]. 储能科学与技术, 2017, 6(6): 1223-1230

[11] 范凤松. 快充型锂离子电池的性能研究[D]. 赣州: 江西理工大学, 2017

[12] 龚静君. 石墨负极对锂离子电池快充性能的影响[J]. 科技创新与应用, 2017(9)： 51-52

[13] 饶睦敏, 黄启明, 李伟善. 锂离子电池纳米负极材料的研究进展[J]. 电池工业, 2008, 13(2)： 132-136

[14] Takahiro M, Tadamitsu H, Tomoyuki O, et al. Preparation of carbon-coated Sn powders and their loading on to graphite flakes for lithium ion secondary battery[J]. Journal of Power Sources, 2006, 160(1)： 638-644

[15] 郭营军, 晨晖, 谢燕婷. 锂离子电池电解液研究进展[J]. 新材料产业, 2007, 8: 60-64

[16] 许梦清, 左晓希, 李伟善. 锂离子电池电解液功能添加剂的研究进展[J]. 电池, 2006, 36(2)： 148-149

[17] 中国经济报告课题组. 中国轻型电动车发展战略研究课题报告, 2006, 5

[18] 胡信国. 电动自行车的新一代绿色动力电源——动力锂离子电池[J]. 电动自行车, 2007, 9: 25-28

[19] 晓天. 锂电池电动自行车将成为发展目标[J]. 中国自行车，2007, 10: 11-12

[20] 吴明龙. 绿色时代行动能源，轻型电动车电池. UL 通讯，2006, 12: 1-4

[21] Horiba T, Maeshima T, Matsumura T, et al. Applications of high power density lithium ion batteries[J]. Journal of Power Sources, 2005, 146: 107-110

[22] Arai J, Yamaki T, Yamauchi S, et al. Development of a high power lithium secondary battery for hybrid electric vehicles[J]. Journal of Power Sources, 2005, 146: 788-792

[23] Nukuda T, Inamasu T, Fujii, et al. Development of a lithium ion battery using a new cathode material[J]. J Power Sources, 2005, 146: 611-616

[24] Yoshiyuki O, Kazunori H. Development of high specific power and long life lithium-ion batteries[J]. EVS-22 Yokohama, 2006, 10(23-28)： 2228-2235

[25] Amine K, Liu J, Belharouak I, et al. Advanced cathode materials for high-power applications[J]. Journal of Power Sources, 2005, 146: 111-115

[26] Belharouak I, Sun Y K, Liu J, et al. Li$(Ni_{1/3}Co_{1/3}Mn_{1/3})O_2$ as a suitable cathode for high power applications[J]. Journal of Power Sources, 2003, 123(2): 247-252

[27] Lu W, Liu J, Sun Y, et al. Electrochemical performance of $Li_{4/3}Ti_{5/3}O_4/Li_{1+x}(Ni_{1/3}Co_{1/3}Mn_{1/3})_{1-x}O_2$ cell for high power applications[J]. Journal of Power Sources, 2007, 167: 212-216

[28] Belharouak I, Lu W Q, Amine K. Safety characteristics of Li$(Ni_{0.8}Co_{0.15}Al_{0.05})O_2$ and Li$(Ni_{1/3}Co_{1/3}Mn_{1/3})O_2$[J]. Electrochemistry Communications, 2006, 8: 329-335

[29] Namgoong J, Yu J S, Jung D Y, et al. Improvement of high power and long life Li-ion polymer battery for HEV. The 46th Battery Symposiumin Japan. ECSJ, 2005: 600-601

[30] 刘兴江, 肖成伟, 余冰, 等. 混合动力车用锂离子蓄电池的研究进展[J]. 电源技术, 2007, 131(7): 509-514

[31] Ikeya T, Miyazki H. R&D of lithium batteries for FCV and HEV in national projects of Japan(FY2002-2006). The 46th Battery Symposium in Japan. ECSJ, 2005, 1 HEV-01

[32] Horiba T, Hironaka K, Matsumura T, et al. Manganese-based lithium batteries for hybrid electric vehicle applications[J]. Journal of Power Sources, 2003, 119～121: 893-896

[33] Tatsuhiro F, Norihiko H, Takeshi M. Nissan's New Lithium-ion Battery Systems for HEVs & FCVs. The 22nd International Battery, Hybrid and Fuel Cell Electric Symposium & Explosion, Yokohama, Japan, 2006: 389-392

[34] 王剑, 韩莹, 王雅丹, 等. 混合动力电动车用高功率锂离子电池的开发. 清洁汽车技术创新发展论坛, 2007: 532-538

[35] Robert F N. Power requirements for batteries in hybrid electric vehicles[J]. Journal of Power Sources, 2000, 91: 2-26

[36] Bitsche O，Gutmann G. Systems for hybrid cars[J] Journal of Power Sources，2004，127(1-2)：8-15

[37] 李孟伦, 李依达, 陈杰泰. 高功率软包锂离子电池的应用与发展[J]. 物理化学学报, 2007, 12: 100-106

[38] 工业和信息化部. 新能源汽车生产企业及产品准入管理规则. 2009

[39] 张溪, 安平, 刘正耀. 盟固利: 为北京奥运清洁能源电动公交车安全运行护航[J]. 新材料产业, 2009, 2: 2-4

[40] 晨晖, 李永伟, 毛永志. 锰酸锂动力电池能源系统的研究与开发[J]. 新材料产业, 2009, 2: 8-11

[41] 其鲁, 江卫军, 王剑, 等. 复合金属氧化物材料正极材料 Li$(Co_xNi_yMn_{1-x-y})O_2$ 高功率锂离子动力电池的试制及电化学性能的研究[J]. 北京大学学报, 2010, 46(6): 863-869

[42] Byoungwoo K, Gerbrand C. Battery materials for ultrafast charging and discharging[J]. Nature, 2009, 458(12): 190-193

[43] Prakash S, Mustain W E, kohl P A. Performance of Li-ion secondary batteries in low power，hybrid power supplies[J]. Journal of Power Sources, 2009, 189(2): 1184-1189

第 3 章　动力锂离子二次电池能源系统及其应用

2000 年，在时任中国中信集团公司董事长王军的倡导下成立盟固利时，我们的中长期发展目标就确定为开发动力锂离子二次电池。2001 年北京申奥成功后，盟固利的动力锂离子二次电池开发工作得到了全面加速。2003 年我们开发出第一代 100Ah(安时)锂离子二次电池后，160kWh 以尖晶石结构锰酸锂为正极材料的动力锂离子二次电池能源系统(Li-ion battery energy system)开始搭载到北京奥运试运行的电动公交车上，在北京密云进行了长期试验运行。与此同时，为了加速动力锂离子二次电池的开发，我们在电动汽车应用技术方面也展开了多项相关的研究工作，并于 2004 年 10 月在上海举行的国际清洁能源车大赛(BBD)上推出一款纯电动面包车。在此后的几年中，我们与国外的一些跨国公司以及国内的地方政府合作，在动力锂离子二次电池的试验、各种电动汽车的研制以及动力电池模块等方面又做了大量的工作。

在长期的研究过程中，我们认识到动力锂离子二次电池的应用是一件非常重要又极其复杂的事情。首先，动力电池完全没有单只电池使用的例子。其次，以铅酸或镍镉和镍氢等为主的传统动力电池的有关附属装置完全无法直接使用。还有，电池常常工作在几百伏的电压和几百安培的电流状态下，并处在很强的电场和磁场中。因此，我们为使用好动力锂离子二次电池系统投入了大量的人力和物力，进行了系统的研发工作。下面介绍的是我们在电动车电池能源系统开发和应用过程中的一些情况和部分实验结果。

3.1　电动汽车用动力锂离子二次电池系统

3.1.1　关于电动汽车

过去的电动汽车　1834 年，英国人 Thomas Davenport 制造出第一辆电动三轮车，它由一组不可充电的干电池驱动。1881 年，在法国巴黎街头出现了世界上第一辆以可充电电池为动力的电动汽车，它是法国工程师 Gustave Trouve 设计的以铅酸电池为动力的三轮车，车速仅 12.1km/h。1890 年，美国人安德鲁 • 里克制作了一辆电动三轮车，在平坦的道路上行驶时速达 12.9km，续驶里程为 48km。1891 年，另一个美国工程师莫里森制作了一辆四轮双座的电动游览马车，该车是出现在芝加哥街道上的第一辆电动车辆。世界上首辆车速超过 100km/h 的汽车是一辆名为“永不满足”的电动汽车，该车由比利时工程师卡米乐 • 热纳茨(Camile

Jenatzy）于 1899 年设计完成。

20 世纪初，电动汽车进入了一个黄金时代，电动汽车广泛成为英、法、德和美国人的私人车辆，占领了机动车辆领域的主要市场。1903 年纽约《汽车时代》杂志统计，在美国的 4000 多辆机动车中，蒸汽机汽车占 40%，电动汽车占 38%，内燃机汽车占 22%。到了 1911 年，就已经有电动出租汽车在巴黎和伦敦的街头上运营。1912 年在美国注册的电动汽车达 3.4 万辆，居各种机动车的首位。

在此后的 10 年时间里，尽管电动汽车的数量不断增加，却几乎没人预料到，这个时期内燃机汽车有了突破性进展。1911 年，Kettering 发明了汽油发动机，使得内燃机汽车得到了飞跃发展。电动汽车由于电池存在着能量密度和功率密度低、寿命短、充电时间长等问题，竞争力远不如燃油汽车。燃油汽车很快就打破了电动汽车在市场的主导地位，垄断了市场。由于石油的大量开采和内燃机的种种优越性，短时间内电动汽车迅速被人们遗忘了，到 20 世纪 30 年代时电动汽车几乎消失了。

20 世纪 70 年代初期爆发的石油危机使人们重新认识到电动汽车的重要性。20 世纪 80 年代，西方科技发达国家的各大汽车公司开始投入大量人力、物力和财力用于电动汽车的开发。1990 年，美国加州大气资源管理局（CABB）颁布了一项法规，规定 1998 年在加州出售的汽车中 2%必须是零排放车辆（ZEVs），到 2003 年零排放车辆应达 10%。尽管美国加州大气资源管理局的目标没有实现，但加州法规的颁布却促进了电动汽车的发展[1-4]。

作为解决环境和能源问题的一种重要手段，中国也对电动汽车高度重视。从“八五”开始电动汽车项目就被列入国家科技计划，2001 年 10 月国家投入 8.8 亿元的专项基金，特别设立电动汽车重大专项课题。经过“九五”和“十五”的发展，我国在新能源汽车领域尤其是在电动汽车方面取得了很多重大进展[5,6]。

与传统内燃机汽车相比，电动汽车有以下的优势：

1）无有害气体排放

内燃机汽车尾气中含有大量的 CO_2、CO、HC、NO_x、微粒等污染物，易导致形成酸雨及光化学烟雾，是大气污染的主要来源，而纯电动汽车行驶时不产生尾气污染，有“零污染”的美称[7]。

2）无石油产品的消耗

每年用于交通运输的石油占石油总消耗的 60%以上，而电动车辆使用电驱动，不消耗石油，对于缓解能源危机压力有极大的好处。

3）高效节能、低噪声

与传统汽车相比，电动汽车没有怠速能量损失，在制动时能回收动能。另外，电动汽车在运行、加速时电动机的噪声和振动要比发动机低得多，是安静的交通运输工具。

4) 智能化程度和可靠性高

由于电动汽车采用了先进的电子信息技术，汽车智能化程度得到了很大的提高。电动汽车的电动机控制系统，可与各个电子控制系统包括无级变速、防抱死制动系统(ABS)、制动能量回收系统、安全气囊系统、自动空调系统、电子稳定系统等相协调，在电动汽车上更易实现计算机智能控制。此外，电动汽车较内燃机汽车结构简单，运转、传动部件少，故障率低，维修保养工作量小，而且与传统汽车相比电动汽车更易操纵。

虽然电动汽车有以上优点，但是目前电动汽车尚不如内燃机汽车技术完善，尤其是存在动力电源(电池)寿命短，使用成本高，电池的储能量小，充电时间长，一次充电后行驶里程不理想，价格较贵等缺点，但从发展的角度看，电动汽车代替传统汽车是必然趋势。尤其是高能量密度、高功率密度和长寿命新型锂离子二次电池的出现，为电动车的发展提供了新机遇，当前的锂离子二次电池技术水平已经达到 USABC(美国先进电池联合会)所提的中期目标，达到实用化的程度[8]。

今天的电动汽车 本书中讨论的“今天的电动汽车”是指以车载锂离子二次电池电源为动力，用电机驱动车轮行驶，符合道路交通、安全法规各项要求的车辆。通常人们把电动汽车分为 3 类，即纯电动汽车(pure electric vehicle)、混合电动汽车(hybrid electric vehicle)和燃料电池电动汽车(fuel cell electric vehicle)。

纯电动汽车是指以车载电源二次电池(如铅酸电池、镍镉电池、镍氢电池或锂离子二次电池)为动力，用电机驱动车轮行驶的机动车辆。由于石油的日益匮乏，纯电动汽车被认为是汽车工业的未来。由于我们讨论的是纯电动汽车方面的工作结果，所以对混合电动汽车和燃料电池电动汽车就不再作介绍。

电动汽车的构成主要包括车载能源系统(电池系统)、电机、车辆控制系统、大功率 DC/DC 转换器以及充电机等。电池能源系统、电机及其控制系统是电动汽车的核心。电池系统是电动车的关键部件，决定了电动汽车的性能，也是到目前为止电动车发展的技术瓶颈。车辆控制系统是在驾驶员的操控下使车辆各部件之间有机协调及高效工作的中枢[9,10]。考虑到车载电池能源系统的特殊性和复杂性，下面将具体叙述其特点。

3.1.2 车载锂离子二次电池能源系统

电动汽车行驶的动力来自于自身携带的二次电池能源系统。纯电动汽车主要通过电网补充能量，刹车时部分能量可回到电池系统中得到再利用。

因为电动汽车上储能的锂离子二次电池能源系统是由几十甚至几百块电池组成的，因此如何设计好电池组，并借助于电池管理系统(BMS，battery management system)安全、高效率地使用好锂离子二次电池、充分发挥好锂离子二次电池的作用是一件十分重要的事情，下面分别讨论这些问题。

1) 锂离子二次电池模块

小型锂离子二次电池的产业化始于 20 世纪 90 年代初，较早进行产品生产的主要有日本的索尼公司等[11]。锂离子二次电池具有高的能量密度，适合电动车使用，但当发生过充电时，电解质会被分解，而使得电池内部的温度与压力上升；当发生过放电时，负极集流体铜会熔化而造成内部短路，使温度升高；当外部电路短路或放电电流过大时，由于高内阻的特性，电池内部功率消耗增加，温度也会上升，可能引起电解液的氧化或分解，导致电池寿命缩短；当以上情况严重时，锂离子二次电池压力与热量大量增加，容易导致热失控而产生火花、燃烧甚至爆炸[12,13]。

表 3.1 是美国先进电池联合会(USABC)制定的部分电池指标和我们的动力锂离子二次电池对比。从表中可以看出我们的锂离子二次电池已基本达到其中期目标的要求。截至 2019 年 12 月，由于电极材料结构和表面修饰技术的发展，随着有机电解液添加剂的发展，锂离子电池的相关技术指标甚至超过中期目标要求的水平。

表 3.1　USABC 计划电池指标和动力锂离子二次电池对比

参数	中期目标	长期目标	锂离子二次电池
体积功率密度/(W/L)	250	600	400～600
质量功率密度/(W/kg)	150～200	400	≥350
体积能量密度/(Wh/L)	135	300	≥220
质量能量密度/(Wh/kg)	80～100	200	≥130
寿命/年	5	10	10
循环次数	600	1000	800～1500
价格/(美元/kWh)	<150	<100	≤400
正常充电时间/h	<6	3～6	≤5
工作温度/℃	–30～65	–40～85	–40～50

由于电动汽车用二次电池模块一般在 DC48V 以上，而电动汽车通常的工作电压高达几百伏。因此在使用过程中需要对大量电池进行串联以提高电池组的电压值。因为技术、安全性和成本等原因，目前单体的二次电池容量还不能满足电动车续驶里程和加速性能等需求，还需要对多个电池进行并联以提高电池组的容量。

从单体电池到电池系统是一个复杂的过程，如电池之间的连接、电池的固定、绝缘处理、防水、防尘、防爆设计等。如果把一个完整的电池系统设计成由几个电池模块组成，使得车载电池系统设计只是针对几个电池模块，这样就可以使得电池系统的安全可靠性增加，有利于电池系统在车上的布置和安装。同时，电池系统的维修、维护也同样变得简单，在出现问题时只是更换发生问题的电池模块即可[14]。

对多个锂离子二次电池进行串并联组合，再加上电池组外壳和其他附件就构成了二次电池组模块。电池模块的设计一般包括单体组合、热管理系统、电池管理系统、控制组件和外壳。

基于上述锂离子二次电池的优势和缺点，在设计该电池模块时应特别注意热管理和电池的综合管理。

2) 电池模块的热管理

由于锂离子二次电池在充放电过程中生成了反应热和焦耳热(由电池内阻等引起)，电池在充放电过程中自身温度会发生变化，主要表现为温度上升，尤其在大电流、高功率工作的情况下温度的升高会更明显。电池温度过高时电池的性能会下降，一般电池温度长时间超过 50℃时其循环性能将受到影响，温度的进一步升高可能会引起电池发生安全事故。因此，在设计锂离子二次电池模块中需要考虑电池的散热问题。散热方式主要有风冷和液冷，风冷和液冷的比较如表 3.2。

表 3.2　风冷和液冷方式比较

冷却介质	空气	液体
冷却介质与电池接触方式	直接接触	直接接触(如矿物油)，非直接接触(如水、乙醇等)
设计	简单	复杂
传热效率	较低	较高
容积效率	低	高，结构紧凑
成本	低	较高
维护	要求低，容易实现	要求高，不易实现
密封	不易实现密封	易密封
电池摆放位置	对摆放位置敏感	对位置不敏感
其他	高温或严寒地带不适用	可用于寒冷或高温地带

电池热管理的实现是通过在电池模块内特定区域安装温度传感器，当监测到模块内温度达到或超过某一温度限值时，或模块内温度的离散程度达到或超过某一限值时，启动模块内的强制散热装置，当温度下降到允许值时，散热装置停止工作。

有的电池系统热管理设计还包括在低温环境下对电池加热的功能，方法是上述散热方法的逆过程[15,16]。

3) 电池管理系统(BMS)

众所周知，电动汽车携带的电能是有限的，为了增加电动汽车的续驶里程，同时延长电池系统的使用时间，对电池系统进行全面的、有效的管理非常必要。

BMS 在汽车运行过程中需完成的任务多种多样，基本功能一方面是监控电池的工作状态(电池电压、电流和温度)，通过对这些参数的测量，预测电池的 SOC 和相应的剩余行驶里程，管理电池的工作情况(避免出现过放电、过充、过热和单体电池之间电压严重不平衡现象)；另一方面是电池均衡和电池热管理功能的实现。BMS 是电动汽车重要的电子控制单元，其优劣将直接影响电池的寿命，也影响电动车的性能。

一般电动车用电池管理系统应具有如下功能：

① 检测和显示电池的工作电压、电流、温度等工作状态参数。

② 根据测量结果和优化算法估算电池荷电状态，为充电、放电、均衡、制动能量回馈等控制提供依据。

③ 对电池进行过充电保护、过放电保护、漏电保护等，保证电池工作过程的安全。

④ 显示与存储电池充放电信息、电池故障信息等，并自动存储电池状态信息。

⑤ 与整车进行通信(包括 CAN 通信，数字 I/O 口通信等功能)，向整车输出电池信息，接收整车控制指令。

⑥ 对电池箱的热进行管理(包括电池箱的冷却、加热等)，保证电池的工作温度相对稳定。

⑦ 对电池单体由于长期运行出现的不均匀现象进行均衡处理。

电池系统的故障诊断功能非常重要，一般电池管理系统应至少可以判断以下故障：电池模块过压、电池单元过压、电池模块低压、电池单元低压、过流、温度过高、漏电、电池单体控制故障、电池单体电压不平衡故障、CAN 通信故障、冷却系统故障等。

通常管理系统会依据出现问题或故障严重的级别作相应的处理，如电池判定出现严重问题时电池管理系统应锁定并且打开高压继电器开关，一般问题时仅向车辆控制器报告错误信息，或者报告一个警告信息。

为实现上述功能，一般电池管理系统如图 3.1[17,18]工作。

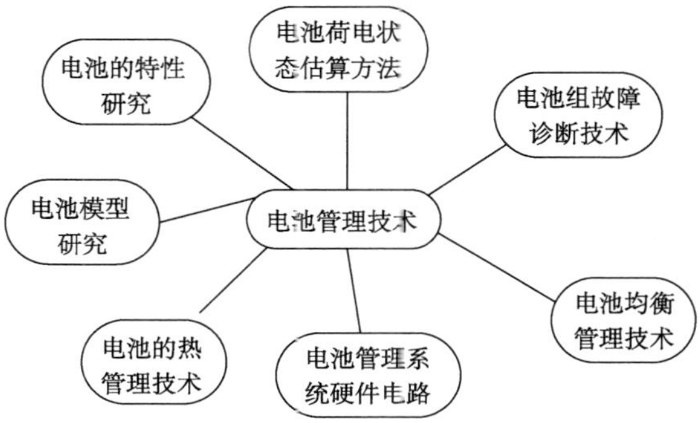

图 3.1　电池管理系统的示意图

3.2 MGL 首辆电动车及其动力锂离子二次电池系统

为了试验动力锂离子二次电池在电动车上的适应性，我们于 2002 年自主研制了一辆纯电动试验平台车。我们选择了北汽福田的 BJ6486J1FB 原型车。经过对原车的电动化改装，在 2004 年年初我们完成了国内第一辆锂离子二次电池驱动的电动面包车的制作，如图 3.2 所示。

图 3.2　我们研制的第一辆电动面包车

3.2.1　设计与计算

在改装过程中我们对原车主要改动如下：

(1) 增加部分：电池能源系统及电池管理系统(BMS)、电动机及控制器、直流变换器(DC-DC)、车载充电机。

(2) 拆掉部分：汽油发动机、减速箱、油箱、离合器。

(3) 改造部分：刹车真空助力、档位、传动轴、车载空调、加油口、车显仪表盘、外观和内饰。

根据原车的动力配置和我们的设计任务书要求，整车动力设计和计算如下。

1. 基本参数

电池系统的质量能量密度为 90Wh/kg，体积能量密度为 150Wh/L，电池能源系统为 296V150Ah，其质量为 296×150÷90=493kg。拆除的发动机、减速箱、油箱(含油)等的质量与增加的电机及控制器、配电箱、真空系统等的质量基本相当，车辆增加质量仅为电池质量即 493kg。车辆额定载客 6 人，全载质量为 390kg，半载为 200kg。电机效率为 93%，电机控制器效率为 97%。该车的其他设计如下所述。

2. 阻力计算

汽车行驶过程中要克服滚动阻力、空气阻力、爬坡阻力和加速阻力四种阻力，针对该车型阻力计算如下。

1) 滚动阻力

滚动阻力由轮胎变形迟滞损失产生，根据公式 $F_f=G_z\times f\times g$ 计算，其中，F_f 为全载滚动阻力，N；f 为阻力系数，$f=0.0076+0.000056v$；g 为重力加速度；G_z 为全载质量，2643kg。车辆在全载情况下不同车速时的滚动阻力结果如图 3.3 所示。

2) 空气阻力

空气阻力由车身外表风压阻力和空气摩擦力产生，根据公式 $F_w=(C\times S\times \rho\times v^2)/2$ 计算，其中，F_w 为空气阻力，N；C 为空气阻力系数，0.55；v 为相对速度，m/s；S 为迎风面积，3.27m^2；ρ 为空气密度，1.2258Ns^2/m^4。不同车速下空气阻力结果如图 3.4 所示。

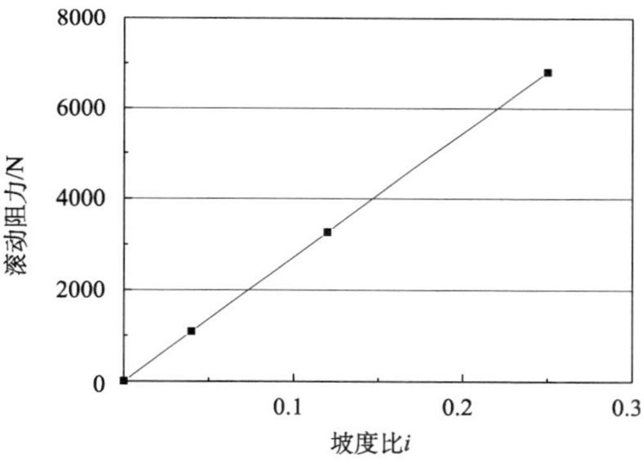

图 3.3　全载质量滚动阻力

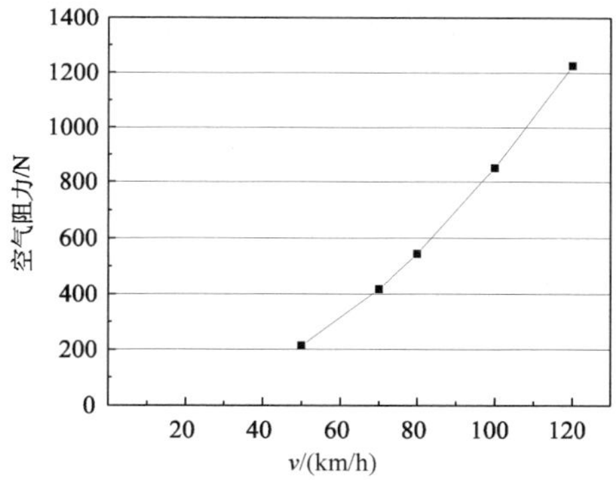

图 3.4　空气阻力和车速关系

3) 爬坡阻力

爬坡阻力 (F_i) 为车辆重力沿坡道的分力，根据公式 $F_i=G_z\times i$ 计算，其中，G_z 为全载质量，2643kg；i 为坡度比，结果如图 3.5 所示。

4) 加速阻力

加速阻力 (F_j) 由汽车平移惯性和旋转惯性产生，根据公式 $F_j=\delta\times G_b\times j$，$\delta=1+(\Sigma I_1/r^2+I_d i^2\eta/r^2)/G_b$ 计算，其中，δ 为汽车旋转质量换算系数，$\delta>1$；j 为加速度，$j_{0\sim50}=0.93(15S)$，$j_{50\sim80}=0.56(15S)$；I_1 为车轮转动惯量，5.07；I_d 为电机转动惯量，0.15；r 为车轮半径，0.314m；i 为主减速比，4.556；η 为机械效率，95%；G_b 为汽车质量与重力加速度的比值，结果如图 3.6 所示。

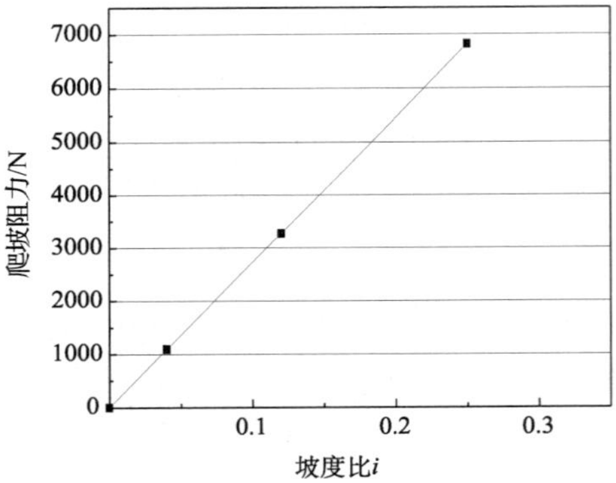

图 3.5　汽车爬坡阻力

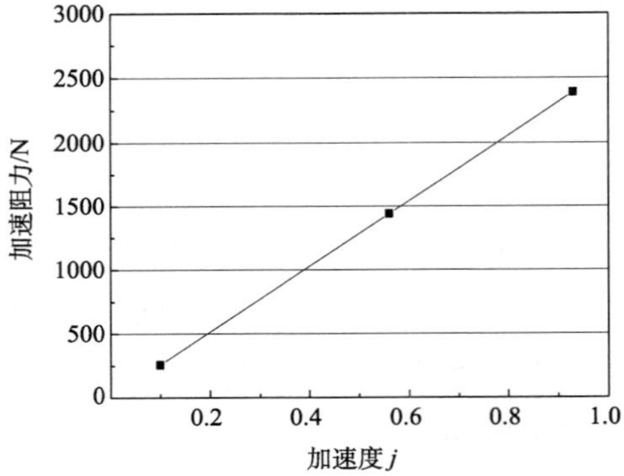

图 3.6　汽车加速阻力

5) 运行动力及功率计算

汽车行驶平衡方程式：$F=F_f+F_i+F_w+F_j$，根据此式可以计算出汽车在不同车速、不同爬坡度及不同加速度情况下所需要的动力及功率。

3. 电机扭矩与驱动力的计算

1) 车速与电机转速

车速与电机转速根据公式 $v=2\pi r\times n\times i\times 60$ 计算，其中，v 为车速，km/h；n 为电机转速，r/min；i 为主减速比，4.556；r 为车轮半径，0.314m，结果如图 3.7 所示。

2) 30kW 电机扭矩与驱动力

根据公式 $T=9549P/n$，$F=T\times i\times \eta/r$ 计算电机扭矩和驱动力，其中，T 为电机扭矩，Nm；P 为电机功率，kW；F 为驱动力，N；i 为主减速比，4.556；η 为传动效率，95%，结果如图 3.8 所示。

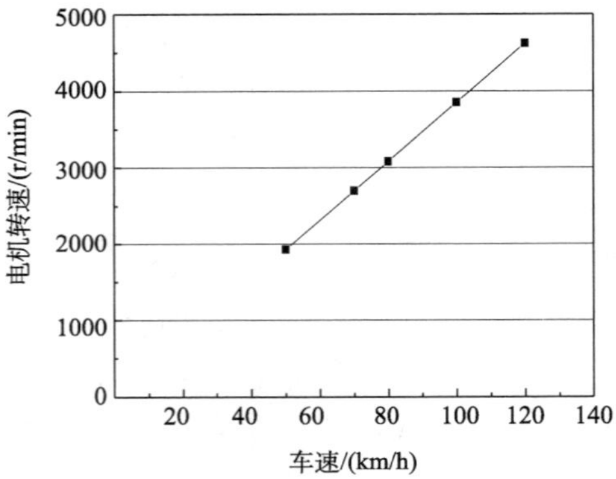

图 3.7　车速与电机转速关系

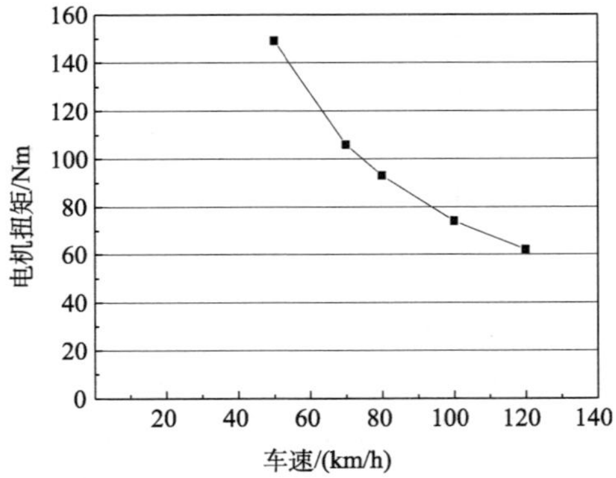

图 3.8　电机扭矩与车速关系

3）车速与驱动力及功率计算

根据公式 $P_s=F_s\times v/3600$ 计算车速与电机驱动力的关系，此时 $F_i=0$、$F_j=0$，其中，F_s 为电机驱动力，N；P_s 为电机功率，kW；v 为车速，km/h，结果如图 3.9 所示。

4）爬坡度与驱动力及功率计算

根据公式 $F_p=(F_f+F_w+F_i+F_j)/\eta$，$P_p=30\times F_p\times\eta/F$ 计算，此时，$F_w=0$、$F_j=0$，其中，F_p 为电机驱动力，N；P_p 为电机功率，kW；η 为传动效率，95%；F 为电机额定驱动力，结果如图 3.10 所示。

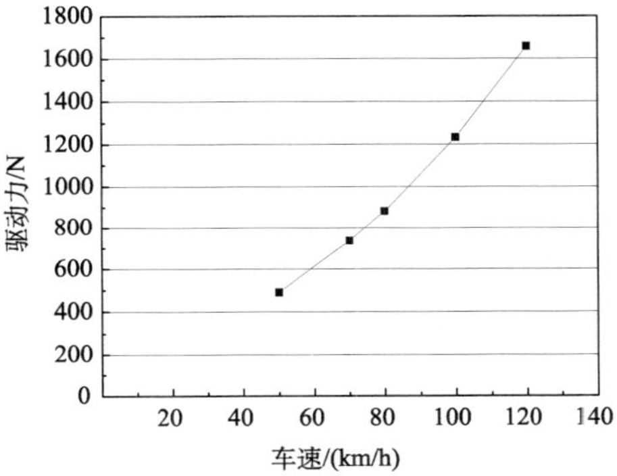

图 3.9　汽车车速与电机驱动力关系

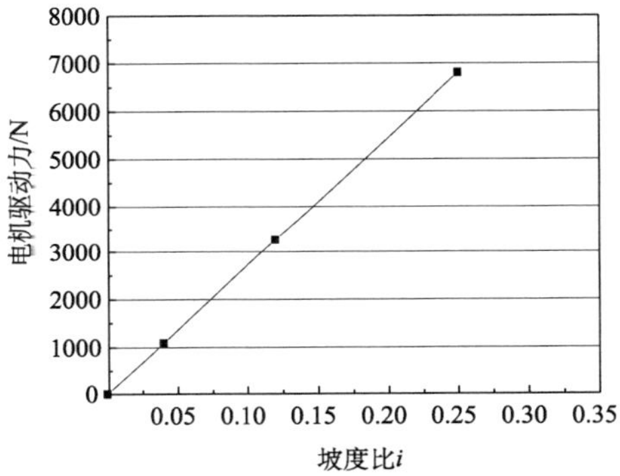

图 3.10　爬坡度与电机驱动力关系

5）加速度与驱动力及功率计算

车速自 0 加速至 50km/h 所用时间与所需最大驱动力及功率根据公式 $F_g=(F_f+F_w+F_i+F_j)/\eta$，$P_g=F_g\times v/3600$ 来计算，此时，$F_i=0$，其中，F_g 为电机驱动力，N；P_g 为电机功率，kW；F_f 为 50km/h 时的滚动阻力；F_w 为 50km/h 时的空气阻力；v 为车速，50km/h，结果如图 3.11 所示。

车速自 50km/h 加速至 80km/h 所用时间与所需最大驱动力及功率计算方法同上，结果如图 3.12 所示。

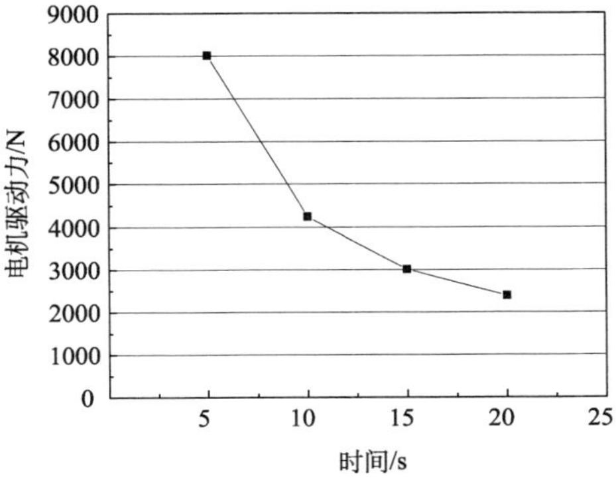

图 3.11　0～50km/h 加速时间与驱动力关系

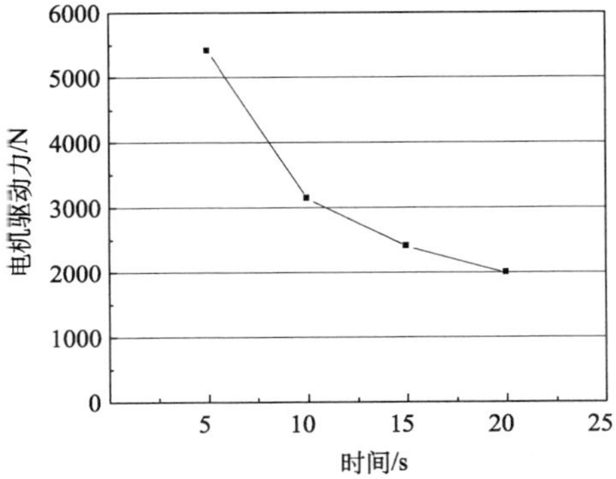

图 3.12　50～80km/h 加速时间与驱动力关系

4. 电源设计

1) 电流计算

根据公式 $I=P/(U\times\eta_k\times\eta_d)$ 结合不同功率计算电池系统电流，其中，I 为电池系统电流，A；U 为电池系统端电压，V；P 为功率，kW；η_d 为电机效率，93%；η_k 为控制器效率，97%，计算结果如图 3.13 所示。

根据上述公式计算坡道起步电流和加速行驶时的电流，计算结果如图 3.14～图 3.16 所示。

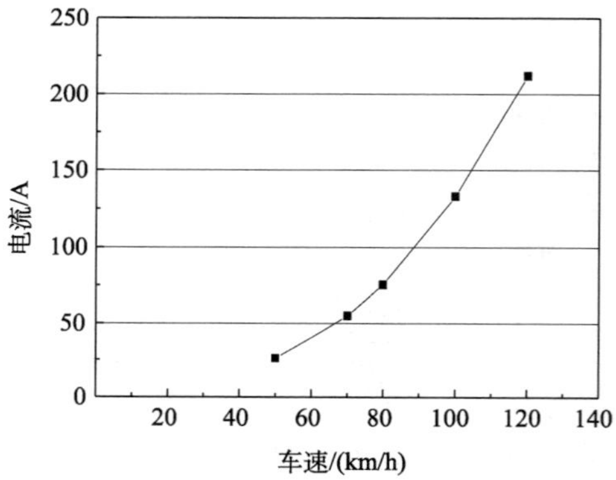

图 3.13　车速与电池电流关系

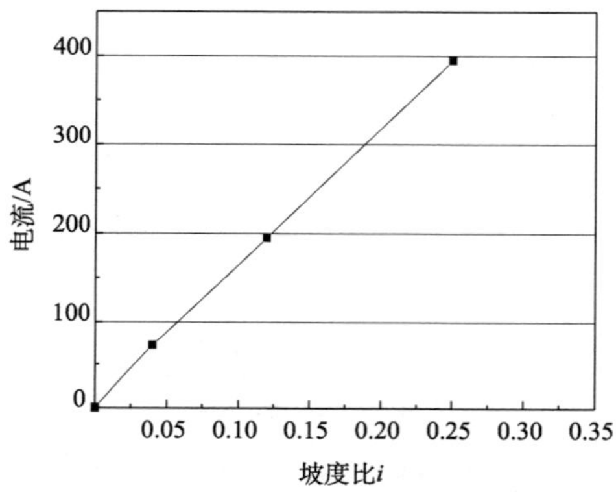

图 3.14　坡道起步电流与坡道关系

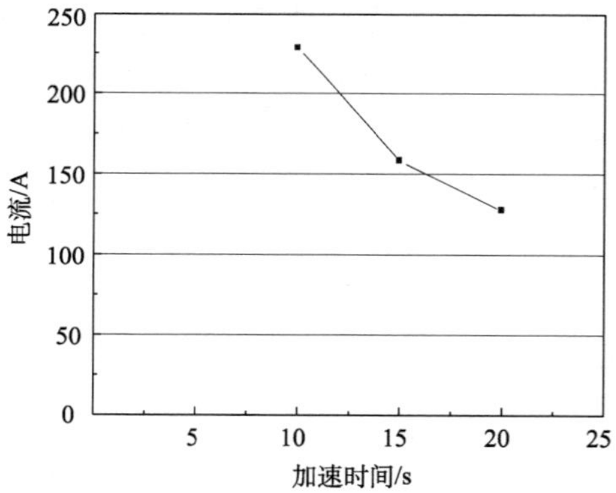

图 3.15　0～50km/h 加速时间与电流关系

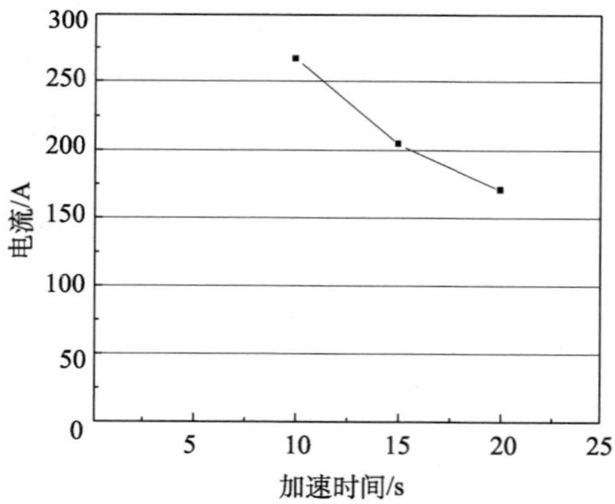

图 3.16　50～80km/h 加速时间与电流关系

2) 不同车速行驶百公里能耗

根据公式 $P_n=I\times U\times 100000/v$ 计算不同车速匀速行驶时百公里能耗，其中，P_n 为耗电量，kWh；I 为不同车速电流，A；U 为电池系统端电压，V；v 为车速，km/h，结果如图 3.17 所示。

3) 续驶里程计算(水平良好路面匀速)

根据公式 $S=P/P_n$ 计算不同车速下的续驶里程，其中，S 为续驶里程，km；P 为电池能量，kWh；P_n 为不同车速百公里能耗，kWh/100km，结果如图 3.18 所示。

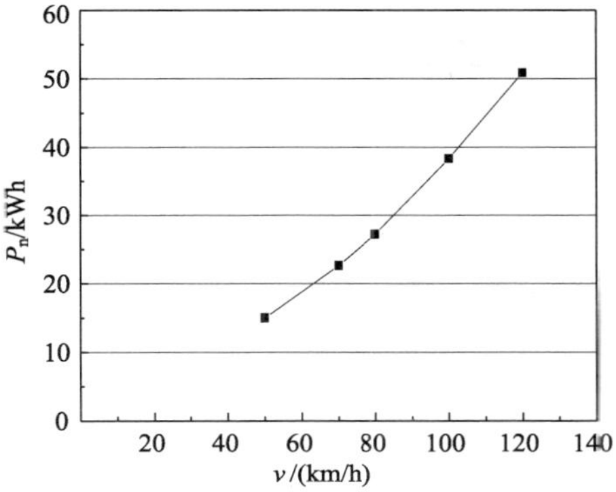

图 3.17　不同车速百公里能耗

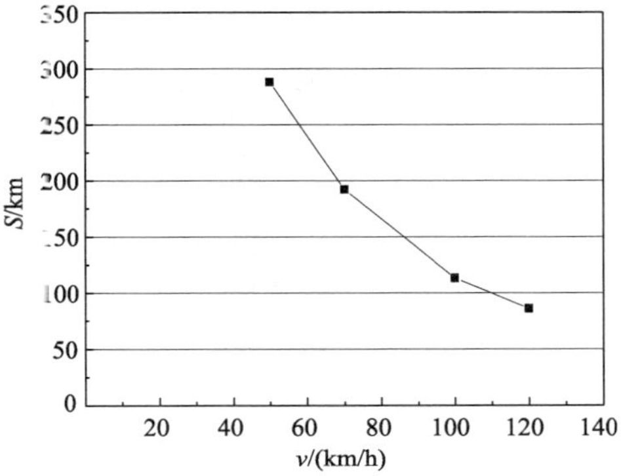

图 3.18　不同车速下续驶里程

经以上计算，车辆使用 44.4kWh 电池系统、30kW 电机(要求有短暂 3 倍过载能力)可以达到设计任务书电动汽车的动力要求。整车动力设计计算如表 3.3 所示。

表 3.3　电动汽车各工况下动力计算

汽车运行情况	最大驱动力/N	电机扭矩/Nm	功率/kW	电池组电流/A	备注
0～50km/h 加速	3005	219	41	158	时间 15s
50km/h 匀速	1491	36	6.8	26	长时间水平路面
50～80km/h 加速	2397	174	53	204	时间 15s
80km/h 匀速	882	64	19.6	75.5	长时间水平路面
100km/h 匀速	1232	90	34.2	133	长时间水平路面
120km/h 匀速	1657	121	55.2	212	长时间水平路面
50km/h 爬坡 0.12	3764	274	55	212	时间 120s
爬坡 0.2	5735	417	79.7	316	时间 60s

3.2.2　动力锂离子二次电池能源系统

1) 电池模块

该系统包括 3 个电池模块，分别安装在车底板以下。每个电池模块通过 4 个悬挂点与车体快速机械连接(图 3.19)，同时正负极和电池管理的通信连接也可以同时操作，能在 6min 内完成整个系统的安装和拆卸。

为了保证电池的散热，在电池系统内要保证每个电池之间的距离为 10mm，而且电池模块做成敞开体系，利用车辆行走时形成的“风”穿过模块内部进行散热。

电池的成组过程如图 3.20 所示。

图 3.19　电池模块的快换机构

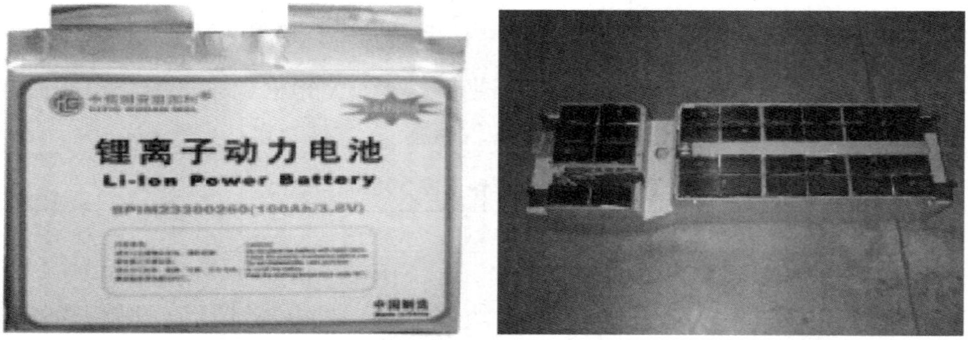

图 3.20　电动车电池模块的组装过程

电池管理系统安装在电池模块的上部，除了对电压、电流和温度进行随时监测外，还增加了电池均衡功能，均衡电流小于 2A。均衡的方法是将高荷电态电池的电量向低荷电态电池转移，由于均衡的技术还不成熟，经常出现电池采集模块过热的现象，而且均衡效果不明显。由于均衡电路的存在造成管理系统的体积和质量增加，从而影响电池系统的能量密度。

电池系统的能量密度为 78Wh/kg，最大输出功率为 60kW，一般充电时间为 4h。

2) 电池管理系统(BMS)

BMS 置于车前内部，通过对电池(系统)电压、温度、电流和剩余容量的监控，防止电池(系统)过充电、过放电、超温、过载等非正常使用下的操作。BMS 不断检测电池的电压、电流和温度，温度检测通过 18B80 传感器实现，检测数据通过 CAN 线上传到 BMS，BMS 对上传数据进行处理，并找到电池系统中电压最高值和最低值及温度最大值并与预先设定的参数进行比较，通过不同开关控制信号对充电和放电过程进行控制，使车辆安全可靠地运行。

3) 充电机

充电机为地面充电机，输入为 3 相 380V，输出为 DC350V40A，如图 3.21。在充电过程中先以设定的恒流充电，同时监测电池组中电压最高的电池，充电时保证它不被过充，当其电压达到设定的上限时，总的充电电压保持不变，充电电流随之下降，维持单体最高电压不超过设定的上限。当充电电流下降到最小设定值时自动停止充电，这样就能保证电池以最快的速度完成充电，且不会发生危险。充电过程中电池系统内散热风机工作，风冷电池系统，个别电池电压过高时，会通过声光报警通知操作者，同时停止充电。

图 3.21　电池车用地面充电机

4) 试验和测试结果

委托交通运输部公路交通科学研究所公路交通试验中心对电动汽车按《GB/T18385－2001 电动汽车动力性能试验方法》和《GB/T18386－2001 电动汽车能量消耗率和续驶里程试验方法》进行检验，结果如表 3.4 和表 3.5 所示。表 3.6 列出了电动汽车在工况下动力性能部分测试结果。

表 3.4　动力性能试验结果

试验项目	结果
最高车速	116.9km/h
0～50km/h 加速	6.8s
50～80km/h 加速	7.34s
爬坡	>20%
坡道起步	>18%

表 3.5　能量消耗和续驶里程试验结果

试验项目	结果
行驶距离/m	204115.2
行驶时间/s	14620.89
平均速度/(km/h)	50.23
试验后，充电前电度表初始值/kWh	469
充电结束时电度表初始值/kWh	508
能量消耗率/(Wh/km)	188.03
续驶里程/km	>204

表 3.6　电动汽车测试结果

工况	电池电压/V	电池电流/A	时间/s	功率/kW
0～50km/h 加速	319	202	9	64.4
50km/h 匀速	302	30		9.06
50～100km/h 加速	290	215	21	62.3
80km/h 匀速	291	60		17.46

表 3.7 是型号为 MGL 6486 电动汽车的技术参数表。本车百公里耗电仅 19kWh，运行 20 万公里共耗电 38000kWh，费用约 19000 元。如果利用夜间峰谷时间充电，费用会降到 13300 元，若使用汽油，百公里耗油 12L，行驶 20 万公里耗油 24000L，费用为 122400 元，费用是使用电力的近 10 倍。目前电动汽车已累计运行超过 70000km，车辆性能没有明显变化，测试还在进行中。

表 3.7　MGL 6486 电动汽车的技术规格

项目	原车	MGL 6486 电动汽车
动力系统	汽油发动机，70kW	交流伺服电动机，30kW；动力锂离子二次电池，296V，100Ah
总质量/kg	1670	2050
常用车速/(km/h)	80	50
最高车速/(km/h)	≥120	117
最大爬坡度	0.3	>0.2
0～50km/h 加速时间/s	9	6
一次加油(充电)续驶里程/km	410	204
尾气排放	有	无
百公里耗油(电)	12L(61.2 元)	19kWh(6.6 元)

3.3　电动轿车及其动力锂离子二次电池能源系统

目前我国汽车家庭化的速度加快，轿车的种类也在迅速增长，但同时能源紧张和大气环境问题也在加剧，加速实现汽车的电动化有着非常重要的意义。家庭轿车如果每天仅用于上下班和购物，汽车对行驶里程和动力性能的要求是不高的。按照我们对城市出租车的调查，即使是北京和上海这样的大都市，出租车每天的行驶里程在 200～250km 的范围内。根据上面对城市轿车里程和速度等性能的看法，我们认为现在的动力锂离子二次电池性能完全可以满足需要，并设计了以下的电动轿车及动力锂离子二次电池系统。

3.3.1　电动轿车用电池模块

我们首先研制出了适合该类汽车使用的能量-功率型(EP)锂离子二次电池，该电池的最大放电倍率可以达到 6*C*。根据电动轿车的要求，我们在该类型锂离子二次电池的基础上又开发出电池模块(如图 3.22)，模块内使用 EP 型 60Ah 电池，内部集成了电池管理和热管理功能，该模块的能量密度可达到 97kW/kg。表 3.8 给出了不同电池模块的性能与参数。

图 3.22　MGL 电池模块

表 3.8　MGL 不同电池模块性能参数

序号	项目	模块 1	模块 2	模块 3
1	型号	SPIM16285255-14s	SPIM16285255-2p7s	SPIM16285255-13s
2	标称电压/V	53.2	26.6	49.4
3	额定容量/Ah	60	120	60
4	额定能量/kWh	3.2	3.2	3.0

续表

序号	项目	模块 1	模块 2	模块 3
5	尺寸/mm	330×267×313	330×267×313	330×267×313
6	质量/kg	34.3	34.3	32.2
7	最大输出功率/W	6000	4000	5600
8	最大充电电流/A	40	60	40
9	循环寿命/次	800	800	800
10	常温自放电/(%/月)	5	5	5
11	温度适用范围/℃	–20～50	–20～50	–20～50
12	管理系统	有	有	有
13	管理系统工作电压/V	12	12	12
14	热管理系统	有	有	有
15	外壳材料	绝缘、阻燃、环保塑料	绝缘、阻燃、环保塑料	绝缘、阻燃、环保塑料

3.3.2　电池模块在电动轿车上的应用

为了验证该种电池模块在电动车上应用的可行性，如图 3.23 所示，我们于 2007 年开始试制电动轿车，并以此作为电池系统的动态试验平台。研制所用的电动轿车是以力帆 520 手动挡 1.3L 轿车作为平台，车的驱动电机是一额定功率为 22kW 的交流异步电动机，车辆安装了一组 334V60Ah 锂离子二次电池模块，车辆的主要部件配置情况如表 3.9 所示。

车辆改装完成后，2007 年 9 月初在交通运输部公路交通试验场(北京通州)由天津中国汽车技术研究中心完成了技术测试，测试结果如表 3.10 所示。

图 3.23　电池模块在电动轿车上的安装

表 3.9　电动轿车主要配置情况

序号	主要构成				结构及主要技术参数
1	电源	主电源	单体蓄电池	型　式	动力锂离子二次电池
				电　压	3.8V
				容　量	60Ah
				质　量	2.0kg
				质量能量密度	114W/kg
			连接方式		串联
			总电压		334V
			总容量		60Ah
			电池管理系统		GTBMS-005A
		辅助电源			12V 免维护铅酸电池
2	电动机		型　式		交流异步
			额定转速		1600r/min
			额定功率		22kW
			最大转速		4500r/min
			最大功率		55kW
			最大转矩		175kN
			控制器		IMSEV022-28/F
3	变速器		型　式		手动
			挡位数及速比		5 挡同步，主减速器在同一箱体内
			操纵方式		手动
4	转向器型式				自动调整间隙齿轮齿条式
5	转向助力泵		型　式		带方向机助力泵
			驱动方式		辅助电机
6	行车制动		型　式		对角分布的双管路制动器
			驱动方式		前轮：盘式制动器；后轮：鼓式制动器
7	驻车制动				后轮机械式
8	轮胎		型　号		185/60R14
			负荷能力		—
9	车身		型　式		承载车身
			乘员数		5 人
10	整备质量				1350kg

表 3.10 电动轿车的测试结果

<table>
<tr><th>序号</th><th colspan="3">试验项目</th><th>试验结果</th><th>备注</th></tr>
<tr><td>1</td><td colspan="3">初速度为 50km/h 的滑行距离/m</td><td>671.1</td><td>—</td></tr>
<tr><td rowspan="6">2</td><td rowspan="6">动力性</td><td colspan="2">最高车速/(km/h)</td><td>145.2</td><td>—</td></tr>
<tr><td rowspan="2">0～50km/h 加速</td><td>时间/s</td><td>7.6</td><td rowspan="2">—</td></tr>
<tr><td>距离/m</td><td>51.5</td></tr>
<tr><td rowspan="2">50～80km/h 加速</td><td>时间/s</td><td>5.6</td><td rowspan="2">—</td></tr>
<tr><td>距离/m</td><td>102.8</td></tr>
<tr><td>爬坡性能</td><td>最大爬坡度/%</td><td>20</td><td>—</td></tr>
<tr><td rowspan="5">3</td><td rowspan="5">60km/h 匀速续驶里程及能量消耗率</td><td colspan="2">续驶里程/km</td><td>163.5</td><td rowspan="3">试验在电池电压低于厂家规定最低电压时终止</td></tr>
<tr><td colspan="2">续驶时间/min</td><td>163</td></tr>
<tr><td colspan="2">续驶车速/(km/h)</td><td>60</td></tr>
<tr><td colspan="2">充电期间来自电网的能量/kWh</td><td>19.2</td><td>—</td></tr>
<tr><td colspan="2">能量消耗率/(kWh/km)</td><td>0.117</td><td>—</td></tr>
<tr><td>4</td><td>制动</td><td>30km/h 制动</td><td>距离/m</td><td>5.1</td><td>—</td></tr>
</table>

由测试结果可以看出，试制的电动轿车的动力性能基本达到了原车的水平，车辆的耗电量约为 12kWh/100km，运行成本约为燃油的 1/8，没有尾气排放。

目前，该车已经在呼和浩特市进行了两年运行以验证车辆和车载电池组的长期运行效果。车辆每天充电一次，每天行驶 100km，完成 24 个月约六万公里的累计行驶里程之后，车辆的性能基本没有变化。

2007 年 11 月该车参加了在上海举行的必比登大赛，在噪声、排放、经济性等方面获得 4A，并顺利完成 160km 的拉力赛。此外，我们和米其林用力帆 520 车体开发了一辆装备该动力电池系统的纯电动轿车。

3.4 2008 年北京奥运会零排放公交车及车用锂离子二次电池系统

3.4.1 奥运前的电池车载试验

虽然国家科学技术部 2000 年 10 月就开始把电动汽车研究开发列入了重大专项中，但是由于人们对锂离子二次电池安全性认识不足，因此在比较长的一段时间内，采用以钴酸锂材料为正极的动力锂离子二次电池的电动汽车曾导致了多起燃烧或爆炸事故。

2001 年北京申办奥运会取得成功后，北京高度重视电动汽车用动力锂离子二次电池的研究开发工作，我们率先在动力锂离子二次电池的研究开发方面取得了一系列突破性的进展。

我们在 2001 年成功地实现钴酸锂正极材料的规模化生产并迅速占有国内大部分市场后，把研究开发的重点迅速转向了具有尖晶石结构的锰酸锂正极材料的生产技术开发，并于 2003 年上半年完成了动力锂离子二次电池研制方案的确定和准备工作。2003 年 7 月，我们研制出了小批量 100Ah 锰酸锂动力锂离子二次电池。在对样品电池进行稳定性和安全性能研究后，2003 年 9 月我们向北京理工大学提供了一批 100Ah 动力锂离子二次电池。随后北京理工大学对这些锰酸锂锂离子二次电池进行了各项高低温实验、倍率放电实验和电池一致性考察，接着中国北方车辆研究所国家 863 计划电动车重大专项动力电池测试中心对 MGL100Ah 动力锂离子二次电池进行了过充、短路、针刺等安全性测试。测试结果是 MGL100Ah 动力电池一次性通过了当时设定的安全标准。根据测试的结果，北京市科学技术委员会立刻要求有关方面尽快进行搭载锰酸锂动力锂离子二次电池能源系统的整车试验。

由于在本书的第 2 章中，已经对具有尖晶石结构的锰酸锂正极大容量动力电池进行了详细的描述和讨论，因此在本章中重点叙述专为北京 2008 年奥运会纯电动公交车开发的锰酸锂正极动力电池系统及其性能。

2004 年 4 月，我们完成了第一批 100Ah 电池的批量生产，然后在 BJD6100 型电动公交车上对由 4×108 块电池组成的系统进行了安装调试。随后搭载了锰酸锂正极动力锂离子二次电池能源系统的整车运行试验开始在北京市密云工业开发区科技路示范区示范运行线路进行。全程运行一圈约 8km，无红绿灯。由于试验区内车流量和人流量小，车辆行驶顺畅，试验最高时速达 120km/h，最大放电电流 300A。试验过程中，首先重点考察了充电过程和放电过程电池的特性和一致性。图 3.24 为当时在密云进行试验的其中一辆客车的照片。

图 3.24　2004 年在密云进行试验的一辆客车

试验客车原车质量约 10600kg，车长约 11m，MGL 电池质量 1800kg，车上参加试验人员为 5 人，约为 325kg，车辆总质量约为 12700kg。

首先对整车进行了 5000km 试运行，车辆行驶及电池组充放电特性如表 3.11 所示。表 3.11 中给出了最初几次充放电循环的参数，从表中可以看出每次充电后车辆均可以行驶 210km 左右，行驶里程、单位里程能耗比较稳定。

表 3.11　车辆行驶里程统计

序号	充电时间/h	充电容量/Ah	充电能量/kWh	最高电压/V	结束电流/A	行驶里程/km	单位里程能耗/(kWh/km)
1	3.92	334	169.5	453.6	24.2	217	0.781
2	3.25	323	155.98	453.6	20.0	217	0.718
3	3.92	313	161.9	453.6	23.1	177	0.915
4	4.25	321	—	446.1	23.4	216	—

2004 年夏季时车辆最高试验环境温度 40℃，地表温度最高达 63℃。测得电池温度为 43℃，经过反复测量，电池温度高于环境温度 3℃左右。

在车辆行驶过程中，电压随行驶里程的增加而降低。由于车辆行驶工况的多样性，车辆行驶过程的电流不同，因此电池的放电曲线也表现出一定的差异性。图 3.25 是电池在不同的放电阶段测量的电压分布情况，即开始放电时、放电 40%～50%时(车辆行驶 117km)、放电终止时(车辆行驶 217km)。从图 3.25 中可以看出，在放电初期，电池电压一致性良好，在放电 40%～50%时，表现出一定的分散性，最后放电停止，电池不一致性的幅度增加。

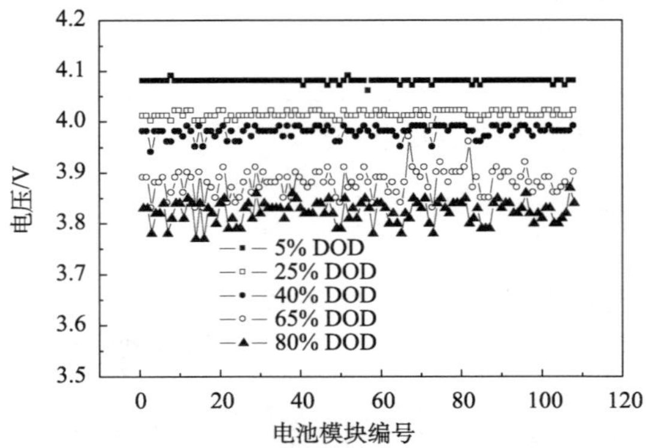

图 3.25　不同荷电态时电压分布

电动公交车在运行了 12000km 后，我们取样分析了一辆车 108 串单体电池的电压分布情况。方法为将电池系统充满电后静止 10h 后进行单体电池电压测试，四百多块电池中的大部分为 4.08V，其中最高 4.09V，最低 4.06V，最大电压差为 30mV；运行 30km 后测得单体电池电压大部分为 4.01V，少部分电池电压为 4.00V 和 4.02V，最大电压差为 20mV；运行 60km 后测得大部分单体电池电压为 3.98～3.99V，最低 3.94V，最大电压差为 50mV；运行 90km 后测得大部分单体电池电压为 3.93～3.95V，最低 3.84V，最高 3.96V，最大电压差为 120mV；运行 120km 后测得大部分单体电池电压为 3.87～3.90V，最低 3.83V，最高 3.91V，最大电压差为 80mV；运行 150km 后测得大部分单体电池电压为 3.83～3.85V，最低 3.78V，最高 3.86V，最大电压偏差为 1.8%。图 3.26 为管理系统测试的荷电态 77%时电池电压一致性。由此可见，经过 12000 多公里的运行，电动车各个单体电池的一致性仍保持良好。

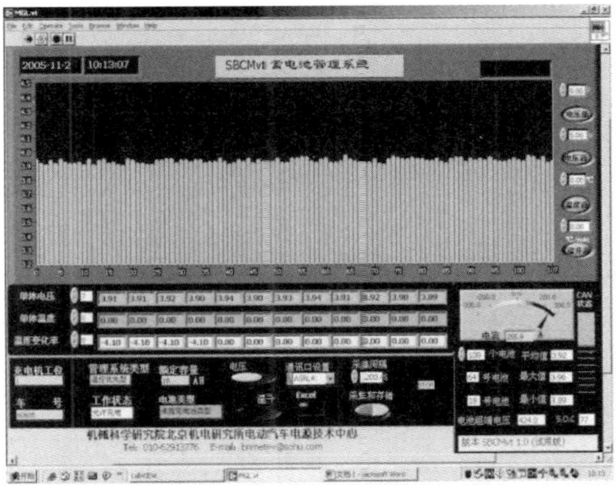

图 3.26　管理系统测试的荷电态 77%时电池电压一致性

值得注意的是，基于过渡金属氧化物正极制备的锂离子电池具有较好的电化学性能一致性，而磷酸铁锂电池在近 10 年来一致性也逐渐提升，目前也基本达到了可应用的水平。后者的优势体现在无高价值过渡金属如钴、镍的应用，因此从千瓦时成本上来讲要低于基于三元材料的锂离子动力电池，但是与锰酸锂电池基本相当[19]。

2004 年 10 月，搭载了我们电池系统的两辆电动客车参加了在上海举行的必比登电动汽车的比赛，取得了 5A 的优异成绩。

这一年，中国北方车辆研究所国家 863 计划电动车重大专项动力电池测试中心(201 所)对我们的动力电池进行了第二次安全与性能测试。测试结果表明，电池安全性良好，通过了各种极限试验，此外电池循环测试进行了 500 次，容量保持在 80%以上，表现出了优越的充放电稳定性。

自 2003 年开始到现在，我们的电池每年都通过了中国北方车辆研究所国家 863 计划电动车重大专项动力电池测试中心的安全检测。这一期间采用我们的动力电池系统还组装了 20 多辆纯电动客车，部分客车图片如图 3.27 所示。

图 3.27　2005～2007 年组装的部分纯电动客车

2007 年 3 月，根据我们锰酸锂动力电池系统多年路试的试验结果，北京确定了奥运公交车电池系统的设计方案，即 2008 年北京奥运纯电动客车的电池能源系统为 360Ah/400V，每辆电动客车安装 10 个电池箱，分为大箱体和小箱体两种，如表 3.12。每个电池箱通过插接件连接，可以实现快速更换的功能，每个电池箱内有独立的温度传感、压力传感和通风散热装置。

表 3.12　奥运电池模块组装方式

项目		小箱体	大箱体	备注
数量		7 个	3 个	
单体电池		90Ah3.8V	90Ah3.8V	
电池数量		32 只	64 只	每车总计 416 只
组合方式		4 并 8 串	4 并 16 串	
电压范围		24～33.6V	48～67.2V	
最大工作电流		放电：400A 充电：180A	放电：400A 充电：180A	
绝缘电阻		>50MΩ	>50MΩ	使用 AC1000V 摇表测试
箱体尺寸	长	(465±1) mm	(808±1) mm	
	宽	(808±1) mm	(808±1) mm	
	高	(331±1) mm	(331±1) mm	
质量		(134±1) kg	(242±1) kg	
工作温度	充电	0～45℃	0～45℃	
	放电	–20～50℃	–20～50℃	
	存储	–10～35℃	–10～35℃	
BMS		内置	内置	工作电压 DC24V
通信		CAN	CAN	

为保证北京奥运会电动公交车的使用安全，2007 年 8 月起，电动车进入北京 121 路进行实际路试运行。与此同时，北京 201 所对电动车用 90Ah 电池进行了第四次安全与性能测试。为了增加车辆的安全性，这时决定对电池的挤压装置和挤压方式进行大的调整，即挤压试验的压力由 30 吨提高到 100 吨。同时原来的单体安全性测试改为电池组测试，此外温度测试标准也有很大提升。此次安全试验的通过对北京 2008 年奥运会最终确定采用 MGL 360Ah 电池组铺平了道路。

3.4.2　奥运期间的零排放公交车

我们于 2002 年完成了尖晶石锰酸锂正极材料生产线的建设，2003 年 10 月研制出的 100Ah 铝塑膜电池通过了 201 所安全试验，接着从 2004 年春开始，将 400V×400Ah 的电池能源系统搭载到奥运会试运行的公交车上进行了长期的性能测试。2008 年 7 月 1 日，在进行了一年多的电动公交车载人运行后，五十多辆装载了锰酸锂动力电池能源系统的奥运纯电动公交车，正式开进了北京奥运会核心区，并在北京奥运会和残奥会期间，每天为奥运会和残奥会官员、教练员、运动员和媒体记者提供 24 小时服务。此外，我们还派出了三十多人的技术团队，在充电站每天 24 小时为这些零排放公交车进行充电，同时还为快速更换电池系统提供技术服务保障工作。

北京奥运电动公交车运行项目从 2006 年 10 月正式启动，可以分为如下三个阶段。

第一阶段：打造了两辆奥运样车(名称为红宝石和蓝宝石)，电池系统为 480Ah (102 串)。开始曾将部分电池放在车的顶部，后来从安全角度考虑将电池放在了车的下部，并采用了快换方式。后来，北京理工大学设计了 360Ah/104 串的电池箱，我们负责将电池箱组装成组，两辆车于 2007 年年底改装完成。之后，两辆车在国家交通运输部通州试验场试验运行，每辆车运行了 5000km。

第二阶段：在上述两辆电动公交车的基础上，2007 年 3 月 31 日新制造了 5 辆灰色奥运定型车及 5 组配套的 50 个电池箱。此工作于 2007 年 6 月底完成，7 月，5 辆车分别到通州试验场进行了 1000km 高温环境(34～39℃)并加载 3000kg 沙袋的试验，平均速度 50km/h，同时还进行了各种路试、淋浴、涉水等试验。

第三阶段：从 2007 年 8 月 6 日开始进入 121 路实际路试，8 月 8 日开始载客运行，每天 104km，时速 16km/h，平均每车行驶 13000km，没有一次撂车故障，这一期间经历了北京 40℃的高温天气和雨季的高湿考验。

3.4.3　奥运期间动力电池系统运行情况总结

2008 年 7 月 1 日前我们共提供 80 套电池系统供 50 辆纯电动客车使用，以便实现快速更换的需求。图 3.28 中的车辆是充好电的零排放公交车。图 3.29 是充电站中工作人员对充电的电池进行巡视。由我们制造的电池模块和组成电池能源系统的电池箱如图 3.30 和图 3.31 所示，具体的奥运电池模块组装方式如表 3.12。

图 3.28　北京奥运锂离子二次电池电动车

图 3.29　人员正在充电站巡视电池

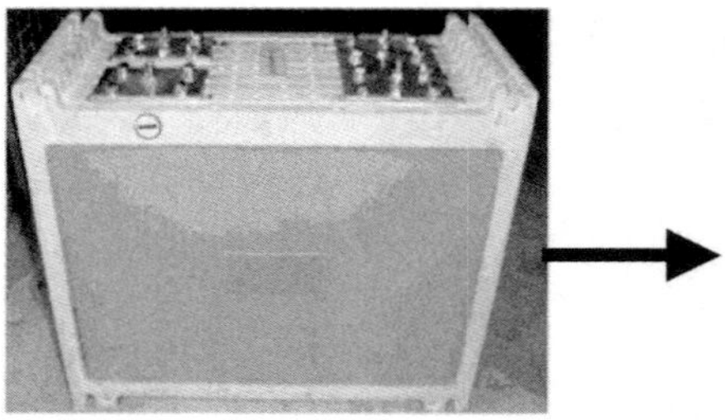

图 3.30　奥运 360Ah 电池模块

图 3.31　奥运电池箱

在我们与北京公交集团电动车辆分公司、北京理工大学、北京电巴科技有限公司、北京交通大学、南车时代株洲电力所、国家电网电力科学研究院、珠海泰坦等多家单位的配合下，经过一个月的努力，北京奥运公交电动车充电站于 2008 年 6 月建成并投入使用。2008 年 7 月 1 日，50 辆奥运纯电动公交车全部开进了奥运核心区，开始为运动员、裁判员、奥组委官员实施 24 小时的运行服务。

经过两个月的紧张工作后，我们与上述其他单位一起圆满完成了北京奥运会和北京残奥会提出的“零抛锚、零事故”的运营任务，实现了“科技奥运、绿色奥运”的承诺。

2008 年北京奥运会期间，共更换电池 2200 多套次，累计行驶里程 13 万多公里，运送客人 16 万人次，累计耗电量 21.5 万多千瓦时。下面是奥运期间动力电池系统运行的情况总结。

1) 奥运期间车辆运行情况

图 3.32 为 2008 年 7 月 2 日开始试运行到 9 月 19 日残奥会结束期间电动公交车锰酸锂正极电池系统的更换情况，大部分更换次数为 25～35 次，部分更换了

40 次左右。

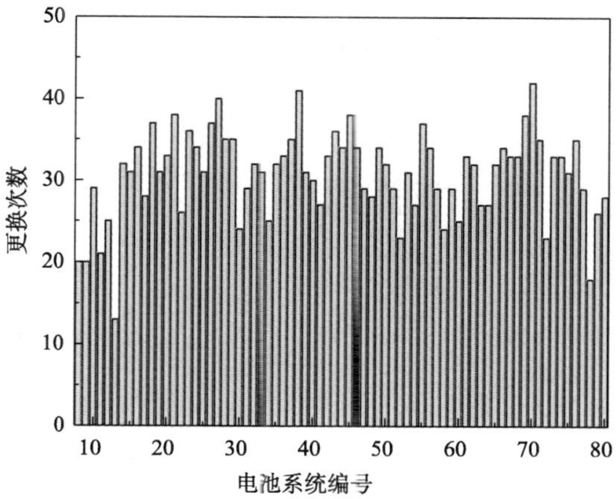

图 3.32　电池更换次数

图 3.33 为 2008 年 7 月 2 日开始试运行到 9 月 19 日残奥会结束期间的行驶里程和放电量图，大部分电动公交车行驶里程为 1800～2100km，放电量为 2800～3500kWh。

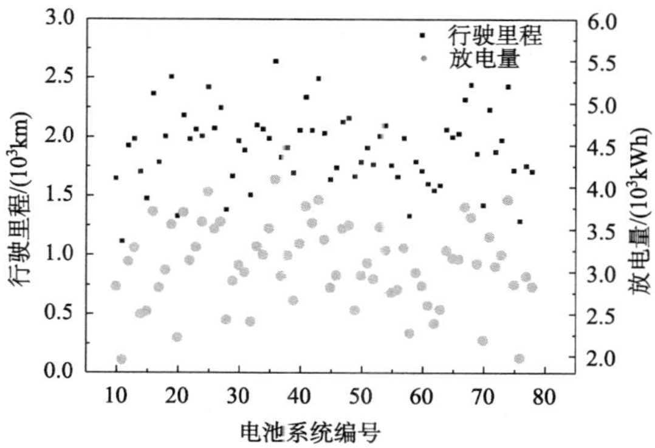

图 3.33　电池行驶里程和放电量图

图 3.34 为 2008 年 7 月 2 日开始试运行到 9 月 19 日残奥会结束期间的运行能耗比，大部分电动公交车的能耗比为 1.5～1.7kWh/km。

2) 奥运期间电池系统的其他相关数据

图 3.35 为 80 套电池系统在 2008 年 8 月 9 日、8 月 23 日、9 月 11 日三天使用后收车时的温度统计，可以看出，在这三天中，所有电池的温度都不超过 40℃。由图 3.36 可以看出在 8 月 23 日，地表温度达到 60℃时，电池收车时温度依然小于 40℃。这说明电池相对于环境温度的温升很小，只要电池箱的设计和整车的安装设计合理，使用得当，环境的温度对电池的影响会比较小。

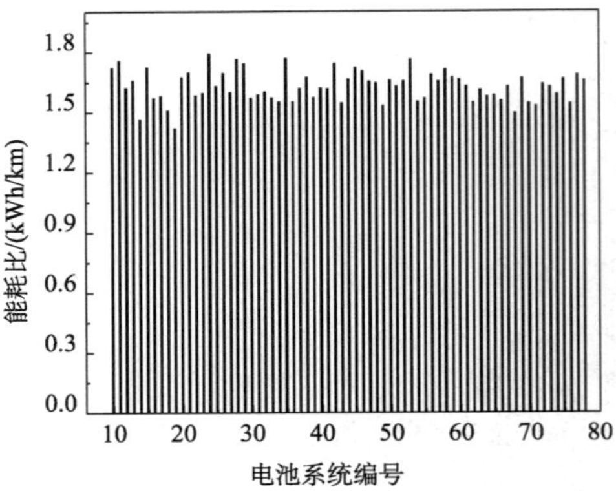

图 3.34　电池运行的能耗比

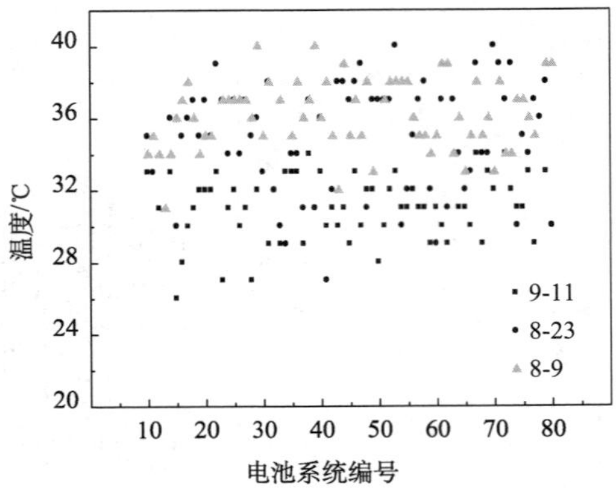

图 3.35　奥运期间其中 3 天收车时的最高温度统计

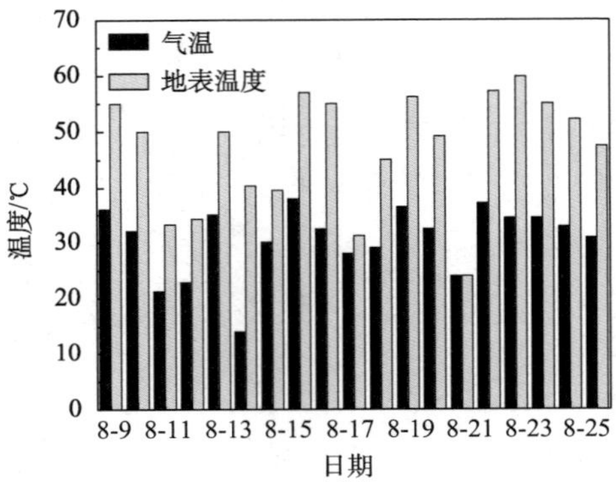

图 3.36　奥运期间环境温度变化

图 3.37 是 9 月 17 日随机抽取的三套电池组在充电末的电压情况，可以看出第 40 套电池组内电压差值在 40mV 以内。

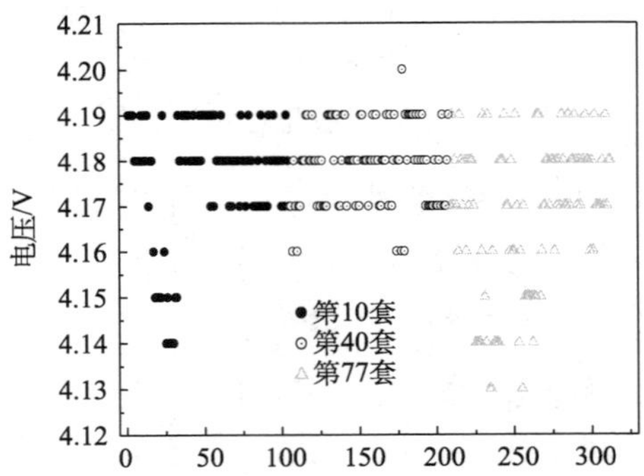

图 3.37　9 月 17 日三套电池恒流充电末的电压情况

图 3.38 和图 3.39 分别为随机抽取的两套电池系统在大电流使用时电池的电压

极限值和电流的关系。可以看出当电流达到 380A 时，电池系统的最大电压差约为 0.1V。

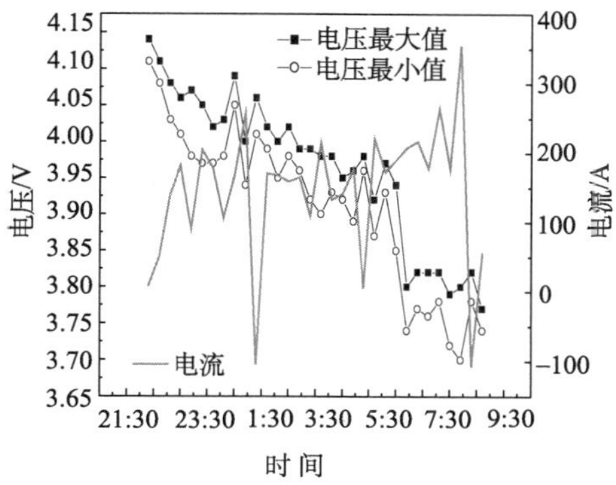

图 3.38　第 68 套电池系统 8 月 23 日电流/电压数据

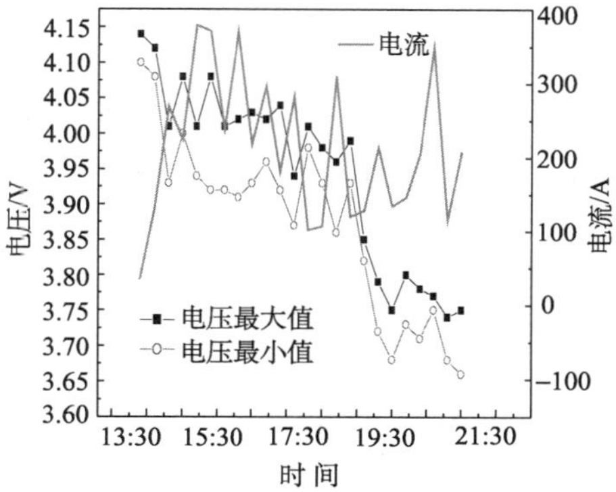

图 3.39　第 77 套电池系统 8 月 12 日电流/电压数据

3.4.4　奥运后动力锂离子二次电池系统情况

2008 年北京奥运赛事结束后，电动车辆及电池系统经过短暂的检修维护后，继续投入到北京公交运行。截至 2011 年 4 月，这批纯电动公交车在公交线路上已累计安全运行近 430 万公里，平均单车运行 9 万公里。

下面是从 2008 年 7 月至 2009 年 4 月动力电池系统运行的总体情况。

1) 车辆运行情况

图 3.40 为 2008 年 7 月 2 日开始试运行到 2009 年 4 月 10 日期间电动公交车电池系统的正常使用更换情况，大部分电池系统更换次数为 120～150 次，部分电池系统达 160 次以上。

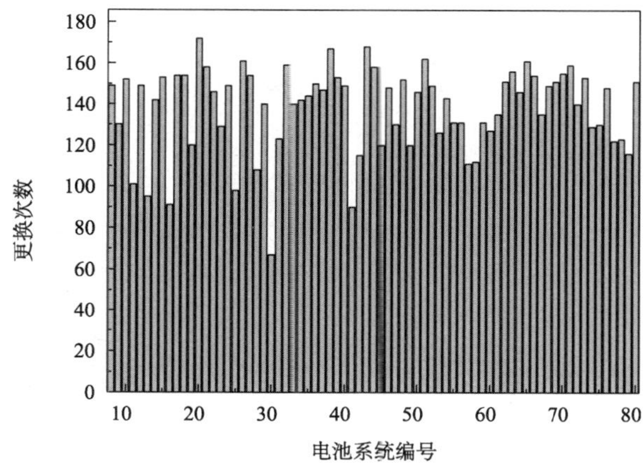

图 3.40　电池更换次数(截至 2009 年 4 月 10 日)

图 3.41 为 2008 年 7 月 2 日开始试运行到 2009 年 4 月 10 日期间电动公交车行驶里程和放电量图，大部分电池行驶里程为 1.1 万公里左右，放电量为 1.4 万千瓦时左右。

图 3.42 为随机抽取的一套电池系统在 2008 年 7 月 2 日开始试运行到 2009 年 4 月10 日期间的运行能耗比，可见电池在夏天和冬天的能耗比较大，在 1.2kWh/km 以上，最大达到 1.7kWh/km；而在秋天和春天的能耗比较小，在 1.2kWh/km 以下，最小为 0.9kWh/km。说明空调的使用对电池的能耗较大，约占 30%以上。

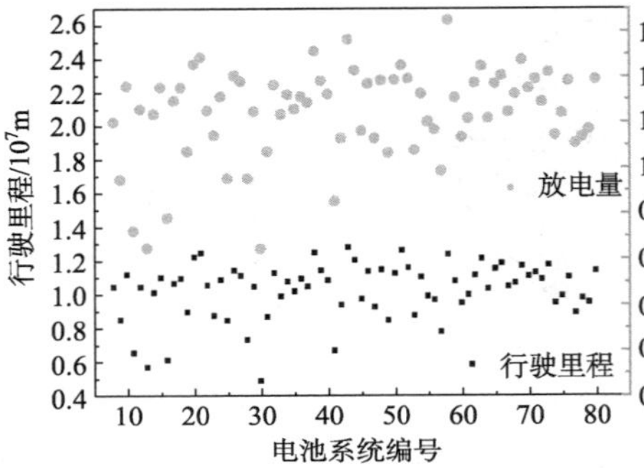

图 3.41　电池的行驶里程和放电量（截至 2009 年 4 月 10 日）

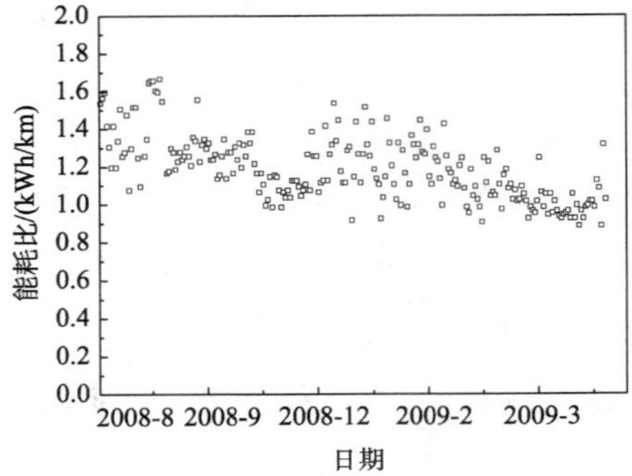

图 3.42　电池运行的能耗比（随机抽取的一套电池系统运行数据）

2) 电池系统的其他相关数据

图 3.43 是电池系统更换 150 次后，任意抽取的三套电池系统在充电末期的电压情况，由图可见第 10 套和第 40 套在系统充电末期的电压差值为 40mV 以内。与奥运期间的电池一致性相比较，电池系统经过 9 个月的运行之后，电压一致性没有明显变化。

图 3.44 为随机抽取的一套更换了 150 次之后的电池系统在车辆运行过程中电

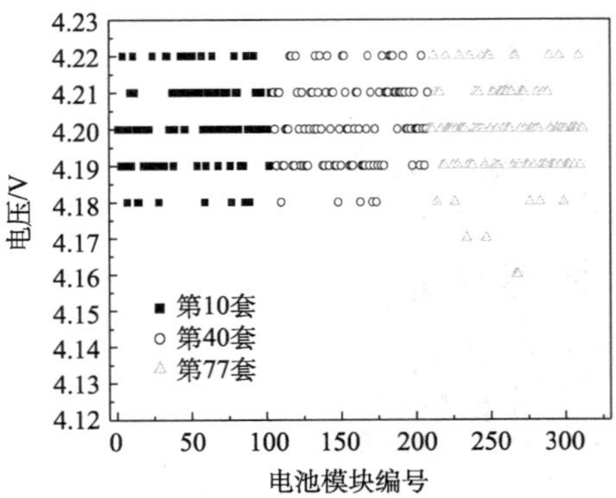

图 3.43　三套电池恒流充电末的电压情况（更换 150 次后）

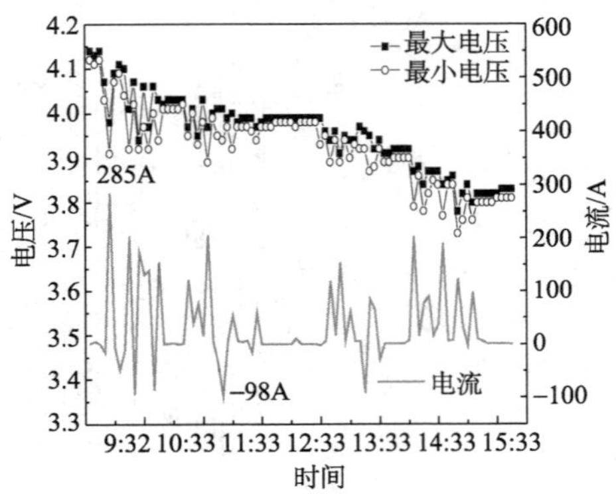

图 3.44　车辆运行时电压极值与电流关系（更换 150 次后）

压极值和电流的关系，可以看出当电流达到 285A 时，电池系统的最大电压差小于 0.1V。与奥运期间的电池一致性相比较，电池系统经过 9 个月的运行之后，电池系统在大电流放电时电压一致性没有明显变化。

图 3.45 为电池系统在运行前后的容量对比情况，80 套电池组在奥运前运行的平均容量为 360Ah 左右，经过 9 个月的运行以后容量衰减到 355Ah 左右，容量仅有 1.3%的衰减。可以看出，经过北京一个夏季和冬季的高、低温考验后，电池系统的容量衰减较小，这也说明锰酸锂体系的电池不但安全性能突出，而且高、低温环境下稳定性也比较好，是电动汽车首选的成熟电池体系之一。

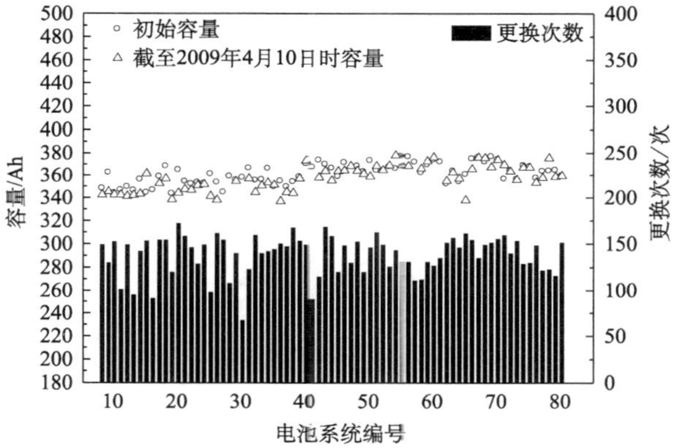

图 3.45　运行前后电池容量对比情况

值得注意的是，在最初的电动公交车上我们应用了换电模式，后续对此有一些争议。然而，到 2020 年，全国已累计建设充电站 3.8 万座、换电站 449 座、各类充电桩 130 万个。国家鼓励企业研发新能源汽车新型充电和换电技术，探索“车电分离”模式应用。换电模式能够实现对动力电池的集中监测养护与管理，有利于延长动力电池寿命、提升安全性，消费者通过租赁等形式获得动力电池使用权，可降低购置车辆的初始成本。因此，换电模式也具备相当的生命力。

3.5　纯电动公交车用锂离子二次电池的系统研究

2008 年的北京奥运会和 2010 年上海世界博览会期间，分别大规模地使用了搭载尖晶石锰酸锂正极材料动力锂离子二次电池的电动公交车。为了让读者全面了解这些动力锂离子二次电池性能及其技术特点，下面将对这一时期我们的电池及磷酸亚铁锂正极动力锂离子二次电池产品的物理化学性能进行对比和分析。

3.5.1　能量型动力锂离子二次电池的研究与比较

在本节单体电池研究和比较中采用的是我们自己研制的 100Ah 尖晶石型锰酸

锂和 50Ah 磷酸亚铁锂能量型电池[20]。50Ah 磷酸亚铁锂电池为国内某企业提供的产品。由于在测试方法上与功率型基本相似，因此省略了曲线的显示，只列出了测试结果数据。

在下面进行整车性能测试分析时，本节中还选择了国内某公司正在进行实况测试的磷酸亚铁锂电池的数据，该单体电池的容量为 120Ah。

1) 能量密度比较

通过测试计算得出尖晶石 $LiMn_2O_4$ 动力锂离子二次电池的质量能量密度为 120Wh/kg，体积能量密度为 220Wh/L；$LiFePO_4$ 能量型动力锂离子二次电池的质量能量密度为 85.1Wh/kg；体积能量密度为 108.1Wh/L。根据测试结果我们可以明确看出，在能量型电池中尖晶石 $LiMn_2O_4$ 正极材料电池的质量能量密度和体积能量密度要分别高于 $LiFePO_4$ 电池约 45%和 100%，即从质量的角度来考虑问题时，在两种电池质量相同的情况下，使用尖晶石锰酸锂正极电池时可以多行走约 1.5 倍的距离[21]。

2) 高低温测试比较

尖晶石型 $LiMn_2O_4$ 和 $LiFePO_4$ 型动力锂离子二次电池的高低温测试结果如表 3.13 所示。由表中的数据可以得知两种电池虽然在高温下容量的变化相差不大，但是 $LiFePO_4$ 电池在–20℃损失了约 45%的容量，尖晶石型 $LiMn_2O_4$ 电池的容量仅降低了 5%，即后者在低温时的电化学性能要远远优于前者，后者可以应用于国内从南到北的任何地区。电动汽车动力电池的低温性能对电动汽车是一个至关重要的指标，如果电池低温性能不良，寒冷季节的电动汽车性能受到的影响将不可想象[22]。

表 3.13 能量型单体电池的高低温结果比较

温度	$LiMn_2O_4$ 电池放电容量/Ah	$LiMn_2O_4$ 电池放电比例/%	$LiFePO_4$ 电池放电容量/Ah	$LiFePO_4$ 电池放电比例/%
室温	102.90	100.00	55.80	100.00
–20℃	97.48	94.73	30.74	55.10
55℃	102.33	99.45	55.78	99.98

3) 倍率性能比较

由实验数据可得，锰酸锂动力电池即使是在电流密度增加 10 倍的情况下，电池的电压下降也仅为 0.3V 左右，而容量的损失则少于 5%，因而具有强大的大倍率充放承受能力。

4) 整车运行性能测试比较

目前，锰型正极材料动力锂离子二次电池系统在北京等城市已经大规模使用，试用其他类型电池系统的工作也在进行中[23]。我们选择了两种搭载于城市无轨公交车上的电池能源系统进行了分析和比较，下面我们主要讨论与安全有关的电动汽车运行中电池的一致性和放电过程中电池的温升情况。

从图 3.46、图 3.47 中可以看出，在电动公交车使用的充电过程中，$LiMn_2O_4$ 电池之间的最大电压差为 0.04V，$LiFePO_4$ 电池之间的最大电压差为 0.37V。从图 3.48、图 3.49 中可以看出，在放电过程中，$LiMn_2O_4$ 电池之间的最大电压差为 0.15V，$LiFePO_4$ 电池之间的最大电压差为 0.48V。

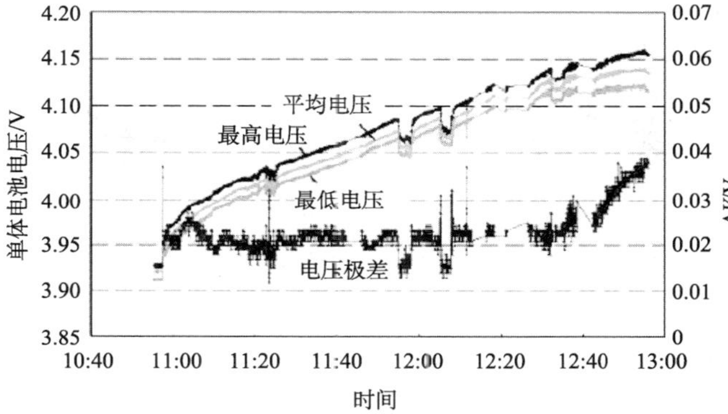

图 3.46　$LiMn_2O_4$ 电池系统在充电过程电压差的变化

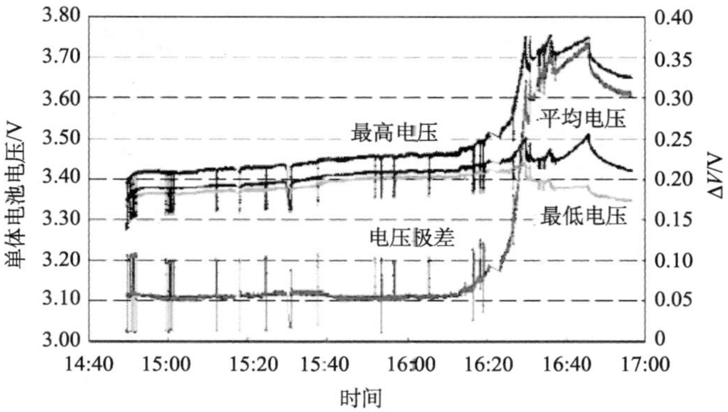

图 3.47　$LiFePO_4$ 电池系统在充电过程的电压差变化

与手机中使用的几个瓦时的小型单体锂离子二次电池不同，电动汽车上使用的是几十千瓦时或者上百千瓦时的大功率动力锂离子二次电池。在充放电过程中表现出来的电池之间的电压差，一方面可能是在电池的制造过程中产生的。这是由于 $LiFePO_4$ 电池材料制作过程复杂导致了电池的成品率低，即该电池的制作工艺技术和质量控制还亟待完善[24]。另一方面，由于 $LiFePO_4$ 电池在使用过程中 SOC 难于估计和电池不易控制，因此也会加速电池之间差异的增大，本书中出现的情况则可能是由两种原因叠加产生的。

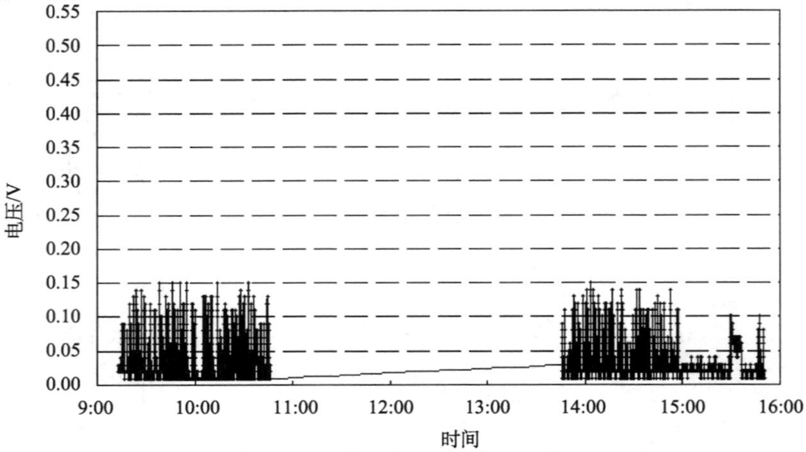

图 3.48　$LiMn_2O_4$ 电池系统在放电过程电压差变化

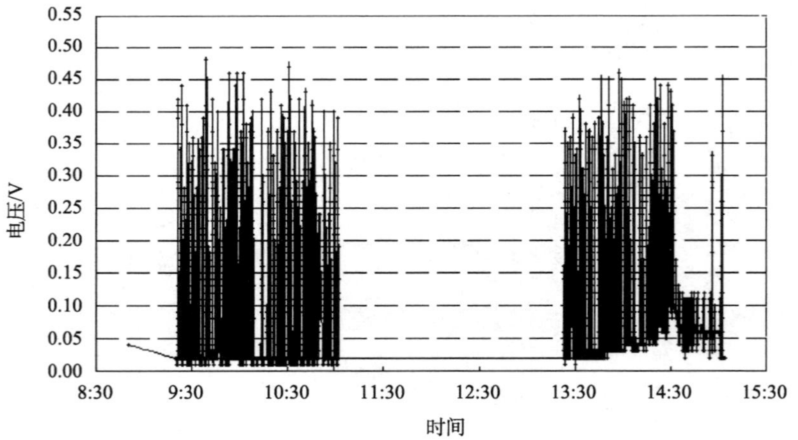

图 3.49　$LiFePO_4$ 电池系统放电过程电压差变化

从图 3.50、图 3.51 中可以看出，在放电过程中，$LiMn_2O_4$ 电池最高温度为 34℃，最大温升为 8℃；$LiFePO_4$ 电池最高温度为 42℃，最大温升为 14℃。从测试结果可以看出，在整车应用中 $LiMn_2O_4$ 单体电池之间的一致性、放电过程中电池的温升特性要明显优于 $LiFePO_4$ 电池。电动汽车工作过程中电池系统的温度升高虽然与多种因素有关，但是电池内部能耗产生的温升也是一个原因，这与电池的内阻密切相关并呈线性关系。电池系统在使用过程中的温度升高和热量的不断积累是影响电动汽车安全性的重要因素，所以进一步解析温升的原因并找到解决温升的办法是今后的一项重要工作[25]。

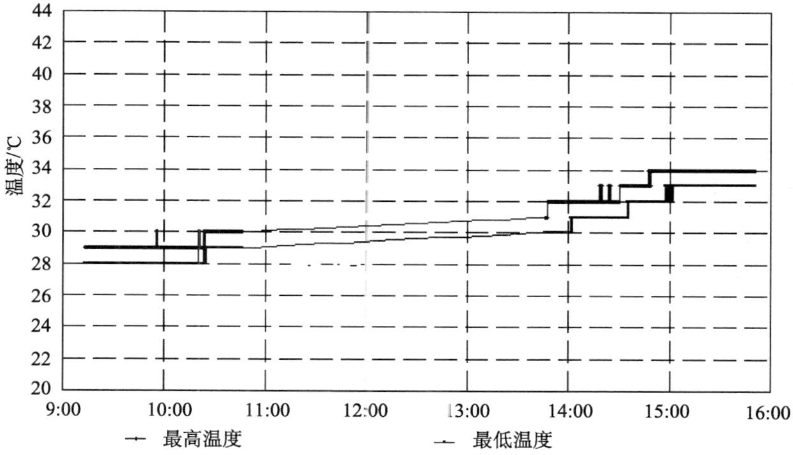

图 3.50　$LiMn_2O_4$ 正极材料电池放电过程温升变化

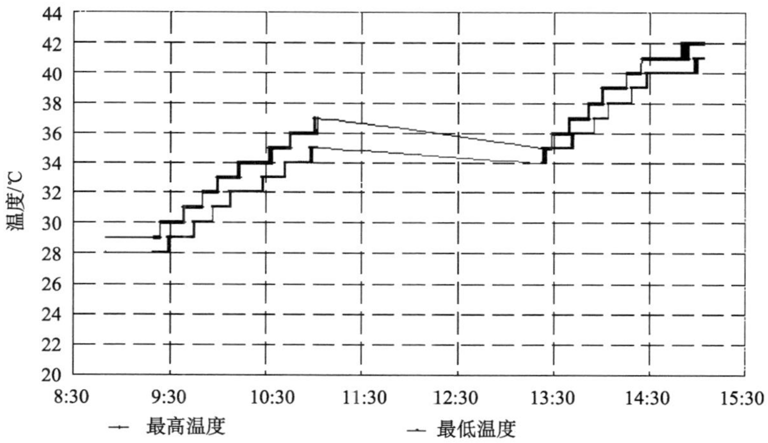

图 3.51　$LiFePO_4$ 正极材料电池放电过程温升变化

近二十年来，几乎在所有国内外的电池研讨会中都会听到尖晶石锰酸锂在高温下的溶解及由此导致的性能衰减等问题，但是却很少得到解决这些问题的答案。为了证实和解决这一问题，通过大量的工作。我们意识到在温度高于 60℃后，尖晶石锰酸锂正极材料的容量衰减确实会在充放电过程中加快。在改进了化学合成方法并利用化学元素掺杂技术后，我们发现，60℃时尖晶石锰酸锂正极材料在 1*C* 的循环充放电条件下进行了 100 次的充放电后其容量衰减可以控制在 5%以内。但是在实际电池系统的车载试验中，我们看到由于锰酸锂正极电池良好的导电性，电池系统即使在自然冷却的条件下温度的升高也非常有限。

图 3.52 中的数据是对北京奥运会期间纯电动公交车用锰酸锂电池系统在一年使用中温度变化的描述。北京是一个四季分明的城市，夏天炎热而冬天寒冷。由

图中的曲线变化可以得知，在 2008 年 8 月后一年的时间里，在北京夏季最炎热时，即地面温度和气温分别接近 60℃和 40℃时，由于锰酸锂材料的导电性好、电池的内阻小、电池的结构设计合理，电池系统的温度基本上维持在 40℃左右，即电池系统在北京最热的季节里处在电池的最佳工作温度区间。这一结果是很多人没有预料到的。我们认为尖晶石锰酸锂正极材料特殊的化学结构可能是导致电池良好温度特性的重要原因之一，所以北京的电动公交车在没有强制冷却的条件下，也并没有出现人们所担心的 55℃以上的高温，即炎热气候对电池的稳定性不会产生明显的影响。

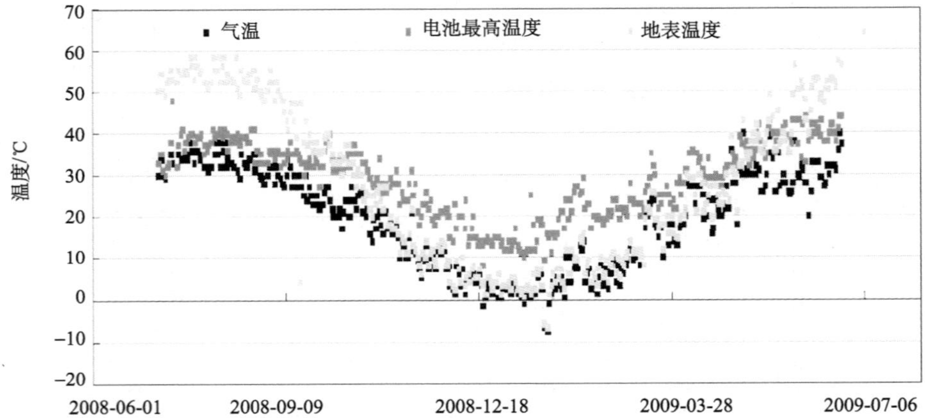

图 3.52　环境及锰酸锂电池系统的温度变化

3.5.2　在公交车上运行一年以上两种动力锂离子二次电池系统的比较

由于电动汽车上储能电池与车辆动力系统之间的控制技术滞后，事实上在过去的十多年中我们发现如果不能使用好电池管理系统(BMS)及其技术，即使是好的单体电池，在电动汽车上也无法发挥电池的性能[26]。在最近的几年中人们对 BMS 有了更多的了解，BMS 技术也得到了改进[27]，但是我们认为今后 BMS 技术的进步对发挥电池本身的性能依然有着很大的空间。下面我们选择了一些在电动公交车上运行一年以上、具有代表性的电池系统试验来进行动力锂离子二次电池的研究和比较，并说明单体电池与电池系统之间的一些问题，但本节中不涉及讨论 BMS 的问题。

2008 年北京奥运会期间使用的电动公交车上的尖晶石锰酸锂正极动力锂离子二次电池是由我们制造的，电池系统的标称电压为 400V，标称容量为 360Ah，充一次电行驶距离大约为 150km。在 2008 年北京奥运会后该电池系统在北京市作为电动公交车的储能电源继续使用了三年，本节中所讨论的数据均是这一期间采集的。北京于 2008 年奥运会期间成功地实施了大规模的城市电动公交车运行后，国内以南方的多个城市为中心也开始了电动公交车的试运行，在这些城市的电动公交车中最典型的一批电动公交车是由某公司制造的，该公司的电动公交车上使用了自己制造的以磷酸亚铁锂为正极材料的锂离子二次电池，其标称容量为600Ah，标称电压为570V。需要说明的是，在过去的一年里由于这家电池制造商不定期地对公交车上的部分电池进行了更新，使得本节中部分数据的统计性失去了一些意义，但考虑到截至目前磷酸亚铁锂正极材料动力锂离子二次电池实际运行的数据很少，所以本书还是利用得到的这些有限的数据展开讨论以说明一些问题。

在这些电动公交车运行了一年后对车辆电池进行实际测试的数据表明，数十辆电动公交车中使用了一年后电池容量的最大值为 550Ah，最小值为 340Ah，平均容量为 420Ah。由于该电动公交车制造公司根据电池衰减情况多次更换过部分公交车的电池系统，所以我们将所有测试的车辆中电池容量高于 500Ah 的约百分之十的车辆电池数据剔除后对数据做了估算，由此我们认为这些电动公交车的电池平均容量要低于 420Ah，即该类电池在实际运行了一年后容量的衰减可能要大于电池出厂时容量的三分之一。这些电池容量大幅度降低的原因被认为有两方面，即出厂时电池容量不足和运行中容量衰减较快。此外，数十辆公交车之间电池容量出现巨大差别的原因还被认为是该电动汽车制造公司 BMS（电池管理系统）对SOC（电池荷电状态）的估算存在问题[28]。

根据测试数据的分析来看，使用了一年后磷酸亚铁锂正极锂离子二次电池低于出厂时的标称容量近三分之一的事实是明确的。但是，产品出厂时容量的误差通常不应该大于 3%。那么，原因只能归咎于电池的电化学性能的不稳定。然而，在很多文献中磷酸亚铁锂的电化学充放电性能被认为是稳定的，为什么在某市电动公交车上电池的容量在实际应用一年后会衰减如此快呢?

电池的电化学性能受多方面因素影响，而我们发现过去的文献主要集中在对磷酸亚铁锂材料及简单的电池性能研究和分析[29]。根据我们的研究结果和经验，由于使用不当造成电池容量衰减过快的情况也存在，而且很可能是一个会对电池的电化学稳定性产生重要影响的因素。因此，下面我们试图从电池在使用过程中涉及的问题做一些分析并讨论电池衰减的原因。

图 3.53 中给出了某公司制造的数十辆电动公交车上电池系统充电前后的数据，图中横坐标表示车辆序号，纵坐标的不同符号代表车辆运行一年后某一天在充电站要充电时的状况，即电池系统放电前、放电后及充电前对电池荷电状态的测试结果。图中的数据首先表明，进入充电站前电池系统中有不同程度的电能，多数车辆为 20%～40%。图 3.53 中的数据说明在进行了完全放电的操作后电池系统仍然有部分电量残留，多数车辆的残留电量约为 10%～30%，且车辆之间荷电状态明显不一致。在对电池系统进行充电前的测试数据则表明，车辆放完电后再充电时，SOC 大部分都有不同程度的升高。

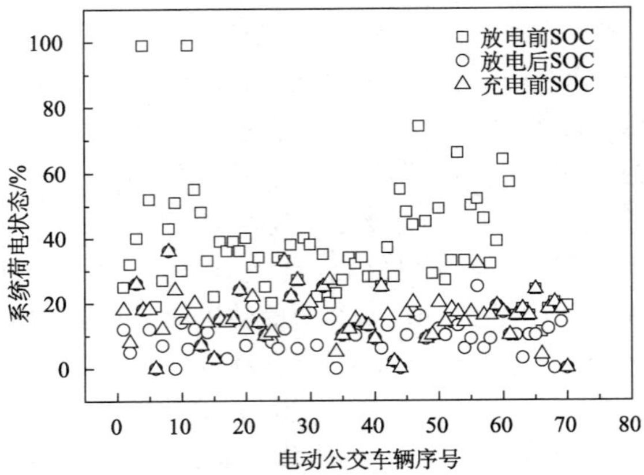

图 3.53　数十辆电动公交车储能电池系统 SOC 的变化情况

如图 3.53 中数据所描述的，本次测量的数十辆电动公交车的电池系统在充放电前后，尽管强制性地要求了百分之百地充放电，但是实际出现的结果是无法完全放电且在同一状态下不同时间进行测量时差别也很大。我们意识到这些电池的 SOC 状态严重不一致性可能与 BMS 有很大关联。

3.5.3　结果讨论

在本书第 2 章中曾讨论了现有的 BMS 技术在对以磷酸亚铁锂为正极材料的锂离子二次电池进行 SOC 估算时存在明显误差的问题。根据我们的研究结果，这种误差在很大程度上是由于在不同充放电状态时，即不同 SOC（或荷电态）时单体电池的电压变化非常小而产生电压测不准现象所导致的。由于电压测不准，结果 BMS 无法给出准确电池的荷电状态，即无法准确判断电池的 SOC，所以也就无法指示电池正确进行充放电，最终有可能出现 BMS 无法控制电池系统，即电池该充电时没有充电，该放电时没有放电，随着时间的进行最终成为导致电池不一致性加大、容量衰减加速的一个重要原因。我们将继续关注今后 BMS 与磷酸亚铁锂正极材料电池的 SOC 关系的变化情况，如果上述结论被进一步证实，有可能对该类电池能否继续被使用的前景产生影响。

由对这些电动公交车进一步测试的数据得知，数十辆电动公交车在一年的使用中，充电次数呈有规律地增加，而电池的容量不断下降，即每次充电后平均行驶距离由 100km 下降至 70km 左右。根据这批车充放电前所测试的数据我们知道这些磷酸亚铁锂离子二次电池系统充电前平均还保有 25%左右的剩余电量，因此我们可以估计这些电动公交车在充满电和完全放电的情况下其行驶距离为 90～120km。

北京电动公交车使用了尖晶石锰酸锂正极材料的动力锂离子二次电池系统是 140kW（约为某市电动公交车用磷酸亚铁锂正极材料电池系统的 40%），在满负荷使用了三年后电池的容量大约保持为 65%左右，能够行驶的距离也维持在一百公里。鉴于该电池系统搭载到公交车上后的质量和体积也远小于某市电动公交车采用的磷酸亚铁锂正极材料电池系统，因此由上面的数据和讨论我们可以得出结论，即有着良好电化学特性和高能量密度的尖晶石锰酸锂正极材料动力锂离子二次电池应该是目前城市电动公交车用储能电池的最好选择。2012 年，我们将 2008 年北京奥运会电动公交车已经使用了三年的锰酸锂电池系统取下，并将这些电池用于电网和风电的电力储能试验，从而迈出了我们电池试验计划中的又一重要步伐。

3.6　其他车载锂离子二次电池能源系统

3.6.1　电动游览车及其锂离子二次电池能源系统

电动游览车属于非道路车辆，其最高车速小于 20km/h，在一些特定的场所如旅游区或工厂等地已经得到了广泛使用，但遗憾的是目前使用的电池大多是铅酸电池。河北香河的天下第一城是一个集旅游、餐饮、会议于一体的综合旅游区，有大量的电动游览车作为服务用车。由于铅酸电池存在续驶里程短、寿命短、需要经常维护的缺点，而且冬季使用效果更差，因此应天下第一城的要求，我们于 2005 年6月将城内的18辆电动游览车的铅酸电池全部更换成锂离子二次电池(48V 200Ah)，并对原车辆的相关电路进行了更改，改进后的电动游览车如图 3.54，锂离子二次电池系统如图 3.55。

图 3.54　使用锂离子二次电池的电动游览车

图 3.55　电动游览车用锂离子二次电池系统

车辆改装前后的性能对比如表 3.14。其中改动部分包括：

① 增加电池低压切断功能，即当某只电池电压低于 3.0V 时，切断电动车脚踏板加速系统的控制线，使电动车不能行驶，以避免电池过放电。

② 电池管理系统的供电由电动车控制系统电源供给直流 12V，而不是原来的从电池组中间“抽头”。

③ 在电动车前面板加装电池低容量报警灯，当电池组容量低于 20%时报警灯

闪烁，提醒车辆充电。

④ 增加电池充电联网监控功能，防止充电时发生意外，保证车辆在充电时的数据可查。

表 3.14　车辆改装前后的性能对比

项目	原车	改装后
电池类型	铅酸电池 48V200Ah	锂离子二次电池 48V200Ah
电池体积	97L	84L
电池质量	255kg	115kg
续驶里程	80km，不足一天	160km，一天有余
充电时间	10h	3h
低容报警	无	有
维护情况	经常维护	免维护或少维护
预期寿命	150 次或半年	600 次或 2 年

电动游览车在使用锂离子二次电池后以下性能得到了提升：

① 原来车辆不能完成一天的接待任务，换锂离子二次电池后可以使用一整天。

② 原车不能爬较大的坡道，现在车辆满载时仍可在坡道上行驶。

③ 原车电瓶需要经常维护，如测电解质溶液密度和加水等，现在基本免维护。

④ 冬季车辆的行驶里程稍有下降，但与铅酸电池相比要优越得多。

⑤ 电池的循环寿命明显变长，原车电池使用半年性能下降很多，基本不能使用，现在使用的锂离子二次电池最长已经超过 4 年。

锂离子二次电池的安全事故经常发生在电池充电过程中，因此一开始我们就注意对电池充电方法的设计和充电过程的监控。此外，我们把充电机增加了预充电和恒压充电的设计，使电池的充电时间缩短，充电电量增加，这种方法对经长时间使用、内阻有增加的电池效果更好。电池充满电后，由于充电机自动断开，可以做到无人值守充电。充电机还具有温度控制功能，即当充电时若电池组的温度超过 50℃，充电机立即停止充电，并且发出报警信号。

为了确保使用安全，我们在监控室内安装了电池组充电监控系统，可以远程监控充电情况，并按车辆编号分类自动生成充电数据文件，可在电脑中储存。万一出现充电不正常，系统马上会在监控界面给出声光报警。

截至 2009 年 6 月，电池系统已经累计运行 4 年，单车累计运行里程达到 10 万公里。如图 3.56 所示，至 2009 年年底，电池组的容量已有所降低，为额定容量的 60%。因为所有的车辆还在使用，动力性能基本没有变化，所以这一结果说明锰酸锂正极锂离子二次电池的使用时间，在电池容量下降到原容量的 60%之前可以在电动车上使用 3 年以上，并保证电动车的累计行驶里程在 10 万公里。

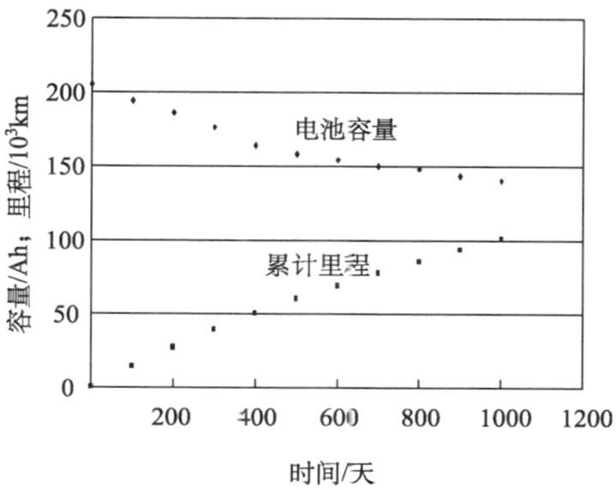

图 3.56　电动游览车累计行驶里程和电池容量衰减

3.6.2　电动自行车及其电池能源系统

近年来，中国的电动自行车行业在短短几年内，从无到有，由零星分布到大范围普及，从国内市场发展到国际市场，获得了高速的发展和长足的进步。2005 年，中国的电动自行车年产量达 960 万辆，市场保有量在 1500 万辆以上。2006 年国内电动自行车产量达到 1400 万辆，比 2005 年增幅达 60%以上。2008 年，国内电动自行车产量达到 2000 万辆，2010 年中国轻型电动车的产量接近 3000 万辆。但遗憾的是，中国制造的电动自行车目前还主要使用铅酸电池，锂离子二次电池仅占据很小的市场份额[30]。

在现有的电动自行车中，使用的电池模块主要是 8～15Ah 组成的 24V 或者 36V 系统，以满足车辆行驶 35～60km 的需求。电动自行车可以分为纯电动车型和助力车型，纯电动车型完全依靠电力驱动行驶，同样容量电池行驶里程短，是国内目前的主力车型。助力车型依靠电力起到辅助力作用，相应的同样容量电池行驶里程要长，电池模块与电动自行车的照片如图 3.57、图 3.58 所示。

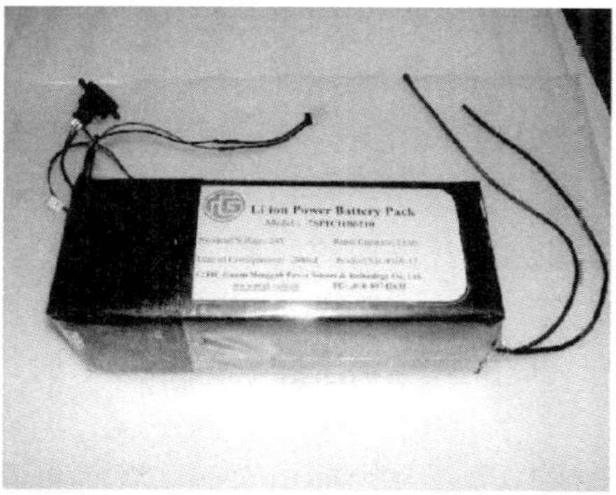

图 3.57　电动自行车电池组

图 3.58　电动自行车

我们首先以表 3.15 中的一种小型动力锂离子二次电池 LPM8Ah 作为单体电池，用七支串联方式制作了电池模块 7LPM24V/8Ah，其电压为 7 支单体电池端电压的总和。如表 3.16 中的结果所示，电池模块在–20～45℃范围内的放电性能较好，即–20℃的放电容量为 25℃的 82.0%～85.0%，65℃的放电容量为 25℃的 97.5%～98.5%。

表 3.15　LPM8Ah 动力电池及电池模块基本性能

电池编号	质量/g	内阻/mΩ	容量/mAh	质量能量密度/(Wh/kg)	体积能量密度/(Wh/L)
LPM8Ah	345	9.4	9386	98.2	206
7LPM24V/8Ah	2500	110	9296	96.99	205.5

表 3.16　7LPM24V/8Ah 各项性能指标

<table>
<tr><td colspan="2">电池模块推荐使用电流</td><td>3～8A</td></tr>
<tr><td colspan="2" rowspan="2">电池模块最大放电电流</td><td>12A</td></tr>
<tr><td>15A(脉冲放电模式，不超过 10s)或 BMS 设定参数</td></tr>
<tr><td colspan="2">电池模块过流保护值</td><td>(20±2) A 或 BMS 设定参数</td></tr>
<tr><td colspan="2">过流及短路保护恢复条件</td><td>断开负载(解除短路)或 BMS 设定参数</td></tr>
<tr><td colspan="2">电池组温度保护</td><td>60℃或 BMS 设定参数</td></tr>
<tr><td rowspan="2">工作温度</td><td>充电</td><td>0～40℃</td></tr>
<tr><td>放电</td><td>–20～45℃</td></tr>
<tr><td rowspan="3">尺寸</td><td>长度/mm</td><td>253±1</td></tr>
<tr><td>宽度/mm</td><td>57±1</td></tr>
<tr><td>高度/mm</td><td>84±1</td></tr>
<tr><td colspan="2">质量/g</td><td>2500±10</td></tr>
</table>

通常制作 PACK 时特别要注意以下问题。

(1) 电池的安全性。锂离子二次电池安全性问题与电池材料、保护装置、制造工艺、使用环境都有直接的关系。大量的试验结果表明：在过充条件下，锂离子二次电池的安全性与电池的正极材料和充放电制度有密切的关系。在滥用情况下，隔膜发生闭孔作用后，由于热传递的滞后效应，温度将继续上升。因此，防止电池模块过充电是电池安全使用的关键点之一。此外，当电池过放至 1～2V 时，作为负极集流体的铜箔将开始溶解，并在正极析出。由于小于 1V 时正极表面容易出现铜枝晶，并使锂离子二次电池内部短路，造成安全与使用寿命问题[31]。

(2) 锂离子二次电池模块在大电流状态工作时温度升高很快。因为通风和散热环境存在差别，电池可能会工作在不同的温度环境内，因此要注意电池系统内部热场的分布设计[32]。

(3) 由于电动车辆的使用环境复杂，通常要严格避免如下问题产生：

① 强振动下锂离子二次电池的极耳、接线柱、外部的连线、焊点等可能会折断、脱落，而电池极片上的活性物质也可能剥落，从而引发电池(组)的内部短路、外部短路、控制电路失效，进而导致一系列危险情况发生。

② 环境湿度较大时(特别是在酸性或碱性条件下)，很容易出现电池(组)的外部短路。

③ 在高功率、大电流充放电条件下，可能会导致电池及其控制电路极耳的熔化、导线及电子元器件的损坏。

(4) 某些极端情况如外部短路、碰撞、针刺、挤压等。

3.6.3　混合动力系统用高功率锂离子二次电池能源系统

基于 8Ah 高功率锂离子二次电池独特的结构，我们和国外团队一起开发了混合动力系统用的高功率锂离子二次电池能源系统，并将其应用到了混合动力车上。从下面的测试结果可以看出，电池能源系统的模块具有较低的连接内阻，同时散热性能良好。为了更充分了解电池模块的特性，我们用不同的测试方法测试了 8Ah 电池 2 并 7 串模块的性能，其中电池模块的参数如表 3.17 所示。

1) 模块

表 3.17　电池模块参数

参数	SPIM08HP(单体)	SPIM08HP-2P7S(模块)
额定容量/Ah	8	16
标称电压/V	3.6	25.2
能量密度/(Wh/kg)	100	60
尺寸/mm×mm×mm	9×142×150	180×145×220
质量/kg	0.30	6.8

2) 容量测试

在(20±2)℃条件下以 1C(16A)恒流充电，至电池总电压达到 29.4V(或单体电压达到 4.2V)时转恒压充电，充电电流降至 0.1C 时停止充电，搁置 1h，然后在同一温度下以 1C(16A)电流放电至电压达到 21V(或单体电池电压低于 2.8V)停止放电。模块测试容量为 16.3Ah，其充放电曲线如图 3.59 所示。

3) 混合脉冲功率特性(HPPC)测试

HPPC 测试可以在脉冲充放电过程中确定电池的充放电功率和电压范围，同时可以获得电池直流内阻、充放电功率与充放电状态等重要信息[33]。

HPPC 的测试步骤如下：将电池模块充满电，采用 1*C* 电流放电，放出电池容量的 20%，达到 80%SOC 状态。然后进行如下的脉冲测试。接着以 6*C* 的电流放电 10s，休息 30s，再以 6*C* 充电 10s(图 3.60)；随后再次以 1*C* 电流放电放出容量的 10%，重复如上的过程直到电池的状态为 20%SOC，然后再以 1*C* 电流放电至 0%SOC，记录电压的变化情况。

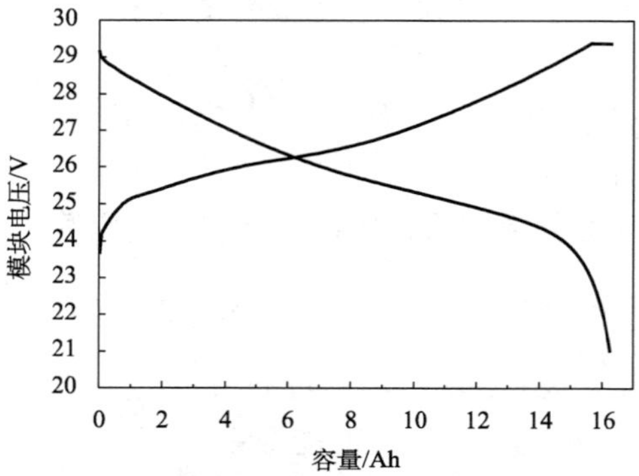

图 3.59　电池模块 1*C* 充放电曲线

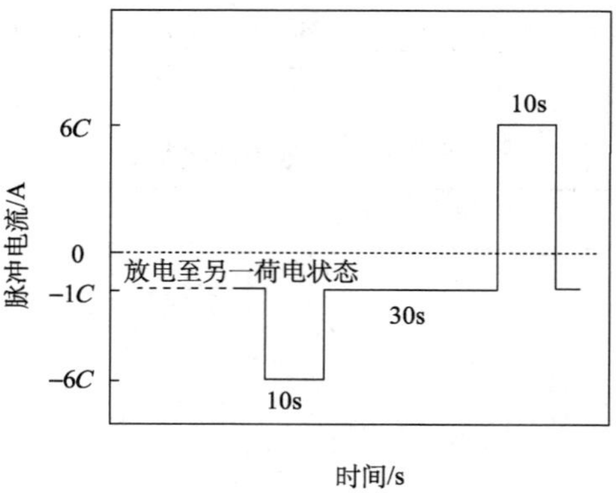

图 3.60　HPPC 测试方法示意图

图 3.61 为电池模块每 10%SOC 的 6*C* 电流充放电 10s 的电压变化曲线。可以从图中看出，电池模块在 20%～80%SOC 范围内都能承受 6*C* 充放电 10s，具有较好的大电流充放电能力。

根据美国 FreedomCar 计划中关于混合动力电动汽车的测试规范中提到的功率计算方法，其在不同 SOC 下的 10s 功率的曲线如图 3.62 所示。由图 3.62 可以看出，电池模块在 30%～70%SOC 下具有约 5000W 以上的输入输出功率，能够满足混合动力电动汽车使用的要求。

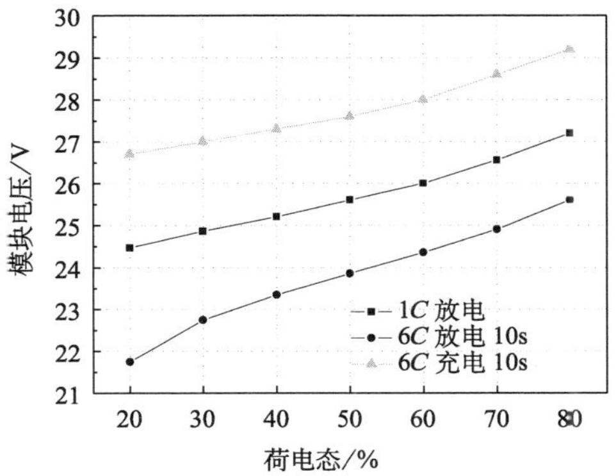

图 3.61　电压-SOC 曲线（6C，10s）

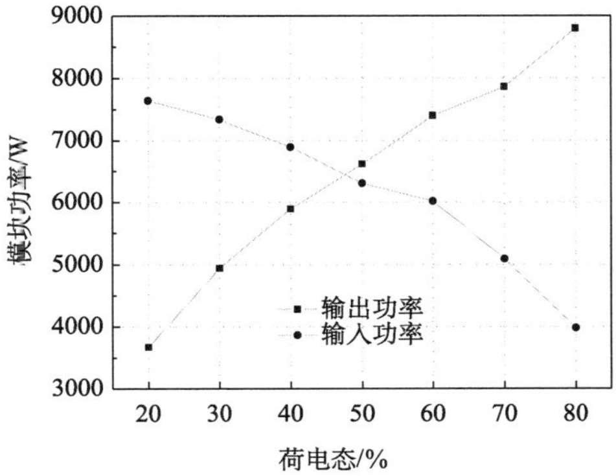

图 3.62　功率-SOC 曲线（10s）

4）寿命测试

由于在混合动力系统的应用中，电池系统通常会承受较大电流的充放电冲击，所以类似容量型电池的寿命测试方法并不能完全表征混合动力电池系统的寿命。在寿命测试中，我们首先定义了混合动力系统使用最频繁的电池荷电态（SOC）范围（20%～65%SOC）和平均电流大小（6*C*），规定了电池模块的寿命测试方法，然后进行了一系列如下的测试。

评估寿命：

① 按之前描述方法进行模块容量和 HPPC 测试。

② 1*C*（16A）电流恒流充电直至电池模块达到 65%SOC。

③ 6*C*（96A）电流恒流放电至 20%SOC。

④ 6*C*（96A）电流恒流充电至 65%SOC。

⑤ 重复③～④步 1000 次。

⑥ 再次回到①开始进行模块容量和 HPPC 测试，如此往复，累计循环次数。

采用上述方法，即在电池模块 20%～65%SOC 范围内，采用 6*C* 充放电循环，每 1000 次循环后的 1*C* 容量如图 3.63 和表 3.18 所示。在 8000 次 45%DOD 6*C* 电流充放电循环后，电池模块的容量仍保持在 87%以上。由此推算，电池模块容量剩余 70%时，能完成大约 20000 次 45%DOD 的循环，这意味着累计放电容量相当于约 9000 次 100%DOD 的循环。电池模块显示出非常优异的循环性能。

图 3.64 是电池模块在 50%SOC 下 6*C*10s 放电的直流内阻和循环次数的曲线。由于测试环境（比如温度等）的一些微小变化，直流内阻的测试值略有波动。从整个趋势来估算，经过了 8000 次循环，电池模块的内阻仅增加了 10%左右，这说明电池模块即使经过长期的充放电循环，其功率也将保持在一个较高的水平。

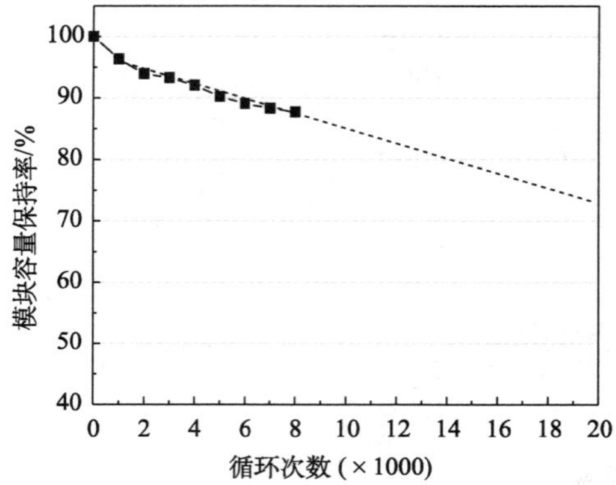

图 3.63　电池模块循环寿命曲线(6C，20%～65%SOC)

表 3.18　电池模块循环寿命测试

循环次数	1C 容量/Ah	容量保持率/%
1	16.3	100.0
1000	15.7	96.3
2000	15.3	93.9
3000	15.2	93.3
4000	15.0	92.0
5000	14.7	90.2
6000	14.5	89.0
7000	14.4	88.3
8000	14.3	87.7

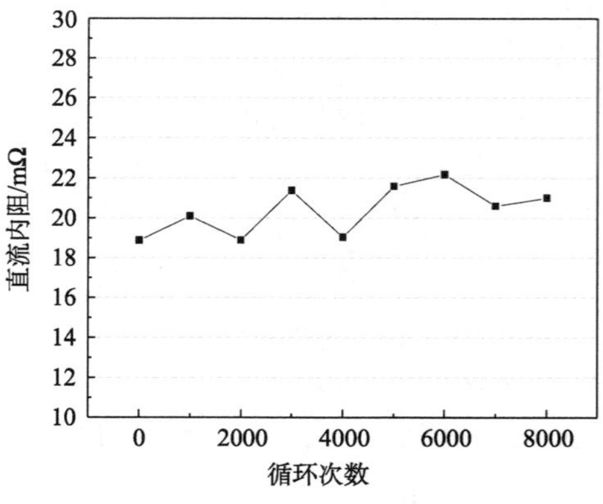

图 3.64　电池模块直流内阻变化曲线

对于车用电池来说，电池的一致性是一个非常重要的评价指标。表 3.19 是 2 并 7 串的电池模块在 50%SOC 状态下所有单体电池的初始电压和循环 8000 次后的电压值。可以看出，电池模块经过了长期的循环，未做任何均衡的情况下，单体电池电压差仍小于20mV，这说明电池具有良好的一致性。

表3.19　电池一致性测试

循环次数	单体电池电压/V							电压差/mV
1	3.687	3.687	3.677	3.675	3.685	3.673	3.686	14
8000	3.669	3.677	3.677	3.674	3.678	3.682	3.671	16

5) 工况测试结果

在约42℃的环境下采用如图3.65所示的充放电工况进行循环，整个过程进行约8h。可以看出，模块中单体电池的最高温升约5℃，所有单体电池温度差小于3℃。这说明该电池模块具有良好的散热性能，同时设计合理，能确保模块内所有电池在比较一致的温度范围内进行充放电，保证了模块长期运行过程中单体电池的一致性。

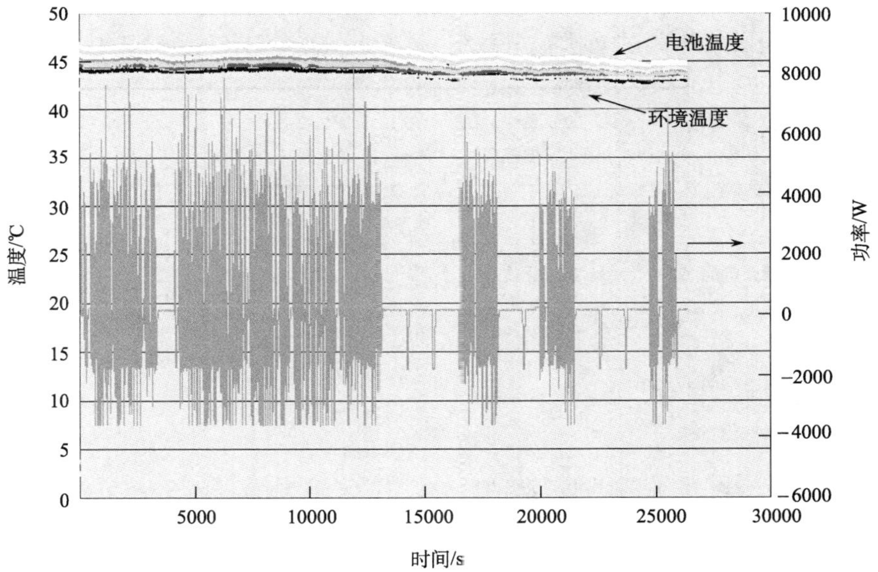

图3.65　工况循环中电池温度变化曲线

3.7　动力锂离子二次电池在储藏自然能源发电和电网调峰等方面可能的应用

使用锂离子二次电池储能系统把风力和太阳能等发电产生的电能储存起来，或者利用锂离子二次电池储能系统对目前电网的昼夜电力差进行调节，是今后动力锂离子二次电池又一个极具前景的应用领域[34]。虽然我们已经与国内外的合作伙伴开始进行这方面的工作，但由于很多工作处于起步阶段，因此下面内容的介绍与本书的其他章节不同，我们仅叙述一些计划或设想。

3.7.1 太阳能电池发电与锂离子二次电池能源系统

地球一年中接收到的太阳辐射高达 1.8×10^{18}kWh，是全球能耗的数万倍，相当于数亿万桶石油燃烧的能量[35]。

在石油、天然气和核矿藏日益枯竭的今天，充分利用太阳能显然具有可持续发展和环保的双重意义。开发和利用丰富的太阳能，对环境不产生或产生很少污染，太阳能既是近期急需的能源补充，又是未来能源结构的基础。太阳能利用的方式很多，目前主要有“太阳能光伏发电”、“太阳能动力利用”等。

当今世界发达国家对于光伏发电技术十分重视。这些国家一方面制定规划，增加投入，大力发展，另一方面还通过改进工艺与扩大规模等手段来降低光伏电池的制造成本。

图 3.66 是独立运行的光伏发电系统(简称光伏系统)示意图，其中包括了太阳电池阵列、蓄能电池组、逆变器等主要部件。

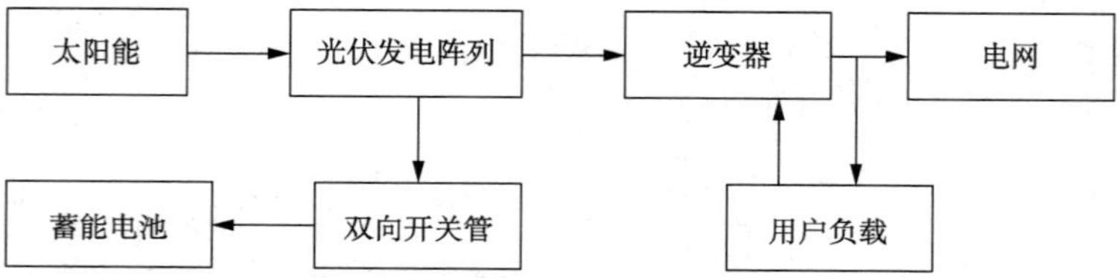

图 3.66 光伏发电系统构造

光伏发电系统的优点是：

1) 可靠性高，耐用

太阳能电池组件都要通过严格的检验，晶体硅太阳能电池寿命可以达到 20～30 年，即使是在恶劣的环境和气候条件下光伏系统也很少产生故障，易于在太阳能资源充沛的地区使用。

2) 易安装、易维护、建设周期短

如图 3.67 和图 3.68 所示，光伏系统组件已经积木化，便于用户安装。可以根据自己的需要，选择和调整发电系统的容量大小。只需要周期性或在遇到连续阴雨天时进行检查。

3) 适用范围广

太阳能无处不在，中国广大地区平均每天每平方米水平面上接收到的太阳辐射约为 3～5kWh。在高海拔地区，随着日照的增强光伏系统的输出功率将增加。

图 3.67　瓦式太阳能光板

图 3.68　铺在屋顶上的太阳能光板

但是，光伏发电系统还存在着系统效率较低等缺点。

此外，由于蓄能电池充放电过程和系统传输中有能量损耗等，目前太阳能电池能量转换效率较低。

通常，由于存在着太阳辐射的变化，使得光伏发电系统的输出功率和能量每时每刻都在波动，因而用户负载无法获得连续而稳定的电能供应。在光伏发电系统中配备蓄能电池后，通过蓄能电池组对电能进行储存和调节，大大改善了系统的供电质量。

蓄能电池在光伏发电系统中的主要作用：解决了电能的储存问题；起着功率和能量的调节作用；可向负载提供瞬时大电流。

在光伏发电系统中蓄能电池储能单元的设计与维护是最敏感的问题。根据对国内多个光伏发电系统的调查发现，电池的质量和维护是导致系统故障和系统失效的主要原因，而电池储能单元是影响光伏发电系统运行成本的重要因素。基于以上原因，在推广光伏发电系统中，电池已成为人们最为关注的目标[36]。

光伏系统中电池的工作特点是频繁处于充电-放电的反复循环中，要求电池的过充、过放电管理系统耐受能力要强，因此电池的工作特性和循环寿命就成为人们最关注的问题。根据光伏发电系统中蓄能电池的使用特点，具有以下特点的蓄能电池最适合在光伏系统中使用。

(1) 具有深循环放电性能；充放电循环寿命长；具有可靠性高或少维护性能；低温下也具有良好的充电、放电特性；充放电特性对高温不敏感；无须进行预充电操作；电池各项指标性能一致性好，具有较高的能量效率；具有高的能量密度。

(2) 蓄能电池种类较多，但光伏发电系统现多用铅酸电池和镍氢电池。铅酸电池造价便宜、使用简单、维修方便、原材料丰富，能够实现大规模生产，从而得到了大量使用。但铅酸电池体积较大，效率受环境温度影响较大，且铅和硫酸为高污染材料，一旦溢出对环境有很大的危害性。镍氢电池则有记忆效应、容量低、单体电池电压低等缺陷。动力锂离子二次电池的应用目前在我国还是起步阶段，但是已经有了很好的应用基础。动力锂离子二次电池具有容量大、体积小、质量轻、寿命长等特点，在同等容量下，体积是铅酸电池的一半；质量仅为其四分之一，而铅酸电池的可反复充放电次数理论值只有200～300次，动力锂离子二次电池的反复充放电次数可达1000～2000次，而价格仅为铅酸电池的3～4倍[37]。

3.7.2 风力发电及其电能储藏中的锂离子二次电池能源系统与应用

中国风能资源十分丰富，全国风能储量约 4.8×10^9MW，可开发利用的风能储量约10亿kW，其中，陆地上风能储量约2.53亿kW(陆地上离地10m高度资料计算)，海上可开发和利用的风能储量约7.5亿kW，共计10亿kW。理论上1%的风能就能够满足人类对能源的需求[38]。

由于煤、石油、天然气等矿物燃料资源的储存量正在日益减少，风能在未来的能源建设中将发挥重要的作用。以风力为动力做功，为人类服务，是一种古老的能源利用形式，如利用风车提水、风车磨面等，现在风力发电是风能利用的最重要形式。风力发电是将风能转换为电能，现代风力发电技术将发电机与风轮连成一体，安装在支架的顶部，构成了最简单的风力发电机。

我国风力发电起步较晚，但发展十分迅速。内蒙古和新疆等地建立了多家风力发电公司并成为中国风力发电的重要基地。近10年来，我国新能源呈现迅猛发展态势，风电装机累计增长118倍，年均增长超过60%。2010年，中国已成为全球风电第一大国，2011年，中国风电能力达到62.7GW。

风力发电装置有两种运行方式，并网运行和独立运行(又称离网运行)。在独立运行时，由于风能是一种不稳定的能源，如果没有储能装置或其他发电装置配合，风力发电装置难以提供可靠而稳定的电能。解决上述稳定供电的方法有两个，一是利用蓄能电池储能来稳定风力发电机的电能输出，另一个是风力发电机与光伏发电或柴油发电等互补运行。

如图3.69所示，独立运行的风力发电系统由风力发电机组、负载、蓄能电池、控制装置等构成。图3.70是公路旁的风力发电机组照片。

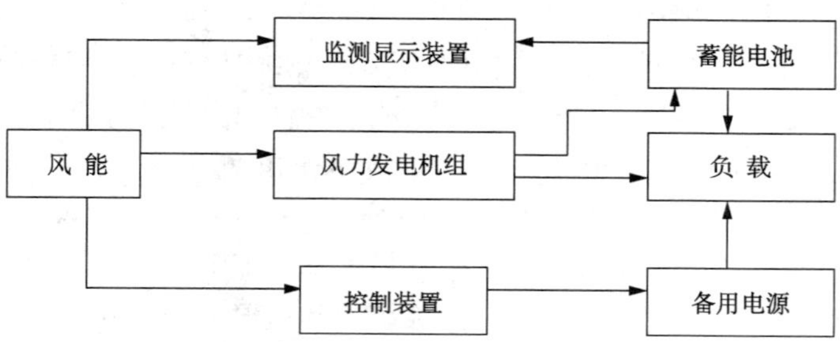

图3.69 风力发电系统构造

图 3.70　公路旁的风力发电机组

风力发电装置的优点是：

(1)经济。由于风力发电以风为动力源，不需要燃料成本，此外独立运行的风力发电机组与同容量的光伏发电系统相比，系统初投资成本低，因此风力发电成本也低。

(2)灵活耐用，寿命长。目前绝大部分风力发电机组的生产技术，都足以保证较长无障碍工作时间，3 年以内不需要大修。另外，独立运行的风力发电系统还具有灵活性好、安全性高的特点。

风力发电装置的缺点是：

(1)风力发电机组旋转运动部件较多，因此定期维护检修的工作量加大，需要定期维护。

(2)风力发电机利用率较低，加之蓄能电池及系统传输的能量损失，使得风力发电系统的总体效率不高。

由于风力存在季节性、地域性变化，特别是风力变化的随机性，使得风力发电系统的输出功率和能量每时每刻都在波动，因此用户负载无法获得连续而稳定的电能供应。在风力发电系统中配备蓄电池后，通过蓄能电池系统对电能的储存和调节作用，可以大大改善系统的供电质量。

蓄能电池在风力发电系统中的主要作用：解决了电能的储存问题；起着功率和能量的调节作用；向负载提供瞬时大电流。

蓄能电池在风力发电系统中的重要性首先体现在电池的配置是否合理，因为电池的配置会直接影响风力发电的各项技术经济指标。配置不合理时可能会使多风时发出的多余电量得不到储存或使其本身长期处于充电不满状态，影响自身的效率和使用寿命。根据对国内多个风力发电系统的调查发现，电池的质量和维护是导致系统故障和系统失效的主要原因。蓄能电池储能单元性能是影响风力发电系统运行成本的又一重要因素。基于以上原因，在推广风力发电系统中，蓄能电池已成为人们最为关注的问题。

风力发电系统中蓄能电池的工作特点是处于频繁充电-放电的反复循环中，因此蓄能电池工作特性和循环寿命就成为人们最关注的问题。根据风力发电系统中蓄能电池的使用特点，具有以下特性的蓄能电池最适合在风力系统中使用：深度放电性能；充放电循环寿命长；对电池组过充、过放电电池管理系统耐受能力强；具有高可靠性或少维护性能；低温下也具有良好的充电、放电特性；充放电特性对高温不敏感；无须进行预充电操作；电池各项性能一致性好，具有较高的能量效率；具有高的质量能量密度和体积能量密度等。

虽然蓄能电池种类多，但由于动力锂离子二次电池具有无污染、容量大、无记忆效应、单体电压高、寿命长等优点，正在逐步替代其他类型电池[39]。

3.7.3 锂离子二次电池在电网调峰中的应用

电力工业是国民经济的基础产业，它既是促进国民经济发展的动力来源，又是人们日常生活中不可缺少的电能来源。电力系统中的负荷因用户昼夜负载的投入和切除经常发生变化，为了维持有用功功率平衡，保持电力系统稳定，就需要部分电厂随之改变输出功率大小，适应负荷的变化，这就叫作调峰。

随着社会经济的发展，全社会对电力能源的依赖程度越来越高，中国的一些大城市昼夜峰谷差基本保持在 40%左右，因此，对电力供应质量提出了更高的要求。由于如今如此巨大的电力负荷峰谷差的矛盾已直接威胁电网的使用安全，探讨调峰问题，解决电力负荷峰谷差的问题已经成为今后能源行业的一大技术难题。

不同电网峰谷差不同，电网自身条件也不同，采取的调峰方式也不尽相同。目前电网发电侧成熟的调峰方式有如下几个方面[40]。

(1) 火电机组调峰。主要采用起停的方式和调荷方式。但对高效火电机组而言，机组频繁启动来进行调峰，问题较多。

(2) 水电机组调峰。水轮机反应快，经济性好，适宜做调峰电源。

(3) 燃气轮机调峰、燃气-蒸汽联合循环调峰。燃气轮机用于调峰具有许多优点，启停方便、迅速、接载负荷时间短。

目前一些发达国家电网电源结构构成比较合理，一般是核电站和大型火电站担负基荷(基荷指年功率负荷曲线最低水平以下的负荷)，水电站和燃气轮机来承担电网的调峰任务。我国电网目前仍以火电为主，水电、核电所占比例较小；其中水电分布不均匀，某些大型水电站需要担负基荷发电，而且受水流季节性的影响，没有很多调节能力。由于燃气轮机受资源和经济条件限制，难以大规模发展，因此几年内我国的基荷和调峰还将主要由火电承担。

目前，我国电网基本格局是以东北、华北、西北、华中、华东和华南六大跨省电网为主，山东、福建、四川、新疆等独立省区网相呼应。如果进一步扩大联网区域，则可以错开各省区电网的负荷高峰时间，取得错峰效益。

峰谷电价调峰，既可以针对供电方，又可以针对电力用户。我国电网中现存许多地方性小水电、小热电，它们投资、产权、利益多元化，但为追求自身效益，它们大多不愿参加系统调峰。对供电方而言，如果对峰段、非峰谷段、谷段的上网电量分别计价，则有可能鼓励小水电、小热电在系统高峰时多发电。对电力用户而言，实行峰谷电价可以促使用户自动改变原有用电模式，节省峰荷用电量，增加谷荷用电量。

峰谷电价的调峰方式可以说是以科学管理的方式来实现调峰的目的，利用现有资源，优化电网调度，不失为一种科学合理的解决方法。它也引出了一大类的调峰方法，即蓄能式电网调峰，即利用电谷的电来进行蓄能蓄电，用电高峰时再进行发电或直接供给电力用户使用，实质上也达到了调峰的目的。比如：低谷负荷时抽水蓄能，即在高峰负荷时放水发电。这种调峰方式与水电机组调峰类似，属于用户侧管理，最大的目的是削峰填谷。

压缩空气蓄能调峰是近年来的一个新技术方向。这种调峰方式的原理是在电网低谷时利用剩余电力驱动压缩机将空气储存于储气装置，当用电高峰时，储气装置排出高压空气与天然气或油等燃料混合燃烧后推动燃气轮机发电。建造压缩空气蓄能调峰电站的关键问题是压缩空气的储存，最好利用现成的地下岩盐洞、现存矿洞或挖掘成的岩石洞以及地下有水岩石层来储存压缩空气，这对于不具备建造抽水蓄能电站自然条件但却具有地下储气结构的地区来说不失为一种好的调峰方式[41]。

蓄热(蓄冷)储能调峰最近也得到了人们的关注。在电网低谷时，用特种蓄热材料蓄热或蓄冷；在用电高峰时，利用所储存的冷或热来实现降温或取暖。如今，城市电网高峰用电有很大一部分为空调用电，因此这种调峰方式很有现实意义。

把电能转换为化学能储存，是近年来科技发达国家开发的新型调峰技术。如果将低荷时的电力经电网线路，经过专用充电机充入不同的电池能源系统中，则可以满足城市电动公交车、出租车和社会车辆动力需求，或者峰荷时再逆变送入交流电网系统。它具备开通迅速，不受地理条件限制，可以靠近负荷中心建设等优点。另外，城市中居民家庭和社区可以配备一个电池能源储备箱，储备电量可以满足白天所用电器能源需求。如此利用夜间电网谷时充电，白天用储备电提供电器能源，同样可以达到削峰填谷的效果，锂离子二次电池组系统在这方面大有可为[42]。

电池储能系统由单体二次电池组成的电池系统、充电机、交流逆变器、控制装置和辅助安全设备组成，从功率和能量应用场合来看，比较适合做储能元件的二次电池是钠硫电池和锂离子二次电池。

钠硫电池(sodium sulfur battery，NAS)是在 300℃附近充放电的高温储能型电池，以钠和硫分别做阳极和阴极，β-Al_2O_3 陶瓷同时起隔膜和电解质的双重作用。它的电池形式如下：

$$-Na(l)/\beta\text{-}Al_2O_3/Na_2S_x(l)/C(+)$$

基本的电池反应是：

$$2Na+xS=\!=\!=Na_2S_x$$

钠硫电池的理论能量密度高达 760Wh/kg，且没有自放电现象，放电效率几乎可达 100%。

但钠硫电池的缺点也相当突出，钠硫电池中的陶瓷隔膜相当脆弱，在电池受外力冲击或受机械应力时容易损坏，因此电池的循环寿命有限。

由于防腐、隔热与安全等要求，钠硫电池的结构相对于其他大型储能电池要复杂得多，所需材料也相对昂贵，因而其成本在大型电池中是最高的，与其他电池相比不具有优势[43]。

锂离子二次电池目前在移动设备、电动工具、电动车场合已大规模应用，而在电网调峰方面应用还比较少。从技术角度来看，大功率的动力锂离子二次电池是可以应用在调峰蓄能领域的。

锂离子二次电池具有能量密度高、工作电压高、循环寿命长、无记忆效应及污染少等优点。与钠硫电池相比，作为常温型电池，锂离子二次电池没有钠硫电池 300℃高温所带来的一系列问题。锂离子二次电池的缺点是现阶段容量比钠硫电池低[44]。

在国内外，使用电动汽车上衰减了 30%并被替换下来的锂离子二次电池进行电网调峰储能的工作正在推进中，其最大好处就是成本会降低，因此锂离子二次电池在电网调峰领域大有可为[45]。

3.8 微 电 站

我们在 2008 年解决了北京奥运会电动公交车动力锂电池的技术问题后，开始关注地广人稀的草原、沙漠、海岛及高山上分散居住的、远离电网居民的用电问题。因为几十年来，尽管中国的城乡电力建设发展迅速，绝大多数城乡居民都解决了用电的问题，但国内的偏远地区大约还有几千万人无电可用或严重缺电。

由于没有电，中国北部、西北部、西部及西南多达数百万平方公里土地上上千万的居民生活基本上还处于原始状态，生产力水平低下，生态状况也十分恶劣。在海拔四千多米的青藏高原的少数民族居住地区基本没有电，由于海拔高，这里水的沸点约是六七十摄氏度，当地的居民几百年来就是在这样温度的热水中煮肉吃。由于灌木稀少，只能以干牛粪作为天然燃料，所以多年以来阴冷季节的取暖和一年四季洗热水澡的问题始终没能得到解决。2015 年春节前的央视“新闻三十分钟”栏目还报道了在云贵川大山中的山民家庭里，放学回来的孩子们在点松明子写作业的事情。在中国北部的巴丹吉林和腾格里沙漠中由于没有电，游牧民的生活与生产水平也十分低下。在对阿拉善左旗进行的一次调查中，我们去了三个典型的牧民家，第一户距旗里 200 公里，第二户距旗里 400 公里，第三户则位于距旗里 900 公里的边境，由于居住分散，相距遥远，根本不可能架设电线通电。我们在巴丹吉林沙漠边缘的一户牧民家看到，房后有两个 200W 的风机一直在高速旋转着发电，院子里还有高达 2000W 的太阳能电池板也在工作，但主人说虽然政府出资给家里添置了这些发电装置，但是几年来想看电视都很困难，因为常常是看完新闻联播后，再想看天气预报时就没有电了。

人们早就意识到使用传统电网的输电技术，是解决不了上述问题的，因为对相距数十公里的分散居住家庭来说，不仅架设电线的费用太高(在草原上架设每公里的输电线路需要十多万元)，电的损耗也很大，所以到目前为止的几十年里，政府为解决这些地区居民的用电问题做了各种努力，但基本上没有进展。最近十多年中，有人用小型风力发电机与铅酸电池结合的方式发明了“风光互补”家用发电设备，中央和地方各级政府也拿出多达数十亿元的资金给予支持，但是收效甚微。因为这样几百瓦一套的传统发电装置产生的电能，甚至连一台家用的电冰柜的用电都无法支持。2016 年 8 月，在内蒙古兴安盟科右前旗一户牧民家中我们看到，尽管牧民家有政府刚刚送来的一套六百瓦装置的风机在发电，院子里还有几块太阳能电池板连接着，但牧民说几天前风大时几块铅酸电池在开锅后报废了。由于家中有过去用过的旧铅酸电池，所以这户牧民家里能用的仅有一个短时间内使用的小节能灯和 12V 直流电池。

中国在地广人稀生态脆弱的土地上多达千万居民的居住条件和生活状态存在如此严重的问题，如果不能及时解决，很难实现真正的脱贫和生态环境改善。针对上述问题，我们认真分析了目前这些远离电网无电居民缺电的原因、用电状况及解决问题的办法。

截至目前，为什么国家实施的金太阳项目所提供的 300～500W 的风光互补系统产生的电能也解决不了这些简单家电的用电问题呢？

通过对内蒙古、新疆、西藏、青海等地区游牧民的缺电情况的了解，以及对过去由国家和地方政府多次大量为牧民购买的以铅酸电池为储能的风光互补型供电设备(以下简称“风光互补”)使用情况的认真分析，我们了解到风光互补发电设备使用年限约一至二年左右，所发的电量仅能勉强满足如照明和看电视，在冬季寒冷时很难工作。依靠这样的发电设备，确实不仅无法解决家中较大家用电器如冰柜、洗衣机、电饭锅等的用电，牧民们也根本不敢奢望能用自家发的电来解决他们的基本生产，如牛羊饮用水的提水设备、挤奶设备及农机具维修用的切割机和电焊机等的用电需求。

此外，现有的这些发电系统寿命短，频繁更换的铅酸电池废弃后因回收不到位而导致环境污染，土壤、地下水、乳制品及肉类中铅超标的问题已经越来越严重。

在上述工作的基础上，为了给这些无电居民尽快开发出不用电网的电、也可以如同城市居民一样用电的家庭洁净能源发电装置，我们又对偏远地区居民的生产生活情况作了调研。一般来讲，目前居住在城市里的一户家庭有 3kW 的电力供应，基本上可以满足家庭生活用电需求。但远离电网的居民，因为基本是农牧民，不仅日常生活要用电，小生产如牛羊饮水的抽水、饲料粉碎、电焊与切割及电动摩托车等也需要间歇性用电。因此，我们认为对无电的农牧民家庭，至少应该配置 3kW 或大于 3kW 的微电站发电设备。

于是，利用太阳能电池和小型风力发电机进行了大量的发电、储能及用电的试验之后，针对上述问题，借助于锂电池应用技术研究中的经验，我们研制了如下的以先进锂电池为储能的、具有自主知识产权的家用离网式微电站，该装置采用了长寿命的高能量密度锂离子电池、耐寒耐风沙的光伏电池组件、新型小型风力发电机及多功能的智能电能管理控制系统。

3.8.1 微电站构成及其性能测试

图 3.71 是微电站的一体化电能控制箱。微电站主要由一个数百瓦的小型风力发电机和 2～3kW 的太阳能发电部分(光伏电池组件、光伏电池组件支架、3P 连线、15m 电源输出线)、储能部分(多个 50V20Ah 锂电池模块组)和智能微电站系统柜(内含系统启动开关、控制逆变系统和交直流供配电部分等)所组成。供配电部分主要由 DC50V 输出正负端子、AC220V 接线端子、接地端子和漏电断路开关等组成。

1) 太阳能组件发电性能的测试

我们对若干厂家的太阳能电池组件进行了测试，选定厂家的测试结果如图 3.72 所示。测试是在北京北部的山区于 4 月份进行的。由图 3.72 中给出的结果可以看出，该多晶硅太阳能电池随着时间的变化，从早到晚在不同的时间产生的电能明显不同，这与国内外大多数厂家的产品性能基本一致。由于是在山区测试的太阳能发电情况，可以看出早晨 9 点以后，当太阳上升到一定角度时太阳能发电量迅速增加，然后有约 5 小时的稳定发电时间。

图 3.71　微电站箱

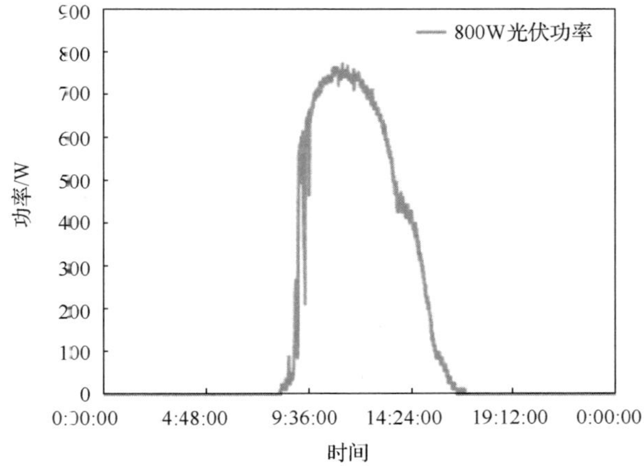

图 3.72　太阳能电池测试结果

2) 风力发电机发电性能的测试

一个 200W 的普通市售风力发电机被用于发电性能测试试验。图 3.73 中给出了一天该风力发电机的测试结果。由图中的数据可以看出，小型风力发电机平均发电功率达不到额定功率，此外在风大时发电的功率往往会出现远大于额定发电功率的情况，因此发电不稳定。考虑到市售的小型风力发电机所发电能通常为 12V 或 24V，工作电压过低，所以我们在进一步的微电站技术开发中暂时放弃使用小型风力发电机。

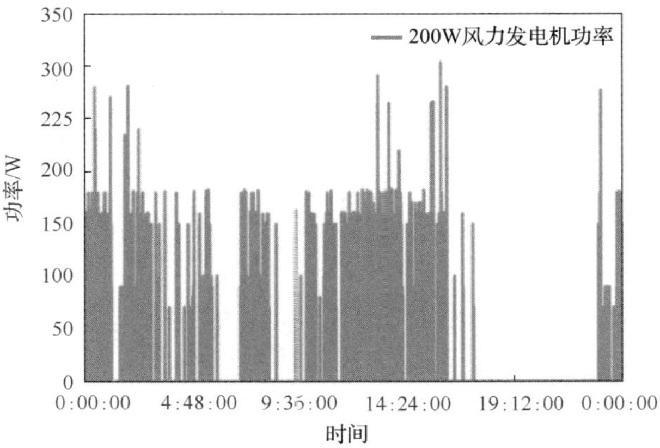

图 3.73　普通风力发电机的测试结果

3) 锂电池充放电性能的测试

根据在牧区的调查，牧民家庭的微电站不仅需要储藏足够的电能，以满足日常照明、看电视、冰柜储藏食物等的需求，还能够提供足够的动力，解决家庭的一些生产需要。于是我们根据需要开发了专用于储能的大功率的锂电池。图 3.74 是微电站的锂电池在 2*C* 大倍率的充放电条件下进行的性能测试和模拟使用寿命测试。由图 3.74 中曲线给出的结果我们可以看出，即使是牧民频繁使用家庭电焊与切割等大电流生产工具，微电站锂电池的使用寿命也可以维持在五年以上。

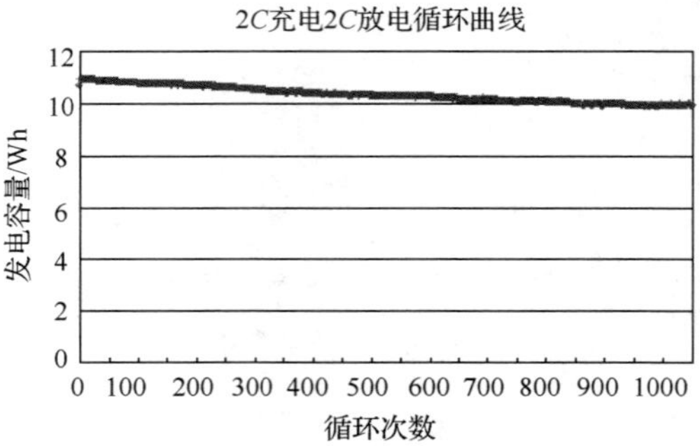

图 3.74　微电站锂电池的寿命测试

4) 系统充放电性能的测试

图 3.75 中表示的是 3kW 微电站于 2015 年 4 月的一天，在北京北部山区所测试的结果。由图中可以得知，太阳出地平线后，太阳能电池很快开始发电，发电功率也迅速增加，并在中午时分接近设定的最大功率。全天累计发电 18kWh，测试时由于同时启动了多种大功率家电，如电加热器和电饭锅等，所以在下午太阳能电池发电接近尾声时，还在锂电池中剩余 4kWh 的电能。由此可以导出在春夏之交的晴朗天气时，微电站即可以达到每天 6kWh/kW 的发电能力。

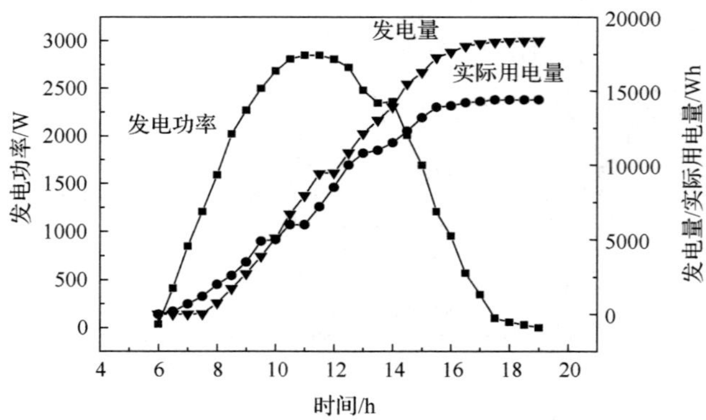

图 3.75　3kW 微电站充放电性能测试结果

图 3.76 中给出的一个发电功率为 10kW 的微电站于 2016 年 1 月初于鄂尔多斯南部进行测试后得到的结果。这是天气比较晴朗的一天，由图中的曲线可以看出全天的累计发电量达到了 60kWh。虽然这时是冬至刚过，但是由于该地区比北

京更偏南，所以在严寒季节，微电站也达到了每天 6kWh/kW 的发电能力。

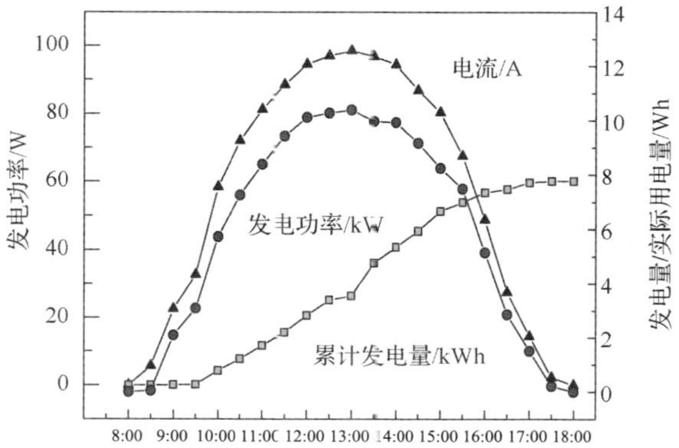

图 3.76　10kW 微电站充放电性能测试结果

3.8.2　结果讨论

我们试制的微电站已经在内蒙古呼伦贝尔地区经历了三年冬季为–43.8～–35℃的严寒天气。2016 年 12 月 6 日，受较强冷空气影响，内蒙古开启了“急速冰冻模式”气温降至–43.8℃，但微电站在如此严寒条件下依然可以为切割和电焊等工作提供电力，充分显示了微电站低温性能优越。而传统风光互补设备中的铅酸电池低温性能极差，往往在 0℃左右就会显示电量不足，–15℃时系统则经常出现断电或无法供电现象。

在海拔四千米的青藏高原，我们给牧民家安装了微电站。在这一地区，开水的沸点约 70℃。我们带去了高压电饭锅，一锅肉，约五分钟就到了摄氏一百度，十五分钟就煮烂了，当地的居民看到这一结果非常高兴。

在内蒙古地下水比较浅的多个地区，游牧民拿一块充满电的电池模块，就可以在家附近从几十米的水井中抽出水给牛羊饮水。二连浩特的周边是典型的缺水牧区，我们安装了微电站将水从近二百米的深井抽出，满足了牛羊的饮水。

通过在草原和边远山区等超低温地区近五年的实际应用结果证明，2kW 微电站可以满足一户家庭照明、电视、手机信号放大器、电视信号接收器、冰箱、洗衣机及牧羊电动摩托车的用电要求。3kW 微电站可以除满足一户家庭照明、电视、手机信号放大器、电视信号接收器、冰箱、洗衣机及牧羊电动摩托车外，还可以解决做饭、家用自来水供水系统、电热水器及电焊和金属切割机等便携式电动工具用电需求。5kW 微电站则可以满足一户家庭中除 3kW 的功能之外，另外可满足基本牧业生产的小型设备的供电需求。如饲料粉碎、挤奶、深井提水等方面的供电。图 3.77 是内蒙古中部草原一户牧民家使用了 3kW 微电站的外景照片。

图 3.77　草原牧民家微电站的外景照片

微电站是将取之不尽，用之不竭的自然能源资源如太阳能和风力，高效率地转换为绿色无污染的清洁电能。由于微电站体积小、质量轻、成本低、使用寿命长以及对环境友好等特点，因此十分适合用于电网无法延伸到的地区，即广大边远地区无电居民。同时也节省了宝贵的矿产资源，无污染物排放对解决大气污染意义深远，对保护原始生态提供了重要保障。

微电站具有供电性能稳定、质量轻、体积小、智能化和寿命长等优点，从而结束了草原牧民二十多年来使用传统铅酸电池风光互补设备的时代，从根本上解决了牧民的生活和基本生产的用电需求，使牧民在牧区可以享受和城镇居民同样的家电和信息化生活，使牧民的生活真正迈入电器化时代。

微电站作为一个将自然能源高效转换成电能并高效储存和利用的新技术产品，不仅适合边远地区，同时也适合人们追求清净高雅的国内外的别墅、野外作业、出海渔船以及边关哨所和海岛等方面的应用。

最近我们开发的 500W 便携式微电系统还方便地解决了游牧的牧民夜间照明和食物冷藏、冷冻和保鲜的基本生活用电需求。

3.8.3　微电站技术及今后的考虑

微电站系统配置的重要原则是最大程度利用好太阳能等自然能源发电。目前，微电站即使是连续阴雨天气时也可以产生不小于 10%的电能。其次，微电站必需保障系统稳定连续供电。因此，根据这几年的经验，为了保障在阴雨天时照明、冰箱、电视及手机信号放大器等的正常用电，系统中配置了 4kWh 储能锂电池模块，完全可以满足连续 4 昼夜的用电。

与传统的铅酸电池相比，我们在微电站中采用的是环保绿色锂电池作为储能部件，它不仅具有寿命长、安全、体积小、容量大的特点，可承受大电流充放电，还具有独立的保护系统，具有防反接、短路、过充、过放及高温过热等保护和电池性能远程监控功能，因此完全可以提供满足农牧民家庭的生活和简单生产用电。

当然，为了充分利用好电能，我们还按照如下的考虑将用电分为直流无储能供电、直流有储能供电、交直流混合供电、市电互补型供电及风光互补供电系统等，这些功能的一部分目前已经融入微电站中，其他一些则正在更大规模的储能电站中验证。

1) 直流无储能供电系统

由光伏电池(或风力发电机)和直流负载等组合而成，其特点是不需要控制系统，发电系统直接与负载连接。有阳光(或风力)时就发电给负载供电，无阳光(风力)时负载自动停止工作。该系统最典型的应用就是自动灌溉系统。但该系统由于电压不稳定，易造成水泵处于低压状态工作而被烧坏。

2) 直流有储能供电系统

由光伏电池(或风力发电机)、储能锂电池模块和直流负载组成。当有阳光(或风力)时，发电系统将产生的电能供负载用电，同时给储能锂电池模块充电。储能锂电池模块不仅具有储存电能的作用，还起着稳定整个系统的工作电压和当发电功率不能满足负载工作时的动力补偿作用，是维持整个系统正常工作的技术核心部分。直流有储能供电系统应用比较广泛，小到光伏草坪灯、庭院灯、城市景观灯，以及家庭用电视、手机充电和冰箱等，大到高速公路照明、移动通信基站及微波中转站等。该系统的容量及用电功率取决于光伏电池和储能锂电池模块的数量。

3) 交直流混合供电系统

交直流混合供电系统相比直流系统来说，其发电系统比直流供电系统的功率高，且储能系统的容量比直流供电系统的大。另外，交直流发电系统比直流发电系统还多一套用于控制供电系统过压、欠压、过载和短路等保护及交流和直流负载提供相应电能的控制逆变系统。这种发电系统不仅可以解决无电和缺电地区的居民家庭生活和生产(饲料加工和深井提水)用电需求，还可以为微波中转站、草原防火监测站及边防哨所等提供电力。

4) 市电互补型供电系统

市电互补型供电系统目前主要解决用电户白天用电量较大，且白天市电供电不足地区的问题。本系统采用太阳能发电优先，市电为辅的供电模式供电。当光照充足时优先使用太阳能系统的电能。当太阳能供电系统的电能不能满足用电需求时，供电系统自动切换为市电给负载供电。市电互补型供电系统既降低了供电系统的一次性投资，又有显著的节能减排效果。

市电互补型供电系统应用前景十分广泛。如小到红绿灯交通指示，大到城市景观、广场照明、草坪景观灯、广场舞台灯光布置、音乐喷泉等市政工程方面的应用外，还可为供电紧张的用电户提供备用电能储备。

市电太阳能互补型供电系统分为无储能和有储能太阳能供电两种。无储能供电系统在白天光照好的时间给负载直接供电，但当太阳能发电系统的发电不能满足用电需求时供电系统又自动切换到市电的供电系统进行供电，当然同时也切断光伏发电的供电系统。该系统的供电基本取决于太阳的光照情况，因此天气的变化常常会导致供电的不正常，供电系统经常频繁地切换，使供电系统故障增多，设备损坏严重，增加了设备的维修保养的成本。

有储能市电太阳能互补供电系统不仅能完全取代无储能市电光伏电站的全部功能，同时也弥补了无储能市电光伏电站夜间和阴雨天时无法供电的不足。借助于适当规模的风力发电机，该有储能发电系统几乎在连续阴雨天都可以提供电能。

随着市电储能供电系统应用规模的扩大，今后这一概念还可能会解决局部地区市电供电不足或“峰、平、谷”供电地区目前面临的问题。尤其是在低谷供电时期对储能系统进行充电，在用电高峰时段对市电供电不足时采用自动切换的形式为供电系统提供电能，会补偿市电供电不足时段的电力，保障重要用电部门的稳定持续供电。

3.9 兆瓦级光伏发电场中锂电池储能技术的应用

3.9.1 说明

现在，许多地区经常可以看到成片的大规模光伏组件矩阵。这些就是人们依靠先进科学技术，利用太阳的光辐射原理将光能转变成电能的光伏发电场。光伏发电的出现减少了碳的排放，降低了大气污染，减少了地球能源消耗，是真正意义上的绿色电能。但是，由于地球的自转，白天太阳光照为我们提供足够的阳光，为我们提供丰富的能源生产绿色电能，到了夜间，太阳从西边落下，星星和月亮的亮光，无法产生满足当前光伏发电所需要的辐射强度，因而无法发电。而雨雪、雾霾及沙尘暴等恶劣气候也是影响太阳能光伏发电的主要因素。为了更多、更好、更稳定的使用好太阳能这种绿色电能，目前合适的办法应该就是把白天发的电通过储能系统储存，等到夜间或天气不好时再使用，多年来，人们一直在寻找和尝试各种方式的电化学和物理方式以达到储能效果。

(1) 超级电容器储能。超级电容器储能可以将电能直接储存在电场中，无能量形式转换，充放电时间快，适合用于改善电能质量，由于其能量密度比较低，一般需要与其他储能手段联合使用。

(2) 超导储能。超导储能由一个超导材料制成并放于低温容器中的线圈、功率调节系统和低温制冷系统等组成。超导储能适合用于提高电能质量，增加系统阻尼，改善系统稳定性能，抑制低频功率振荡，但由于维护复杂及高昂的价格，目前还处于试验阶段。

(3) 铅酸电池储能。由于铅酸电池的能量密度低，目前在逐步被锂电池储能取代。

(4) 锂电池储能。锂电池的能量密度和功率密度较高，能满足大型光伏电场的储能需求，今后有可能被广泛应用。

在内蒙古自治区能源局关于征求《2020 年风电、光伏发电项目建设有关事项的通知（征求意见稿）》意见函中，明确提出支持光伏+储能项目建设，设计储能的项目配置储能容量不低于 5%、储能时长在 1 小时以上，承诺接受电网调度并提出储能配置对提高电网消纳能力的实施方案，在项目优选过程中，优先支持储能配置比例高、效果好且具备价格竞争力的项目。

按照以上要求，以某 100MW 光伏电站项目为例，我们建议配置容量为 5MW/10MWh 储能系统采用标准化模块组合方式，各电池模块内配置电芯均衡保护、电池模块间独立平衡的两级双平衡充电保护系统，可有效减缓电池容量的衰减速率，延长电池的使用寿命，提高电池的应用安全保障；通过接受电网调度，移峰等运行策略，增加光伏能源消纳，减少弃光。

3.9.2　设计依据

(1)《电化学储能电站设计规范》(GB 51048—2014)。

(2)《电化学储能系统接入电网技术规定》(GB/T 36547—2018)。

(3)《电化学储能系统接入电网测试规范》(GB/T 36548—2018)。

(4)《电力系统电化学储能系统通用技术条件》(GB/T 36558—2018)。

(5)《分布式电源接入电网监控系统功能规范》(NB/T 33012—2014)。

(6)《分布式电源接入电网运行控制规范》(NB/T 33010—2014)。

(7)《电池储能功率控制系统技术条件》(NB/T 31016—2011)。

(8)《电化学储能系统接入配电网运行控制规范》(NB/T 33014—2014)。

(9)《低压配电设计规范》(GB 50054—2011)。

(10)《民用建筑电气设计规范》(JGJ 16—2008)。

(11)《电力装置的继电保护和自动装置设计规范》(GB/T 50062—2008)。

(12)《电力工程电缆设计规范》(GB 50217—2007)。

(13)《交流电气装置的接地设计规范》(GB/T 50065—2011)。

(14)《火力发电厂与变电站设计防火标准》(GB 50229—2019)。

(15) 内蒙古自治区能源局关于征求《2020 年风电、光伏发电项目建设有关事项的通知(征求意见稿)》意见函。

(16) 国家现行的设计规程、规范。

3.9.3　总体设计

1. 方案概要

本项目储能系统设计总功率为 5MW，系统总装机容量 10MWh，用于 100MW

光伏电站移峰、调频、增加光伏资源消纳。

系统中总体采用锂离子电池作为储能电池，由 2 个 2.5MW/5MWh 储能单元组成，总计容量为 5MW/10MWh。每个储能单元由 5 个 500kW PCS 及 1MWh 电池簇组成。每个储能单元配置一个 2500kVA，400V/6kV 升压变压器，系统以 6kV 电压等级接入原供电系统。同时，本储能系统配备 EMS(energy management system)控制软件一套，可通过以太网接入云中心，云平台配备 WEB 及 APP 端，实现系统智能运维。

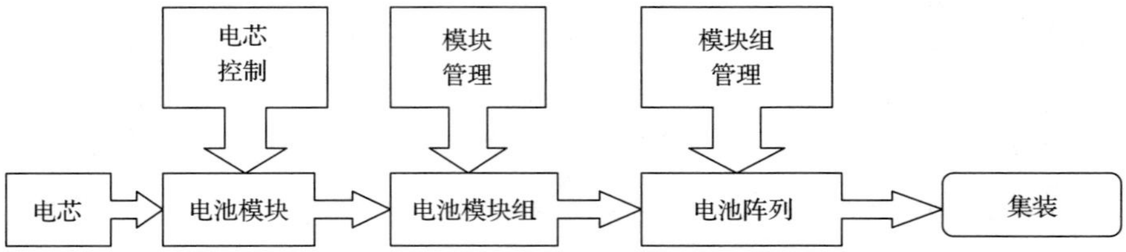

图 3.78　储能锂电池三级管理系统组成示意图

储能锂电池三级管理系统原理图见图 3.78。具有平衡充电的特点，可改善和调节电池组系统模块的一致性，降低电池内阻变化导致电池系统的不平衡性。

储能锂电池堆解决在实际应用及测试中出现的下述问题。

(1) 电池容量衰减速率快。

(2) 电池组间温度差异大。

(3) 电池内阻异变，一致性变差。

(4) 电池管理系统无法有效改善和调节电池系统平衡。

2. 布局方案

本项目设备布置采用预制舱方案。

本项目中包括储能系统预制舱、逆变升压预制舱。储能系统预制舱包括多个电池簇、七氟丙烷气体灭火系统、空气调节系统、控制系统柜及其他辅助设备。逆变升压预制舱由多台 500kW PCS、2500kVA 升压变压器、高压出线柜及控制系统柜组成。变压器输出高压接入 6kV 线路。

3. 接入方案

5MW/10MWh 储能系统由 2 个 2.5MW/5MWh 储能单元组成，每个 2.5MW/5MWh 储能单元由 5 组 1MWh 电池簇并联成电池矩阵，通过 5 台 500kW PCS (process control system) 逆变成交流 0.4kV，再通过 2500kVA400V/6kV 变压器升压至 6kV，接入原供电系统，如图 3.79 所示。

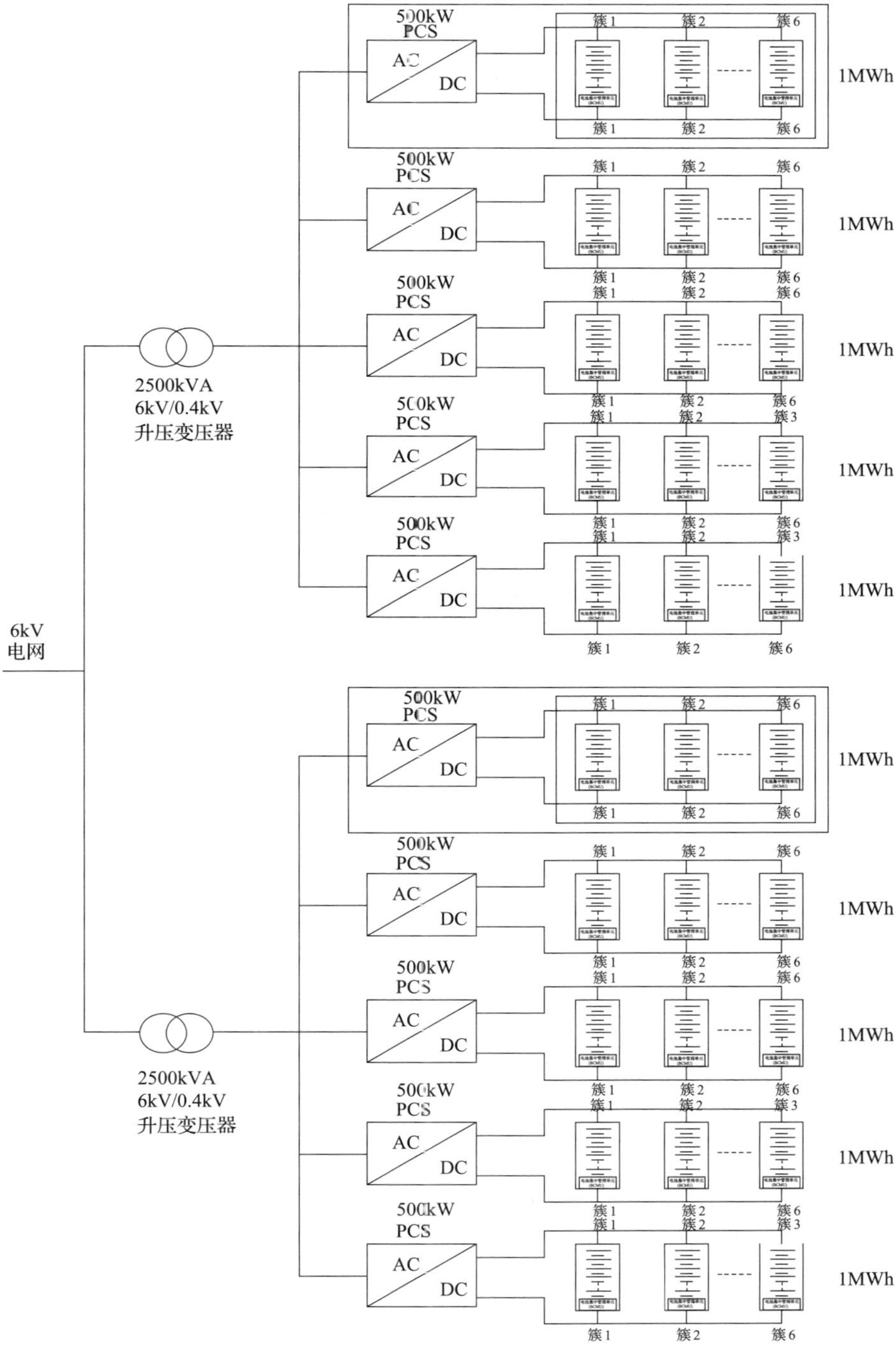

图 3.79　5MW/10MWh 储能单元接线

3.9.4　主要部分详细考虑

1. 锂电池系统

电池单体采用成熟的由全自动生产线生产的标准 20Ah 铝塑包装锂电池电芯。建议单体锂电池采用具有尖晶石锰酸锂结构的正极材料。单体电池性能参数如表 3.20。电池单体外形如图 3.80 所示。

图 3.80　20Ah 电池外形图

表 3.20　单体电池性能参数

序号	性能指标	单位	参数	备注
1	电池类型			锂离子二次电池
2	标称容量	Ah	20	1C，室温
3	标称电压	V	3.84	
4	标称能量	Wh	76.8	
5	工作电压范围	V	2.9～4.2	
6	标准放电电流	A	20	室温
7	最大持续放电电流	A	60	室温
8	峰值放电电流	A	80	@60s，SOC≥20%
9	标称充电电流	A	10	室温
10	最大持续充电电流	A	20	室温
11	峰值充电电流	A	40	@60s，SOC≥20%
12	使用温度	℃		充电：0～55 放电：−25～55
13	电压范围	V		3.0～42
14	能量密度	Wh/kg		≥180

电池模块以 1000Wh 标准设计，采用快速接插组件实现软连接，符合 IP67 防

护要求，各电芯的电压、温度通过独立 BMU(battery management unit，电池管理单元)进行控制，为预防电脑黑客，及人为等因素的安全考虑，对电芯基本性能参数设计为不可调状态，实现封闭控制，具有高安全性。

电池模块外形图如图 3.81 所示，性能参数如表 3.21 所示。

图 3.81　电池模块外形

表 3.21　电池模块性能参数

项目	指标
标称电压	50V
电压范围	39～56.4V
成组方式	1P13S
额定能量	1kWh
电池箱尺寸(宽×深×高)	180mm×180mm×178mm
电池模块质量	6.5kg

电池模块电气设计特点如下：

(1) 电池模块采用标准化模组技术，有效地提高了电池模块成组效率、能量密度。从系统安全角度考虑，每个模块电池提供了单独的电压及充放容量采集，用于对电池模块组中各模块进行有效甄别，对存在问题的电池模块可实现现场直接快速更换。

(2) 电池模块对外输入和输出均采用大电流插头，具备安装完整性和接线可靠性。

(3) 电池模块输入和输出的正、负极端子有明显标志，便于连接、巡视和检修，各电池模块具有独立防反接及短路保护。

(4) 电池模块支架能够可靠接地，接地处有明显接地标示。

(5) 温度采集。用来检测电芯本体温度和电池插箱对外输出铜排和航空插头之间接触点的温度，一旦出现异常，系统可第一时间感知。

(6) 电池模块插箱内部集成 1 个独立的 BMU，通过 BMU 可采集单体电池及电池模块的电压和温度，插箱之间使用局域网络控制器 (CAN, controller area network) 总线的通信方式，插箱与高压箱直接采用 CAN2 总线的通信方式。

电池模块在设计过程中根据实际的运输和振动，充分进行结构强度仿真分析，确保电池系统安全可靠。

上述电池模块结构设计特点如下：

(1) 电池箱对外输出采用航空插头，并采用分色出线方式，方便工作人员检查维护。

(2) 电池单体与支架之间配置了绝缘板，能够很好地保证电池单体和支架的绝缘。

本系统中根据需要采用 14 个电池模块串联，组成电池模块组，即电池簇。电池簇采用箱柜式电池柜结构，电池柜内部设计有热管理通风道，可以利用空调冷热风对电池进行热管理，电池模块依次布置于电池柜上，电池模块动力回路通过前面板的航空插头和动力电缆串联连接，各电池模块 BMU 采集电池单体电压和温度通过通信线束上传至高压箱的电池集中管理单元(BCMU, battery centralized management unit)，BCMU 经过数据收集和分析将数据上报给电池簇集中控制管理系统（BAMS），同时接受 BAMS 的控制指令。

电池簇性能参数如表 3.22 所示。

图 3.82　储能电池堆组合外观图

表 3.22　电池簇性能参数

项目		指标	一般特性
标称电压		700V	
电压范围		546～764V	
最大持续充电电流		20A	
成组方式			14S/70P
额定倍率		1C	
额定容量		14000Wh	
热管理特性	温差	≤5℃	
	最佳工作温度	20～35℃	
	热管理方式		强制风冷
通信方式			CAN

电池箱结构设计特点如下：

(1) 每个电池簇均由多个电池模块组成，每个电池簇的电池模块之间为串联关系。

(2) 每个电池簇内的电池模块之间为串联关系，使用动力电缆串联连接。

(3) 电池簇高压箱内配置总正接触器、总负接触器、预充回路接触器、熔断器以及风扇冷却回路，所有接触器应能够接受电池管理系统控制。

(4) 为保证安全，每个电池柜体均设置接地点。

储能电池堆组合外观如图 3.82 所示。储能电池柜间采用螺钉紧固，相对电池簇之间使用电池机柜用固定梁固定。机柜安装完毕将电池模块逐一就位并插入机柜内电源插头，同时确认各电池模块的工作状态。模块化电池系统的电池模块具有良好的互换性，采用专用包装满足整体运输、现场快速组装。

2. 电池管理系统

电池管理系统为三层控制架构设计，包括电池管理单元(BMU)、电池集中管理单元(BCMU)和电池簇集中控制管理系统(BAMS)，总体架构和框架内容分别如图 3.83 和图 3.84 所示。电池管理系统架构设计采用了高电压隔离、高精度采集、实时性传输、可靠性监测、安全性保护控制，便于集成、扩容。

1) 电池管理单元(BMU)

BMU 通过高精度的电压、温度采集电路，配合数模转换电路，实现了准确的电池模块电压、电流、温度的采集功能。同时根据相应的均衡策略，可针对电池单体间的电量不一致进行均衡。所采集的信息通过隔离的高速 CAN 总线上传至电池集中管理单元。BMU 根据系统需要，具有如下特点：

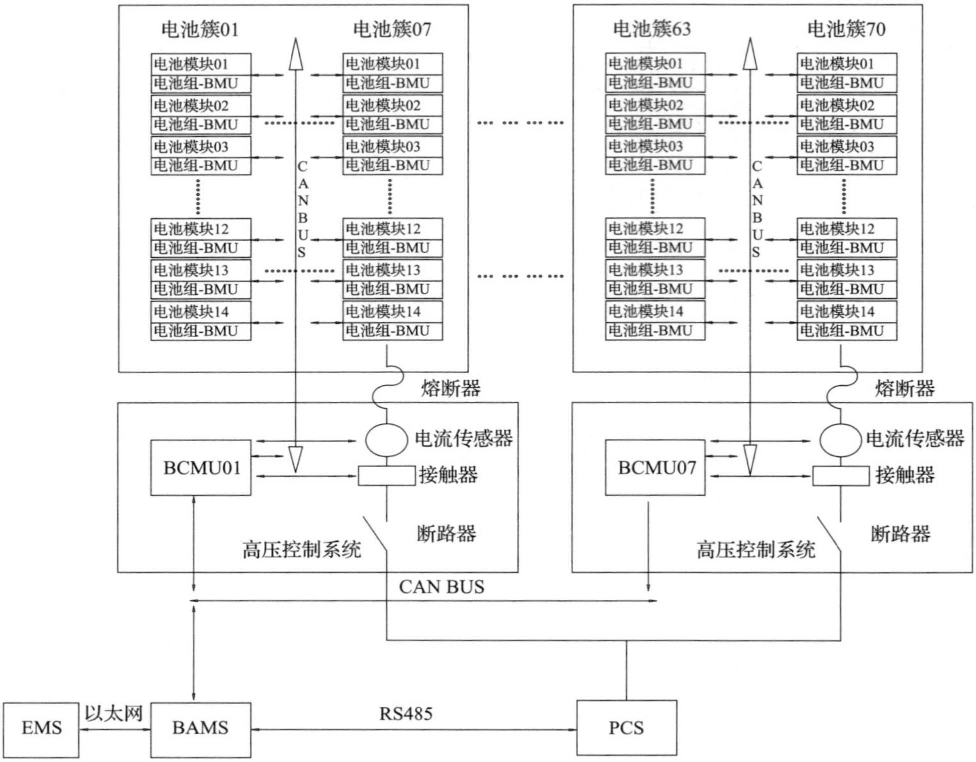

图 3.83　电池管理系统结构图(BMS 图)

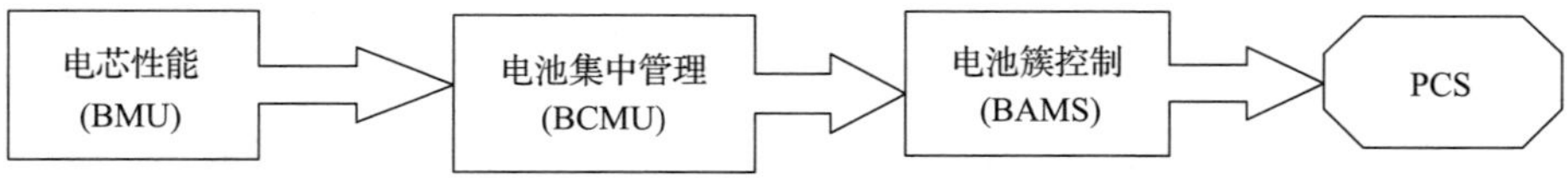

图 3.84　BMS 三级架构示意图

(1)采集线束组成及接插件均标准化设计，方便更换。

(2)采用主流的电池管理系统高集成度电压采集集成电路，能够实现单体电压和温度的采集，采集稳定的周期小于 15ms。

(3)电压采集考虑电池的回滞特性，在充放电过程中，对瞬时电流造成的电压波动进行滤波过滤，使得电池充放电电压曲线更真实反映电池的精确单体电压。

(4)温度采集范围为–40～85℃。

(5)BMU 可实现电池单体间电量均衡，单体电池的电量均衡是通过控制电路采集单体电池的 SOC 信号差异进行。

(6)BMU 的电压、温度检测、均衡控制及状态估计电路与控制电源及 CAN 总线完全电气隔离，控制电源及 CAN 总线通信的隔离等级均保证 3000V 绝缘水平，从而保证高压电池单体串联的要求。

2) 电池集中管理单元(BCMU)

BCMU 测量电池簇电压、电池簇的充放电电流、电池簇的高压绝缘电阻。BCMU 将 BMU 的采集数据汇总。可进行电池簇容量估计、电池簇剩余电量 SOC(state of charge)估计、电池簇故障诊断、均衡控制策略、安全控制策略等。BCMU 通过 CAN 网络与 BAMS 通信，上传电池状态及电池报警等信息。BCMU 根据所述功能需要，其设计特点是：

(1) 实现高精度电流采集，要求测量范围双向 300A，信号采集 AD 精度不小于 16 位，采集最小周期 100ms，且周期可调整，对霍尔传感器的零点漂移具有校准作用。

(2) 高压绝缘电阻检测，要求对相关电路进行电气隔离，并充分考虑噪声影响，对采集数据进行多次采样求平均，得到更准确的采样值。

(3) 实现高精度的 SOC 估算，要求误差在 5%以内并动态校准。

(4) 准确估算 SOH (section over head)，实时对 SOH 进行校准。

(5) 实现充放电策略及均衡算法，充放电过程全程实时监控，发现异常立刻采取报警、保护动作，确保电池安全，在电池使用过程中，根据电池的电压、SOC 等指标差异性，灵活安排均衡策略，消除电池箱内、电池箱间的差异性。

(6) 电池管理系统包含 3 级故障保护功能，针对不同的报警会进行限功率、退出或停机等不同保护策略。

3) 电池簇集中控制管理系统(BAMS)

BAMS 实现对储能系统的全面控制与保护，储能就地监控层的通信。BAMS 根据所述功能需要，其设计特点是：

(1) BAMS、PCS 通信 BAMS 采用以太网或 RS485 通信接口，采用 MODBUS TCP 或 MODBUS RTU 通信协议。BAMS 将影响设备安全运行的信号汇总成一个急停信号，该急停信号通过干节点回路接入控制系统。

(2) BAMS、EMS 通信。BAMS 实现与储能监控层的通信，通信采用 MODBUS TCP 协议。BAMS 与储能监控层之间的通信内容包括储能系统运行过程中的参数设置动作、运行报警状态、保护动作过程、充放电开始/结束事件、电池容量及健康状态等信息。BAMS 接受储能监控层的控制管理。

(3) 数据采集及保护功能。BAMS 可以采集预制舱内辅助设备工作状态，如烟雾传感器、温度传感器、湿度传感器等安全设备，形成电气联锁，一旦检测到故障，将启动声光报警并通过远程通信的方式通知用户，同时，切断正在运行的储能设备。

(4) 历史数据存储。BAMS 具备在线数据存储功能，储能系统运行过程中的参数设置动作、运行报警状态、保护动作过程、充放电开始/结束事件、电池容量及健康状态等信息都可以自动同步保存，时间记录可精确到秒，并掉电保持。数据存储应采用标准的固态硬盘，数据信息需长时间存储。具备完善的故障录波功能，能够对故障前后的状态量有效记录。可配置 1～3 小时 UPS，记录故障后 1～3 小时的数据。记录不少于 100000 条事件及不少于 90 天的历史数据。系统正常运行情况下，BAMS 对采集的数据进行存储，在每天 24:00 进行数据压缩并保存在 BAMS 或者数据服务器。系统在使用 UPS 备电时，BAMS 也可对采集数据进行储存，可在 BAMS 进行拷贝查看。

(5) 权限密码管理功能。BAMS 具有操作权限密码管理功能，任何改变运行方式和运行参数的操作均需要权限确认。

(6) 运行状态管理功能。BAMS 具有储能设备运行状态管理的功能，能够根据制定的控制策略自动运行，也可以通过远方和就地实现手动控制运行。

(7) HMI (human machine interface) 对电池系统的各项运行状态可在就地显示设备（触摸屏）上显示，如系统状态、模拟量信息、报警和保护信息等。

3. PCS 变流器

储能变流器采用基于 IGBT 的电压源型换流器拓扑，通过交流侧滤波器实现对开关频率谐波的滤波，通过交、直流侧 EMC 滤波器实现对高频谐波干扰的滤波，直流侧设置负荷开关和熔丝实现直流侧故障的保护和隔离，交流侧设置接触器和断路器实现交流侧电网的连接以及故障的隔离。

储能变流器可通过脉宽调制 PWM (plus with modulation) 灵活控制输出的电压相位和幅值，利用输出电压与电网电压的相位和幅值差，在输出侧滤波电感上形成有功和无功电流，从而达到控制注入电网的有功、无功功率四象限运行的目的。

图 3.85 为 PCS 双向储能变流器的一次结构及二次原理图。

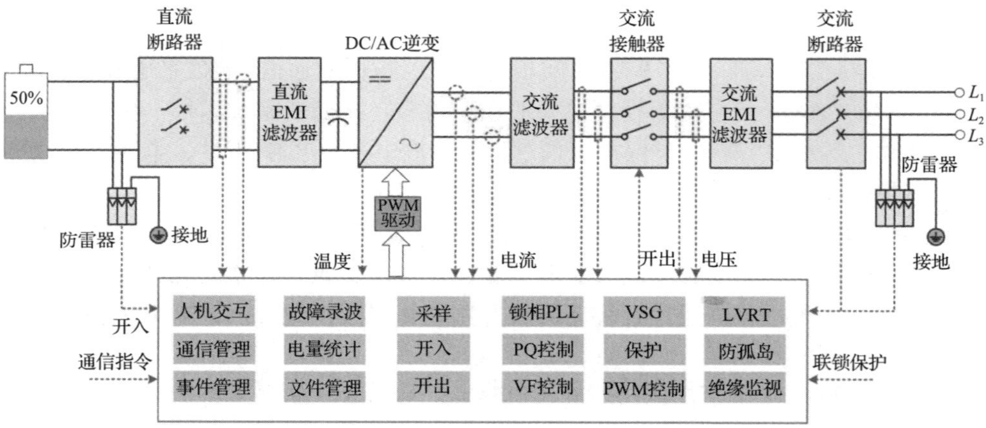

图 3.85　PCS 双向储能变流器原理图

双向储能变流器作为储能装置和电网的柔性接口，采用高可靠性智能化功率模块开发，双平衡均衡体系及定量保护实现充、放电一体化的设计，实现交流系统和直流系统的能量双向流动。双向储能变流器主要能够实现以下功能：

(1) 准确灵活的充放电控制模式。

(2) 并网运行模式和孤网运行模式的自由切换。

(3) 软并网控制和电能质量控制。

(4) 响应 EMS 指令进行削峰填谷。

(5) 电网频率和电网无功功率调节功能。

(6) 完备的自检和保护功能。

变流器并网运行过程中，电网接口处的电网电压允许偏差为额定值的±10%，当电网电压超出规定范围时，变流器停止工作，并在控制装置液晶显示屏上显示相应的报警信息。

PCS 故障保护功能包括：交流过/欠压保护、交流过/欠频保护、交流过流保护、负序电流保护、负序电压保护、孤岛检测保护、直流过压保护、绝缘监测、驱动保护、逆变器过温保护、通信故障保护、外部连锁保护。

4. 控制柜

控制柜参数如表 3.23 所示。

表 3.23　控制柜参数

项目	参数	备注
额定功率	40kW	
最大功率	45kW	
交流进线形式	3P4L，AC380V	
UPS	30min，3kVA	
保护	防雷、漏电、过载、短路等	

电池系统的二次电源包括控制电源和热管理电源等。

考虑热管理(风扇和空调)耗电量较大且不需要备用电源，将两部分分开。

控制电源配备 UPS，为关键设备控制回路供电，保证外部电源失电后，用电设备工作时长不小于 30min，具备扩展能力，可扩展至 2h。

二次电源取自 PCS AC380V 母线段，并配置完善、可靠的防雷系统，内部配电系统的总出口配置工业级漏电保护开关，每条输出支路配置工业级断路器进行过载、短路和选择性保护。

1) 控制柜原理

控制柜集成了二次系统的配电设备和集中控制系统，根据不同项目配置略有不同，设备以最后设计为准，控制柜原理图如图 3.86 所示。

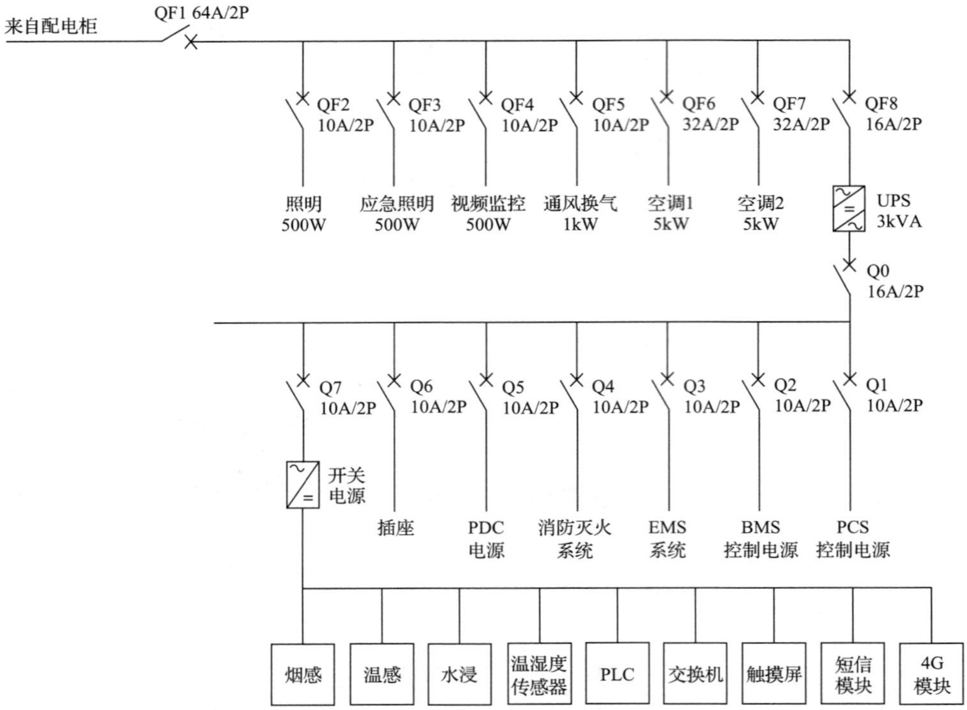

图 3.86　控制柜原理图

2) 控制柜主要功能

控制柜主要作用是为室内交流用电设备提供交流电源以及通过柜内UPS为电池堆 BMS 部分提供不间断电源。同时它可以整合系统内自耗电情况、各部分开关门状态、室内温湿度情况以及消防状态信息，并将这些信息上报至BMS系统。同时作为系统内总配电柜，在发生消防事故或者其他紧急事故下可以完成自动或者手动控制下的急停。

控制柜具有以下功能：

(1) 完成电池室内空调、照明、消防、应急灯、柜内外插座的交流配电；同时为系统内 BMS 部件(含交换机)提供不间断交流电源，后备时间不小于 2 小时。

(2) 采集电池室内自耗电情况、室内温湿度状态信息、汇流柜、消防状态等信息，并将以上数据上传至后台。

(3) 通过合理的分配尽量保证整个配电系统中各相负载平衡，各支路具有完备的保护功能，关键支路微断分合闸状态可以采集并上传至后台。

(4) 将电池室内各堆 BMS 接至中控柜内交换机中，通过汇流柜的触摸屏实现对 BMS 系统信息的查看与控制。

5. 热管理系统

以提高转换效率、提升系统寿命、降低系统成本为目标，从电池模组、PACK、电池簇、设备空间等多元入手，采用被动+主动式环境控制方法，对储能系统进行多元优化设计；采用多点、分层方法，实现传感器分布式布置，提高温、湿度场测量精度；采用动态环境控制与调节策略，实现温度、能耗的精细化控制与管理。

采用开放式电池架，智能空调及专门风道，动环控制系统实时检测箱内分布温度采样点的信息及系统运行状态，分层、分阈值进行主动环境控制调节，以达到有效降温同时能耗最低的目的。

在电池箱、电池簇、预制舱式系统，都进行了针对性的设计，保证预制舱内部环境温度控制在 20～35℃、预制舱内电池单体温度 20～35℃。

1) 空调工作模式

热管理系统根据预制舱内部电芯本体温度和环境温度、湿度，电芯本体温差，以及电池系统的工况，设置了多种工作模式，保证整个电池系统工作在预期的温度范围，同时能够保证较低的功耗。空调工作模式包括：

(1) 制冷模式。制冷模式可以控制电池系统内的电芯最高温度，保证系统的安全性、可靠性和优良的充放电性能。

(2) 制热模式。制热模式可以控制电池系统内的电芯最低温度，保证系统在低温环境下的正常工作。

(3) 换风模式。换风模式主要工作在电池系统温差过大的情况下，可以保证系统的均温性。

2) 空调控制模式

空调具有远动、本地两种控制模式，既能够满足远程调试的需要，又可以在储能系统正常运行时全自动运行。

空调工作状态信息可上传 EMS。

6. 消防系统

1) 设计安装标准

电池预制舱内消防设施配置主要包含火灾自动报警系统和气体灭火系统，系统设计应满足《火灾自动报警系统设计规范》(GB 50116—2013) 和《气体灭火系统设计规范》(GB50370—2005) 的要求。设备安装施工应满足《火灾自动报警系统施工及验收规范》(GB 50166—2007) 和《气体灭火系统施工及验收规范》(GB 50263—2007) 的要求。

2) 组成及布置

消防系统由烟感、温感，消防控制盒，钢瓶、喷头、泄压阀，站内外声光报警，紧急启动停止、手动自动开关组成。

3) 配置

消防系统设计参数见表 3.24。

表 3.24　消防系统设计参数

序号	项目	性能/参数
1	电源	AC220V
2	通信方式	CAN、RS485、干结点
3	工作温度	−26～50℃
4	火灾检测方式	温度、烟雾
5	灭火方式	全自动
6	灭火剂种类	七氟丙烷
7	药剂量	38kg
8	设计浓度	≥9%
9	启动方式	自动、手动和紧急启动/停止
10	产品认证	3C、消防认证

4) 优势

为了适应储能电池系统对消防的特殊需求，采用了全自动七氟丙烷消防系统，具有如下特点：

(1) 采用七氟丙烷灭火剂，需具有自动、手动和紧急启动/停止三种控制功能。

(2) 全自动设计，能够防止误动作事件的发生。

(3) 七氟丙烷因无色无味无毒，故不会对电池系统产生损伤。

(4) 为了保证电气设备和电池设备的安全，为汇流柜和电池簇分别设置了烟感、温感和消防喷头。

(5) 紧急情况下，可在预制舱外操作消防气体钢瓶阀门上的应急机械启动装置，启动钢瓶喷气灭火。

(6) 消防系统能够快速响应，响应时间不大于 10s，保证消防系统的快速性与针对性。

(7) 消防系统供电、控制、联网等所有电缆须独立布置，采用镀锌钢管或金属槽盒敷设。

(8) 气体灭火系统启动前联动控制切断空调通风电源和电池直流电源。

5) 工作模式

消防系统具有自动、手动和紧急启动/停止三种控制功能。

消防系统在接收到火灾信号后，根据信号判断火灾位置，自动启动灭火动作或接受手动启动信号，启动灭火动作。手动启动功能优先于自动启动功能，并用文字和图形符号在显著位置标明操作方法，防止误启动。

无论装置处于何状态，按下紧急启动按钮，都可启动灭火装置，释放灭火剂，实施灭火，同时控制器立即进入灭火报警状态。

6) 配电

消防系统输入电源为 AC220V，由电池系统的 UPS 引入。

正常情况下，消防系统由市电供电，供电开关容量约 0.4kW，配置 4A 微断开关。市电故障时，则转换为电池系统 UPS 供电。

7. 辅助系统

1) 照明系统

预制舱内安装照明灯，管理人员可在现场用手动开关控制照明灯。照明灯具有防爆功能，为预制舱内部的监控提供一个安全的照明环境。

预制舱内安装 2 盏应急照明灯，一旦系统断电，预制舱内的应急照明灯会立即投入使用，应急照明灯的有效照明时间不小于 30 分钟。

2) 电气连锁系统

预制舱内配置烟雾传感器、温湿度传感器等安全设备，烟雾传感器和温湿度传感器与系统的控制开关形成电气联锁，一旦检测到故障，预制舱通过声光报警和远程通信的方式通知用户，同时，切断正在运行的储能设备。

3) 安全逃生及应急系统设计

预制舱内有明确的安全逃生通道标示、声光报警设备、紧急逃生口以及安全门，一旦发生危险，人员可以根据安全标示迅速逃离现场。

4) 控制开关及插座

预制舱舱门旁边设置舱内照明控制开关，舱内合适位置设置五孔电源插座，三相插座地线没接通前不允许供电(即不接通地线，L、N 线的插头无法插入插座)。电源插座对应配电箱的连接必须有独立的断路器进行短路、过载和选择性保护，电源插座选用工业级产品。

8. 预制舱

电池系统为 40 英尺[①]预制舱，尺寸为 12192mm×2438mm×2896mm ($L×W×H$)。

1) 材料设计

预制舱所有外覆盖件材料均使用高耐候钢板；整体预制舱骨架采用优质结构型材钢，其材料壁厚不小于 6mm；预制舱骨架底部采用优质槽钢井子结构设计(图 3.87)，保证预制舱舱体整体刚度和强度。

① 1 英尺=0.3048m。

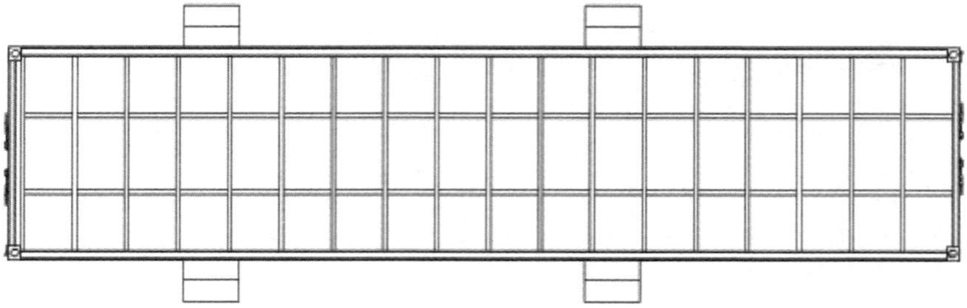

图 3.87 预制舱结构图

所用材料满足强度、刚度、弹性变形、耐用性和其他化学、物理性能，选用最适用的、新的、优质的、无损伤和缺陷的材料。预制舱材料性能如表 3.25 所示。

表 3.25 预制舱材料性能

	材质	钢板厚度	钢板屈服强度	钢板抗拉强度	钢板延伸率
预制舱屋顶钢板	耐候钢	2mm	≥355MPa	≥590MPa	27%
外壁钢板	耐候钢	2mm	≥355MPa	≥590MPa	27%
内壁钢板	耐候钢	2mm	≥355MPa	≥590MPa	27%

2) 电气设计

(1) 预制舱接地。

预制舱舱体可以满足螺栓和焊接两种固定方式。螺栓固定点和焊接点与整个预制舱的非功能性导电导体（预制舱金属外壳等）可靠联通。预制舱两侧靠近门体处留有 4 处接地点，符合最严格的电力标准要求，有效截面积不小于 250mm^2。接地点布局如图 3.88 所示。

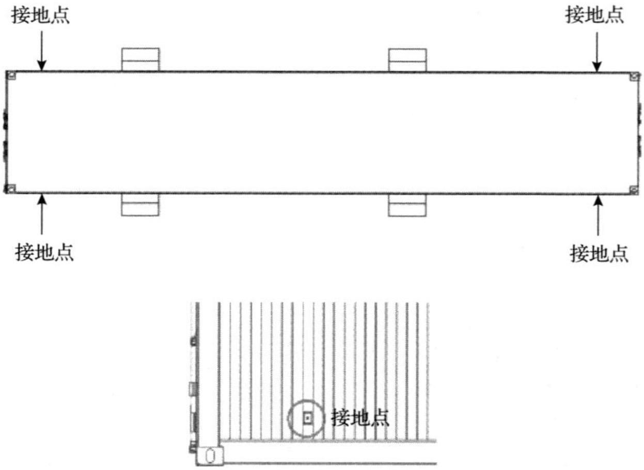

图 3.88 预制舱接地图

(2) 绝缘。

预制舱底部的非进出线区域铺设绝缘电压不小于 3kV，绝缘厚度不小于 5mm 的高质量阻燃绝缘垫。

(3) 线缆。

预制舱采用下进下出的接线方式，在汇流柜、分配电箱相应的位置预留有进线孔，现场接线完成后使用防火泥封堵即可。

预制舱内部电池动力、信号线束均采用暗走线方式(槽型型材内部走线)，保证美观和安全。电缆设计及敷设满足《电力工程电缆设计规范》(GB50217—2007)要求。不同类型电缆水平及交叉排列时，间距满足规范要求。

低压动力电缆采用阻燃铜芯电缆；高压动力电缆采用阻燃铠装电缆；进入通信监控系统的控制电缆采用屏蔽电缆；通信电缆采用屏蔽双绞线或光纤，其中站内通信选用普通光缆，芯数应满足通信、保护的需求，站外通信选择 ADSS(all dielectric self-supporting)光缆。

光缆敷设：站内光缆敷设需加保护子管。光缆敷设时弯曲半径应符合最小弯曲半径要求，光缆布放的过程中应无扭转，严禁打小圈、浪涌等现象出现。布放光缆的牵引力应超过光缆允许张力的 80%，瞬间最大牵引力不得超过光缆允许张力的 100%，主要牵引力应加在光缆主要加强元件上。光缆经由走线架，拐弯点(前，后)应予绑扎。

线缆敷设：预制舱内部所有电缆须采用阻燃电缆，所有线槽采用金属线槽，设置防止电缆着火延燃措施；封堵所有的电缆竖井孔、墙孔、开关柜、控制保护屏柜底部电缆孔洞等。不同电压等级的配电装置及配电装置的不同段之间的电缆沟连接处设置阻火隔墙。电缆沟阻火隔墙两侧各 1.5 米范围内均涂防火涂料。电缆穿管、穿墙敷设完毕后应将管的两头做防火、防水封堵。

(4) 预制舱结构设计。

门：预制舱两侧均装有逃生门，配快开推杠锁，门为内凹设计，且装有防雨檐。

锁：所有预制舱的锁均为同心锁，一把钥匙可打开所有的锁。

人井：预制舱内部预留施工维护用人井，尺寸为 600mm×650mm，以保证施工和运维人员能够在预制舱下部进行作业。

吊装、固定：预制舱机械接口可满足吊车起吊安装要求，提供螺栓和焊接两种固定方式。

内饰：预制舱结构须采用高耐候钢板或者玻璃钢材质，地板铺设厚度约为 4~5mm 的绝缘板，地板具有绝缘、防滑、阻燃等性能。

3) 预制舱的散热及防尘、防潮解决方案

在预制舱设计、制造过程中充分考虑到当地环境条件对设备运行的影响，采取多项相对应的措施，保证设备在项目所在地的安全稳定运行。

预制舱整体的防护等级为 IP65。

预制舱具备良好的防盐雾、防潮湿、防腐、防火、防强降雨、防水、防台风、防尘(防风沙)、防震、防盗、防紫外线等功能，保证预制舱不会因防盐雾、防潮湿、防腐、防火、防强降雨、防水、防台风、防尘(防风沙)、防震、防盗和防紫外线等因素出现故障。

防盐雾、防潮湿、防腐功能保证使用年限内预制舱的外观、机械强度、腐蚀程度等满足实际使用的要求；可保证舱体顶部不积水、不渗水、不漏水，舱体侧面不进雨，舱体底部不渗水；防台风、防尘(防风沙)功能必须保证在预制舱的进、出风口和设备的进风口加装可方便更换的标准通风过滤网，同时，在遭遇大风扬沙天气时可以有效阻止灰尘进入预制舱内部；防震功能必须保证运输和地震条件下预制舱及其内部设备的机械强度满足要求，不出现变形、功能异常、震动后不运行等故障；防紫外线功能必须保证预制舱内外材料的性质不会因为紫外线的照射发生劣化、不会吸收紫外线的热量等。

(1) 防腐。

所有外覆盖件材料均使用 Corten A 高耐候钢板，所有暴露在大气中的碳钢部件均涂漆。预制舱舱体喷涂三层涂膜：底漆采用富锌漆，中间漆为环氧漆，外面漆为丙烯酸漆，底架采用沥青漆。预制舱外部油漆为富锌底漆(厚度约 50μm)＋环氧树脂漆(厚度约 150μm)＋丙烯酸面漆(厚度约 40μm)，总漆膜厚度不小于 240μm，满足 ISO12944 C5-M 等级的要求。

预制舱内部油漆为富锌底漆＋环氧树脂漆，总漆膜厚度不小于 15μm。外面漆使用丙烯酸漆，无明显色差反光，阻隔紫外线吸收。外观、机械强度、腐蚀程度等确保 25 年的实际使用需求。

(2) 防尘(防风沙)、防水。

预制舱入口门上安装有密封胶条，端门关后可保证密封效果，有效地防止沙尘、雨水进入。电缆进线口在施工完毕后用防火泥进行封堵，可有效防止外部沙尘、雨水进入。

通过以上主要措施，使预制舱的防尘、防水功能显著提高，能有效阻止灰尘(风沙)进入预制舱内部，同时保证舱体顶部不积水、不渗水、不漏水，舱体侧面不进雨，舱体底部不渗水。

(3) 防火。

预制舱舱体内外壳体间填充 A 级防水阻燃岩棉，内外部装饰材料等全部使用 A 级不燃材料。

预制舱结构、墙体、门等满足耐火 1 小时要求。

(4) 防盗。

防盗功能可保证预制舱在室外露天条件下不会被偷盗者打开，当有偷盗者试图打开预制舱时产生威胁性报警信号，同时，通过远程通信方式向后台报警，该报警功能可以由用户屏蔽。

(5) 保温。

预制舱采用舱体为两层钢板，中间填充 A 级防火阻燃岩棉，同时具备防水功能，侧墙填充厚度不小于 75mm，顶部填充厚度不小于 100mm，使舱体具备保暖、隔热、阻燃的功能。

(6) 防紫外线。

防紫外线功能可保证预制舱内外材料的性质不会因为紫外线的照射发生劣化、不会吸收紫外线的热量等。

4) 监控系统

预制舱内配置视频监控及门禁报警功能。视频设备确保预制舱内部全面监视，实时观察预制舱内的设备情况，当有人试图强行打开舱门时，门禁产生威胁性报警信号，通过以太网远程通信方式向监控后台报警，该报警功能应可以由用户屏蔽。

9. 通信架构

电池簇集中控制管理系统(BAMS)是电池系统的核心控制设备，使用成熟的实时操作系统并配备高速现场总线，保障储能系统安全、稳定运行。单元电池系统的开入/开出量以及其他通信线缆均接入 BAMS，电池系统内部由 BAMS 进行协调控制并统一规约标准。单元电池系统内配置以太网交换机，实现 BAMS 与就地监控站之间的通信。

储能变流器 PCS (power conversion system) 可控制蓄电池的充电和放电过程，进行交直流的变换，在无电网情况下可以直接为交流负荷供电。PCS 由 DC/AC 双向变流器、控制单元等构成，PCS 控制器通过 MODBUS-TCP 与 PLC (programmable logic controller) 通信，实现对电池的保护性充放电，确保电池运行安全。

本地控制器 PLC 通过 MODBUS-TCP 与 BAMS、PCS 通信，采集电池与变流器实时运行信息，可下发控制指令，根据功率指令的符号及大小控制变流器对电池进行充电或放电，实现对电网有功功率及无功功率的调节。

10. EMS 方案

1) 监控方案

本项目每个储能单元配置 1 个控制柜，控制柜中包含 1 台光纤交换机用于组建高速控制网；1 台交换机用于站控层组网；1 台协调控制器，1 台本地控制器及规约转换装置 PCS-9726。PCS 直接接入站网交换机，1 个光纤盒；1 台 1kVA UPS

30min 用于控制柜内部供电。

PCS 与监控后台支持 103，61850 等多种电力系统标准规约。智能并网接口装置 PCS-9726，除了具备升压变保护功能外，还具备规约转换的功能，电池管理系统 BMS 可以直接由 485 串口接入 PCS-9726，规约为 MODBUS，通过 PCS-9726 将 MODBUS 规约转换成 103 或 61850 规约与监控系统通信。电池管理系统 BMS 与 PCS 控制装置之间支持 485 和网口接入(可二选一，建议采用通信更加稳定的网口)，规约一般采用 MODBUS。

主控制室配置 1 面通信柜和 1 套储能后台监控，通信柜包括 1 台变流器协调控制装置用于储能应用功能及多机功率分配和快速协调控制；1 台光纤交换机用于组建高速控制网；1 台交换机用于站控层组网，1 台对时装置，1 套 3kVA 的 UPS 系统，1 个电表用于储能系统计量。

2) 协调控制器

协调控制器完成整套储能系统的高级应用功能，特别是需要快速响应的暂态控制功能，该控制器对上与监控系统通信，对下通过专用的高速光纤控制网与变流器控制装置进行快速通信，毫秒级通信延时。本项目在其中一个预制舱的控制柜中配置一台本地控制装置和 1 台光纤交换机。协调控制器与 PCS 控制装置进行快速通信的光纤控制网。

协调控制器能量管理功如下：

(1) 有功功率跟踪。

储能单元能够快速响应调度指令，实现辅助功率调节的作用。本控制器功率跟踪可通过定值控制字进行选择支持远方模式或本地模式。远方模式是指本控制器按照主站端（SCADA 监控系统）发送的有功指令值控制储能充放电功率；本地模式是指按照本控制器内通过定值设定的有功指令值控制储能充放电功率。协调控制装置通过实时检测当前输出的有功功率和接收的功率指令，来控制储能系统的有功输出，从而快速、精确响应调度指令。

(2) 调峰。

储能系统因其快速响应特性，具有优越的调峰性能，可在光伏功率较大时将电量储存，在夜晚时放出，减少弃光问题。

(3) 调频、调压。

光伏电站中应用储能，可辅助电网调频，利用其快速响应特性改善调频效果。同时储能系统还能输出无功，起到辅助调压的作用。

电网的频率取决于发电有功功率与负荷有功功率之间的平衡关系，当发电有功功率大于负荷有功功率时，系统频率上升；当发电有功功率小于负荷有功功率时，系统频率下降。储能系统通过有功-频率(P-F)下垂控制来辅助调节发电有功功率，使其与负荷有功功率实时平衡，从而稳定系统频率。当系统频率下降时，储能系统放电增加有功输出；当系统频率上升时，储能系统充电减小有功输出。

电网的电压取决于发电无功功率与负荷无功功率之间的平衡关系，当发电无功功率大于负荷无功功率时，系统电压上升；当发电无功功率小于负荷无功功率时，系统电压下降。储能系统通过无功-电压(Q-V)下垂控制来辅助调节发电无功功率，使其与负荷无功功率实时平衡，从而稳定系统电压。当系统电压下降时，储能系统发出无功功率；当系统电压上升时，储能系统吸收无功功率。

(4) 平抑波动。

光伏发电具有较大的间歇性、波动性，严重影响了其并网发电的性能。越来越多的研究利用储能电池的能量存储能力，通过电池的充、放电，来平抑新能源发电的功率波动。

平抑波动控制根据算法分为一阶滤波控制方式和功率波动限制控制方式，可通过控制整定。一阶滤波控制方式是根据电源端的输出功率进行一阶低通滤波，对于变化快速且不满足波动限制要求的功率分量，利用储能系统来消除，因此剩下的就是波动小的平滑功率分量。功率波动限制控制方式是实时检测电源端的输出功率，统计其在一定时间周期内的波动量，若功率波动分量超出装置设定的波动限制值，则储能系统进行充、放电，抑制波动量。装置内可通过定值整定，使得控制目标满足不同时间尺度的功率波动限制。

(5) 功率分配及 SOC 调整。

对于容量较大的储能单元，各电池箱间的充、放电特性不尽相同，其 SOC 值也不完全一样。为了保证各电池箱均衡充、放电，延长电池寿命，协调控制装置设置了功率均衡分配策略和 SOC 调整控制策略。

本控制器获取各电池箱的 SOC 状态，对于每次充、放电功率，根据各电池箱的 SOC 按比例分配给各电池箱。充电时，SOC 小的电池箱优先充电，充电功率大；放电时，SOC 大的电池箱优先放电，放电功率大。

为了使储能系统各个电池箱均有一个合适的 SOC 值，每次充、放电指令均能响应，在不影响其他各功能模块运行的前提下进行 SOC 调整控制，利用缓充、缓放的控制策略将 SOC 控制在一个合理的范围之内。

3) 本地控制器

本地控制器负责采集设备、电网、电池、动力环境等状态及信息，发送到 EMS，同时接受 EMS 的调度，对动力环境进行优化控制，保证储能系统的运行环境稳定可靠。

11. 对外接口

电池系统提供对外连接或通信的接口，主要对外接口如表 3.26 所示。

表 3.26　电池系统提供对外连接或通信接口

接口名称		接口类型	路径	接口描述	数量/个
电池系统	一次主回路	动力	汇流柜<>PCS 直流侧		1
	配电	配电	分控柜<外部配电设备	3P4L，AC380V，最大接入功率45kW，额定功率 40kW	1
	Ethernet	通信	BAMS <> EMS	MODBUS-TCP	1
	PCS 急停	通信	BAMS <> PCS	用于 PCS 急停	1
消防系统		干接点	气体控制盘<>气体控制盘/本地控制器	含设备故障、火灾报警、气体喷洒 3 个信号	3
视频系统		通信	电池系统<>储能电站，视频监控系统	视频监控摄像头，支持 POE 供电	2

参 考 文 献

[1] 韦克菲尔德. 电动汽车发展史. 叶云屏, 孙逢春译. 北京: 北京理工大学出版社, 1998

[2] 陈清泉等. 现代电动汽车技术. 北京: 北京理工大学出版社, 2004

[3] 陈全世等. 先进电动汽车技术. 北京: 化学工业出版社, 2007

[4] 吕贤如, 林程. 电动汽车重获新生, 文摘报, 2005-07-07

[5] 国家科学技术部. 关于“十五”863 计划 EV 重大专项第二批课题立项的批复. 国家科学技术部, 2002

[6] 王曦悦. 聚焦国家发展电动汽车新动向——来自电动汽车业界高层的声音. 新材料产业, 2006, 9: 6-8

[7] 王伯良, 汪继强, 刘彦龙, 等. EV 用高比能量锂离子电源研制进展. 新材料产业, 2006, 9: 41-43

[8] 宋永华, 阳岳希, 胡泽春. 电动汽车电池的现状及发展趋势[J]. 电网技术, 2011, 35(4): 1-7

[9] 晨晖, 李永伟, 毛永志. 锰酸锂动力电池能源系统的研究与开发. 新材料产业, 2009, 2: 8-11

[10] 林成涛. 电动汽车用动力电源系统的性能评价. 仿真与管理技术研究, 清华大学博士后研究报告, 2008

[11] Nagaura T, Tazawa K. Lithium ion rechargeable battery. Progress in Batteries & Solar Cells, 1990, 9: 209-210

[12] 郝德利, 冯熙康, 王伯良, 等. 电动汽车用锂离子蓄电池的研究. 电源技术, 2003, 27: 160-165

[13] 郭炳焜, 徐徽等. 锂离子电池. 2 版. 长沙: 中南大学出版社, 2003

[14] 熊瑞. 基于数据模型融合的电动车辆动力电池组状态估计研究[D]. 北京: 北京理工大学, 2014

[15] 付正阳, 林成涛, 陈全世. 电动汽车电池组热管理系统的关键技术. 公路交通科技, 2005, 22(3): 119-123

[16] 张国庆, 马莉, 张海燕. HEV 电池的产热行为及电池热管理技术. 广东工业大学学报, 2008, 25(1): 1-4

[17] 万沛霖. 电动汽车的关键技术[M]. 北京: 北京理工大学出版社, 1998

[18] 吴红杰. 混合动力电动车镍氢动力电池管理技术研究[D]. 北京: 北京航空航天大学出版社, 2005: 1-151

[19] 刘波, 张鹏, 赵金保. 锂离子动力电池及其关键材料的发展趋势[J]. 中国科学: 化学, 2018, 48(1): 18-30

[20] 其鲁, 宋兆爽, 徐华, 等. 电动轿车用锂离子二次电池系统的制作及其电化学性能. 物理化学学报(增刊)[J], 2007, 21: 250

[21] 张宾, 林成涛, 陈全世. 电动汽车用 $LiFePO_4$/C 锂离子蓄电池性能[J]. 电源技术, 2008(2): 95-98

[22] 王丹, 续丹, 曹秉刚. 电动汽车关键技术发展综述[J]. 中国工程科学, 2013, 15(1): 68-72

[23] 郭红霞, 乔月纯, 穆培振. 锂离子电池正极材料研究与应用进展[J]. 无机盐工业, 2016, 48(3): 5-8, 51

[24] 佟蕾, 田崔钧, 高申, 等. 电动汽车用动力电池对比测试分析[J]. 电工电能新技术, 2017, 36(4): 71-75

[25] 张志杰, 李茂德. 锂离子动力电池温升特性的研究[J]. 汽车工程, 2010, 32(4): 320-323

[26] 戴海峰, 王楠, 魏学哲, 等. 车用动力锂离子电池单体不一致性问题研究综述[J]. 汽车工程, 2014, 36(2): 181-188, 203
[27] 姜国权. 电动汽车动力电池管理系统的研究[D]. 上海: 上海交通大学, 2009
[28] 周亚楠. 锂电池管理系统的研究与实现[D]. 青岛: 中国海洋大学, 2008
[29] 李哲. 纯电动汽车磷酸铁锂电池性能研究[D]. 北京: 清华大学, 2011
[30] 安富强, 赵洪量, 程志, 等. 纯电动车用锂离子电池发展现状与研究进展[J]. 工程科学学报, 2019, 41(1): 22-42
[31] 谢潇怡, 王莉, 何向明, 等. 锂离子动力电池安全性问题影响因素[J]. 储能科学与技术, 2017, 6(1): 43-51
[32] 李涛. 纯电动汽车锂离子电池热效应及电池组散热结构优化[D]. 重庆: 重庆大学, 2013
[33] 郭宏榆, 姜久春, 王吉松, 等. 功率型锂离子动力电池的内阻特性[J]. 北京交通大学学报, 2011, 35(5): 119-123
[34] 闫金定. 锂离子电池发展现状及其前景分析[J]. 航空学报, 2014, 35(10): 2767-2775
[35] 王长贵, 崔容强, 周篁. 新能源发电技术. 北京: 中国电力出版社, 2003
[36] 兰凤崇, 李诗成, 陈吉清, 等. 基于专利分析的锂离子动力电池产业发展趋势[J]. 科技管理研究, 2019, 39(12): 144-150
[37] 黄学杰. 锂离子电池及相关材料进展[J]. 中国材料进展 2010, 29(8): 36, 46-52
[38] 张希良. 风能开发利用. 北京: 化学工业出版社, 2005
[39] 王琳舒. 锂离子动力电池一致性分析模型及其影响因素的仿真分析[D]. 北京: 北京有色金属研究总院, 2020
[40] 黄学政, 陶俊杰, 吕守维. 电网调峰方式探讨[J]. 山东电力高等专科学校学报, 2004, 7(4): 203-206
[41] 朱梅, 徐献芝, 杨基明. 调峰电站及其蓄能技术[J]. 节能, 2004, 5: 4-5
[42] 张华民, 周汉涛, 赵平, 等. 储能技术的研究开发现状及展望[J]. 能源工程, 2005, 3: 1-7
[43] 温兆银. 钠硫电池及其储能应用[J]. 上海节能. 2007, 2: 7-10
[44] 罗飞, 褚赓, 黄杰, 等. 锂离子电池基础科学问题(Ⅷ)——负极材料[J]. 储能科学与技术, 2014, 3(2): 146-163
[45] 刘国芳, 赵立金, 王东升. 国内外锂离子动力电池发展现状及趋势[J]. 汽车工程师, 2018(3): 11-13

第4章　动力锂离子二次电池的分析测试与回收利用技术

2000年以来，我们不仅陆续制定了自己的电池材料及动力电池制作标准，还先后承担了国家与行业的锂离子二次电池材料标准的制定工作。最近，在国家发展与改革委员会和国家工业和信息化部等的支持下，我们又开始牵头动力锂离子二次电池行业标准的制订工作。

电池材料与电池的测试评价和分析不仅对保证电池的质量非常重要，也直接影响电动汽车的安全性和使用性能，所以在本章中我们把涉及动力电池的材料和电池的分析测试方法的内容和想法尽可能详细地作了总结，以供读者参考。

此外，随着电动汽车的不断发展，大量的电池回收也是非常迫切需要解决的现实问题，在此把截至目前的一些经验作了归纳，作为本章最后一部分的内容。

4.1　电池材料物理化学性能的测试分析

随着科技的发展，出现了多样化的分析检测手段，设备也越来越先进，这给材料检测带来了方便，但也使得我们在选择分析方法时目不暇接。因此，从检测的时间效率和经济效率角度考虑，下面首先介绍我们对锂离子二次电池材料的一些常规检验分析工作内容和方法。

锂离子二次电池的材料可以分为正负极材料、电解质溶液、隔膜和工业辅料四大类。根据测试内容的不同，我们也把材料性能的分析测试分为物理性能和化学性能两大类。它们分别包括外观、尺度、强度、微观形貌和结构、成分、电化学性能等。下面根据锂离子二次电池材料的分类分别进行讨论。

4.1.1　正极材料和负极材料测试分析

目前锂离子二次电池工业生产使用的正极材料包括钴酸锂、锰酸锂和三元材料等，负极材料主要是碳质材料。

1) 粒度、比表面积和微观形貌测试

正、负极材料均为微米级粉体，粉体的粒度分布直接影响极片性能的优劣和电池产品的电化学性能。

在传统的粒度测量方法中采用过筛法，常以“目”为单位。目数与筛孔宽度对应的数据见表 4.1。

表 4.1　目数与筛孔宽度对应表

网格宽/μm	美国标准/号	泰勒标准/目	网格宽/μm	美国标准/号	泰勒标准/目
5		2500	125	120	115
10		1250	140		
15		800	150	100	100
20		625	160		
22			180	80	80
25		500	200		
28			212	70	65
32		425	224	65	62
36			250	60	60
38	400	400	280		
40			300	50	48
45	325	325	315		
50			355	45	42
53	270	270	400		
56			425	40	35
63	230	250	450		
71			500	35	32
75	200	200	560		
80			600	30	28
90	170	170	630		
100			710	25	24
106	140	150	800		
112			850	20	20

过筛方法只是一种简单的粒度分析方法。目前使用最为广泛的粒度测试仪器为激光粒度分布仪。

激光粒度分布仪是根据光的散射现象测量颗粒尺寸。光波在行进中遇到微小颗粒时，会发生散射现象，颗粒越小，散射角越大。激光粒度分布仪的工作原理是基于米氏散射理论和夫朗禾费衍射理论。

图 4.1 为干法激光粒度仪基本装置示意图。由半导体激光器发出波长为 0.6328μm 的单色光，经滤波和扩束透镜后，形成最大直径为 10mm 的平行单色光束。该光束照射测量区中的颗粒时，产生光的衍射现象。衍射光的强度服从米氏散射理论

和夫朗禾费衍射理论，散射光经傅里叶透镜后照射到光电探测器阵列上，由于光电探测器处在傅里叶透镜的焦平面上，因此探测器上的任何一点都对应于某一确定的散射角。光电探测器阵列由一系列同心环带组成，每个环带是一个独立的探测器，能将投射到上面的散射光线性地转换成电压，然后送给数据采集卡。该卡将电信号放大，再进行 A/D 转换后送至计算机。

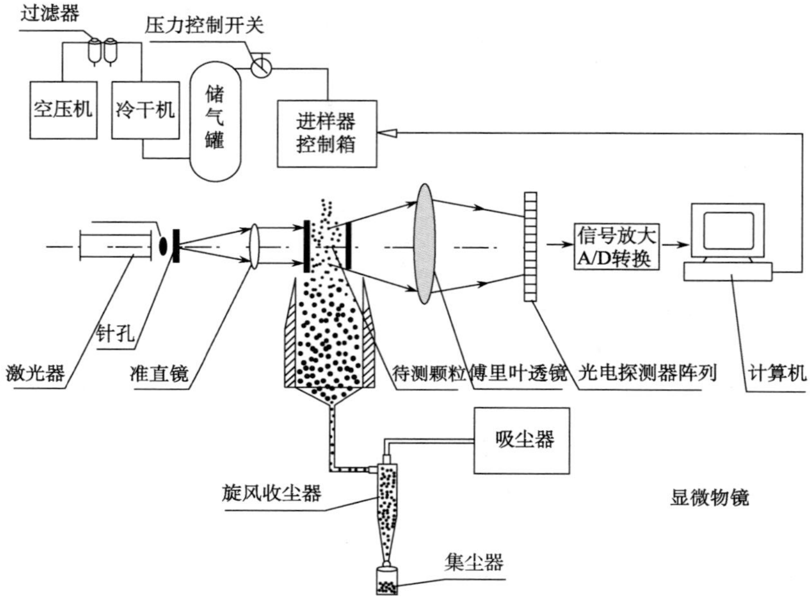

图 4.1　干法激光粒度仪基本装置示意图

激光粒度仪测试粉体样品时，要求粉体颗粒到达光束照明区时处于分散状态。如果颗粒是分散在液体介质中，则称为湿法测试。电池正、负极材料粒度分布测试一般使用湿法测试。干法激光粒度仪是以空气作为分散介质(图 4.1)。样品通过干粉进样器送入光学系统。干粉进样器由空气压缩、净化系统、进样控制系统、光学窗口和收尘系统组成[1]。

我们最近使用的三元材料和石墨碳粉粒度分布见图 4.2。一般来说，锂离子二次电池工业生产通过控制粒度分布中的 D_{10}、D_{50}、D_{90} 来控制原材料品质，峰形要求单峰，近于正态分布。如果正极材料粒径过大，涂布时极片表面会有大颗粒凸起，压片后极片表面分布许多小亮点，可能会造成成品电池电化学特性劣化；如果粒径过小，会造成涂布不匀，还可能使得正极材料在充放电过程中稳定性变差。对于石墨碳粉而言，粒径过大或过小同样影响极片涂布质量及电化学性能。

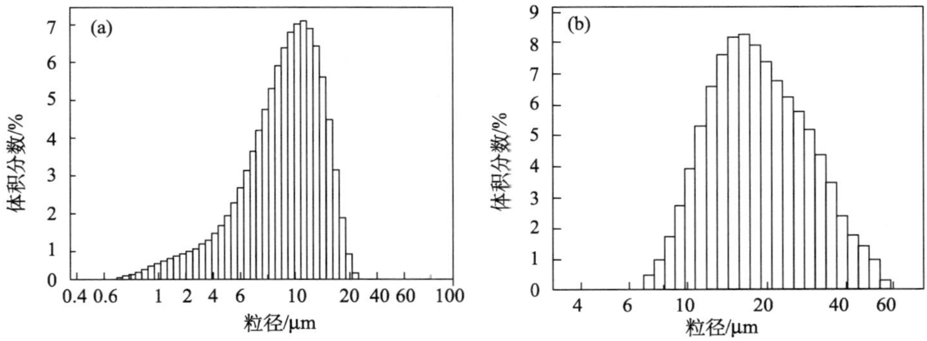

图 4.2　正、负极材料粒度分布图

(a) 三元材料；(b) 石墨碳粉

前已提及，光电探测器阵列是由一系列同心环带组成，每个环带为一个独立的探测器，所以同一同心环带接收的信号仪器认为粒度是一致的，对同一个样品测试两次的结果可能并不完全一致，所以在讨论材料粒度分布时应该允许一定的测试偏差，相应粒径的偏差应该小于 10%。

下面讨论比表面积的测定[2]。

假设粉体颗粒为表面光滑封闭的刚性体，则比表面积(SSA)和平均粒径(D)存在以下关系：

$$\mathrm{SSA} = K / \rho D \tag{4.1}$$

式中，K 为形状系数，当颗粒为球形时 $K=6$，非球形时 $K>6$；ρ 为粉体颗粒的真密度。真密度可以通过晶格体积和晶格原子质量计算得到，或由相关手册查得。从式(4.1)可以看出粒径分布向小粒径方向移动，比表面积应该变大。不过实际的正、负极材料并非表面光滑、形状一致，而且粉体颗粒中存在微孔。因此，即使是粒径分布完全一样的两批材料，测出的比表面积也不一定一致。

比表面积分析仪的原理主要是基于 BET 多层吸附理论，该理论表述关系式为：

$$P / V(P_0 - P) = 1 / V_{\mathrm{m}}C + (C-1)P / P_0 V_{\mathrm{m}} C \tag{4.2}$$

式中，P 为不同吸附量时液氮的饱和蒸气压；P_0 为总气压；V 为加入液氮的体积；V_{m} 为固态吸附单层容量；C 为仪器常数。

用 $P/V(P_0-P)$ 对 P/P_0 作图，在其线性范围内求出斜率 a 和截距 b，而 $V_{\mathrm{m}}=1/(a+b)$，$\mathrm{SSA}=4.35V_{\mathrm{m}}/W$，$\mathrm{m^2/g}$。可求出材料的比表面积 SSA。

一般来说，如果粒径在工艺可以接受的范围内，要求比表面积尽可能小。如果比表面积过大，不仅吸液量大，还会影响涂布极片质量，有可能会造成电池产品循环性能和平台效率变差。

粉体颗粒形貌和尺度直观的认识，可以通过电子显微镜直接观察得到。电子显微镜法在研究微观世界中广泛使用，通常包括扫描电子显微镜(SEM)法、透射电子显微镜(TEM)法、高分辨电子显微镜(HREM)法、电子能量损失谱(EELS)法等。正、负极材料常规测试中应用最广泛的为扫描电子显微镜。

扫描电子显微镜是利用二次电子成像的原理来进行工作的。二次电子是指从样品表面激发出来的所有能量小于 50eV 低能电子的通称。扫描电子显微镜样品室和电镜镜筒内的电子扫描系统是高真空的，电子枪内的灯丝发射出的电子，经高压电场加速和电子透镜聚焦后，成为高速电子束，电子束经扫描线圈作用发生偏转，在样品上进行扫描。扫描过程中打出的二次电子被光电检测器检测，并经光电倍增管放大后输入阴极射线的控制栅极，阴极射线管内的扫描偏转线圈和电镜镜管内的扫描偏转线圈是同步的，这样就在阴极射线管的成像屏上呈现可见的图像(现在许多仪器已使用电荷耦合器件图像传感器 CCD 代替阴极射线管)[3]。

三元材料和石墨碳粉的 SEM 如图 4.3 所示。图中可见形貌均为准球形，石墨碳粉平均粒径为 20μm 左右，三元材料平均粒径为 10μm 左右，与粒度分布所测数据基本一致。一般放大倍数选取 2000 和 5000 为宜。

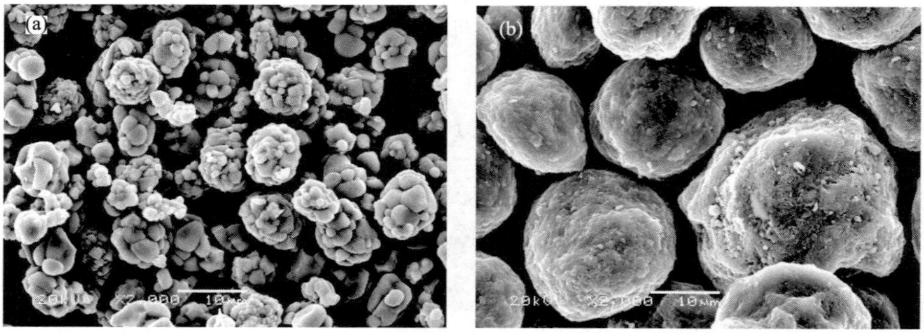

图 4.3　正、负极碳粉 SEM 图

(a) 三元材料；(b) 石墨碳粉

2) 元素组成和物相结构的测定

锂离子二次电池正极材料为二元或多元复合金属氧化物，各种金属元素物质的量必须符合一定的比值，才能达到所要求的物质特性，因而必须定量地检测各种金属元素的含量。电感耦合高频等离子体原子发射光谱分析法(ICP-AES)是锂离子二次电池工业生产中定量检测金属元素含量应用最为广泛的方法之一[4]。

表 4.2 为三元材料的 ICP-AES 分析结果。测定结果以质量分数表示，换算成物质的量比 Li∶Co∶Ni∶Mn=1.014∶0.359∶0.324∶0.308。以 M 代表 Co、Ni 和 Mn，则 Li 和 M 的元素物质的量比约为 1。

表 4.2　三元材料元素质量分数

Li/%	Co/%	Ni/%	Mn/%	Na/%	K/%	Cu/%	Ca/%	Fe/%	Cr/%
7.04	21.16	19.02	16.90	0.083	0.010	0.007	0.075	0.004	0.010

在正极材料分析中，除了用化学分析方法确定各金属元素的质量分数，X 射线衍射法(XRD)也是研究化学材料常用的方法。

上面所列元素组成的三元材料对应的 XRD 衍射谱图如图 4.4(a)，对照标准衍射图卡片可以标出各谱峰对应的晶面指数，可以计算出晶格参数。比如从三元材料的谱图可以看出存在一些主晶相之外的杂峰，说明此三元材料并未完全生成固溶体，可能在主晶相晶界面存在一些杂相。所以，通过 XRD 谱图可以很清晰地认识材料的纯度与结构是否为所需要的产物。

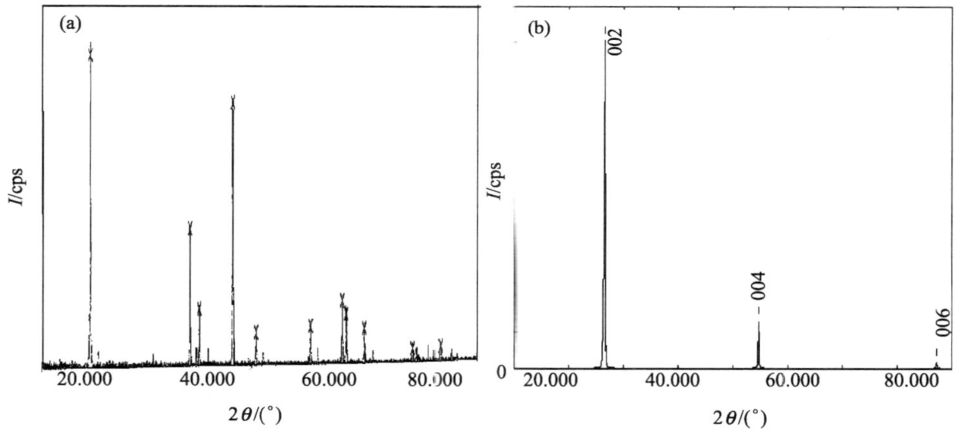

图 4.4　正、负极材料 XRD 谱图

(a) 三元材料；(b) 石墨

对于石墨负极材料，石墨化程度对成品电池容量有比较重要的影响。石墨晶体的参数主要有 L_a、L_c 和 $d_{(002)}$。L_a 为石墨晶体沿 a 轴方向的平均尺度，L_c 为石墨片面沿与其垂直的 c 轴堆积尺度，$d_{(002)}$ 为石墨晶面距离。$d_{(002)}$ 可以根据式(4.3) Bragg 方程直接确定。

$$2d\sin\theta = n\lambda \tag{4.3}$$

L_a 和 L_c 通过 Scherrer 公式可做近似计算，计算公式为

$$L(\text{nm}) = K\lambda / (\beta\cos\theta) \tag{4.4}$$

式中，K 为形状参数，计算 L_a 和 L_c 时 K 对应取值为 0.184 和 0.089；λ、β 和 θ

分别为入射 X 射线波长、X 射线衍射峰半峰宽和衍射角(注意转换成弧度值进行计算)。

通常用石墨化因子 g 来表示：

$$a = 3.354g + 3.440(1-g) \tag{4.5}$$

式中，a 为表观层间距，可以近似取为 XRD 所测 $d_{(002)}$ 的值。对于理想的单晶 $d_{(002)}$ 的值为 0.3354nm，此时 g=1。中间相碳微球 XRD 谱如图 4.4(b)，主峰对应于(002)晶面，可以通过以上介绍评估石墨化程度[5]。

3) 电化学特性测试[6]

评估锂离子二次电池材料的目的是严格筛选材料以保障产品具有优越的电化学性能。评估正极材料和负极材料电化学特性的主要手段有以金属锂作为对电极的模拟电池测试、循环伏安法和交流阻抗谱法等。这些方法都可以用电化学工作站进行。

在惰性气体环境下，以金属锂作为负极，以正极材料或负极材料作为正极进行充放电循环，可以评估正、负极材料的容量、充放电平台优越性和充放电循环性能。图 4.5 为不同型号石墨负极前几次循环的充放电曲线，电压平台平整，约 0.2V，容量为 280～330mAh/g。

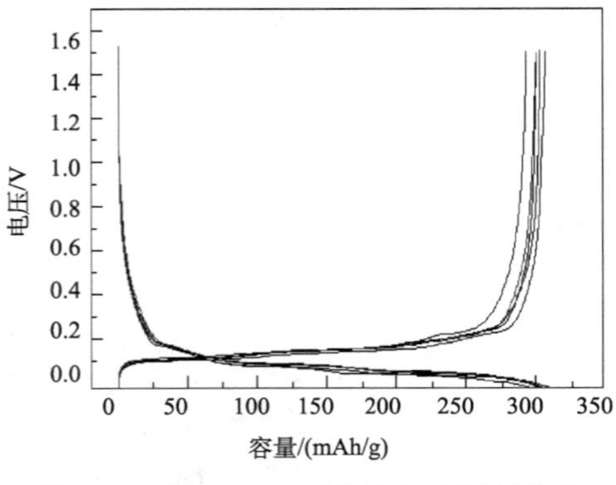

图 4.5　不同型号石墨负极首次循环曲线

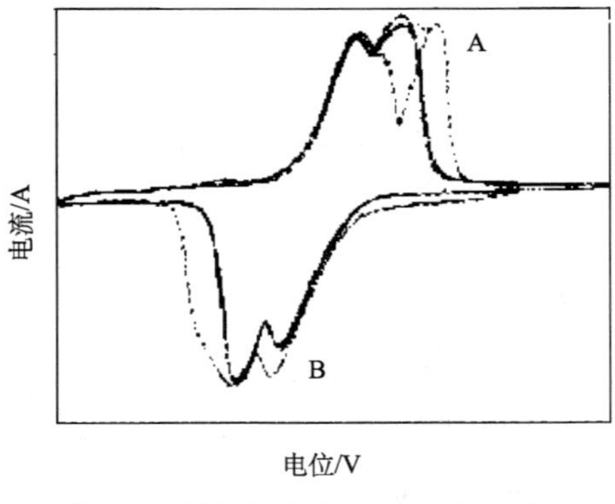

图 4.6　循环伏安法电流-电位曲线

循环伏安法虽然比较简单，但得到的信息数据多。该方法可以在反应物进行氧化还原反应时，同时测定电流和电位之间的关系。例如，在用电位循环扫描所得图 4.6 中，A 峰对应于氧化反应，B 峰对应于还原反应。图 4.6 中的曲线有 2 个峰电流，2 个峰电流之比以及 2 个峰电位的大小是循环伏安法中最为重要的参数，可以用来评估正、负极材料的反应特征、平台电压、可逆程度、循环效率等，以此为基础可以对电极反应的热力学和动力学行为进行深入讨论。

4）其他工业指标的检测

在锂离子二次电池的生产中，正、负极材料除了以上一些技术性指标外，还有一些常规工业指标需要检测，包括正、负极材料的水分、振实密度、压实密度、pH 和负极材料的灰分、固定碳等。

传统检测水分的方法是加热失水法，具体的操作方法是在 105～110℃烘箱中加热 1～2h，置干燥器中冷却后称量，再以同样温度烘 30min，冷却称量，直至样品恒重，即可以算出样品水分的含量。如果条件允许，用 Karl Fischer（KF）水分仪检测水分更为精确，一致性更佳。其测定原理是 Karl Fischer 试剂（碘、二氧化硫、吡啶和甲醇或乙二醇甲醚组成的溶液）能与样品中的水定量反应，反应式如下：

$$CH_3OH + SO_2 + RN \rightarrow [RNH]SO_3CH_3$$

$$H_2O + I_2 + [RNH]SO_3CH_3 + 2RN \rightarrow [RNH]SO_4CH_3 + 2RNI \tag{4.6}$$

式中，RN 代表有机碱，使用最多的为吡啶（C_5H_5N）。在实际的卡氏水分仪中采用恒电流库仑法，根据法拉第定律，测量达到滴定终点所需时间和电流（根据消耗碘的量）对应于所测的水分含量。

恒电流库仑法水分测定主要用于测定微量水。当所测样品中水分含量大时，测定需要很长的时间，可能会超过 KF 试剂的水分测定容量，导致不正确的结果。

测定正、负极材料的水分时，通常是在卡氏加热炉中将样品的水分蒸发出来，并通过分子筛干燥过的空气载入后与试剂反应测得结果。通常，正极材料要求水分小于 0.04%[7]。

进行正、负极材料的 pH 测试时，首先要把粉体材料与蒸馏水配制成质量比为 1∶1 的物质，然后在不断搅拌下用 pH 计测定。一般要求正、负极材料的 pH 范围为：$LiCoO_2$：＜12；$LiMn_2O_4$：9～11；石墨负极：6.5～7.5。

振实密度检测的具体方法是首先将粉体装入量筒中，在一定时间内通过振实装置将量筒内的粉体振实，然后将粉体质量除以体积读数即得到振实密度。一般要求三元材料振实密度不得低于 2g/cm^3，石墨碳粉不得低于 1.05g/cm^3。材料的压实密度检测需要在生产线试涂后，为压片测量正极不脆片时的最大体积密度和负极不出现亮边时的体积密度。一般要求锰酸锂压实密度不低于 2.6g/cm^3、三元材料不得低于 3.2g/cm^3。一般不对碳和石墨负极材料的压实密度提出要求，因为负极压片工艺要求负极的压实不得过大，以防止传质阻力增大而影响充放电性能[8]。

测定负极材料灰分和固定碳的传统方法是灼烧法，具体操作是将 0.5g 左右的石墨粉体放在恒重的样品舟中，在 900～1000℃的空气或氧气流热解炉中灼烧至粉体无黑色斑点，冷却后称量，再返回炉中灼烧 10～30min，直至恒重。将剩余质量除以灼烧前石墨粉体质量即得灰分，固定碳含量=100%–灰分。

也可以用热分析法测定材料的灰分和固定碳。利用热重-差示扫描量热分析仪(TG-DSC)，不但可以计算出灰分和固定碳，而且可以解析石墨负极材料的热分解过程，可以更明确地了解其石墨化程度。

4.1.2　电解质溶液检测分析[6]

由于锂离子二次电池电位高出水溶液体系的电化学窗口，所以锂离子二次电池必须使用非水、非质子性有机溶剂作为锂盐溶剂。该类有机溶剂和锂盐组成有机液体电解质溶液，是液体锂离子二次电池中不可缺少的组成部分，也是凝胶聚合物电解质的重要组成部分。比较成熟的电解质溶液一般为以碳酸酯类为溶剂的六氟磷酸锂盐溶液。

锂离子二次电池的电化学性能对有机液体电解质溶液中的水分极为敏感，所以必须准确检测并控制其水分含量。通常用卡氏水分仪直接进样检测，一般要求电解质溶液中的水分不超过十万分之二。如果测含醛酮添加剂的电解质溶液时，必须使用测醛酮样品专用试剂，否则测试无法正常进行。因为电解质溶液极易吸水，所以首先在干燥房中用电解质溶液清洗取样注射器数次后再取样。

因为电解质溶液吸水后发生水解，生成氢氟酸，所以还必须检测电解质溶液中游离酸的浓度。一般采用滴定法检测电解质溶液中的游离酸。具体方法是，将电解质溶液注入一定体积的 0℃蒸馏水中(可以通过冰浴实现)，在不断搅拌下滴入氢氧化钠稀溶液，用酸碱指示剂指示终点。因为氢氧化钠不能溶解于碳酸酯，所以滴定必须在水溶液中进行，而且氢氧化钠溶液的浓度在 0.005mol/L 左右为宜。浓度太大会使得碱过量，误差增大，浓度太小，配制氢氧化钠溶液时的浓度误差将增大。冰浴的目的是为了减缓电解质溶液的水解速率。酸碱指示剂选择变色范围 pH 为 6.5～7.5，可用溴百里酚蓝。蒸馏水的量一般为 2 倍电解质溶液体积为宜，量太大一方面会促进水解，另一方面会稀释碱溶液和指示剂，使得观察变色不灵敏，量太小则可能会造成游离酸不能被完全“滴定”，或是有氢氧化钠析出。通过滴入氢氧化钠的量可以算出一定质量电解质溶液中氢氟酸的浓度，一般要求小于 0.002%。

电解质溶液在发生水解后，颜色会变深，所以有时可能还要检测其色度。一般通过观察法即可判别其是否为无色透明，如果有条件也可以通过比色法检测，一般要求色度小于 20Hazen。

为了检测电解质溶液成分是否达标，有两种方法可以参考。比较简单的方法是利用密度计检测其密度，不同型号的电解质溶液密度会有差别，对同一型号的电解质溶液通过密度可以判断品质是否稳定。我们所用香河电解质溶液厂生产的动力电池专用 KL-1111 型电解质溶液密度为 1.23g/cm^3 左右，数值差通常不超过±0.03。此外，还可以用气相色谱(GC)、高效液相色谱(HPLC)和质谱(MS)联用仪分析电解质溶液中的有机物成分，通过 ICP-AES 检测锂盐中的金属元素杂质含量。

气相色谱是根据混合物各组分在色谱柱中两相间进行分配的原理工作，其中一相固定不动称为固定相，另一相是携带混合物流过此固定相的流体，称为流动相。当流动相中所含混合物经过固定相时，就会与固定相发生作用。由于各组分性质和结构上的差异，与固定相发生作用的大小、强弱也有差别。因此当试样流动时，不同组分在固定相中滞留时间不同，从而按先后次序从固定相中流出[9]。

液相色谱和气相色谱主要区别在于液相色谱流动相为液体，气相色谱流动相为气体。气相色谱虽然具有分离能力好、灵敏度高、分析速度快、操作方便等优点，但是受技术条件的限制，沸点太高的物质或热稳定性差的物质都难以应用。高效液相色谱只要求试样能够制成溶液，而不需要气化，因此不受试样挥发性的限制。对于电解质溶液中含有高沸点、热稳定性差、分子量大的有机添加剂原则上应该用液相色谱检测[10]。

质谱分析的基本原理是使所研究的混合物或单体形成离子，然后使形成的离子按质荷比(m/z)在磁场中进行分离。质谱法具有灵敏度高、定性能力强等特点。当与色谱联用时，色谱仪是质谱法理想的“过样器”，试样经色谱分离后以纯物质形式进入质谱仪，就可充分发挥质谱法的特长；质谱仪是色谱法理想的“检测器”，色谱法所用的检测器如氢焰电离检测器、热导池检测器、电子捕获检测器等都有局限性，而质谱仪能检出绝大多数化合物，且灵敏度很高。所以通过色谱-质谱联用，可以定性、定量地分析电解质溶液中有机物成分。

通过 ICP-AES 可以检测电解质溶液中锂盐纯度是否达标。一般杂质元素以碱金属、碱土金属和铁等过渡金属为主。

电解质溶液的导电性能和电化学窗口直接关系到锂离子二次电池的电化学性能，所以电解质溶液的电导率和电化学窗口也是重要的检测指标。它们都可以用电化学工作站进行检测。通常，溶有锂盐的非质子有机溶剂电导率最高可达 2×10^{-2}S/cm，但比起电解质水溶液要低得多。要提高电解质溶液的导电性，应该选择介电常数高、黏度低的溶剂以及适当的离子浓度。不同系列的电解质溶液电导率和电化学窗口检测标准也有差别，在满足其他性能的同时，增大电导率和电化学窗口是必要的。此外通过测定不同温度下电解质溶液的电导率和电化学窗口评估电解质溶液的电化学环境特性的优劣。

4.1.3 隔膜检测分析[11-14]

1) 隔膜材料

隔膜的主要作用是阻断电池内部正负极间的直接接触，只允许锂离子自由通过，以保证电池反应的顺利进行。目前商品的锂离子二次电池用隔膜大多是聚丙烯(PP)/聚乙烯(PE)/聚丙烯(PP)三层结构，或者PP和PE双层隔膜。由PP和PE制成的多孔结构薄膜，孔的形状、尺度、数量分布等都直接与锂离子二次电池的性能密切相关。使用PP和PE材料是因为它们具有温度敏感性，在较高的温度下多孔结构基体聚合物发生熔化，导致微孔结构关闭。由于阻抗迅速增加会使电流“阻断”，该温度称阻断温度，所以隔膜的这一特性可以保证电池的安全性。阻断阻抗对温度是突变的，如聚乙烯，在130℃开始闭孔，到达140℃时完全隔断电流，聚丙烯则在165℃开始闭孔，170℃完全隔断电流。为了拓宽隔膜的阻断温度，使隔膜有较长的高阻区，保证电池的安全性，所以人们又设计了PP/PE/PP三层结构隔膜。在大型动力电池生产工艺中，也有采用无纺布作为隔膜的，它的优点是耐大电流密度、高温性能好，而且对电解质溶液的吸收要比PP和PE高，但无高温闭孔性能。

2) 隔膜外观检测

从外观上，隔膜的检测指标包括表面平整性、纵向弯曲度、亮点、通孔、厚度等。一般通过直接观察法检测外观。

首先看表面是否平整、隔膜卷筒表面是否有磕碰凹坑，然后对着日光灯观察是否有亮点、通孔。如果不能确定是否是亮点还是通孔，可用数码光学显微镜观察，也可以在扫描电子显微镜下观察。一般来说，隔膜上绝对不允许有通孔。如果存在通孔或亮点，会使得正、负极材料微粒通过导致内部短路，并会造成电流密度分布不均或产生电化学性能恶化等。

对于圆形电池用隔膜必须检测隔膜纵向弯曲度，弯曲度过大会造成卷绕时正负极片边缘接触的可能性增大。弯曲度即隔膜以纵向直线为基准，视其横向偏移程度，如果隔膜和纵向直线是完全平行的，则弯曲度为0，一般不允许弯曲度超过4mm/m。

隔膜厚度及其一致性对电池电化学性能影响也很大。目前商业化的隔膜厚度一般为16～50μm，较厚的隔膜制作的电池安全性好，成品率高，吸液量大，但内阻稍大，且影响空间利用率，所以适合制作容量型动力电池。较薄的隔膜适合制作高能量电池(如18650系列高容量电池等)和高功率电池，但易造成电池微短路。如果隔膜厚度一致性不好，则会导致电流密度分布不均，循环性能变差。品质稳定的隔膜厚度用千分尺测量，厚度偏差不应超过4%。也可以在数码光学显微镜下观察测量。

为了保证工艺和材料的可靠性，还应该检测隔膜的横向和纵向弹性模量，即用拉力计测量隔膜横向和纵向抗拉能力。精密拉力计可以记录试验过程隔膜的应力变化，然后根据应力曲线进行评估。

3) 隔膜孔参数的检测

上面提到隔膜是多孔结构薄膜，由于膜的孔参数对电池性能影响很大，所以必须严格检测孔径、孔隙率、孔分布和透气性等参数。孔径和孔分布可以从高倍扫描电子显微镜照片直接观察。隔膜的 SEM 图如图 4.7 所示，其孔径大小为 50～100nm，孔形一致、分布均匀。如果要得到更为细致的微观结构，可以用高分辨电子显微镜进行观察。

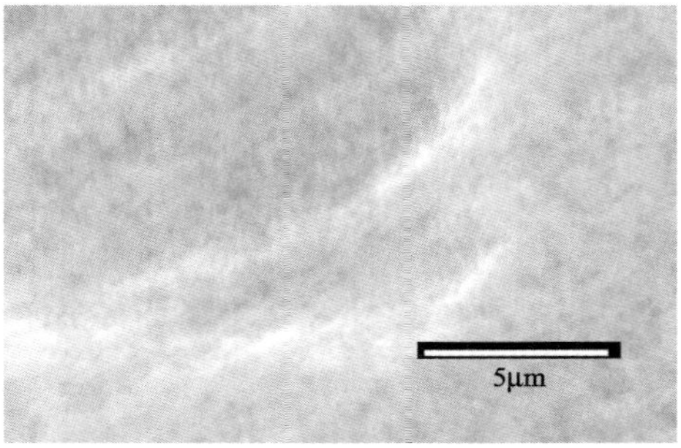

图 4.7　隔膜 SEM 图

孔隙率(一般为 40%～60%)可以通过隔膜密度除以隔膜材料真密度得到，如果是混层隔膜，可以按照材料质量比计算近似真密度。另一种测量隔膜孔隙率的方法是将隔膜浸泡在电解质溶液中 24h，取出晾干至表面无明显液滴，通过吸收电解质溶液的体积计算相对孔隙率。这样做的优点是对同一种材料可用来近似评估其孔隙率，对于不同材料可以评估其对电解质溶液的吸纳能力。

透气性实验不但可以综合评估隔膜的孔参数，而且可以用来评估隔膜的高温闭合能力。气体透过性实验采用透气仪测定。通常是计算恒定温度和单位压差下，单位时间内透过试样单位面积的气体体积，以标准温度和压力差下的体积值表示，单位为 $(cm^3 \cdot cm)/(cm^2 \cdot s \cdot Pa)$。

如果需要评估隔膜的阻断温度，则可以通入不同温度的气体，测定透气稳定时的透气率。透气率的单位直接用一定气压下，气体透过某种隔膜的时间表示，单位为秒。从品质控制角度来看，不同种类不同用途的隔膜透气率差别比较大，但必须保证透气率一致。

4) 隔膜热收缩率的检测

隔膜受热会收缩，所以还必须检测隔膜的热收缩率。裁取一定长度的隔膜方块，放入定温的烘箱中烘烤 1～3h，取出冷却至室温，测量烘烤前后尺寸收缩情况。一般来说，PP/PE/PP 三层隔膜热缩率纵向不应大于 5%，横向不应大于 0.5%；PP 和 PE 混层隔膜横向和纵向都不应大于 2%；而无纺布的热收缩率比聚烯烃类小得多，在 160℃以下热收缩率接近 0。如果需要跟踪隔膜耐热性能，比如熔点、闭孔温度、分解温度等可以做 TG-DSC 分析，一般选择氮气氛测定，如果选择空气气氛测试可以得到隔膜开始氧化的温度。

5) 隔膜材料分子量分布检测

隔膜研发和生产过程需要控制隔膜材料的分子量分布。测定高聚物分子量的方法有蒸气压渗透法、黏度法、激光散射法、凝胶色谱法(GPC)等，目前测定隔膜分子量分布最实用的方法是凝胶色谱法。凝胶色谱法和液相色谱法原理是一样的，只不过凝胶色谱柱的填料是高分子凝胶颗粒，每个颗粒表面都有大量孔洞。当不同分子量的高分子物质流经色谱柱时，小体积的物质容易进入凝胶柱的孔洞中，体积大的物质不容易进入凝胶颗粒孔洞而容易被流动相淋洗出来，从而达到树脂中不同分子量物质的分离。对于成品隔膜，根据透气率、孔隙率和热分析曲线也能大致判断隔膜平均分子量大小。比如说对同一种材料的隔膜，如果透气率相同，而孔隙率减小，分解温度升高，则可能是隔膜平均分子量增大的缘故。

4.1.4　工业辅料检测分析

在锂离子二次电池的生产中，除了上面介绍的三大主要材料之外，还有一些重要的辅料，比如集流体、溶剂和黏结剂、壳体包装材料等。下面就一些常规检测方法分类介绍。

集流体包括正极集流体铝箔、负极集流体铜箔和极耳。铝箔由于其表面能够生成一层氧化铝钝化膜可防止深层氧化，所以可用作正极集流体，但由于其原子间隙较大，低电位下容易发生锂嵌入，所以不能作负极集流体；而铜箔由于在高电位活性较强，所以不宜作正极集流体。

市场上的电解铜箔有双面光和双面毛两个品种，常规检测方法和检验标准可以参考电解铜箔国家标准 GB/T 5230—1995；铝箔检验方法和检验标准可以参考铝及铝合金箔国家标准 GB/T 3198—2003。不过在锂离子二次电池生产中，一些涂布工艺或浆料配方对铜箔的兼容性不好，有时会发生严重的露箔或掉料，所以为保险起见，每进一批铜箔需要上线试涂。另外，双面光铜箔在涂水性负极时更容易发生氧化，所以在检测双面光铜箔氧化试验时，最好敷上水性浆料在生产线温度条件下烘烤一段时间观察氧化情况。

铝塑膜软包动力电池用大极耳，正极用铝板，负极用镀镍铜板。极耳最关键的指标是胶块和铝塑膜热封后的耐电解质溶液性能，其检测方法是将极耳和铝塑膜热封成袋后注入电解质溶液，在一定的温度下搁置一段时间再测试极耳胶块和铝塑膜间的热封强度。

在锂离子二次电池生产中，*N*-甲基吡咯烷酮(NMP)作为溶剂，它具有化学性质温和，溶解能力强，毒性和腐蚀性小等优点。选用黏结剂和添加剂的原则是化学性质要稳定，成膜后不易吸水，对电解质溶液有较强的吸收能力。除了溶解性能、黏结性能、黏度等常规检测分析外，有时还要进行一些特殊分析，如分子量分布及热稳定性等。各种有机溶剂和黏结剂等的常规检测方法和标准在相应的国家标准中都可以找到。

锂离子二次电池壳体材料的检测。铝塑膜软包装材料在动力电池生产中应用广泛，目前锂离子二次电池用铝塑膜基本依赖进口。铝塑膜在使用前必须对其热封性能和耐电解质溶液性能进行检测。方法是热封后注入电解质溶液在适当的温度烘烤数天，取出测量热封口抗拉强度。有时还需要对 CPP 层(铝塑膜的聚丙烯层)的熔点和分解温度进行检测。

钢壳的外观和尺寸指标非常重要，如果外观变形或尺寸公差超出范围，容易发生漏液现象，所以必须严格执行尺寸公差。直接用游标卡尺测量即可。对方形钢壳来说，防爆孔的耐压能力也很重要，耐玉太高增加危险，太小电池破坏比例增大。

以上介绍了各类材料的检测方法，如果需要对各类材料进行综合评估，则可以设计某一型号的电池测评其成品电池的电化学性能。

总之，电池材料是电池生产的基石，必须严格进行检测，以保证产品的品质。

4.2　动力锂离子二次电池的安全性评价

锂离子二次电池的安全事故，往往是由于各种原因产生的热量积累使得温度异常升高而造成的。温度上升到一定程度，电池体系内会发生一些化学反应，有些反应能迅速放出大量热及气体，若此时整个体系与外界热交换较慢就会酿成事故。人们目前针对锂离子二次电池的安全性和使用中可能遇到的各种安全问题，设计了一些实验方法，对电池进行安全性能的评价，并在此基础上建立一些标准，如《UL-1642 锂离子电池安全标准》、日本的 JBA 标准《锂离子二次电池安全性评价指南》、我国的《电动道路车辆用锂离子蓄电池》标准等。

4.2.1　锂离子二次电池常见的安全事故及其分析

锂离子二次电池(尤其是液态的)发生安全事故(起火、爆炸)前一般的过程是，电池中储存的能量在电池内部以热的形式累积并突然释放，当温度上升到一定高度时又会诱发和加速体系内其他化学反应的发生并造成恶性循环[15]。其中最重要的反应是电解质溶液的分解，它会产生大量的热和可燃气体。另一个重要反应是氧化物正极活性物质的分解，除产生热之外，有些会释放出氧气，加速电池的内部反应。

1) 正常使用中的安全事故

目前根据不同体系的特性对锂离子二次电池规定的很多严格的使用条件及其他措施，在一定程度上保证了电池的安全和各项性能的正常发挥。但是，即使这样也难免出现安全事故。例如，在电池的制作过程中，当极片之间混入了能导电的金属微粒后，在使用过程中可能会慢慢刺透隔膜而短路；另外，在电池使用过程中，电池极片的粉化或活性物质的剥落也可能会造成短路；这种短路开始可能是微小的、局部的，但是短路电流很大，局部温度的迅速升高，可能使靠近的隔膜收缩或融化，使短路的面积瞬间扩大，并导致电池中储存的能量通过内部短路以热的方式全部迅速释放出来，最后造成电池急剧升温，甚至起火和爆炸。如同内燃机的汽油储箱一样，电池的容量越大危险性也越大。

通常，由内部短路造成的安全事故，任何外部的保护措施都无济于事，只有精心制作或采用较厚和耐高温的隔膜才可能避免发生意外。

2) 非正常使用(即滥用)中的安全事故

不按规定的方法使用锂离子二次电池，会造成对电池的伤害，尤其是过充电及超出许可温度下使用，不仅会损坏电池，同时还会引发安全事故。

电池过充电时，由于锂离子从活性物质中的迁出，会导致正极材料结构的变化或破坏，从而产生热量，可能还会释放氧气；当过充电压大于电解质溶液的窗口电压时，电解质溶液将被氧化还原分解，反应放出的热使电池温度上升到电解质溶液的分解温度时，放出大量热，电池会爆炸起火。电池的过充是造成事故的主要原因，应该尽量预防和避免，现有的解决办法是：①加保护电路，实时监测电池的充电电压，当电压大于规定值时，立即停止对电池充电。②在电解质溶液中加入防过充添加剂，当充电超出规定电压时，添加剂开始进行反复无损耗的氧化还原，以消耗多余的充电能量。

3) 意外情况下的安全事故

意外的事故常发生于两种情况：①机械的撞击。②高温。机械的撞击可能造成两种极端的后果：一是被金属导体刺入电池内部，使电池内部大面积短路；二是电池被挤压，将电池内部的隔膜压破造成正负极片短路。当电池的能量通过短路电阻，以热能形式迅速释放时，形成的高温足以使电解质溶液迅速分解，并产生大量的热和可燃气体，最终导致电池爆炸起火。

当外界超过一定温度，锂离子二次电池长期处在高温下也会引起电池的爆炸或燃烧。

在意外情况下，要保证锂离子二次电池的绝对安全是不可能的，但可以采取以下预防措施：

(1)在电解质溶液中加入一些高沸点、高闪点和不易燃烧的溶剂，也可选用一些热稳定性高的有机溶剂或添加一些阻燃剂[16-18]。

(2)选用结构稳定的正极材料，如尖晶石的锰酸锂或磷酸亚铁锂。

(3)选用耐高温的隔膜。

这样可以使安全系数得到提高。

4.2.2 动力锂离子二次电池的安全性能评价

1)安全试验方法的设计和分类

我们为了解动力锂离子二次电池的安全性能，做了大量的研究和分析与测试，并为此设计了不少测试方法。有些国家和机构建立了一些检测标准，也规定了一些试验方法和具体要求。

这些测试方法大致可分为 4 类，如表 4.3 所示。

表 4.3　锂离子二次电池的一些主要安全测试方法

类别	主要测试方法
电测试	过充、过放、外部短路、强制放电等
机械测试	落体冲击、针刺、振动、震动、挤压、加速
热测试	着火、沙浴、热板、热冲击、油浴
环境测试	降压、高度、浸泡、耐菌性等

根据锂离子二次电池的性质及其具体应用的领域和环境，可以从表 4.3 中挑选几种测试方法作为专用锂离子二次电池的安全测试标准。如我国发展与改革委员会 2005 年发布的《电动道路车辆用锂离子蓄电池》标准中，采用了表 4.4 中所列的测试方法和要求。

表 4.4　电动道路车辆用锂离子蓄电池安全测试方法

测试方法	要求
过放电	不漏液、不起火、不爆炸
过充电	不漏液、不起火、不爆炸
短路	不漏液、不起火、不爆炸
跌落	不漏液、不起火、不爆炸
加热	不漏液、不起火、不爆炸
挤压	不漏液、不起火、不爆炸
针刺	不漏液、不起火、不爆炸

2) 主要测试方法和要求[19]

(1) 标准充电方法。

电池在(20±5)℃条件下，以 $1I_3$(A)恒流充电，至电池电压达 4.2V 时转恒压充电，至充电电流降至 $0.1I_3$ 时停止充电。

(2) 过放电试验。

电池在(20±5)℃条件下，以 $1I_3$(A)恒流充电，至电池电压达 4.2V 时转恒压充电，至充电电流降至 $0.1I_3$ 时停止充电。静置 1h，在(20±5)℃条件下，以 $1I_3$(A)恒流放电，直至电池电压降至 0V，电池应不漏液、不起火和不爆炸。

(3) 过充电试验。

电池按上述方法充电后，可按以下两种充电方式进行试验。

①以 $3I_3$(A)电流充电，至蓄电池电压达到 5V 或充电时间达到 90min(其中任一个条件先达到即可停止充电)。

②以 $9I_3$(A)电流充电，至电池电压达到 10V 或充电时间达到 90min(其中任一个条件先达到即可停止充电)。电池应不漏液、不起火和不爆炸。

(4) 短路试验。

电池按上述方式充电后，将电池经外部短路 10min，外部线路电阻应小于 5mΩ。电池应不漏液、不起火和不爆炸。

(5) 跌落试验。

电池按上述方法充电后，电池在(20±5)℃条件下，从 1.5m 高度处自由落到厚度为 20mm 的硬木地板上，电池每个面进行 1 次，电池应不漏液、不起火和不爆炸。

(6) 加热试验。

电池按上述方法充电后，将其置于(85±5)℃的恒温箱内，并保温 120min，电池应不漏液、不起火和不爆炸。

(7) 挤压试验。

电池按上述方法充电后，按下列条件进行试验，电池应不漏液、不起火和不爆炸。

①挤压方向：垂直于电池电极板方向施压。

②挤压头的面积：不小于 $20cm^2$。

③挤压程度：直至电池壳体破裂或内部短路，电池电压降为 0V。

(8) 针刺试验。

电池按上述方法充电后，用 $\phi3$～$\phi8$mm 耐高温钢针，以 10～40mm/s 的速率，从垂直于电池极板的方向贯穿，并停留在电池中，电池应不漏液、不起火和不爆炸。

4.2.3 MGL 100Ah 动力锂离子二次电池的安全测试结果

1) 短路测试

按图 4.8 中的方法进行测试，电池未冒烟、未起火。

图 4.8　短路测试

2) 针刺试验

用 ϕ6mm 的钨针，将电池刺两孔，未冒烟、未着火，测试方法如图 4.9 所示。

图 4.9　针刺试验

3) 挤压测试

100 吨压力挤压电池变形 50%。由于应力过大，电池已被分成三段，但电池未冒烟、未着火，测试方法如图 4.10 所示。

图 4.10　挤压测试

4）热箱测试

按图 4.11 中所示进行 150℃、30min 热箱测试，电池鼓胀，未着火、未冒烟。

5）过充测试

按有关规定进行过充 3*C* 10V，电池鼓胀、泄气，但未冒烟、未起火，如图 4.12 所示。

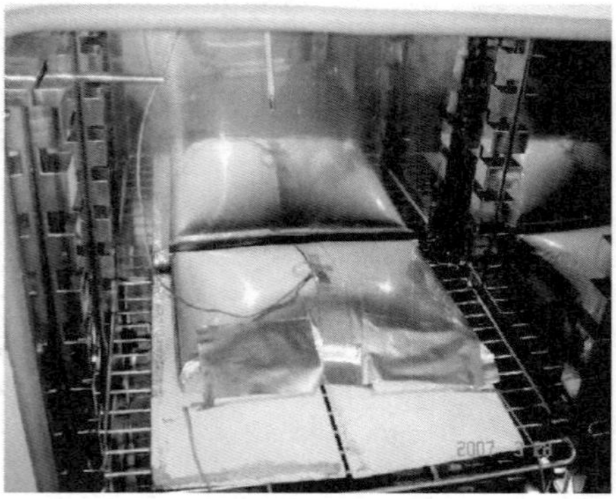

图 4.11　热箱测试

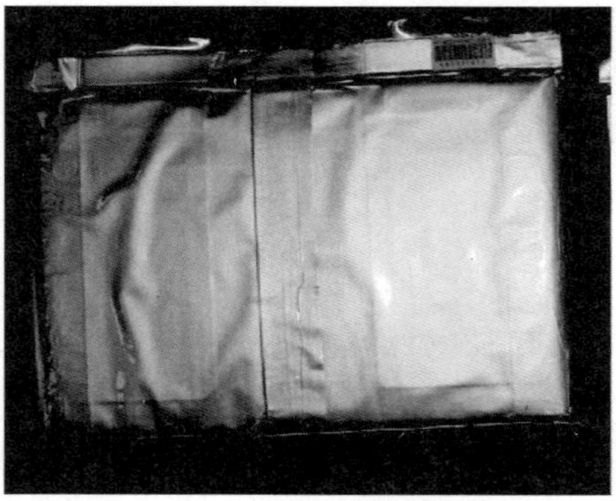

图 4.12　单体电池过充到 10V 后状态

4.2.4　锂离子二次电池在使用中的安全情况

以下仅举几个不同领域中锂离子二次电池应用的例子，说明其安全性。

(1) 目前全球每年手机的产销量约为 15 亿部，所用均为锂离子二次电池，容量 1Ah 左右，很少发生安全事故，事故概率应在十万分之一以下。

(2) 笔记本电脑的数量也相当可观，所用电池模块是由数块 2Ah 左右的 18650 型锂离子二次电池串并联组成，只是偶尔出现安全事故，事故概率也在十万分之一以下。

(3) 在电动自行车领域，原来使用的铅酸电池，也逐步被锂离子二次电池所取代，所用的锂离子二次电池电压为 24V 或 36V，由数块 10Ah 以上的单体电池串联而成，这种电池在国内外大量使用，还没有发生过严重安全事故的报道。

(4) 北京奥运电动客车采用了 380V 400Ah 锂离子二次电池(锰酸锂正极材料)，它由 432 块 100Ah 的单体电池串并联组成，在为期几年的批量试运行中，从未发生过安全事故。这说明我们研制的电池安全性能良好。

但是近年来国内外还是出现了很多安全事故，2008 年丰田混合动力车电池燃烧，2012 年 BYD 纯电动车在深圳燃烧，2013 年日本电池燃烧导致飞机事故，这些电池分别采用了磷酸亚铁锂或钴酸锂正极材料，这说明锂离子二次电池的安全性受正极材料和使用环境的影响非常大，这也是材料和化学家今后工作的重点。

4.2.5　电池模块的燃烧试验

由于人们对锂离子二次电池的认识不足，对电动汽车的安全性特别担心，为此 2009 年针对电动公交车在突然起火时会不会发生爆炸等疑问，我们与有关方面合作做了如下的电池模块燃烧试验。

实验时采用了两种电池模块，一种是用自制的锰酸锂正极材料 90Ah 电池，4 并 3 串后形成了 4kWh 的电池模块，另一种是用相同的电池 4 并 8 串后得到了约 11kWh 的电池模块。

燃烧试验是用天然气火焰直接加热电池模块进行的。电池模块大约在用火焰燃烧 15min 后破裂并出现燃烧，在整个燃烧过程中，火焰不稳定并呈间歇性剧烈喷火现象，火焰最高达 2m，最高温度约 1130℃。30min 后电池模块燃烧试验结束，降温后，发现模块有明显鼓胀。得到这样的一个结果是我们预料中的事情，因为电池的正极材料是具有稳定尖晶石结构的锰酸锂，此次电池是采用铝塑膜外包装，在高温火焰中电池受热发生体积膨胀后，在电池内部压力升高到一定程度时会自动释放能量，因而不会发生爆炸。

上述的结果表明，在电动公交车上出现了由非电池系统原因导致的火灾时，一般情况下是不会发生爆炸等无逃生时间的恶性事故。但是，对近年来国内外频繁出现的电动汽车燃烧事件，甚至导致多人来不及逃生等的恶性事故又该如何解释呢？首先，上述的实验依然有局限性。为了增加电动出租车的运行里程，有些厂家采用了大容量和高电压的电池模块(50～60kWh)，远远超过了实验时的电池模块规模。此外，在电动车运行过程中，电池内部能耗会导致热量蓄积和温度上升，此时如果发生意外并引起燃烧，完全有可能会发生剧烈的燃烧或爆炸等。

事实上，影响电动汽车安全性的因素很多，而到目前为止，人们对电池及其系统的认识还远远不够。为了发展电动汽车等节能减排的运输工具，首先研究清楚电池和电池系统是一件刻不容缓的事情。

4.2.6 结论

从理论和实际应用来看，锂离子二次电池包括动力锂离子二次电池，只要设计合理，精心生产，再采取一些保护措施，不让电池过充、过放和过大电流充放电等，在安全上是能满足使用要求的。为进一步提高其安全程度，今后还有很多工作要做。

4.3 动力锂离子二次电池电化学性能的测试评价

4.3.1 概述

电池因应用领域不同而对其性能要求也不完全相同，但电池最基本的性能是容量、电压(输出工作电压)、内阻、储存性能、循环寿命以及温度特性等[20]。

4.3.2 单体电池电化学性能的测试评价

1) 容量

电池容量是指在一定放电条件下可从电池获得的电量，常用 C 表示，单位用 Ah 或 mAh 表示。电池的容量通常分为理论容量、实际容量和额定容量，是电池电性能的重要指标。电池容量由电极的容量决定，若一电池的两个电极容量不等，电池的容量取决于容量小的电极，一般情况下取正极的容量。可用专用的测试装置进行测定。

常温状态：

电池在(20±5)℃的温度下以 1C 电流放电到终止电压所获得的容量。

高温状态：

电池在(55±2)℃的温度下以 1C 电流放电到终止电压所获得的容量。

影响因素：温度、充放电电流、终止电压、正极材料发挥、正负极配比、充放电设备的精度等。

2）内阻

化学电源的内阻指的是当电流通过电池内部时所受到的阻力，由欧姆电阻和极化电阻两部分组成。其中，欧姆电阻主要由电极、电解质溶液等部件电阻和相关的接触电阻构成，隔膜的存在或多或少增加了电极之间的欧姆电阻。极化电阻主要是由于电极反应过程的极化引起的，与电极和电解质溶液界面的电化学反应速率及反应离子的迁移速率有关。内阻的高低直接影响化学电源充电电压及工作电压等特性。

(1)交流电阻。目前市场上有各种专门的内阻仪可供检测选用，这些仪器通常采用交流法测量化学电源的内阻，它利用等效有源电阻的特点，对被测电源以恒定电流和频率的交变电流（一般为 1000Hz，50mA）进行电压采样，并经整流滤波等一系列处理，从而测得化学电源的内阻值。

目前的锂离子二次电池生产工艺与技术已使内阻降到了非常低的水平。电池容量与内阻对应关系如表 4.5 及表 4.5 所示。

表 4.5　铝塑膜电池容量与内阻关系

容量/Ah	内阻/mΩ
5	7～9
10	5～7
13	5～8
30	0.6～1.0
60	0.6～0.9
90	0.6～0.8
100	0.5～0.8

表 4.6　钢壳动力电池容量与内阻关系

容量/Ah	内阻/mΩ
10	6～10
15	5～8

(2)动态内阻。动态内阻的计算源于以下脉冲试验过程：

①开始脉冲放电 10s 后的放电电阻。

②开始脉冲充电 10s 后的充电电阻。

放电和充电电阻由每次重复脉冲试验过程中的 $\Delta V/\Delta I$ 来确定，如图 4.13 所示。动态内阻的计算方法如式(4.7)、式(4.8)，方程的下角标参见图 4.13。

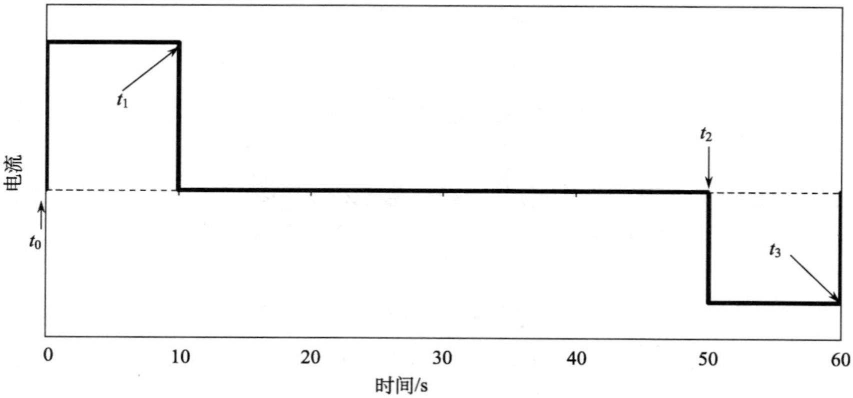

图 4.13　电阻计算的时间点

$$放电电阻=\Delta V_{放电}/\Delta I_{放电}=\frac{V_{t_1}-V_{t_0}}{I_{t_0}-I_{t_1}}; \tag{4.7}$$

$$充电电阻=\Delta V_{充电}/\Delta I_{充电}=\frac{V_{t_3}-V_{t_2}}{I_{t_2}-I_{t_3}} \tag{4.8}$$

具体测试步骤描述如下。

电池充满电，放置 1h 后开始测试，每一小时的重复测试过程直到蓄电池的能量状态为 90%DOD，然后电池再以 $C_1/1$ 的恒流放电到 100%DOD，再间隔 1h，在每个间隔时间段观察电池的开路电压情况。

电池的间隔时间、脉冲过程和 $C_1/1$ 的恒流放电过程如图 4.14 和图 4.15 所示。

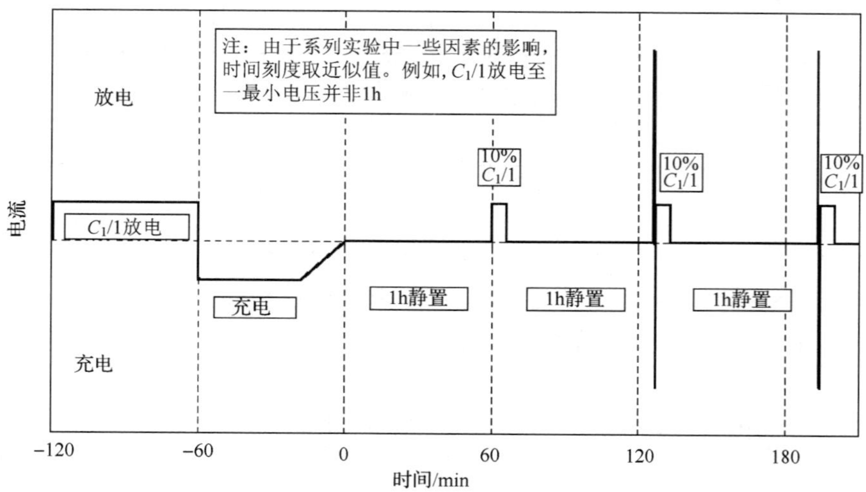

图 4.14　HPPC 试验（开始测试顺序）

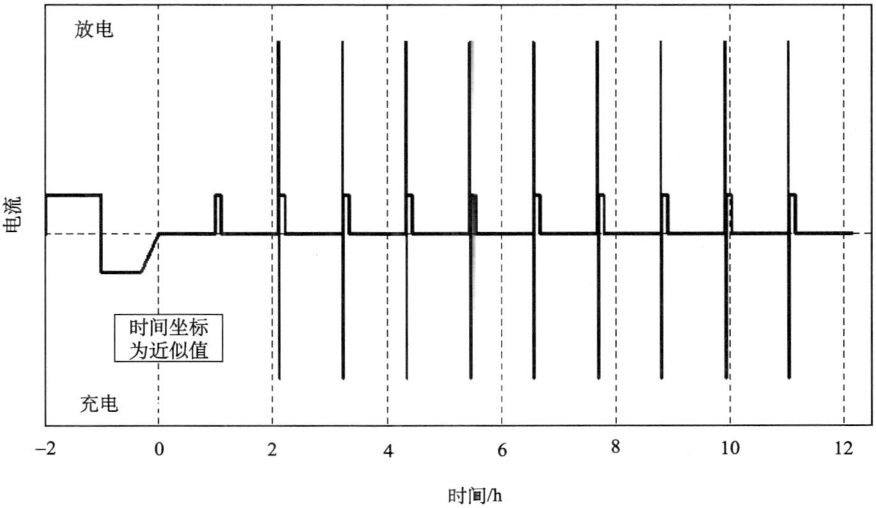

图 4.15　HPPC 试验(完整的 HPPC 顺序)

高功率脉冲充电试验是采用两个不同水平级别的峰电流值来进行的，分别在每个水平上进行完整的测试。

低电流 HPPC 试验——脉冲放电电流的绝对值是 25%×I_{max}，其中 I_{max} 是生产厂家的绝对最大允许脉冲放电 10s 的电流值，选择的放电电流最小值为 5C 的倍率值。

高电流 HPPC 试验——脉冲放电电流的绝对值是 75%×I_{max}。

影响电池测试的因素是电池的结构(包括电池的成形方式、内部的连接方法等)、原材料、电解质溶液含量、荷电态等。

3) 平台电压、平台容量

平台电压：电池充满电后电压一般为 4.2V，随着电池使用过程中放电的进行，电池电压会逐渐下降至 3.0V 左右，这个过程在电压降至标称电压附近时变化最慢，一旦低于这个电压，下降的趋势将逐渐加快，此标称电压被称为平台电压。平台电压是考察电池性能的因素之一，它的高低决定着电池使用中有效容量的大小。

平台容量：电池放电至平台电压时的放电容量。

正极材料第 x 次循环的放电平台容量比率按下式计算：

$$P_x = \frac{Q_{平台电压}}{Q} \times 100\% \tag{4.9}$$

式中，P_x 为第 x 次循环的平台容量比率，%；$Q_{平台电压}$为第 x 次循环放电至平台电压时的放电容量，mAh；Q 为第 x 次循环放电至终止电压时的放电容量，mAh。

电池平台电压与平台容量的影响因素有原材料性能、电池内阻等。

4) 倍率性能(不同电流值下充放电能力评价)

测试锂离子二次电池在不同电流值下的充电容量、放电容量，可以了解锂离子二次电池的倍率性能。

纯电动车用动力电池在使用过程中一般为 0.3C 倍率放电，电池在此倍率下通常可以循环 500 次以上。电动自行车用动力电池在使用中可能出现 0.5C 或更高倍率的电流，用此种倍率放电可能会直接影响电池的使用性能。尖晶石锰酸锂正极电池倍率性能如图 4.16、图 4.17。

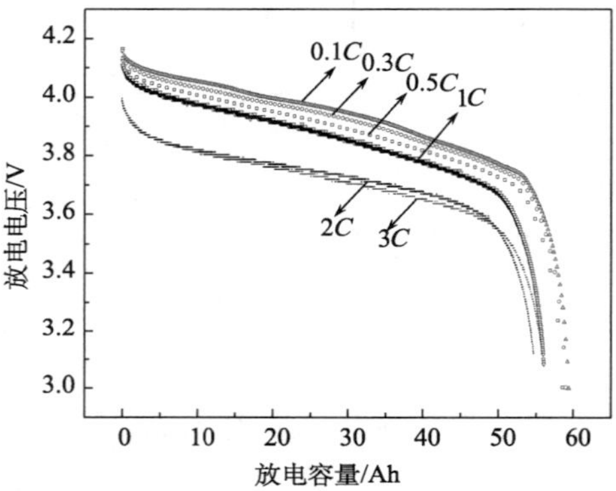

图 4.16　60Ah 电池倍率放电曲线

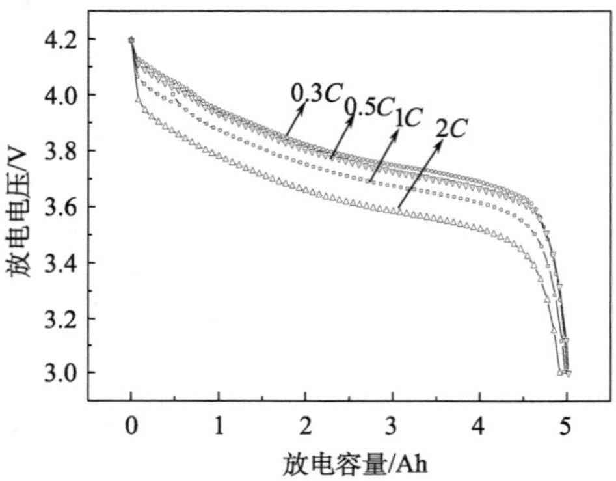

图 4.17　5Ah 电池倍率放电曲线

5) 循环寿命

电池寿命是衡量二次电池性能的一个重要指标。在一定的充放电制度下，电池容量降至某一规定值之前，电池所能经历的循环次数，称为二次电池的循环寿命。影响二次电池寿命的主要因素有电极材料、电解质溶液、隔膜及制造工艺，同时，电池在使用过程中，温度、充放电倍率、充放电制度、保护电路的耗电量、负载的耗电量等也对电池的寿命有直接的影响。

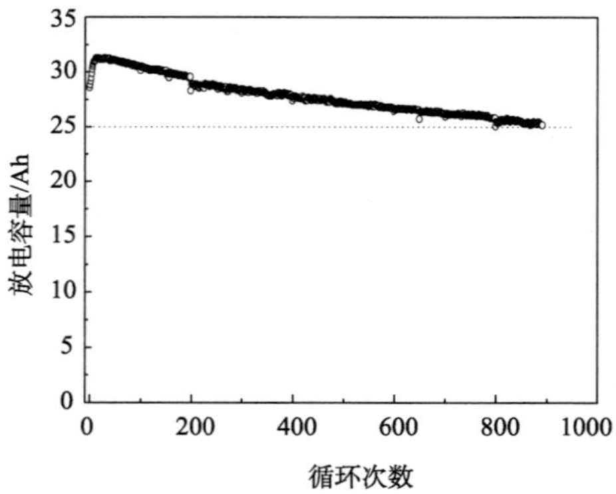

图 4.18　30Ah 锰酸锂电池 1C 充放电循环曲线

图 4.18 中的曲线表示的是我们研制的尖晶石锰酸锂正极电池产品稳定的循环充放电性能。

6) 搁置性能

搁置性能表示的是锂离子二次电池储存电的能力，衡量指标有：

①荷电保持能力。荷电保持能力又称自放电率，是指电池在开路状态下，电池所储存的电量在一定条件下的保持能力，是衡量电池性能的重要参数。电池 100%充电开路搁置后，会有一定程度的自放电现象。GB/T18287—2000 标准及 QC/T743—2006 标准中均规定锂离子二次电池在(20±5)℃条件下开路搁置 28 天，可允许电池有小部分容量损失。同时，QC/T743—2006 标准中还对电池在高温状态下的荷电保持做了明确规定[电池在(55±2)℃条件下开路搁置 7 天]。通常，影响电池搁置性能的因素主要有电池制造工艺、材料、储存条件等。

②容量恢复能力。表示的是锂离子二次电池在满电态下搁置 28 天后容量的恢复能力，以反映电池本身容量不可逆损失的大小，包括常温状态和高温状态搁置，GB/T18287—2000 标准及 QC/T743—2006 标准中对此内容有明确规定。

影响电池容量恢复能力的因素主要有电池制造工艺、材料、储存条件等。

锰酸锂电池良好的荷电保持能力及容量恢复能力如表 4.7。

表 4.7　锰酸锂电池荷电保持能力及容量恢复能力

容量/Ah	容量保持率/%	容量恢复率/%
30	95.30	99.04
	94.82	98.96
	95.70	98.36
40	91.92	97.27
	95.44	98.03
60	93.93	96.89
	96.49	98.37
	91.23	96.44
	96.10	98.75

4.3.3　电池模块电化学性能的测试评价

动力电池大多以多只单体电池串并联组合成模块后使用，因此了解电池模块相关重要参数的性能测试方法是必要的。锂离子二次电池模块的参数有电压、内阻、循环寿命等，基本与单体电池相近，但对模块进行测试时，需要的是高电压大电流充放电的测试设备。

1. 测试前的准备工作

1) 测量仪器或设备的准备

使用前需要确保测量仪器或设备能满足电池模块相关性能测试要求，另外准确度需要满足以下要求：

①电压信号测量装置：准确度不低于 10mV。

②电流信号测量装置：准确度不低于 3‰。

③温度测量装置：具有适当的量程，其分度值不大于 1℃，标定准确度不低于 0.5℃。

④计时器：按时、分、秒分度，准确度为±0.01s。

⑤测量尺寸的量具：分度值不大于 1mm。

⑥称量质量的衡器：准确度不低于 0.05g。

2）环境条件

除另有规定外，试验在温度为 15～35℃、相对湿度 25%～85%，大气压力 86～106kPa 的环境中进行；对于电池模块所处位置要求满足各单体电池位置温度符合±2℃的差值。

3）电池模块的准备

测试前需要检查电池模块各部分连接是否正常，电池表面有无破损、胀气等缺陷，带有电池管理系统(BMS)的电池模块需要确认 BMS 能否正常工作，以上检查无误后再进行下一步检测。

2. 电化学性能检测

一般动力锂离子二次电池模块的电化学性能检测项目主要包括容量、峰值功率、电压、内阻一致性、倍率充放电性能以及循环寿命等内容，这些性能根据实际需要可进行选择。

1）容量

容量检测的目的是测试在一定温度、放电倍率下电池模块的可使用电量和能量，以便检查是否满足客户的需要。

一般来说，串联电池模块的静态容量发挥比单体电池略有降低，而并联电池模块的静态容量发挥能达到组成该电池组的单体容量之和的 99%以上，如图 4.19。

电池模块的动态容量一般是指电池模块安装在电动车或设备上实际使用过程中给出的容量，一般计算可用实际运行中电流随时间变化曲线来模拟测试。图 4.20 和表 4.8 为 USABC 用来检测城市路况下动态容量检测图，共 360s，由 20 步组成，按此步骤循环测试直至满足以下条件之一时停止：①第 15 步达到的功率(在电池模块极限内)小于减小了的功率极限，如第 15 步给定功率的 5/8。②其他任何步骤达到的功率(在电池模块极限内)小于该步功率给定值。③电池模块电压降至制造厂家建议的最低电压以下。④电池模块额定容量的 100%已放出，此时释放出的容量即为此电池模块在城市路况下的动态容量(USABC 规定先进锂离子二次电池模块最大功率按 120W/kg 设定)。

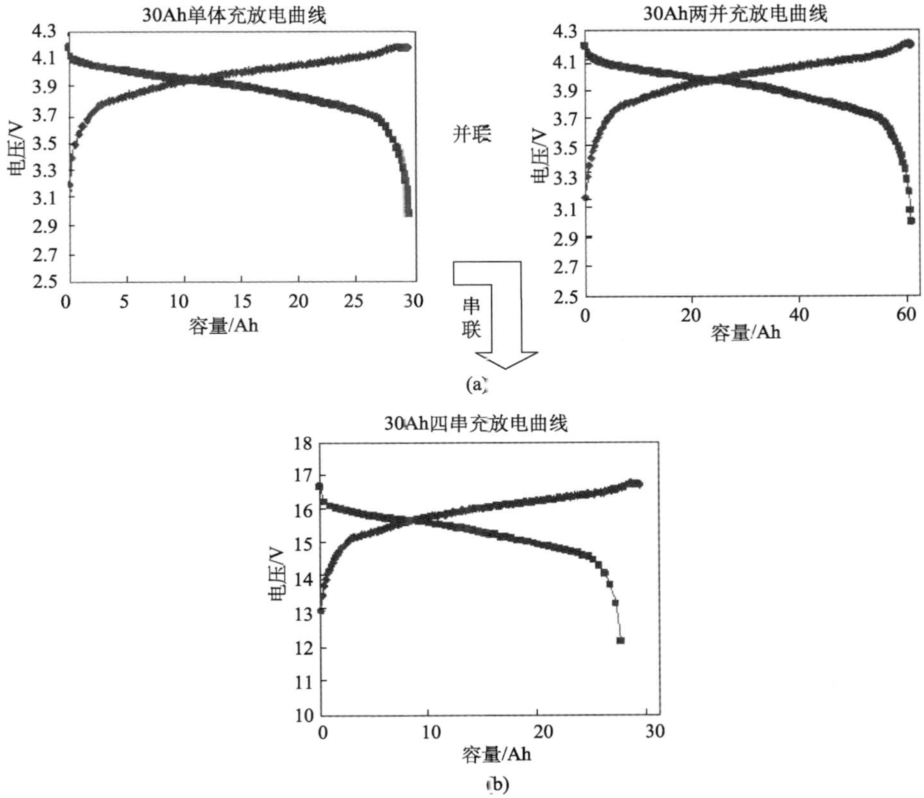

图 4.19　不同连接方式对电池组容量发挥的影响

(a) 并联；(b) 串联

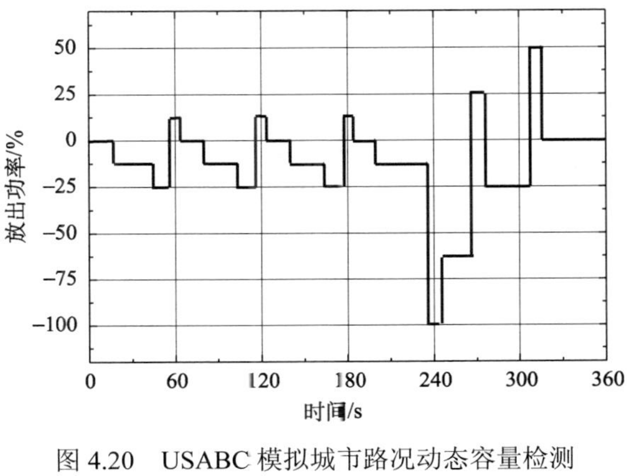

图 4.20　USABC 模拟城市路况动态容量检测

表 4.8　动态容量检测图的数据列表

步骤	持续时间/s	放出功率/%	步骤	持续时间/s	放出功率/%
1	16	0	11	12	–25.0
2	28	–12.5	12	8	+12.5
3	12	–25.0	13	16	0
4	8	+12.5	14	36	–12.5
5	16	0	15	8	–100.0
6	24	–12.5	16	24	–62.5
7	12	–25.0	17	8	+25.0
8	8	+12.5	18	32	–25.0
9	16	0	19	8	+50.0
10	24	–12.5	20	44	0

图 4.21 为由 60Ah 6 串锰酸锂动力电池组成的模块按 USABC 标准进行的动态容量测试曲线图，最终动态容量为 58.4Ah，相当于静态容量(60Ah)效率的 97.3%。动态容量一般比静态容量略偏小，这是由于一般电动车或动力设备在起动或停止过程中都有短时间的大电流放电发生，会损失一部分容量。电池模块的倍率性能越佳，动态容量相比静态容量的损失越小。

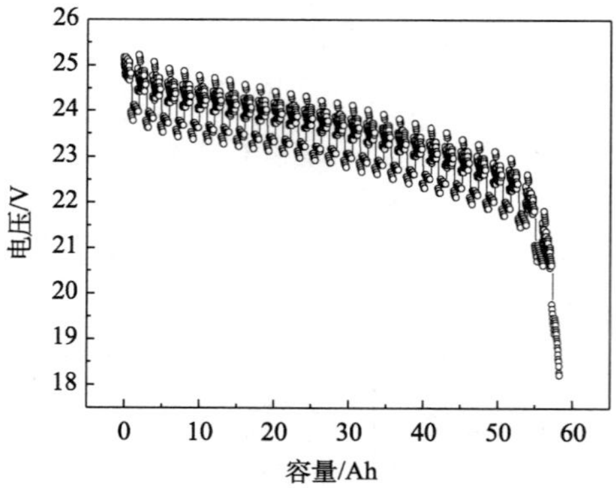

图 4.21　60Ah 6 串锰酸锂动力电池模块按 USABC 标准动态容量测试曲线图

2) 功率密度和峰值功率密度

(1) 功率密度。单位为 W/kg 或 W/cm^3，分为理论功率密度和实际功率密度两种，用仪器测试的为实际功率密度，计算公式为：

$$P = W / t = IU = I(E - IR) \quad (E \gg IR),$$

式中，I 为实际放电电流；R 为电池内阻；E 为电池电动势；U 为放电平均电压(对于锂离子二次电池来说一般取放电曲线中值电压)。

一般在电池允许的放电电流范围内，电流 I 越大，实际功率密度也越大；但由于电流 I 增大时电池内部极化增强，内阻上升，会导致电池可释放容量和中值电压都下降，因此电池能量密度 $W=C_{容量}U_{中值电压}/M$(电池质量或体积)也会有所降低。

图 4.22 为 90Ah 锰酸锂电池 50%SOC 处放电功率密度测试过程电流电压曲线，放电电流为 450A，放电时间为 30s，计算功率密度为：$P=P_a/M=U_{中值}\times I/M=(3.426\times 450)/2.8=550.6$W/kg。

(2) 峰值功率密度。峰值功率密度表示的是电池模块除可使用的放电容量以外，持续 30s 输出功率的能力。检验方法是在电池模块的正常使用范围内及 10% DOD 间隔内，采用系列 30s 高电流进行放电测试。根据电池模块负载时的阻抗性能，从检测结果推导峰值功率能力，检测原理如图 4.23。此检验主要验证电池模块在 EV 或 HEV 上使用时持续爬坡的能力[21]。

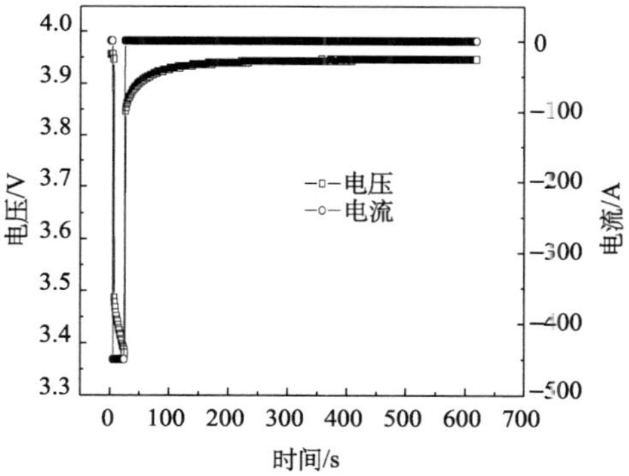

图 4.22 90Ah 锰酸锂电池 50%SOC 处放电功率密度测试过程的电流电压曲线

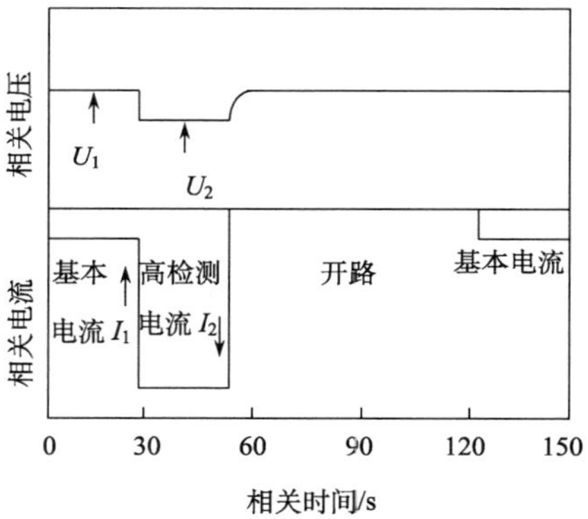

图 4.23 峰值功率检测图

$$高检测电流\ I_2=电池组的最大额定电流$$

$$基本放电电流=\frac{12\times 额定容量-高检测电流}{2(17.5-间歇时间)}$$

$$有效阻抗\ R=\Delta U/\Delta I=(U_1-U_2)/(I_1-I_2)$$

$$有效开路电压\ U_{OCV}=U_2-I_2R$$

$$峰值电流\ I_{峰值}=-U_{OCV}/3R$$

$$峰值功率\ P=-2/3U_{OCV}I_{峰值}=-2/9U^2_{OCV}/R$$

测试流程如下：

a. 按厂家建议的充电制度对电池模块充满电；

b. 按基本放电电流将电池模块放电 30s，再进行高检测电流放电 30s，然后静置 0～5min，继续按基本放电电流将电池模块放电至 90%DOD(根据额定容量计算)。此后每隔 10%DOD 间隔进行高检测电流 30s 放电，然后静置 1～5min 后按基本放电电流放电。

基本放电电流和高检测电流在全部放电过程中可以调整，在下列情况符合其中之一时需要停止放电：①放电电压已降至厂家建议的最低电压。②放电至额定容量的 100%。③未降至低于终止电压时，基本放电电流不能维持。

图 4.24 为 90Ah 锰酸锂动力电池峰值功率密度测试曲线，表 4.9 为其计算值。其中 I_1=23.12A，I_2=270A。

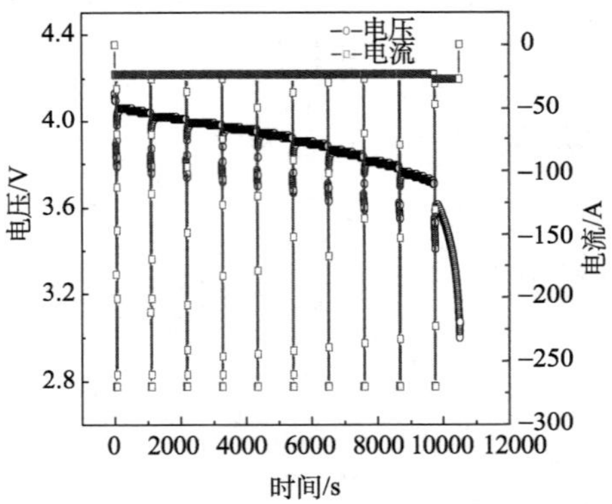

图 4.24　90Ah 锂离子二次电池峰值功率密度测试过程电流电压曲线

表 4.9　不同 SOC 下峰值功率密度计算值

SOC	100%	90%	80%	70%	60%	50%	40%	30%	20%	10%
kW	3.35	3.59	3.67	3.75	3.84	3.79	3.71	3.76	3.83	2.80
W/kg	1077	1156	1181	1208	1237	1218	1194	1211	1231	912

3) 电压一致性

电压一致性主要是测试锂离子二次电池模块在不同荷电态下及不同倍率充放电过程中的电压，以观察电池模块各电池电压的一致性。通过电池模块管理系统检测的电压一致性，可分为静态电压一致性和动态电压一致性。当电池模块中各单体电池一致性很好时，静态电压差和动态电压差都比较稳定，当电池模块中某一部分(包括单体)动态内阻较大时，动态电压差会增大较多，原因可能为连接接触不良或者电池内阻上升造成。图 4.25 为 90Ah 30 只单体电池串联的电池模块在不同荷电态时静态电压一致性情况。

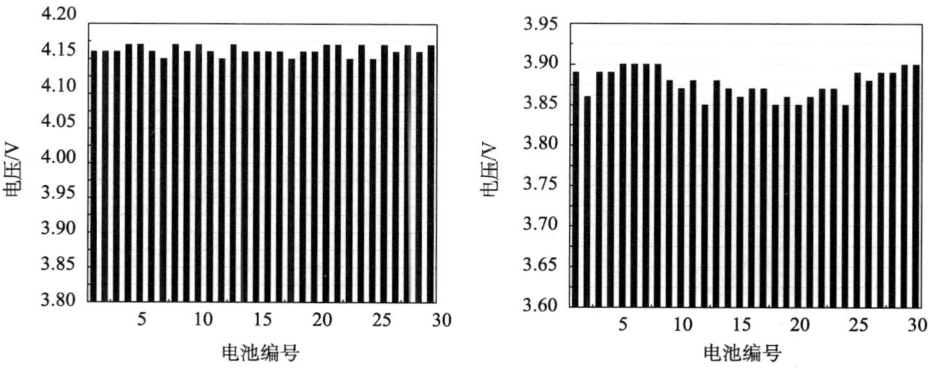

各电池单体在100% SOC时的电压　　各电池单体在30% SOC时的电压

图 4.25　不同 SOC 时电池静态电压一致性状况

SOC 为 100%时，30 串电池组中各单体电池的电压差：0.02V；

SOC 为 30%时，30 串电池组中各单体电池的电压差：0.05V

4) 内阻一致性

内阻一致性主要是测试锂离子二次电池模块在不同荷电态下及不同倍率充放电过程中的内阻情况，以了解电池模块的内阻变化情况。图 4.26 为不同荷电态 60Ah 88 个单体电池串联后电池模块在充放电过程直流内阻一致性的变化情况，测试方法为在不同荷电态进行 120A 放电 10s，间隔 40s，90A 充电的脉冲充放试验，直流内阻计算同单体电池，为 $R=\Delta U/\Delta I=(U_1-U_2)/(I_1-I_2)$。

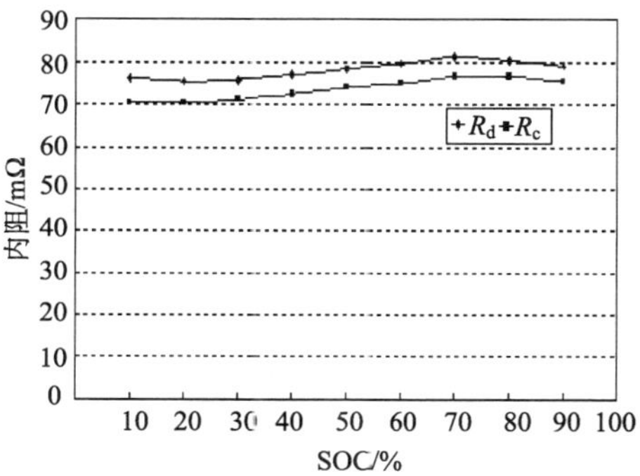

图 4.26　不同荷电态 60Ah 88 串直流内阻一致性的变化情况

R_d：放电过程直流内阻；R_c：充电过程直流内阻

图 4.27 为 90Ah 30 串电池组满电态交流内阻一致性情况，测试采用 HIO-KI3554 交流内阻仪分别测试 30 只电池内阻，测量结果内阻极差为 0.05mΩ。

图 4.28 为 90Ah 30 串电池模块 80%SOC 时直流内阻一致性，测量采用 HPPC 测试流程。首先对 30 只串联电池模块在不同的 SOC 下进行 108A 放电 10s，间隔 40s，然后以 81A 充电 10s 的脉冲充放电试验，测试得到电池的直流内阻。测试结果为 80%SOC 时放电内阻极差为 0.17mΩ，充电内阻极差为 0.19mΩ。

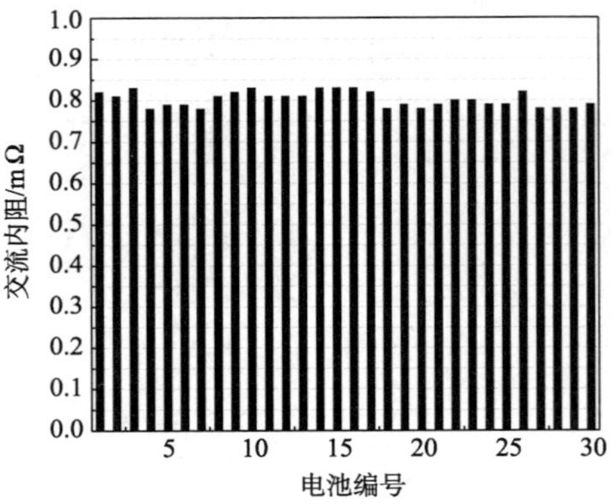

图 4.27　90Ah 30 串电池组满电态交流内阻一致性

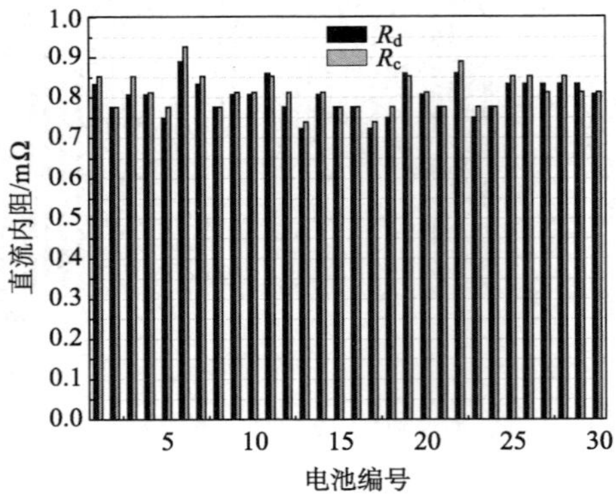

图 4.28　90Ah 30 串电池组 80%SOC 时直流内阻一致性

5) 倍率充放电性能

倍率充放电性能反映了电池模块快速充放电的能力，Plug-in 类型电动车尤其需要具有优良倍率充放电性能的电池模块。具有良好倍率放电性能的电池主要应用在动力电池组倍率要求比较高的场合，如电动车爬坡或混合动力车中，如图 4.29。

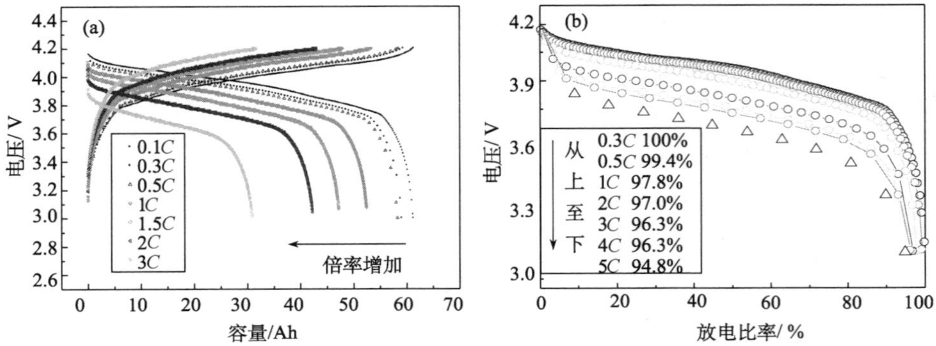

图 4.29　60Ah 锰酸锂动力电池组倍率充放电性能曲线

(a) 倍率充电，然后倍率放电；(b) 0.3C 充电，然后倍率放电

锂离子二次电池模块在高倍率充放电下会出现温度急剧上升的情况，导致安全隐患，所以锂离子二次电池模块的设计必须考虑 30s 起动或爬坡高倍率输出的

需要，而此时电池模块表面温升一般不能超过 10℃。如图 4.30 所示，表明 100Ah 锰酸锂电池模块完全可以满足一般的使用要求。

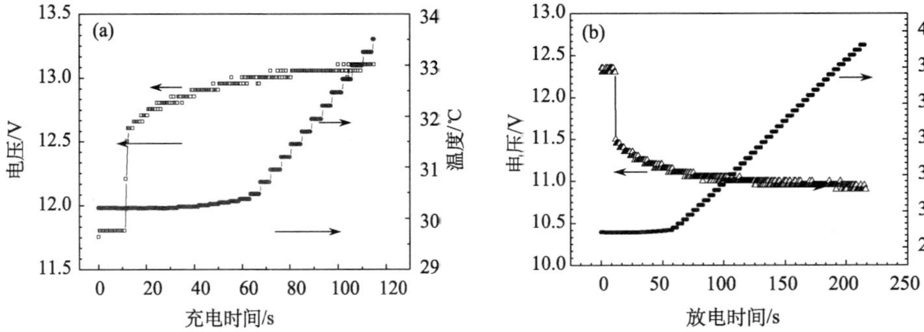

图 4.30　100Ah 3 串锰酸锂电池组 400A 电流充放电温度上升与时间关系曲线

(a) 充电与温升曲线；(b) 放电与温升曲线

6) 循环寿命

循环寿命是指锂离子二次电池模块在不同充放电深度及不同倍率、不同温度下的循环容量保持状况，反映了电池模块在不同状态下的寿命，循环寿命通常可以通过实验室静态检测和实际路况动态检测以及加速试验等方法来评价。

通常，如图 4.31 和图 4.32 所示，并联电池模块循环寿命优于串联电池模块。对串联电池模块来说，一只电池异常就会导致电池模块性能急剧下降。图 4.33 中 30Ah 5 串电池模块在循环测试中由于一只电池故障导致了前 130 次循环容量衰减很快，但在去除此只电池，将模块改为 30Ah 4 串后，循环衰减大大减小，仅为 0.25‰。

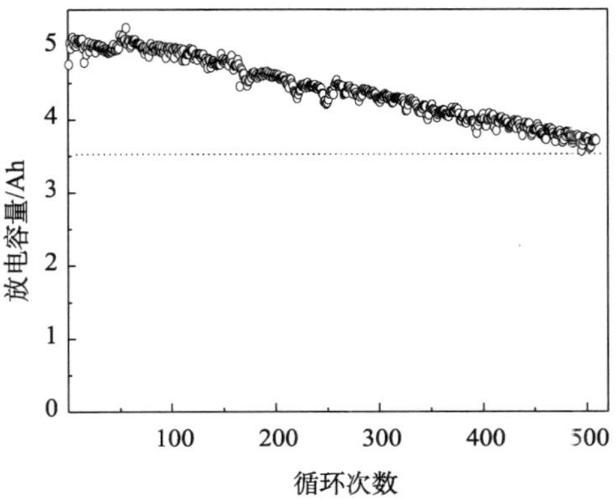

图 4.31　36V 5Ah 10 串电池组 1C 充放电循环曲线图

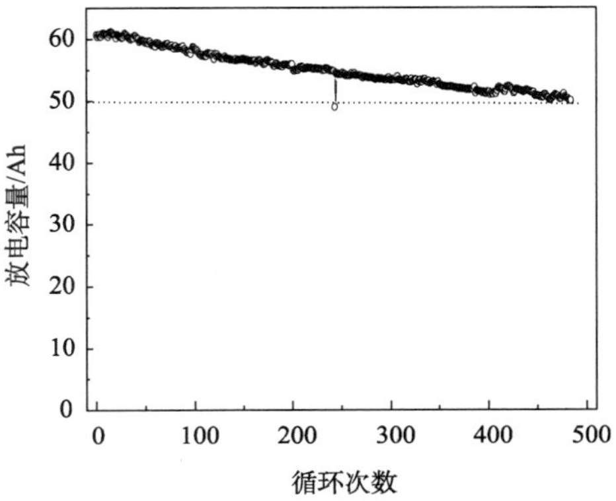

图 4.32　30Ah 2 并电池组 1C 充放电循环曲线图

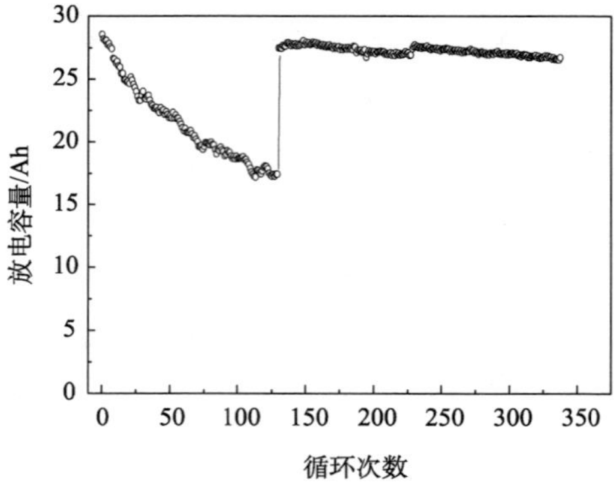

图 4.33　15V30Ah 电池组 1*C* 充放电循环曲线图

7) 搁置和储存性能

电池模块的搁置和储存性能测试方法同单体电池，考察的因素除电池模块本身外，还要考虑电池管理系统(BMS)对电池的影响。

4.4　锂离子二次电池的回收技术与方法

国外对废旧电池的回收已经制定了严格的管理法规。国家环境保护总局也于 2003 年 10 月 9 日批准发布了《废电池污染防治技术政策》，但目前废旧电池回收的重点是镉镍电池、锂离子二次电池、铅酸电池和氧化银电池等。

废旧锂离子二次电池中的金属回收问题已引起有关行业的关注。日本的索尼公司与住友矿业公司联合实施了锂离子二次电池中的钴回收，其主要处理过程是先将回收的锂离子二次电池灼烧，并研磨成粉，用磁选机、重力分选机、筛分机将其中的铁、铜粉末分离后，加热融化得到铁、镍、钴合金，加酸浸取，最后通过萃取法得到氯化钴。

随着锂离子二次电池的应用领域不断拓展，在不久的将来毫无疑问会有大量的锂离子二次电池进入社会。在这些锂离子二次电池报废后，如果处理不当会产生严重的安全隐患及环境污染，同时还会造成极大的资源浪费。为了保护环境和有效地利用资源，我们对失效的锂离子二次电池的回收利用已经开展了一些工作。

4.4.1　锂离子二次电池钴酸锂材料的回收

国内外对于锂离子二次电池钴酸锂材料的资源化回收利用研究较多。人们对于钴酸锂材料锂离子二次电池的主要回收工艺步骤为：将电池破碎后溶于酸，将电池外壳，铁及隔膜(可回收)与钴酸锂和碳粉分离，在除去碳粉后得到可以回收的钴酸锂正极材料。对钴酸锂材料回收后的进一步处理方法主要有两种，即浸出回收技术和灼烧与浸出相结合的回收技术。浸出回收技术主要有化学萃取法、化学沉淀法、电解法和离子交换法，这些方法已经被证实能够有效回收钴酸锂材料中的钴元素[22-27]；灼烧与浸出相结合的回收技术主要指电池破碎或剥离后，极片先进行焚烧，再使用浸出技术回收钴、锂等元素。下面在归纳一些方法的基础上，重点介绍我们的工作进展。

1. 化学萃取法

化学萃取法是利用某些有机试剂与钴形成配合物，然后利用适宜的试剂将钴分离出来。Zhang 等[28]用 4mol/L 的盐酸，在一定温度下浸出锂离子二次电池正极废料中的 Co 和 Li，再用 0.9mol/L PC-88A 萃取 Co，并经过多次萃取分离，最终以硫酸钴的形式回收。溶液中的锂则通过加入饱和碳酸钠溶液，在 100℃沉淀为碳酸锂回收。这种方法对设备的防腐要求高，同时要使用大量有机溶剂，对环境有二次污染，且回收成本较高，不适合工业化批量回收生产。

2. 化学沉淀法

化学沉淀法是选用不同的沉淀剂沉淀钴等贵重金属，一般回收率较高。例如，钟云海等[29]选用草酸铵为沉淀剂，从锂离子二次电池正极废料中直接回收钴和铝。该工艺的原理是将废的 $LiCoO_2$ 正极在硫酸、过氧化氢体系中进行反应，以溶解出 Co 等。

$$2LiCoO_2+3H_2SO_4+H_2O \longrightarrow Li_2SO_4+2CoSO_4+4H_2O+\frac{1}{2}O_2\uparrow \quad (4.10)$$

该工艺的关键步骤为：碱浸—酸溶—净化—沉淀钴。①碱浸：用 10%NaOH 溶液与铝基片作用，铝的浸出率可达 94.84%，而 $LiCoO_2$ 全部留在碱浸渣中。②酸溶：碱浸渣在硫酸和过氧化氢体系中浸出，钴的浸出率达 99.66%。③除去 Fe 及 Al 等杂质：以 NaOH 调节上述溶液使 pH 为 5.0，使溶液得以净化除去铝、铁等杂质。④沉淀钴：加草酸铵沉淀钴，产品为 $CoC_2O_4\cdot 2H_2O$，沉淀率达 97.52%。该方法钴的回收率为 95.75%。

3. 电解法

Myoung[30]提出用热硝酸溶解废旧锂离子二次电池中的 $LiCoO_2$，并将此含钴的溶液以钛为电极进行线性扫描。结果表明溶液中发生了多步氧化还原反应，例如在水溶液中氧气与硝酸根离子的反应[式(4.11)与式(4.12)]使得 pH 增加，通过恒电位电解反应[式(4.14)]可以得到 $Co(OH)_2$，此外，由反应[式(4.15)]加以适当的高温处理后可以得到 Co_3O_4。

$$2H_2O + O_2 + 4e^- \longrightarrow 4OH^- \tag{4.11}$$

$$NO_3^- + H_2O + 2e^- \longrightarrow NO_2 + 2OH^- \tag{4.12}$$

$$Co^{3+} + e^- \longrightarrow Co^{2+} \tag{4.13}$$

$$Co^{2+} + 2OH_{ad}^- / Ti \longrightarrow Co(OH)_2 / Ti(\text{ad表示吸附}) \tag{4.14}$$

$$3Co(OH)_2 / Ti \cdot H_2O + 1/2O_2 \longrightarrow Co_3O_4 / Ti + 3H_2O \tag{4.15}$$

此法提供了一个从大量 $LiCoO_2$ 中回收氧化钴的方法。

4. 高温灼烧与浸出结合的回收法

目前大部分回收方法的核心依然是以高温灼烧与浸出技术相结合的回收技术。通常锂离子二次电池电极材料在经过高温预热、灼烧等处理之后，再结合浸出法浸出需要的离子溶液或沉淀，即可得到含钴或含锂的化合物。例如，文献[31]提出将电池芯与焦炭、石灰石混合后还原灼烧，其结果是有机物分解，而钴酸锂被还原为金属钴，氧化锂则以蒸气的形式逸出后由水吸收。金属钴与铜等形成合金并溶于硝酸和硫酸混合酸中，或将合金溶于碳酸铵溶液中，使金属离子 Cu^{2+}、Co^{2+}进入溶液，用沉淀法除去铜、铝等杂质离子，使溶液成为只含钴的溶液，进而可以高效率地回收钴。

5. 回收产物再利用和回收过程污染控制

对回收产物的再利用和回收过程污染的控制也是人们研究的热点。回收产物再利用的主要途径有：将回收产物与其他物质反应得到新的电池材料，或者在回收过程中通过加入适当的溶剂并控制反应条件直接得到可用于锂离子二次电池的正极材料。然而目前对回收产物再利用工艺还不够成熟，效果还有待进一步提高。回收过程的污染控制主要是指采用高温灼烧处理与浸出法结合的回收过程中如何抑制灼烧阶段有害气体的产生。例如，韩国矿产资源科学研究院[32]选用非晶形柠檬酸盐作沉淀剂，开发了从废旧锂离子二次电池中再生钴酸锂的方法。工艺流程为：

废旧锂离子二次电池→预热处理→一次破碎→一次筛分→二次热处理→二次筛分→灼烧→还原浸出、分离→柠檬酸沉淀→灼烧→钴酸锂。

该工艺的特点是在硝酸介质浸出过程中加入过氧化氢作为还原剂，使得钴和锂的浸出率分别由 40%和 75%提高到 85%。然后通过调整溶液中钴和锂的比例，用柠檬酸沉淀，在 950℃下经 24h 灼烧，即得到粒度为 20μm，比表面积 $30cm^2/g$ 的钴酸锂。此方法的最终产物为锂离子二次电池正极材料钴酸锂，减少了有害气体的排放，污染少，但是加热处理工业化生产经济成本较高。

4.4.2 动力型锂离子二次电池的锰酸锂材料回收

最近，我们研究了一种简单有效的工艺方法对废旧锂离子二次电池进行处理及回收再利用。首先对废旧锰酸锂正极锂离子二次电池进行预处理（包括电池的拆解、活性物质与集流体的分离、集流体的回收），然后对活性物质进行回收再利用，主要是酸溶及金属的选择性沉淀。该工艺可以回收废旧锂离子二次电池中的大多数金属材料，且方法安全、不污染环境。由于全部处理过程只需简单的设备，利于规模化商业生产，有较好的市场前景。

1. 废旧电池的预处理

锂离子二次电池作为一种能量储存装置，报废以后仍然残存大量的电能，如果拆解不当会发生安全事故，因此安全有效地拆解废旧锂离子二次电池是电池回收的基础。我们在实验中首先用放电设备对废旧锂离子二次电池进行放电，待电量降到一定程度后，将电池转移到专用的废旧锂离子二次电池拆解室，用机械设备将废旧锂离子二次电池拆解。对拆解后电池的包装壳、隔膜、正负极进行分类、粉碎、干燥等后续处理，工艺步骤可以简化为：电池放电→拆解→分离隔膜→分离正负极片的工序。对于分离后的正负极材料，分别使用适当的溶剂对活性物质进行分离，以回收废旧锂离子二次电池中的铜箔、铝箔及失效的锰酸锂活性材料。用于分离活性物质的溶剂可通过蒸馏的方式脱除黏结剂后，继续循环使用，剥离后的锰酸锂材料待后续处理回收。

2. 活性物质的溶解和锰、锂的回收

将分离得到的锰酸锂活性物质于 600℃进行高温灼烧处理，以除去残留黏结剂及碳粉等杂质。用 2mol/L 的 HNO_3+1mol/L 的 H_2O_2 溶液对高温灼烧后的 $LiMn_2O_4$ 材料进行溶解，并在 80℃下搅拌 2h，$LiMn_2O_4$ 的溶解率可达 100%。接着，将溶液进行过滤，然后在快速搅拌下向滤液缓缓滴加 40%的氢氧化钠溶液，至溶液的 pH 达到 10，抽滤含锰的沉淀。锰沉淀经提纯、过滤洗涤，加热处理后即可得到氧化锰，锰的一次回收率可达 98%以上。

沉淀锰后的溶液经浓缩，加入适量的无水 Na_2CO_3 固体，使 Li^+形成 Li_2CO_3 沉淀。沉淀温度应大于 90℃，完全沉淀后趁热抽滤，用热水清洗除去杂质，烘干后得到 Li_2CO_3 沉淀，纯度可达 97%。

对锰的氧化物进行了电感耦合等离子体（ICP）原子发射光谱分析及 X 射线衍射分析，表 4.10 所列为 ICP 原子发射光谱分析结果，可以看到锰化合物中含有微量的 Na、Al、Ni 等元素。

表 4.10　锰化合物中微量元素 ICP 原子发射光谱分析(质量分数，%)

元素	Li	Na	Al	Mg	Cu	Ni	Cr	Fe	Ca	K
%	0.04	0.29	0.47	0.01	—	0.25	0.01	0.01	0.05	0.07

表 4.11 为 Li_2CO_3 沉淀的 ICP 原子发射光谱分析，可知 Li_2CO_3 沉淀的纯度可达 97%以上，仅含有微量的 Na、Ca 等杂质，回收产物纯度很高。

表 4.11　Li_2CO_3 沉淀的 ICP 原子发射光谱分析(质量分数，%)

元素	Na	Mn	Ca	Al	Cu	Ni	Cr	Fe	K
%	0.20	0.02	0.13	—	—	—	—	—	—

3. 回收工艺

锂离子二次电池锰酸锂材料的回收处理工艺如图 4.34 所示。

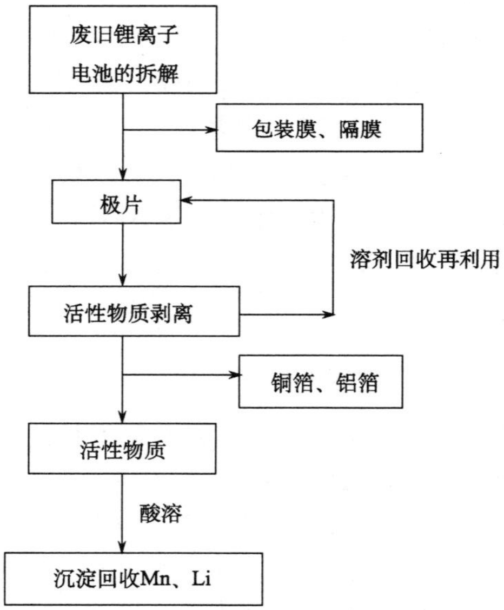

图 4.34　锰酸锂基废旧锂离子二次电池回收工艺流程图

锂离子二次电池锰酸锂材料的回收工艺，操作简单，回收比例及产物纯度高，经济效益明显，具有大批量工业化应用的前景。

4. 其他回收方法介绍

Castillo 等[33]回收失效锰酸锂电池正极材料的工艺为：首先将失效锂离子二次电池破碎后，用 2mol/L HNO_3 在 80℃处理 2h，然后将过滤得到的固体残渣[含 $Fe_3(OH)_3$ 等]经加热处理后可得到碳、有机化合物及铁；向滤液(Mn^{2+}、Li^+)中滴加 NaOH 溶液，调整 pH 为 10，沉淀经过滤后得到 $Mn(OH)_2$ 沉淀和含有 Li^+、Na^+ 离子的滤液。滤液经浓缩后可用于回收 Li 元素。这种方法与我们方法的区别是，失效锂离子二次电池不经极片和隔膜等的分离，直接破碎，然后再分离碳和金属集流体，提高了处理成本。

参 考 文 献

[1] 中华人民共和国国家质量监督检验检疫总局 中国国家标准化管理委员会. 粒度分析激光衍射法第 1 部分: 通则. 北京: 中国标准出版社, 2008

[2] 中华人民共和国国家质量监督检验检疫总局 中国国家标准化管理委员会. 金属粉末比表面积的测定氮吸附法. 北京: 中国标准出版社, 2008

[3] 林新花. 仪器分析. 广州: 华南理工大学出版社, 2002

[4] 童国忠. 现代涂料仪器分析. 北京: 化学工业出版社, 2006

[5] 杰罗德. 固体结构. 王佩璇等译. 北京: 科学出版社, 1998

[6] 藤嶋昭, 相泽益男, 井上徹. 电化学测定方法. 陈震, 姚建年译. 北京: 北京大学出版社, 1995

[7] 国家技术监督局. 化工产品中水分测定的通用方法 干燥减量法. 北京: 中国标准出版社, 2007

[8] 国家技术监督局. 金属粉末振实密度的测定. 北京: 中国标准出版社, 2006

[9] 朱明华. 仪器分析. 第二版. 北京: 高等教育出版社, 1996: 5

[10] 朱明华. 仪器分析. 第二版. 北京: 高等教育出版社, 1996: 85

[11] 张洪建. 电池隔膜纸沙眼的检测方法及装置: CN, 200710076009. 2009

[12] 吴宇平, 戴晓兵, 马军旗, 等. 锂离子电池应用与实践, 北京: 化学工业出版社, 2004

[13] 张俊玉. 锂离子电池隔膜材料边缘弯曲度的检测方法: CN, 200510136028. 9, 2006

[14] 王荣. 锂离子电池隔膜透气度测试方法及其装置: CN, 200510015016. 0, 2006

[15] 吴宇平, 万春荣, 姜长印. 锂离子二次电池. 北京: 化学工业出版社, 2002: 326

[16] Blomgren G E. Liquid electrolytes for lithium and lithium-ion batteries[J]. Journal of Power Sources, 2003, 119-121: 326-329

[17] Hyung Y, Visser D R, Amine K. Flame-retardant additives for lithium-ion batteries [J]. Journal of Power Sources, 2003, 119-121: 383-387

[18] Hitoshi O, Asao K, Wang J C, et al. Effect of cyclic phosphate additive in non-flammable electrolyte[J]. Journal of Power Sources, 2003, 119-121: 393-398

[19] 国家技术监督局. 电动道路车辆用锂离子蓄电池. 北京: 中国标准出版社, 2001

[20] 宋文顺. 化学电源工艺学. 北京: 中国轻工业出版社, 1998: 6

[21] 杨军, 解晶莹, 王久林. 化学电源测试原理与技术. 北京: 化学工业出版社, 2006: 314

[22] 孙欣, 魏进平, 王晓宇, 等. 失效锂离子蓄电池的回收. 电源技术[J], 2004, 28(12): 794-797

[23] 申勇峰. 从废锂离子电池中回收钴[J]. 有色金属, 2002, 54(4): 69-70

[24] 温俊杰, 李荐. 废旧锂离子二次电池回收有价金属工艺研究[J]. 环境保护, 2001(12): 39-40

[25] 李洪枚. 废旧锂离子电池处理技术研究[J]. 电池, 2004, 34(6): 462-463

[26] McLaughlin W J. Method for the neutralization of hazardous materials [P]: US, 5345033. 1994

[27] 秦毅红, 齐申. 有机溶剂分离法处理废旧锂离子电池[J]. 有色金属: 冶炼, 2006, 1: 13-16

[28] Zhang P W, Yokoyama T, Itabashi O, et al. Hydrometalurgical process for recovery of metal values from spent lithium- ion secondary batteries[J]. Hydrometalurgy, 1998, 47: 259-271

[29] 钟云海, 李荐, 柴立元, 等. 从锂离子二次电池正极废料-铝钴膜中回收钴的工艺研究[J]. 稀有金属与硬质合金, 2001, 144: 1-4

[30] Myoung J, Jung Y W, Jaeyoung L, et al. Cobalt oxide preparation from waste $LiCoO_2$ by electro-chemical-hydrothermal method[J]. Journal of Power Sources, 2002, 112: 639-642

[31] 欧秀芹, 孙新华, 程耀丽. 废锂离子电池的综合处理方法[J]. 中国资源综合利用, 2002, 6: 18-19

[32] Lee C K, Rhee K I. Preparation of $LiCoO_2$ from spent lithium-ion batteries[J]. Journal of Power Sources, 2002, 109: 17-21

[33] Castillo S, Ansart F, Laberty R C, et al. Advances in the recovering of spent lithium battery compounds[J]. Journal of Power Sources, 2002, 112: 247-254

附录1　动力电池基础：锂离子二次电池的由来

自 1769 年瓦特改良蒸汽机之后，以煤和石油为代表的化石能源的大规模开采与使用，使得人类的生产与制造方式逐渐机械化，出现以机器取代人力和兽力的趋势，生产力得到空前解放，人类社会的生活方式随之改变并逐渐步入现代文明。然而，化石能源的有限储量以及使用过程中所引起的环境问题，迫使人类不得不寻找并开发可再生的清洁能源。

在主要的可再生清洁能源当中，风电、核电、水电、光伏所产生的能量都以电能形式传输和使用。对于固定用户，可以通过电网传输电能；对于移动应用，则需要一个储能装置存储电能。在所有可能的储能装置中，以电池为代表的电化学储能器件因为在成本上具备高度的经济性，在供能规模上也有良好的调节区间，特别是在使用体验上能够满足消费电子的需求，因此逐渐从各种移动储能装置中脱颖而出，成为当代社会最主要的移动储能装置。

电池的发明，可以追溯到 1780 年的一次偶然发现。这一天，意大利解剖学家伽伐尼在做青蛙解剖时，拿着两种不同金属器械无意中同时碰到青蛙的大腿部位，发现青蛙腿部肌肉随之收缩，他将这种现象归因于动物躯体内部产生的一种电。1799 年，受伽伐尼实验的启发，伏特把一块锌板和一块银板浸在盐水里，发现连接两块金属的导线中有电流通过，从而制备出第一个化学电池。但是，这种电池是一种一次电池，它不可以充电，放电结束后就要回收。在接下来的 200 多年里，可充电的铅酸电池、镍氢电池、锂离子电池等相继问世。在高能量密度和长循环寿命的驱动下，20 世纪 90 年代实现商业化的锂离子二次电池逐渐成为当下移动电子器件的首选电源。

附 1.1　电动汽车用锂离子电池发展历史

附 1.1.1　电动汽车发展历史

由于化石能源储量有限和使用过程中所引发的环境问题，发展清洁可再生能源逐渐成为全人类的共识。作为新能源重要应用之一的电动汽车，成为大家关注的焦点。尤其在电动汽车制造商 Tesla 的影响下，电动汽车俨然已经成为这个时代高新科技的代表成果之一。然而，电动汽车并不是我们这个时代的新发明，它的诞生大概可以追溯到 200 年以前(附图 1.1)。

1828 年，匈牙利发明家阿纽什在实验室首次试验了一种电磁驱动的行动装置。6 年后，美国人托马斯制造出第一辆直流电机驱动的电动车。紧接着，苏格兰人罗伯特在 1838 年首次将不可充电的一次电池应用到电动车中。至此，作为电动车最重要的两个组成部分——电驱动装置和电池系统，已经出现在电动车中，这便是现代电动车的雏形。但是，此时的电池系统使用的电池在放电结束后不能进行充电。于是，Harford Electric Light 公司在 1896 年推出了可更换电池的电动货车。这种更换电池的“换电”策略，至今仍旧被当作解决电动车充电速率缓慢与续航里程不足的一种解决方案。

附图 1.1　电动汽车的发展历史

到 19 世纪末，电动车的发展已经相对成熟。相较于我们今天在马路上到处可见的内燃机驱动的汽车，电动汽车具有结构简单、环保、噪声低、加速快等优点。并且，电动汽车在所有类型汽车当中，率先于 1899 年突破 100 公里的时速，这是当时交通工具所能达到的最快速度。因而，电动车受到当时人们的广泛欢迎。1900 年，在美国出售的 4200 辆机动车中，电动汽车占比高达 38%。而如今主流的内燃机车，在当年的占比仅为 22%。除了纯电动、纯内燃机驱动或者纯蒸汽机驱动的汽车，混合动力作为一种折中方案可能同时具备各种类型汽车的主要优点。于是，1901 年，保时捷公司创办人斐迪南制作出第一辆油电混合动力汽车，这逐渐成为之后混合动力汽车的主流方案。

然而，经历了 20 世纪初的辉煌之后，电动汽车的发展突然陷入停滞状态。这是由于内燃机技术的突破和石油的大规模开采与提炼，内燃机车逐渐在竞争中脱颖而出，超越蒸汽机车和电动车，成为汽车发展的主流。自此开始，电动汽车逐渐淡出大众视线，只在不多的应用场景还保留一席之地。例如，1971 年，阿波罗登月车使用的就是电池驱动，因为月球上缺少内燃机车和蒸汽机车工作所需要的氧气。

20 世纪 90 年代，由于人类对化石能源储量的担忧以及日益严峻的环境污染问题，沉寂了近一个世纪的电动车再次进入公众的视野，受到热捧。1991 年，日本索尼公司实现了锂离子二次电池的商业化，使得商用电池的能量密度、输出电压和循环寿命都大幅提高。紧接着，1997 年，日立汽车推出世界上第一辆锂离子电池驱动的小型电动车，它能够提供更长的续航里程。自此开始，锂离子电池驱动的电动车逐渐成为当前电动车发展的主流。紧随其后，北京大学其鲁教授团队与合作者们在 2003 年成功制备出我国第一辆锂离子电池驱动的纯电动面包车，正式开启了我国锂离子电动汽车发展的序幕(附图 1.2)。

附图 1.2　其鲁教授团队与合作者在 2003 年研制的锂离子电池纯电动面包车被开到了巴黎

为了迎接北京奥运会，其鲁教授团队与合作者们再接再厉。2008 年 8 月，在北京奥运会期间，首次向世界展示了可实际运行的锂离子电池驱动的纯电动公交车。作为首席科学家，其鲁教授带领团队，为奥运会电动公交车成功研制了锂离子二次电池储能系统。相对于锂离子电动汽车在亚洲的蓬勃发展，欧美国家的起步较晚，即使如今风靡全世界的美国电动汽车制造商特斯拉，也直到 2008 年 10 月才投线生产出第一辆特斯拉电动车。然而，为了满足人们对长续航里程、快速充电能力和高安全性等方面的更高需求，作为电动汽车的核心部件，电池仍然是制约电动汽车快速发展的最主要因素。

附 1.1.2　电池发展历史

由于电池在电动车发展过程中的核心作用，因此回顾电池的发展历史，寻找了解可能的电池解决方案，对于今天电动汽车的发展至关重要。作为一种化学电源，电池的使用甚至有可能比化学这门学科的建立还要早。1936 年，在伊拉克首都巴格达城近郊，考古学家们发掘出了一种利用陶罐制作的特殊装置(附图 1.3)。它包含一根铜棒和一根铁棒，只要向罐内倒入一些酸或碱性水，便可以发出电来。考古学家推测，这有可能是迄今为止最早被使用的电池。

近代，电池的出现是为了满足人们更简单方便地获取持续且稳定电流的需求。1780 年，意大利解剖学家伽伐尼在做青蛙解剖实验时(附图 1.4)，两手分别拿着不同的金属器械，观察到青蛙的腿部肌肉立刻抽搐了一下，仿佛受到电流刺激一样。伽伐尼认为，出现这种现象是因为动物躯体内部产生了一种电，他称之为“生物电”。伽伐尼的“生物电”实验引起了物理学家们的极大兴趣，他们竞相重复该实验，试图找到一种产生电流的方法。但直到这时，人们发现瑞士学者苏尔泽早在 1750 年就谈到过类似的发现。他将银片和铅片的一端接触到一起，另一端用舌头夹住，舌头感觉到麻木和酸味。这种味道既不是银的味道，也不是铅的味道。他推测，这有可能是金属中的微小粒子在两种金属接触时发生的振动引起神经的兴奋。然而，遗憾的是，他没能进行更深入的探索，也没引起科学界广泛的关注与研究。

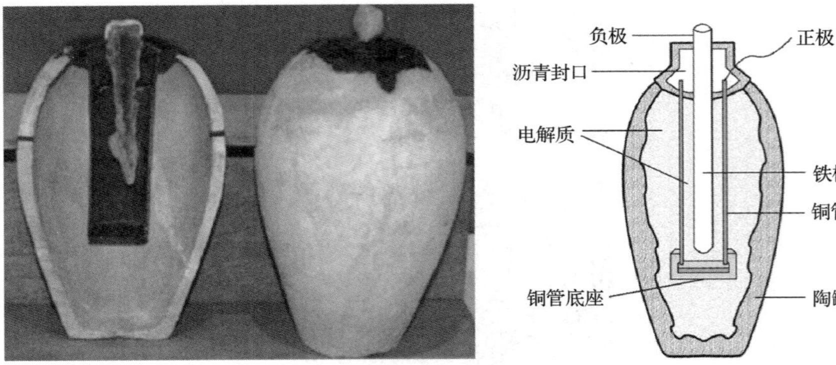

(a)　　(b)

附图 1.3　发掘于巴格达的这件拥有 2000 多年历史的陶罐被推测为迄今已知的最早原电池(a)；科学家对陶罐各个组成部分的推测(b)

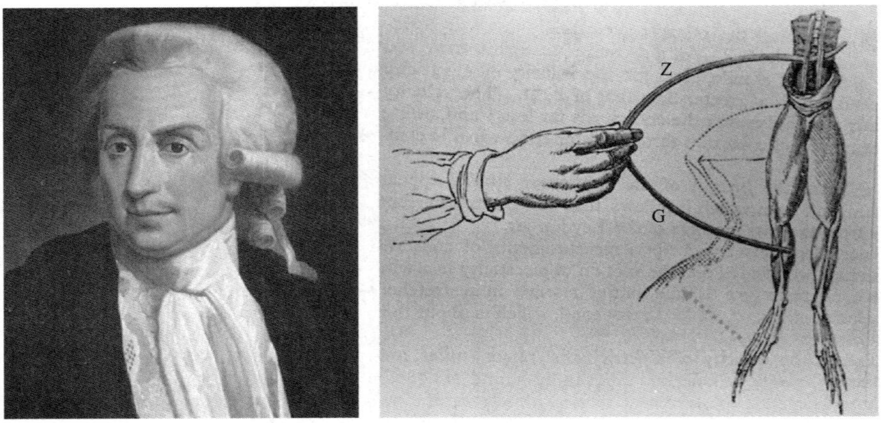

(a)　　(b)

附图 1.4　伽伐尼(a)以及伽伐尼的青蛙实验(b)

重要的突破首先来自于伏特对伽伐尼实验的重新思考。伏特在多次实验后认为，伽伐尼的“生物电”解释并不正确，青蛙的肌肉之所以能产生电流，大概是因为肌肉中的某种液体在起作用。基于这种认识，伏特把两种不同的金属片浸在各种不同溶液中进行实验。结果发现，这两种金属片中，只要有一种与溶液发生化学反应，金属片之间就能持续地产生电流。1799 年，伏特把许多锌片和银片之间垫上浸透盐水的绒布或者纸片，平叠起来，制作出了世界上第一个电池——“伏特电堆”(附图 1.5)。它实际上是一个串联的电池组，能够提供比单个电池更高的输出电压。

1839 年，德国化学家克里斯提安发明了燃料电池，利用与伏特电堆类似的电化学原理工作。但是，由于它的两个电极分别利用氧和燃料来工作，可以在工作过程中不断提供新的燃料和氧气来维持，不用像一次电池那样用完必须扔掉。然而，它依旧是一种一次电池，不能够对电池进行充电。直到 1859 年，法国人普朗泰发明了用铅作电极的二次电池，它能够反复进行充放电。从此，开启了二次可充电电池的新时代。

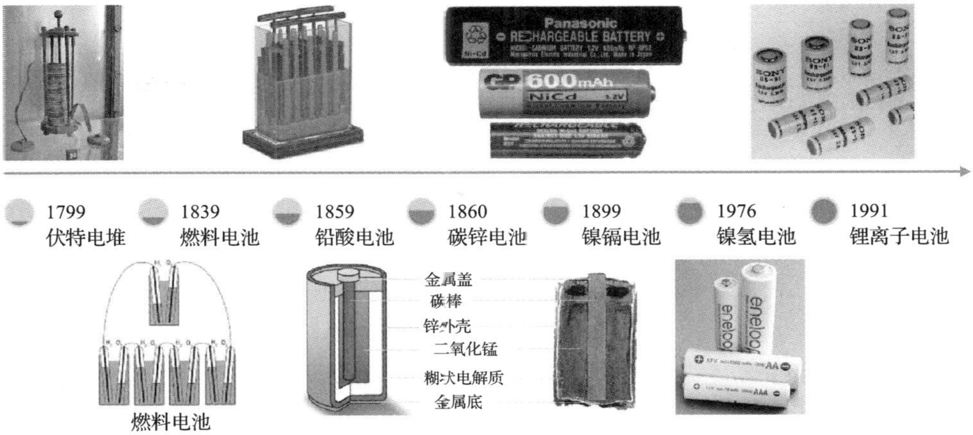

附图 1.5　电池的发展历史

碳锌电池，又称为碳锌干电池，最早出现在 1860 年，是为了解决液体电解液容易泄漏的问题而发明的，是一种至今仍然被广泛使用的一次电池。在二次电池方面，为了提高电池的储能密度，1899 年，镍镉电池应运而生。它能够提供比铅酸电池多一倍的储能密度，因而在 20 世纪被广泛用作手机电池。紧接着，更加环保且具有更高储能密度的镍氢电池于 1976 年被发明。不过，这种电池很快被 1991 年商业化的锂离子电池取代，因为锂离子电池具有 3 倍于镍氢电池的能量密度。从此，作为高能量密度移动储能器件的代表，锂离子电池逐渐被应用到各种移动设备中，例如，手机、相机、笔记本电脑和电动汽车等。除了能量密度的优势，锂离子电池还能够可逆充放电循环千次以上，且环境友好，是当前电动汽车电源系统的最佳解决方案。此外，由于相关材料和电池技术的发展，目前也出现了能够循环数千次或上万次的锂离子电池，能够比较好地支撑其在电动交通工具等领域的应用。

附 1.1.3　电池的分类

在电池 200 多年的发展历史中，科学家们发明了各种各样的电池。基于电池放电结束后能否继续充电，电池可分为一次电池和二次电池(附图 1.6)。一次电池，是指那些只能进行放电过程的电化学电源，又称为原电池，典型的代表如碳锌电池、碱锰电池和燃料电池等。二次电池，则是指那些能够反复进行充放电循环过程的电化学电池，又称为蓄电池，典型的代表如铅酸电池、镍氢电池和锂离子电池。通常情况下，一次电池的体积能量密度和质量能量密度要大于二次电池，但内阻也远比二次电池大，负载能力较低。二次电池相对一次电池更加环保，因为它可以反复使用，不必在使用后就丢弃。对于需要反复充放电的电动汽车，二次电池显然是最佳选择。

由于电池最基本的组成是正、负电极和电解液，外加辅助功能的隔膜等。基于电池所采用电极材料的不同，常见的二次电池又分为锂离子电池、镍氢电池、镍镉电池和铅酸电池等，它们之间的比较见附表 1.1。从表中可以看出，锂离子电池的输出电压高达 3.7V，而其他类型的输出电压为 2V 或者 1.2V，这主要是由于锂离子电池所采用的有机电解液可以承受更高的电压，

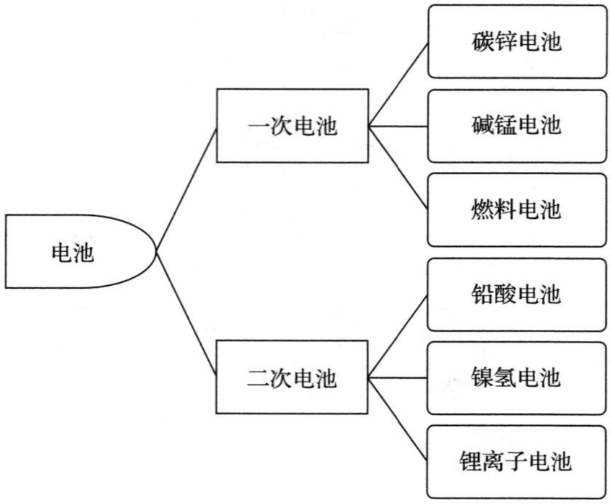

附图 1.6　电池的分类

附表 1.1　主要二次电池性能对比

电池类性	锂离子电池	镍氢电池	镍镉电池	铅酸电池
正极材料	过渡金属氧化物	氢氧化亚镍	氢氧化亚镍	二氧化铅
负极材料	石墨	储氢合金	氧化镉	海绵铅
隔膜	PP 或 PE	PP	尼龙	玻璃纤维棉
电解液	有机锂盐电解液	KOH 水溶液	KOH 水溶液	稀硫酸
标准电压/V	3.7	1.2	1.2	2.0
体积能量密度/(Wh/L)	350～400	320～350	160～180	65～80
质量能量密度/(Wh/kg)	180～200	60～65	40～45	25～30
对环境影响	环保	环保	镉污染	铅污染

而其他电池所采用的一般水系电解液在高电压窗口下会因为水的分解而被消耗，因而限制了正、负极材料的选取。相较于其他二次电池，锂离子电池具有最高的体积能量密度，具有远高于其他二次电池的质量能量密度，并且不会造成重金属如铅和镉的环境污染，因而成为构建长续航里程电动汽车储能系统的最佳选择。

附 1.2　锂离子电池的基本工作过程

作为一种电化学能源转换装置，锂离子电池与其他电池一样，可以将化学能转化成电能，并且，这种转化是可逆的。它的正极通常采用含锂的过渡金属氧化物，典型的如层状钴酸锂，负极一般使用层状石墨，锂离子可以在这两种电极材料中可逆地嵌入和脱嵌。电解液一般使用溶解在有机溶剂中的锂盐。相较于水系电解液，该有机电解液可以在 1.23V 以上稳定存在，能够耐高压，是锂离子电池输出高电压的必要条件之一。

锂离子电池的工作过程如附图 1.7 所示，充电过程中，在外加电压的驱动下，正极中的可移动锂离子从电极材料中脱嵌进入电解液中，通过电解液传递到负极表面，与负极发生电化学反应嵌入到负极材料中，与此同时，电子通过外电路从正极传递到负极，完成充电过程；放电过程中，当外电路接通后，由于负极中的锂离子的电化学势高于它在正极材料中的电化学势，锂离子将在电化学势差的驱动下从负极脱嵌，通过电解液传递到正极表面，在正极表面发生电化学反应嵌入到正极材料中，对应地，电子从负极通过外电路传递到正极，产生稳定的电流输出。

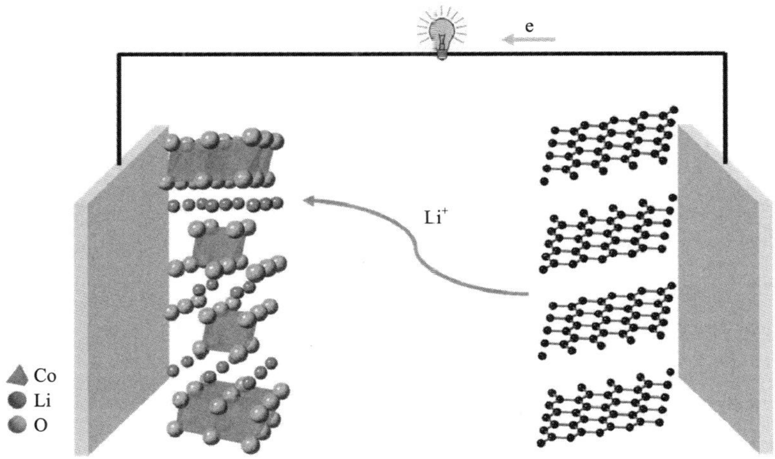

附图 1.7　锂离子电池工作过程

在锂离子电池工作过程中，可以可逆嵌入或者脱嵌锂离子的材料称为电池活性材料，这里简称电极材料。商用的负极材料主要是石墨，结构相对简单，为六边形层状结构。商用正极材料，根据其结构不同，主要包括：层状岩盐结构钴酸锂、尖晶石结构锰酸锂和橄榄石结构磷酸铁锂(附图 1.8)，以及从钴酸锂衍生出来的三元材料 NMC(镍锰钴)、NCA(镍钴铝)等。根据不同的应用需求，钴酸锂电池通常用作便携设备如手机、笔记本电脑等的电源，而其他正极材料组成的电池主要应用于电动汽车。

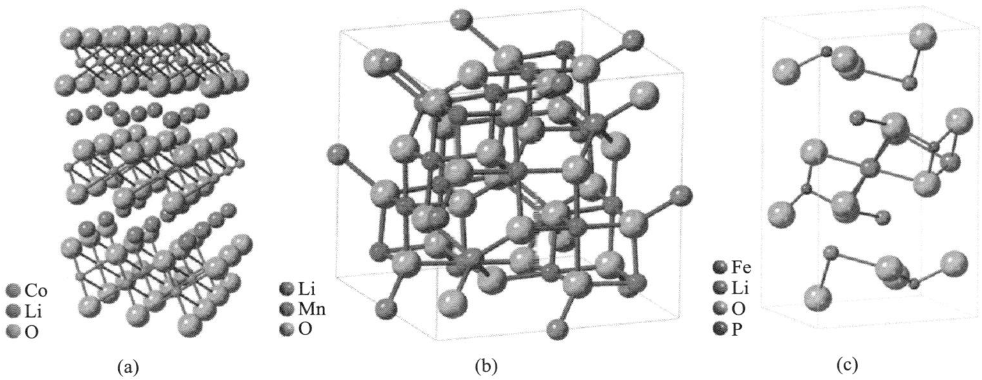

附图 1.8　常见正极材料的晶体结构：层状岩盐结构 $LiCoO_2$(a)、尖晶石结构 $LiMn_2O_4$(b)和橄榄石结构 $LiFePO_4$(c)

附 1.3　锂离子电池关键性能参数

评价锂离子电池性能的参数有很多，比如能量密度、输出电压、快充性能、循环寿命、工作温度、安全性等，其中，最常用的参数是能量密度、输出电压、快充性能和循环寿命。这些参数最根本的决定因素是电池所使用的电极材料。本小节我们将简要介绍这些基本的参数，并以实例展示电极材料对电池性能的决定作用。

附 1.3.1　关键性能参数的定义

1. 能量密度

它是电池最重要的性能参数，也是驱动电池不断发展进步的最重要因素。一种定义为单位质量电池所能存储的电量，典型的单位为 Wh/kg，它关注的是电池的质量，被称为质量能量密度。另一种定义为单位体积电池所能存储的电量，典型的单位为 Wh/L，它关注的是电池的体积，被称为体积能量密度。当前，单体电池的质量能量密度可以达到 250Wh/kg，而加上其他组件质量之后的电池系统能量密度可达 160Wh/kg。由于 1kWh 的电量大概可以驱动小型家用电动汽车行驶 10 公里，这也就意味着负载 1kg 的电池系统，大概可以驱动汽车行驶 1.6 公里。

2. 输出电压

由于在构筑电池系统时，需要提供较高的输出电压，单体的电池需要串联以满足电池系统的要求。典型地，一般小型代步车电池系统电压是 48V、60V、72V 等，乘用车电池系统电压是 200～360V 不等。通常单个电池的电压，根据所使用电极材料的不同，输出电压在 3.2～3.7V 不等。为了提供 200V 的高电压，需要 50 多块电池串联。需要注意的是，这里的输出电压实际是指电池在工作电压区间的平均输出电压，它会在电池充放电过程中发生缓慢的变化，这是由于对应于不同的锂离子嵌入量，电极材料的电化学势有微小不同。

3. 倍率性能

它表示锂离子电池的充放电能力，对应于给定电池容量下充放电电流的大小，即倍率 $n\ C$ 的电流表明用该电流给电池充电到额定容量需要 $1/n$ 小时。例如，对于容量 10Ah 的电池，倍率为 1C 对应于 10A 的充放电电流大小，用 1C 给完全放电的电池充电到 10Ah 容量需要 1 小时；而用 5C 给完全放电的电池充电到 10Ah 容量需要 0.2 小时。需要注意的是，由于在更高倍率下，电池充放电不完全，不能恒电流充电到额定容量。作为一个补充，电池通常会在恒流充电到额定电压后，再恒压充电到电流降到一定阈值，这也就是锂离子电池中广泛采用的恒流恒压充电方式。

4. 循环寿命

由于锂离子电池在使用过程中容量会逐渐衰减，一般定义在恒流充放电循环下，电池容量衰减到初始容量的 80%时的充放电次数为电池的循环寿命。当前的锂电池，一般要求 1000 次以上的循环使用寿命。但实际使用过程中，由于受到使用环境和使用过程的影响，具体的循环寿命会有所差异。

5. 库仑效率

作为一个储能器件，存储的电能能否被完全释放出来，是另一个特别值得关注的事情。库仑效率，一般定义为器件放电容量与充电容量的比值。商用锂离子电池的库仑效率一般接近100%，但是，刚组装的新电池其首次充放电的库仑效率一般只有90%左右，主要是因为电池在前几次充放电过程中需要消耗掉一定的活性锂离子，使得剩余能够充放电循环的锂离子数量减少。我们见到的商用电池在一开始库仑效率就接近 100%，那是因为前几次充放电过程是在出厂前就完成了的，一般将这一工艺称为化成。

附 1.3.2　电池性能的决定因素

1. 输出电压

由于电池的循环寿命受使用条件影响，倍率性能与电池的制备工艺等许多非电极材料本身因素相关，本小节我们将主要讨论由电极材料本身所决定的电压和容量。以 $LiCoO_2|Li$ 为例，我们将具体讲述电极材料是如何决定电池的电压和容量的。其中，总的电化学反应式为：

$$LiCoO_2 \longleftrightarrow CoO_2 + Li^+ + e \quad \Delta_r G \tag{附 1.1}$$

式中，$\Delta_r G$ 为该可逆化学反应的吉布斯自由能变。由于输出的能量源于化学反应化学能的转化所得，而输出能量可以通过输出电压和输出电量的乘积得到，因而，输出电压可以通过下式求得：

$$E = -\frac{\Delta_r G}{F} \tag{附 1.2}$$

式中，F 为法拉第常量，代表 1 摩尔电子所带的电量，负号来源于电子所带电荷为负。通过上式，当已知反应吉布斯自由能变时，就可以计算反应的输出电压。需要注意的是，这里的输出电压是指平均输出电压，由能量守恒定律而来。然而，实际的输出电压，还会随锂离子嵌入度的变化而变化，这主要是因为在不同的脱锂(嵌锂)阶段，反应吉布斯自由能变会有所差别，这也导致放电曲线不是一条电压恒定的直线，而是一条电压随脱锂(嵌锂)程度变化的曲线，后面我们将具体讨论放电曲线。根据式(附 1.2)，常见正极材料相对于锂金属的平均电压计算结果如附表 1.2 所示。

附表 1.2　常见正极材料平均输出电压(*vs.* Li/Li^+)[1]

材料	平均输出电压/V
$LiCoO_2$	3.9
$LiNiO_2$	3.7
$LiMn_2O_4$	4.0
$LiFePO_4$	3.4
$LiNi_{1/3}Co_{1/3}Mn_{1/3}O_2$	3.7

2. 理论容量

由于电池的容量，实际代表的是有多少个电子可以被存储，对应在电池电化学反应中可逆反应的锂离子个数。对应于单个的电极材料，其理论容量可以直接从它与 Li 形成含锂化合物时的化学式求出。对于 $LiCoO_2$，化学式本身含有 Li，每一个 Li 可以存储一个电子。于是，1mol

$LiCoO_2$ 理论上最多可以存储 1mol 电子。由于 1mol 电子含有 96485C(法拉第常量)电量，对应 96485/3600=26.8Ah。1mol $LiCoO_2$ 的质量是 97.87g，理论上最多可存储电量 26.8Ah，于是，单位质量容量为 26.8/97.87=273.8×10^{-3}Ah/g=273.8mAh/g。作为一个统一的模型，对于含锂的化合物 Li_xA，理论容量可以通过式(附 1.3)计算：

$$比容量=\frac{26.8x}{M}(\mathrm{mAh}) \tag{附 1.3}$$

式中，M 为化合物 Li_xA 的摩尔质量；x 为 Li_xA 中锂原子配比，A 为含锂化合物中锂以外的组分。

下面，我们根据上述公式计算常见电极材料的理论比容量，结果汇总如附表 1.3 所示。

附表 1.3　常见电极材料的理论比容量

材料	含锂化合物	摩尔质量/(g/mol)	理论容量/(mAh/g)
$LiCoO_2$	$LiCoO_2$	97.87	273.8
$LiMn_2O_4$	$LiMn_2O_4$	180.81	148.2
$LiFePO_4$	$LiFePO_4$	157.76	169.9
$LiNi_{1/3}Co_{1/3}Mn_{1/3}O_2$	$LiNi_{1/3}Co_{1/3}Mn_{1/3}O_2$	96.46	277.8
$LiNi_{0.8}Co_{0.15}Al_{0.05}O_2$	$LiNi_{0.8}Co_{0.15}Al_{0.05}O_2$	96.08	278.9
Graphite	LiC_6	79.00	339.2(371.9)*
Si	$Li_{4.4}Si$	58.63	2011.3(4197.9)*
Li	Li	6.94	3861.7**

*括号中的理论容量对应仅考虑石墨和 Si 单质的摩尔质量时，计算所得结果；

**如果把锂的质量考虑进摩尔质量，锂金属具有最大的理论比容量。

但是，我们必须注意到，以上所得到的理论容量，仅仅考虑了材料的化学组成对理论容量的限制作用。在实际的工作中，我们还必须考虑其他因素对理论容量的限制。一个典型的例子是 $LiCoO_2$ 的层状结构在锂离子脱嵌比例超过 50%时变得不稳定，容易发生不可逆的结构变化，导致层状 $LiCoO_2$ 失效。因而，在实际使用过程中，考虑到结构稳定性的限制，我们会控制锂离子脱嵌比例不要超过 50%，对应的最大容量仅为 273.8mAh/g 的一半。

3. 固溶体模型

电极材料的输出电压和比容量一般通过恒电流放电曲线来表征，利用输出电压和比容量可以计算能量密度，从比容量随循环次数变化的曲线可以评估电池的循环寿命，因而，放电曲线是锂电池最重要的表征参数。

为了获得锂离子电池的放电曲线模型，Armand 假定嵌入型锂电池电极是锂离子和电子的固溶体，从而推导出电极电势随锂离子嵌入度的变化关系[2]：

$$V = V_0 - \frac{nRT}{F}\ln\left(\frac{x}{1-x}\right) \tag{附 1.4}$$

式中，V_0 是由式(附 1.2)求得的平均输出电压；V 为考虑到嵌入度对输出电压的影响之后的输出电压；n 为嵌入离子(此处为锂离子)所带电荷数；R 为理想气体常数；T 为绝对温度；F 为法拉第常量；x 为锂离子的嵌入度。作为一个一般性展示，我们不妨取 V_0=4V，T=298K，得到输出电压随锂离子嵌入度的变化关系如附图 1.9 所示。从图中可以看出，输出电压在放电的初始阶段急剧下降，接着稳定在平均输出电压附近，直到快要结束时急剧下降。

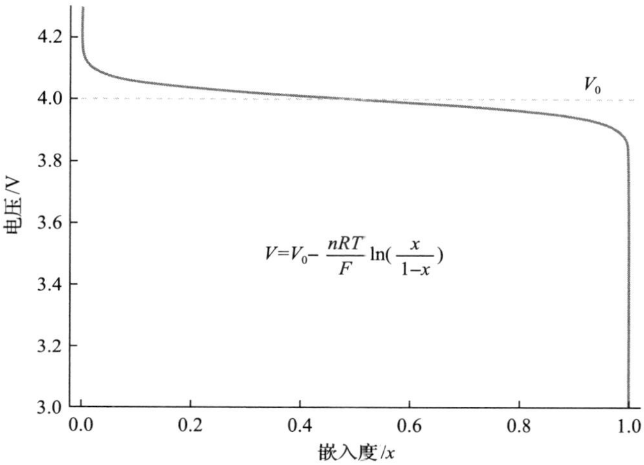

附图 1.9　典型的电极材料放电曲线模型

附 1.4　电极材料的决定性作用

通过上面的介绍，我们知道，锂离子电池的输出电压取决于反应过程中吉布斯自由能的变化，锂离子电池的理论容量取决于电极材料的化学组成以及结构稳定性。可以说，锂离子电池最重要的若干参数主要取决于电池所采用的正负极活性材料。

为了给读者一种直观的认识，此处(附图 1.10)给出了常见电极材料的实验充放电曲线。从图中我们可以看出，对于不同的电极材料，其充放电容量与平均电压差别很大。从上面的讨论

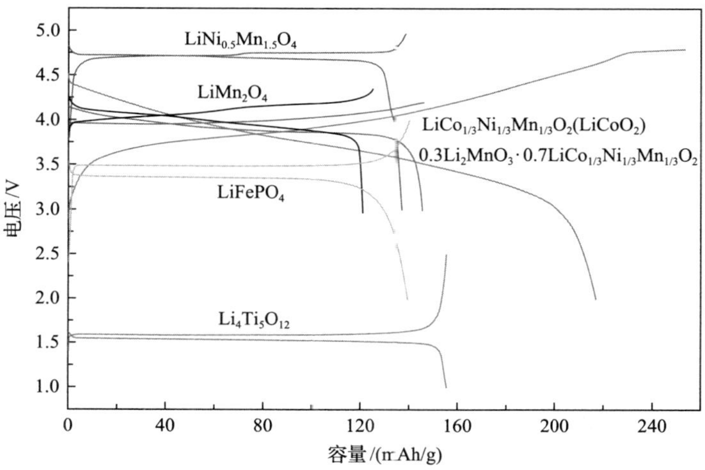

附图 1.10　常见电极材料的充放电曲线

可知，充放电容量主要取决于材料的化学配比以及其中可以可逆嵌入/脱嵌的锂离子数量，而平均电压则取决于锂离子在嵌入/脱嵌反应中平均摩尔吉布斯自由能的变化。可见，作为锂离子电池最重要的两个参数——电压和容量，完全取决于电极材料。在正文的章节中，由于已经具体介绍了我们对锂离子电池的各种电极材料的研发工作以及对单电池、电池组和相关电化学性能评价和安全特性评价等多方面的工作，此处就不再赘述。

参考文献

[1] Park J K. Principles and applications of lithium secondary batteries. Weinheim: Wiley-VCH Verlag & Co. KGaA, 2012: 28

[2] Armand M B. Materials for Advanced Batteries. New York: Plenum Press, 1980: 145

附录 2　中华人民共和国国家标准
（GB/T 20252—2006）

钴　酸　锂
Lithium cobalt oxide

本标准的附录 A、附录 B 为资料性附录，附录 C 和附录 D 为规范性附录。

本标准由中国有色金属工业协会提出。

本标准由全国有色金属标准化技术委员会归口。

本标准由湖南科力远高技术有限公司和中信国安盟固利电源技术有限公司负责起草。

本标准主要起草人：其鲁、卢普涛、晨晖、张宪铭、张重德、刁小明。

本标准由全国有色金属标准化技术委员负责解释。

1　范围

本标准规定了钴酸锂的术语、要求、试验方法、检测规则及标志、包装、运输、储存和合同内容。

本标准适用于锂离子电池用正极活性物质钴酸锂。

2　规范性引用文件

下列文件中的条款通过本标准的引用而成为本标准的条款。凡是注日期的引用文件，其随后所有的修改单(不包括勘误的内容)或修订版均不适用于本标准，然而，鼓励根据本标准达成协议的各方研究使用这些文件的最新版本。凡是不注日期的引用文件，其最新版本适用于本标准。

GB /T 1717　颜料水悬浮液 pH 的测定

GB /T 5162　金属粉末 振实密度的测定

GB /T 5314　粉末冶金用粉末的取样方法

GB /T 6284　化工产品中水分含量测定的通用方法 重量法

GB /T 13390　金属粉末比表面积的测定 氮吸附法

GB /T 18287—2000　蜂窝电话用锂离子电池总规范

GB /T 19077.1　粒度分析 激光衍射法

JCPDS[①]（16—427） 钴酸锂 X 射线粉末衍射标准图谱

3 术语

3.1 比容量 specific capacity

单位质量的活性物质在规定条件下充电或者放电的电化学容量，单位一般用 mAh/g。

3.2 充放电效率 efficiency

活性物质在规定条件下的放电容量与充电容量的百分比率。

3.3 平台容量比率 plateau capacity ratio

活性物质在规定条件下的放电容量与放电至终止电压时的放电容量的百分比率。

3.4 循环寿命 cycle life

活性物质在规定条件下充电—放电循环，放电容量与初次放电容量的百分比率达规定值时的循环次数。

4 要求

4.1 外观

产品外观应为黑灰色粉末，颜色均一，无结块。

4.2 化学成分

4.2.1 产品的化学成分应符合附表 2.1 的规定。

4.2.2 产品的化学组成中 Li、Co 两种元素含量的摩尔比应为 0.97～1.03。

附表 2.1

化学成分		含量（质量分数）/%
主含量	Co	60.0±1.0
	Li	7.0±0.3
杂质元素	Ni	≤0.10
	Mn	≤0.03
	Mg	≤0.03
	Al	≤0.03
	Fe	≤0.03
	Na	≤0.03
	Ca	≤0.03
	Cu	≤0.03
	水分	≤0.05

① Joint Committee on Powder Diffraction Standards（粉末衍射标准联合委员会）。

4.3　晶体结构

产品的晶体结构应符合 JCPDS 标准（16—427）。

4.4　物理性能

4.4.1　振实密度

产品的振实密度应不小于 1.8g/cm^3。

4.4.2　粒度分布

产品的粒度分布要求呈正态分布，特征值要求范围如下：

D_{10}应大于 1.0μm；D_{50}应在 5.0～15.0μm 范围内；D_{90}应小于 30.0μm。

4.4.3　比表面积

产品的比表面积应在 0.2～0.9m^2/g 范围内。

4.5　pH

产品的 pH 应在 10.0～12.0 范围内。

4.6　电化学性能

4.6.1　首次放电比容量

产品在规定条件下的首次放电比容量应不小于 150mAh/g。

4.6.2　首次充放电效率

产品在规定条件下的首次充放电效率应不小于 94%。

4.6.3　平台容量比率

产品在规定条件下 10 次充放电循环后平台容量比率应不低于 80%，100 次充放电循环后平台容量比率应不低于 70%。

4.6.4　循环寿命

产品在规定条件下放电容量达到第一次循环放电容量的 80%时，循环次数应不低于 300 次。

5　试验方法

5.1　外观

产品外观用目视检查。

5.2　化学成分

5.2.1　产品化学成分的测定参照附录 A 和附录 B 的规定进行。水分测定按 GB/T 6284 的规定进行。

5.2.2　产品 Li、Co 两种元素含量的摩尔比按 5.2.1 测定的结果计算。

5.3　晶体结构

产品的晶体结构用 X 射线粉末衍射仪检查。

5.4　物理性能

5.4.1　振实密度

产品振实密度的测定按 GB/T 5162 的规定进行。

5.4.2　粒度分布

产品粒度分布的测定按 GB/T 19077 的规定进行。

5.4.3　比表面积

产品比表面积的测定按 GB/T 13390 的规定进行。

5.5　pH

产品 pH 的测定按 GB/T 1717 的规定进行。

5.6　电化学性能

5.6.1　首次放电比容量

产品首次放电比容量的测定按附录 C 的规定进行。

5.6.2　首次充放电效率

产品首次充放电效率的测定按附录 C 的规定进行。

5.6.3　平台容量比率

产品平台容量比率的测定按附录 D 的规定进行。

5.6.4　循环寿命

产品循环寿命的测定按附录 D 的规定进行。

6　检测规则

6.1　检查和验收

6.1.1　产品应由供方技术监督部门进行检验，保证产品质量符合本标准或订货合同的规定，并填写质量证明书。

6.1.2　需方应对收到的产品按本标准进行检验，如检验结果与本标准或订货合同的规定不符时，应在收到产品之日起 4 个月内向供方提出，由供需双方协商解决。如需仲裁，仲裁取样在需方共同进行。

6.2　组批

产品应成批提交验收，每批重量不超过 5t。

6.3　检验项目

6.3.1　检验分类

本标准规定的产品检验分为：

a) 逐批检验；

b) 周期检验。

6.3.2　周期检验

周期检验在正常生产情况下，每 1 个月应进行 1 次。当原材料或生产工艺发生重大变化时或长期停产后恢复生产时应进行周期检验。

6.3.3　逐批检查

每批产品进行逐批检验。

6.3.4　周期检验和逐批检验的项目及样品数量见附表 2.2。

附表 2.2

检查项目	取样位置	取样数量	要求的章条号	试验方法的章条号	检验类别
外观	在包装桶内 1/2 处取样	逐桶	4.1	5.1	逐批检验
化学成分		每批 1 份	4.2.1	5.2.1	逐批检验
Li/Co			4.2.2	5.2.2	逐批检验
晶体结构		每批 1 份	4.3	5.3	逐批检验
振实密度		每批 3 份	4.4.1	5.4.1	逐批检验
粒度分布		每批 5 份	4.4.2	5.4.2	逐批检验
比表面积		每批 3 份	4.4.3	5.4.3	逐批检验
pH		每批 3 份	4.5	5.5	逐批检验
首次放电比容量		每批 2 份	4.6.1	5.6.1	周期检验
首次充放电效率			4.6.2	5.6.2	周期检验
平台容量比率			4.6.3	5.6.3	周期检验
循环寿命			4.6.4	5.6.4	周期检验

6.4　样品取样

产品的取样方法按 GB/T 5314 的规定进行。每批取样总量不得少于 5kg。

6.5　检验结果判定

6.5.1　产品的外观检验不合格时，判该桶产品质量不合格。

6.5.2　产品的化学成分、Li/Co、晶体结构、振实密度、粒度分布、比表面积和 pH 等的检验中有一项不合格时，判该批不合格。

6.5.3　比容量和首次循环充放电效率的检验，按附录 C 规定的方法制作成实验电池后取 3 支电池试验，如果有 1 支两项性能都达到本标准要求，按批判定合格；否则，用备份样品重新按附录 C 的方法进行，如果同样没有 1 支两项性能都达到本标准要求，按批判定不合格。

6.5.4　放电平台和循环性能的检验，按附录 D 规定的方法制作成实验电池后取 3 支电池试验，如果有 1 支两项性能都达到本标准要求，按批判定合格；否则，用备份样品重新按附录 D 的方法进行，如果同样没有 1 支两项性能都达到本标准要求，按批判定不合格。

7　标志、包装、运输、储存

7.1　包装和标志

经检验合格的产品按 20kg 为一包装单位。内包装用铝塑包装袋包装，热塑密封后装入外包装铁桶中。铝塑包装袋表面不作标志，包装铁桶内应放有合格证，其上标明：

a) 批号；

b) 承制方商标及名称；

c) 净重；

d) 本标准编号；

e) 检验日期；

f) 检验人员姓名或代号。

7.2　运输和储存

按 7.1 条要求装箱的材料，可用各种方式运输，但应避免损坏包装，使产品受潮。

材料适合在普通正常环境温度下储存，内包装铝塑包装袋密封情况下无环境湿度要求。产品自生产之日起，在所要求包装条件下，保质期为 2 年。

7.3　质量证明书

每批产品应附有质量证明书，其上注明：

a) 供方名称、地址、电话、传真；

b) 产品名称和型号；

c) 批号；

d) 净重和件数；

e) 分析检测结果和技术监督部门印记；

f) 本标准编号；

g) 出厂日期。

8　订货单内容

本标准所列材料的订货单内容应包括以下内容：

a) 产品名称；

b) 型号；

c) 数量；

d) 本标准编号；

e) 其他。

附　录　A

（资料性附录）

钴酸锂化学分析方法

钴含量测定

Na_2EDTA 滴定法

A.1　范围

本方法规定了锂离子电池正极材料钴酸锂中钴含量的测定方法。

A.2　方法提要

试样用盐酸溶解，在碱性溶液中钴离子与紫脲酸铵生成橙黄色的络合物，在此溶液中滴加 Na_2EDTA 溶液将络合物的紫脲酸铵取代出来，滴定至紫红色为终点。根据消耗的 Na_2EDTA 标准滴定溶液的体积计算钴的含量。

A.3　试剂

A.3.1　盐酸（1+1）。

A.3.2　氨-氯化铵缓冲溶液（pH10）：称取 54.5g 氯化铵溶于水中，加入 200mL 氨水，用水稀释至 1000mL，混匀。

A.3.3　紫脲酸铵指示剂：取 0.4g 紫脲酸铵，加入 50g 硫酸钾，在研钵中充分研磨成细粉后，储存于密封的棕色瓶中。

A.3.4　钴标准溶液：称取 0.9000g 三氧化二钴（光谱纯），加 50mL 盐酸（1+1），于低温电热板上慢慢加热，溶解完全后移入 1000mL 容量瓶中，用水稀释至刻度，摇匀。按式（附 2.1）计算 Co 标准溶液的浓度：

$$c_0 = \frac{m_1 \times 0.7106}{58.933} \tag{附 2.1}$$

式中：

c_0——钴标准溶液的浓度，单位为摩尔每升（mol/L）；

m_1——三氧化二钴的质量，单位为克（g）；

0.7106——由三氧化二钴换算成钴量的系数；

58.933——钴的摩尔质量，单位为克每摩尔（g/mol）。

A.3.5　乙二胺四乙酸二钠（Na_2EDTA）标准溶液（0.01mol/L）。

A.3.5.1　**配制**：称取 3.72g 乙二胺四乙酸二钠于 400mL 烧杯中，加水微热溶解，冷却至室温，移入 1000mL 容量瓶中，用水稀释至刻度，混匀。放置 3 天后标定。

A.3.5.2　**标定**：移取 25.00mL 钴标准溶液于 250mL 三角瓶中，加入 50mL 水，再加 10mL 缓冲溶液和约 0.1g 指示剂，用 Na_2EDTA 标准溶液滴定至紫红色。

按式（附 2.2）计算 Na_2EDTA 标准溶液的浓度：

$$c_1 = \frac{c_0 \times V_1}{V_2} \tag{附 2.2}$$

式中：

c_1——EDTA 标准溶液的浓度，单位为摩尔每升(mol/L)；

c_0——钴标准溶液的浓度，单位为摩尔每升(mol/L)；

V_1——移取钴标准溶液的体积，单位为毫升(mL)；

V_2——消耗 EDTA 标准溶液的体积，单位为毫升(mL)。

A.4　试样

A.4.1　钴酸锂样品应通过 50μm 筛。

A.4.2　钴酸锂分析前应在 110℃+5℃烘干 2h，并置于干燥器中冷却至室温。

A.5　分析步骤

A.5.1　称取 0.2500g 试样，精确至 0.0001g。

A.5.2　将试样放入 100mL 烧杯中，加入 25mL 盐酸(1+1)，于低温电热板上加热至溶解完全，冷却后移入 250mL 容量瓶中，以水稀释至刻度，摇匀。

A.5.3　移取 25.00ml 试液于 250mL 三角瓶中，加入约 50mL 水，加入 10mL 缓冲溶液和约 0.1g 指示剂，用 EDTA 标准溶液滴定至紫红色。

A.6　分析结果的表述

钴的质量分数 w(Co)(%)按式(附 2.3)计算：

$$w(\mathrm{Co}) = \frac{c_1 \times V_3 \times 10^{-3} \times 58.933}{m_2} \times 100 \tag{附 2.3}$$

式中：

c_1——EDTA 标准溶液的浓度，单位为摩尔每升(mol/L)；

V_3——滴定试液消耗 Na_2EDTA 标准溶液的体积，单位为毫升(mL)；

m_2——移取试样体积相当的试样的质量，单位为(g)；

58.933——钴的摩尔质量，单位为克每摩尔(g/mol)。

A.7　允许差

实验室间分析结果的差值应不大于附表 2.3 所列差值。

附表 2.3

钴含量(质量分数)/%	允许差/%
59.00～61.00	0.50

附 录 B

(资料性附录)

钴酸锂化学分析方法

锂、镍、锰、镁、铝、铁、钠、钙、铜量的测定

电感耦合等离子体发射光谱法

B.1 范围

本方法规定了锂离子电池正极材料钴酸锂中锂、镍、锰、镁、铝、铁、钠、钙、铜含量的测定方法。

B.2 方法提要

试样经盐酸溶解后，用电感耦合等离子体光谱仪测量锂、镍、锰、镁、铝、铁、钠、钙、铜的含量。

B.3 试剂

B.3.1 盐酸(1+1)。

B.3.2 锂、镍、锰、镁、铝、铁、钠、钙、铜标准储存溶液：1000μg/mL(国家标准溶液)。

B.3.3 标准溶液。

B.3.3.1 Ni、Mn、Mg、Al、Fe、Na、Ca、Cu 标准溶液浓度为 0、0.5μg/mL、1.0μg/mL、2.0μg/mL，由标准储备液(B.3.2)逐级稀释而得到。

B.3.3.2 Li 标准溶液浓度为 0、25μg/mL、50μg/mL、75μg/mL，采用基体匹配法进行制备。

分别称取四份 0.1695g 三氧化二钴(光谱纯)于 100mL 烧杯中，加入盐酸(1+1)20mL，低温加热溶解，分别移入 200mL 容量瓶中。移取 0、5.00mL、10.00mL、15.00mL 锂标准储存溶液于容量瓶中，用水稀释至刻度，混匀。

B.4 仪器

等离子体发射光谱仪测定 Li、Ni、Mn、Mg、Al、Fe、Na、Ca、Cu 等元素含量的参考工作条件、参数见附表 2.4。

附表 2.4

条件	功率/W	频率/MHz	冷却气/(L/min)	辅助气/(L/min)	雾化气/(L/min)	溶液提升量/(mL/min)	观测高度/mm
选择参数	1200	40.12	15	0.2	0.8	1.5	15

B.5 试样

B.5.1 钴酸锂样品应通过 50μm 筛。

B.5.2 钴酸锂分析前应在 110℃+5℃烘干 2h，并置于干燥器中冷却至室温。

B.6 分析步骤

B.6.1 称取钴酸锂试样 0.2000，精确至 0.0001g。

B.6.2　将试样放入 100mL 烧杯中，加入 20mL 盐酸(1+1)，放低温电热板上加热溶解，冷却后移入 200mL 容量瓶中，用水稀释至刻度，摇匀。

B.6.3　调试好等离子体光谱仪及其附件的各种测量条件，将试液与标准溶液同时进行等离子体光谱测定。

B.7　分析结果的计算

根据标准溶液和试液的强度值，由计算机绘制工作曲线并计算出所测元素的质量分数。

B.8　允许差

实验室间分析结果的差值应不大于下表(附表 2.5)所列差值：

附表 2.5

锂含量(质量分数)/%	允许差/%
6.70～7.30	0.20

B.9　Li/Co 的计算方法

$$\mathrm{Li} / \mathrm{Co} = \frac{w(\mathrm{Li}) / M_{\mathrm{Li}}}{w(\mathrm{Co}) / M_{\mathrm{Co}}} \tag{附 2.4}$$

式中：

$w(\mathrm{Li})$——测得锂的质量分数(%)；

M_{Li}——锂的摩尔质量，g/mol；

$w(\mathrm{Co})$——测得钴的质量分数(%)；

M_{Co}——钴的摩尔质量，g/mol。

附　录　C

(规范性附录)

钴酸锂比容量及首次充放电效率测试方法

C.1　试剂和原料

C.1.1　六氟磷酸锂 $LiPF_6$(电池级)。

C.1.2　碳酸乙烯酯 EC(电池级)。

C.1.3　碳酸二乙酯 DEC(电池级)。

C.1.4　*N*-甲基吡咯烷酮(电池级)。

C.1.5　聚偏二氟乙烯 PVDF。

C.1.6　乙炔黑。

C.1.7　厚度为 10～25μm 的 Al 箔。

C.1.8　厚度为 0.10～0.25mm 的金属锂片。

C.1.9　聚丙烯微孔隔膜(锂电池专用)。

C.2　正极片的制备

钴酸锂在正极材料中的质量分数为 85%～95%。用乙炔黑作为导电剂，其质量分数为 2%～10%；聚偏二氟乙烯 PVDF 为黏合剂，其质量分数为 2%～10%，质量精确到千分之一。正极片采用铝箔做集流体。将钴酸锂、乙炔黑、PVDF 和 *N*-甲基吡咯烷酮搅拌调浆，将浆料均匀涂覆在铝箔上，100℃烘箱干燥，切成直径 10～25mm、厚度 0.08～0.12mm 的电极片，电极片称重，质量精确到万分之一。严格控制混料和涂覆的工艺过程，被测极片面积、厚度要保持一致，避免这些因素影响测试结果。

C.3　电池的组装

在水和氧气含量都小于等于 5ppm 的惰性气体手套箱中，以金属锂片作为负极材料，用聚丙烯微孔薄膜作为隔膜，以 1mol/L $LiPF_6$/(EC+DEC)(质量比 1∶1)为电解液，将它们装配成试验电池，电池密封后，用锂离子电池电化学性能测试仪测试。

C.4　电池的测试

制作的试验电池，在 20～25℃条件下，用锂离子电池电化学性能测试仪测试，充放电制度如下：

a) 充电限制电压 4.30V；

b) 放电终止电压 2.75V；

c) 充放电电流密度：0.5mA/cm^2。

C.5　计算方法

试验电池充电——放电循环一周，记录循环的有关参数，计算锰酸锂的首次放电比容量和首次充放电效率。

C.5.1　首次放电比容量

钴酸锂的首次放电比容量按下式计算：

$$C = \frac{Q_{D1}}{m} \tag{附 2.5}$$

式中：

C——首次放电比容量，mAh/g；

Q_{D1}——首次放电容量，mAh；

m——电池中活性物质钴酸锂的质量，g。

C.5.2　首次充放电效率

钴酸锂的首次充放电效率按下式计算：

$$\eta = \frac{Q_{D1}}{Q_{C1}} \times 100\% \tag{附 2.6}$$

式中：

η——首次充放电效率，%；

Q_{C1}——首次充电容量，mAh；

Q_{D1}——首次放电容量，mAh。

附　录　D

(规范性附录)

钴酸锂平台容量比率及循环寿命测试方法

D.1　试剂和原料

D.1.1　六氟磷酸锂 $LiPF_6$(电池级)。

D.1.2　碳酸乙烯酯 EC(电池级)。

D.1.3　碳酸二乙酯 DEC(电池级)。

D.1.4　*N*-甲基吡咯烷酮 NMP(电池级)。

D.1.5　聚偏二氟乙烯 PVDF。

D.1.6　乙炔黑。

D.1.7　中间相碳微球 MCMB。

D.1.8　厚度为 10～25μm 的 Al 箔。

D.1.9　厚度为 10～12μm 的 Cu 箔。

D.1.10　聚丙烯微孔隔膜(锂电池专用)。

D.1.11　063048 型电池壳。

D.2　正极片的制备

钴酸锂在正极活材料中的质量分数为 85～95%。用乙炔黑作为导电剂，其质量分数为 2%～7%；聚偏二氟乙烯 PVDF 为黏合剂，其质量分数为 3%～8%。正极片采用铝箔做集流体。将钴酸锂、导电剂、PVDF 和 *N*-甲基吡咯烷酮搅拌调浆，将浆料均匀涂覆在铝箔上，80～120℃烘箱干燥，切成长 360mm、宽 40mm、厚度为 0.14～0.15mm 的电极片，电极片称重，质量精确到千分之一。严格控制混料和涂覆的工艺过程，极片面积、厚度要保持一致，避免这些因素影响测试结果。

D.3　负极片的制备

MCMB 在负极材料中的质量分数为 85～95%。用乙炔黑作为导电剂，其质量分数为 3%～5%，聚偏二氟乙烯 PVDF 为黏合剂，其质量分数为 5%～7%。将中间相碳微球、导电剂、PVDF 和 *N*-甲基吡咯烷酮搅拌调浆，将浆料均匀涂覆在铜箔上，80～120℃烘箱干燥，切成长 400mm、宽 41mm、厚度为 0.14～0.15mm 的电极片。严格控制混料和涂覆的工艺过程，极片面积、厚度要保持一致，避免这些因素影响测试结果。

D.4　电池的组装

用卷绕法卷制电池芯，方形卷针宽 23～24mm，厚 1.5mm。用聚丙烯微孔薄膜作为隔膜，正极包于隔膜中，负极放置在隔膜上，对齐卷绕。装壳后激光焊接，然后放置于 80～100℃的烘箱中抽真空干燥。在露点温度低于–25℃的干燥房中，以 1mol/L $LiPF_6$/EC+DEC(质量比 1∶1)为电解液，将电解液注入电池后密封。

D.5　电池的化成

制作的 063048 型试验电池，根据电池所含钴酸锂的质量和比容量，在 20～25℃条件下，用锂离子电池电化学性能测试仪做 3 次充放电循环，充放电制度如下：

a) 充放电电流：0.20C_5A；

b) 充电限制电压：4.20V；

c) 放电终止电压：2.75V。

D.6　电池的测试

经过化成的 063048 型试验电池，用锂离子电池性能测试仪检测，充放电制度如下：

a) 充电限制电压：4.20V；

b) 放电终止电压：2.75V。

c) 充放电制度：按照 GB/T 18287—2000 中 5.3.6.2 的规定进行充电—放电循环。

D.7　计算方法

063048 型试验电池进行充电—放电循环，记录循环的有关参数，计算电池在不同循环次数的平台容量比率和第 300 次循环放电容量与第 1 次循环放电容量之比。

D.7.1　平台容量比率

钴酸锂第 x 次循环的放电平台按下式计算：

$$P_x = \frac{Q_{3.6}}{Q} \times 100\% \tag{附 2.7}$$

式中：

P_x——第 x 次循环的平台容量比率，%；

$Q_{3.6}$——第 x 次循环放电至 3.6V 时的放电容量，mAh；

Q——第 x 次循环放电至终止电压时的放电容量，mAh。

D.7.2　循环寿命

钴酸锂的循环寿命按下式计算：

$$n = \frac{Q_{300}}{Q_1} \times 100\% \tag{附 2.8}$$

式中：

n——第 300 次循环放电容量与第 1 次循环放电容量比率，%；

Q_{300}——第 300 次循环放电容量，mAh；

Q_1——首次循环放电容量，mAh。

附录 3　中华人民共和国有色金属行业标准（YS/T 677—2008）

锰　酸　锂

Lithium manganese oxide

本标准的附录 A、附录 B、附录 C 和附录 D 为规范性附录。

本标准由全国有色金属标准化技术委员会提出并归口。

本标准由中信国安盟固利电源技术有限公司负责起草。

本标准主要起草人：其鲁、晨晖、李卫、图雅。

1　范围

本标准规定了锰酸锂的术语、要求、试验方法、检测规则、标志、包装、运输、储存及订货单(或合同)内容。

本标准主要适用于锂离子电池用正极活性物质锰酸锂。

2　规范性引用文件

下列文件中的条款通过本标准的引用而成为本标准的条款。凡是注日期的引用文件，其随后所有的修改单(不包括勘误的内容）或修订版均不适用于本标准，然而，鼓励根据本标准达成协议的各方研究使用这些文件的最新版本。凡是不注日期的引用文件，其最新版本适用于本标准。

GB/T 1717　颜料水悬浮液 pH 的测定

GB/T 5162　金属粉末振实密度的测定

GB/T 5314　粉末冶金用粉末的取样方法

GB/T 6284　化工产品中水分测定的通用方法 干燥减量法

GB/T 13390　金属粉末比表面积的测定 氮吸附法

GB/T 18287—2000　蜂窝电话用锂离子电池总规范

GB/T 19077.1　粒度分析 激光衍射法

GB/T 20252　钴酸锂

JCPDS(35—0782)　锰酸锂 X 射线粉末衍射标准图谱

3　术语

GB/T 20252 确立的术语适用于本标准。

4　要求

4.1　化学成分

4.1.1　产品的化学成分和水分应符合附表 3.1 的规定。

4.1.2　产品的化学组成中 Li、Mn 两种元素含量的摩尔比应在 0.52～0.62 之间。

附表 3.1

化学成分和水分		含量(质量分数)/%
主含量	Mn	58.0±1.0
	Li	4.2±0.3
杂质元素	K	≤0.10
	Na	≤0.05
	Fe	≤0.03
	Ca	≤0.03
	Cu	≤0.03
水分	H_2O	≤0.05

4.2　外观质量

产品的外观应为黑色粉末，颜色均一，无结块。

4.3　晶体结构

产品应为尖晶石结构，应符合 JCPDS(35—0782)标准。

4.4　物理性能

4.4.1　振实密度

产品的振实密度应不小于 1.8g/cm^3。

4.4.2　粒度分布

产品的粒度分布要求呈正态分布，特征值要求范围如下：

D_{10}应大于 2.0μm；D_{50}应在 4.0～30.0μm 范围内；D_{90}应小于 50.0μm。

4.4.3　比表面积

产品的比表面积应在 0.5～2.0m^2/g 范围内。

4.5　pH

产品的 pH 应在 8.5～11.0 范围内。

4.6　电化学性能

4.6.1　首次放电比容量

产品在规定条件下的首次放电比容量应不小于 110mAh/g。

4.6.2　首次充放电效率

产品在规定条件下的首次充放电效率应不小于 90%。

4.6.3　平台容量比率

产品在规定条件下第 10 次充放电循环后平台容量比率应不低于 90%，第 100 次充放电循环后平台容量比率应不低于 85%。

4.6.4　循环寿命

产品在规定条件下放电容量达到第一次循环放电容量的 80%时循环次数应不低于 500 次。

5　试验方法

5.1　化学成分

5.1.1　产品化学成分的测定按附录 A、附录 B 的规定进行。

5.1.2　水分测定按 GB/T 6284 的规定进行，样品烘干温度提高到 120℃。

5.1.3　产品 Li、Mn 两种元素含量的摩尔比按 5.1.1 测定的结果计算。

5.2　外观质量

产品的外观质量用目视检查。

5.3　晶体结构

产品的晶体结构用 X 射线粉末衍射仪检测。

5.4　物理性能

5.4.1　振实密度

产品振实密度的测定按 GB/T 5162 的规定进行，振幅提高到 5cm，震动 300 次±5 次。

5.4.2　粒度分布

产品粒度分布的测定按 GB/T 19077.1 的规定进行。

5.4.3　比表面积

产品比表面积的测定按 GB/T 13390 的规定进行。

5.5　pH

产品 pH 的测定按 GB/T 1717 的规定进行。

5.6　电化学性能

5.6.1　首次放电比容量

产品首次放电比容量的测定按附录 C 的规定进行。

5.6.2　首次充放电效率

产品首次充放电效率的测定按附录 C 的规定进行。

5.6.3　平台容量比率

产品平台容量比率的测定按附录 D 的规定进行。

5.6.4　循环寿命

产品循环寿命的测定按附录 D 的规定进行。

6　检验规则

6.1　检查和验收

6.1.1　产品应由供方质量检验部门取样进行检验，保证产品质量符合本标准的规定，并填写质量证明书。

6.1.2　需方可对收到的产品按本标准或订货合同规定进行检验，若检验结果与本标准或订货合同的规定不符时，应在产品收到之日起三个月内向供方提出，由供需双方协商解决。

6.2　组批

产品应成批提交验收，每批重量不超过 5t。

6.3　检验项目

6.3.1　检验分类

本标准规定的产品检验分为：

a) 逐批检验；

b) 周期检验。

6.3.2　周期检验

周期检验在正常生产情况下，每一个月应进行一次。当原材料或生产工艺发生重大变化时或长期停产后恢复生产时应进行周期检验。

6.3.3　逐批检验

每批产品进行逐批检验。

6.3.4　周期检验和逐批检验的项目及样品数量见附表 3.2。

附表 3.2

检查项目	取样数量	要求的章条号	试验方法的章条号	检验类别
化学成分	每批 1 份	4.1.1	5.1.1	逐批检验
水分		4.1.1	5.1.2	逐批检验
Li/Mn 摩尔比		4.1.2	5.1.3	逐批检验
外观质量	逐桶	4.2	5.2	逐批检验
晶体结构	每批 1 份	4.3	5.3	逐批检验
振实密度	每批 3 份	4.4.1	5.4.1	逐批检验
粒度分布	每批 5 份	4.4.2	5.4.2	逐批检验
比表面积	每批 3 份	4.4.3	5.4.3	逐批检验
pH	每批 3 份	4.5	5.5	逐批检验
首次放电比容量	每批 2 份	4.6.1	5.6.1	周期检验
首次充放电效率		4.6.2	5.6.2	周期检验
平台容量比率		4.6.3	5.6.3	周期检验
循环寿命		4.6.4	5.6.4	周期检验

6.4　取样方法

产品的取样方法按 GB/T 5314 的规定进行。每批取样总量不得少于 5kg。

6.5　检验结果判定

6.5.1　产品的化学成分、水分、Li、Mn 元素的摩尔比、晶体结构、振实密度、粒度分布、比表面积和 pH 等的检验中有一项不合格时，判该批不合格。

6.5.2　产品的外观质量检验不合格时，判该桶产品不合格。

6.5.3　比容量和首次循环充放电效率的检验，按附录 C 规定的方法制作成实验电池后取三支电池试验，如果有一支两项性能都达到本标准要求，按批判定合格；如果没有一支两项性能都达到本标准要求，用备份样品重新按附录 C 的方法进行，如果同样没有一支两项性能都达到本标准要求，按批判定不合格。

6.5.4　放电平台和循环性能的检验，按附录 D 规定的方法制作成实验电池后取三支电池试验，如果有一支两项性能都达到本标准要求，按批判定合格；如果没有一支两项性能都达到本标准要求，用备份样品重新按附录 D 的方法进行，如果同样没有一支两项性能都达到本标准要求，按批判定不合格。

7　标志、包装、运输、储存

7.1　包装和标志

经检验合格的产品按 20kg 为一包装单位(也可按合同约定包装单位)。内包装用铝塑包装袋包装，热塑密封后装入外包装铁桶中。铝塑包装袋表面不作标志，包装铁桶内应放有合格证，其上标明：

a) 批号；

b) 公司商标及名称；

c) 净重；

d) 本标准编号；

e) 检验日期；

f) 检验人员姓名或代号。

7.2　运输和储存

按 7.1 条要求包装的材料，可用各种方式运输，但应避免损坏包装，使产品受潮。材料适合在普通正常环境温度下储存，内包装铝塑包装袋密封情况下无环境湿度要求。产品自生产之日起，在所要求包装条件下，保质期为 2 年。

7.3　质量证明书

每批产品应附有质量证明书，其上注明：

a) 公司名称、地址、电话、传真；

b) 产品名称；

c) 批号；

d) 净重和件数；

e) 分析检测结果和质量检验部门印记；

f) 本标准编号；

g) 出厂日期。

8　订货单(或合同)内容

本标准所列材料的订货单(或合同)应包括以下内容：

a) 产品名称；

b) 型号；

c) 数量；

d) 本标准编号；

e) 其他。

附　录　A

(规范性附录)

锰酸锂化学分析方法 锰酸锂中锰含量的测定硫酸亚铁铵滴定法

A.1　范围

本方法规定了锂离子电池正极材料锰酸锂中锰含量的测定方法。

A.2　方法提要

试样用磷酸、硝酸溶解，在浓的热磷酸介质中，用高氯酸将锰(Ⅱ)氧化为锰(Ⅲ)，以二苯胺磺酸钠为指示剂，用硫酸亚铁铵标准溶液滴定紫色消失为终点。

A.3　试剂

除非另有规定，在分析中仅使用确认为分析纯的试剂和蒸馏水或去离子水。

A.3.1　硝酸(ρ1.42g/mL)。

A.3.2　磷酸(ρ1.69g/mL)。

A.3.3　硫酸(ρ1.84g/mL)。

A.3.4　高氯酸(ρ1.68g/mL)。

A.3.5　重铬酸钾标准溶液(c(1/6 $K_2Cr_2O_7$)=0.02mol/L)：

A.3.5.1　配制：准确称取在 150℃烘干 2h 的重铬酸钾($K_2Cr_2O_7$)0.4903g，加水溶解后，移入500mL 容量瓶中，用水稀释至刻度，摇匀。

A.3.6　硫酸亚铁铵标准溶液[c(Fe^{2+})=0.02mol/L]

A.3.6.1　配制：称取 12g 硫酸亚铁铵[$Fe(NH_4)_2(SO_4)_2\cdot 6H_2O$]溶于 100mL 硫酸溶液(5+95)中，置于棕色瓶中备用。

A.3.6.2　标定：吸取 3 份 25.0ml 硫酸亚铁铵溶液于 250mL 三角瓶中，加水稀释至 80mL，加入硫磷混合酸(15%的硫酸与 15%的磷酸等体积混合)15mL 及二苯胺磺酸钠指示剂 2 滴，用 0.02mol/L 的重铬酸钾标准溶液滴定至溶液呈蓝紫色。

按式(附 3.1)计算硫酸亚铁铵溶液的浓度：

$$c=\frac{0.02\times V_1}{V} \tag{附 3.1}$$

式中：

c——硫酸亚铁铵标准溶液的浓度，单位为摩尔每升(mol/L)；

V——移取硫酸亚铁标准溶液的体积，单位为毫升(mL)；

V_1——消耗重铬酸钾标准溶液的体积，单位为毫升(mL)。

A.3.7　二苯胺磺酸钠溶液(5g/L)。

A.4　试样

A.4.1　锰酸锂样品应通过 74μm(200 目)筛。

A.4.2 锰酸锂分析前应在 120℃±5℃烘干 2h，并置于干燥器中冷却至室温。

A.5 分析步骤

A.5.1 称取 0.1000g 试样，精确至 0.0001g。

A.5.2 将试样(A.5.1)置于 250mL 锥形瓶中，加入 15mL 磷酸(A.3.2)、5mL 硝酸(A.3.1)置于高温电炉上加热溶解。在溶解过程中不断摇动，使试样分解，一直加热至瓶内液面平静无气泡。

A.5.3 滴加高氯酸(A.3.4)1mL，并加热至冒浓白烟后取下，冷却至 70℃左右，加入 50mL 硫酸(5+95)(A.3.3)，摇动使稠状物质溶解，流水冷却至室温。

A.5.4 用硫酸亚铁铵标准溶液(A.3.6)滴至浅红色，滴加 2 滴二苯胺磺酸钠指示剂溶液(A.3.7)，继续滴定至紫色消失，即为终点。

A.6 分析结果的表述

锰的质量分数 w，数值以%表示，按式(附 3.2)计算：

$$w=\frac{c\times V\times 0.054\,938}{m}\times 100 \tag{附 3.2}$$

式中：

c——硫酸亚铁铵标准溶液的实际浓度，单位为摩尔每升(mol/L)；

V——滴定试液消耗硫酸亚铁铵标准溶液的体积，单位为毫升(mL)；

m——试样的质量，单位为克(g)；

0.054 938——锰的摩尔质量，单位为克每摩尔(g/mol)(g)。

A.7 允许差

实验室间分析结果的差值应不大于附表 3.3 所列差值。

附表 3.3

锰含量(质量分数)/%	允许差/%
57.00～59.00	0.50

A.8 质量保证和控制

分析时，用标准样品或控制样品进行校核，每周或每两周校核一次本分析方法的有效性。当过程失控时，应找出原因。纠正错误后，重新进行校核。

附　录　B
(规范性附录)
锰酸锂化学分析方法　锂、钾、钠、铁、钙、铜量测定电感耦合等离子体发射光谱法

B.1　范围

本方法规定了锂离子电池正极材料锰酸锂中锂、钾、钠、铁、钙、铜含量的测定方法。

B.2　方法提要

试样经盐酸溶解后，用电感耦合等离子体光谱仪测量锂、钾、钠、铁、钙、铜的含量。

B.3　试剂

B.3.1　盐酸(1+1)。

B.3.2　锂、钾、钠、铁、钙、铜标准储存溶液：1000μg/mL。

B.3.3　标准溶液工作溶液

B.3.3.1　钾、钠、铁、钙、铜标准溶液浓度为 0、0.5μg/mL、1.0μg/mL、2.0μg/mL，由标准储存溶液(B.3.2)逐级稀释而得到。

B.3.3.2　锂标准溶液浓度为 0、25μg/mL、50μg/mL、75μg/mL，采用基体匹配法进行制备。

B.4　仪器

等离子体发射光谱仪测定锂、钾、钠、铁、钙、铜等元素含量的参考工作条件、参数见附表 3.4。

附表 3.4

条件	功率/W	频率/MHz	冷却气/(L/min)	辅助气/(L/min)	雾化气/(L/min)	溶液提升量/(mL/min)	观测高度/mm
选择参数	1200	40.12	15	0.2	0.8	1.5	15

B.5　试样

B.5.1　锰酸锂样品应通过 74μm(200 目)筛。

B.5.2　锰酸锂分析前应在 120℃+5℃烘干 2h，并置于干燥器中冷却至室温。

B.6　分析步骤

B.6.1　称取锰酸锂试样 0.2500g，精确至 0.0001g。

B.6.2　将试料放入 100mL 烧杯中，加入 25mL 盐酸(1+1)，放低温电热板上加热溶解，冷却后移入 250mL 容量瓶中，用水稀释至刻度，摇匀。

B.6.3　调试好等离子体光谱仪及其附件的各种测量条件，将试液与标准溶液同时进行等离子体光谱测定。

B.7　分析结果的计算

根据标准溶液和试液的数值，由计算机绘制工作曲线并计算出所测元素的质量分数。

B.8　允许差

实验室间分析结果的差值应不大于附表 3.5 所列差值。

附表 3.5

元素	含量(质量分数)/%	允许差/%
锂	3.90～4.50	0.30
钾	≤0.10	0.02
钠	≤0.05	0.02
铁	≤0.03	0.02
钙	≤0.03	0.02
铜	≤0.03	0.02

B.9　质量保证和控制

分析时，用标准样品或控制样品进行校核，每周或每两周校核一次本分析方法的有效性。当过程失控时，应找出原因。纠正错误后，重新进行校核。

B.10　Li、Mn 元素的摩尔比计算方法

Li、Mn 元素的摩尔比按式(附 3.3)计算：

$$n = \frac{w(\mathrm{Li}) / M_{\mathrm{Li}}}{w(\mathrm{Mn}) / M_{\mathrm{Mn}}} \tag{附 3.3}$$

式中：

n——Li、Mn 元素的摩尔比；

$w(\mathrm{Li})$——测得锂的质量分数(%)；

M_{Li}——锂的摩尔质量，单位为克每摩尔(g /mol)；

$w(\mathrm{Mn})$——测得锰的质量分数(%)；

M_{Mn}——锰的摩尔质量，单位为克每摩尔(g /mol)。

附　录　C

（规范性附录）

锰酸锂比容量及首次充放电效率测试方法

C.1　试剂和原料

a) 六氟磷酸锂 $LiPF_6$(电池级)。

b) 碳酸乙烯酯 EC(电池级)。

c) 碳酸二乙酯 DEC(电池级)。

d) *N*-甲基吡咯烷酮(电池级)。

e) 聚偏二氟乙烯 PVDF。

f) 乙炔黑。

g) 厚度为 10～25μm 的铝箔。

h) 厚度为 0.10～0.25mm 的金属锂片。

i) 聚丙烯微孔隔膜(锂电池专用)。

C.2　正极片的制备

锰酸锂在正极材料中的质量分数为 85%～95%。用乙炔黑作为导电剂，其质量分数为 2%～10%；聚偏二氟乙烯 PVDF 为黏合剂，其质量分数为 2%～10%，质量精确到千分之一。正极片采用铝箔做集流体。将锰酸锂、乙炔黑、PVDF 和 *N*-甲基吡咯烷酮搅拌调浆，将浆料均匀涂覆在铝箔上，100℃烘箱干燥，切成直径 10～25mm、厚度 0.08～0.12mm 的电极片，电极片称重，质量精确到万分之一。严格控制混料和涂覆的工艺过程，被测极片面积、厚度要保持一致，避免这些因素影响测试结果。

C.3　电池的组装

在水和氧气含量都小于等于 0.0005%的惰性气体手套箱中，以金属锂片作为负极材料，用聚丙烯微孔薄膜作为隔膜，以 1mol/L $LiPF_6$/(EC+DEC)(质量比 1∶1)为电解液，将它们装配成试验电池，电池密封后，用锂离子电池电化学性能测试仪测试。

C.4　电池的测试

制作的试验电池，在 20～25℃条件下，用锂离子电池电化学性能测试仪测试，充放电制度如下：

a) 充电限制电压 4.30V；

b) 放电终止电压 3.00V；

c) 充放电电流密度：0.5mA/cm^2。

C.5　计算方法

试验电池充电—放电循环一周，记录循环的有关参数，计算锰酸锂的首次放电比容量和首次充放电效率。

C.5.1　首次放电比容量

锰酸锂的首次放电比容量按式(附 3.4)计算：

$$C = \frac{Q_{D1}}{m} \tag{附 3.4}$$

式中：

C——首次放电比容量，单位为毫安时每克(mAh/g)；

Q_{D1}——首次放电容量，单位为毫安时(mAh)；

m——电池中活性物质锰酸锂的质量，单位为克(g)。

C.5.2　首次充放电效率

锰酸锂的首次充放电效率按式(附 3.5)计算：

$$\eta = \frac{Q_{D1}}{Q_{C1}} \times 100 \tag{附 3.5}$$

式中：

η——首次充放电效率(%)；

Q_{C1}——首次充电容量，单位为毫安时(mAh)；

Q_{D1}——首次放电容量，单位为毫安时(mAh)。

附　录　D
（规范性附录）
锰酸锂平台容量比率及循环寿命测试方法

D.1　试剂和原料

a) 六氟磷酸锂 $LiPF_6$（电池级）。

b) 碳酸乙烯酯 EC（电池级）。

c) 碳酸二乙酯 DEC（电池级）。

d) *N*-甲基吡咯烷酮 NMP（电池级）。

e) 聚偏二氟乙烯 PVDF。

f) 乙炔黑。

g) 中间相碳微球 MCMB。

h) 厚度为 10～25μm 的铝箔。

i) 厚度为 10～12μm 的铜箔。

j) 聚丙烯微孔隔膜（锂电池专用）。

k) 063048 型电池壳。

D.2　正极片的制备

锰酸锂在正极活材料中的质量分数为 85%～95%。用乙炔黑作为导电剂，其质量分数为 2%～7%；聚偏二氟乙烯 PVDF 为黏合剂，其质量分数为 3%～8%。正极片采用铝箔做集流体。将锰酸锂、导电剂、PVDF 和 *N*-甲基吡咯烷酮搅拌调浆，将浆料均匀涂覆在铝箔上，80～120℃烘箱干燥，切成长 360mm、宽 40mm、厚度 0.14～0.15mm 的电极片，电极片称重，质量精确到千分之一。严格控制混料和涂覆的工艺过程，极片面积、厚度要保持一致，避免这些因素影响测试结果。

D.3　负极片的制备

MCMB 在负极材料中的质量分数为 85%～95%。用乙炔黑作为导电剂，其质量分数为 3%～5%，聚偏二氟乙烯 PVDF 为黏合剂，其质量分数为 5%～7%。将中间相碳微球、导电剂、PVDF 和 *N*-甲基吡咯烷酮搅拌调浆，将浆料均匀涂覆在铜箔上，80～120℃烘箱干燥，切成长 400mm、宽 41mm、厚度 0.14～0.15mm 的电极片。严格控制混料和涂覆的工艺过程，极片面积、厚度要保持一致，避免这些因素影响测试结果。

D.4　电池的组装

用卷绕法卷制电池芯，方形卷针宽 23～24mm，厚 1.5mm。用聚丙烯微孔薄膜作为隔膜，正极包于隔膜中，负极放置在隔膜上，对齐卷绕。装壳后激光焊接，然后放置于 80～100℃的烘箱中抽真空干燥。在露点温度低于–25℃的干燥房中，以 1mol/L $LiPF_6$/EC+DEC（质量比 1∶1）为电解液，将电解液注入电池后密封。

D.5　电池的化成

制作的 063048 型试验电池，根据电池所含锰酸锂的质量和比容量，在 20～25℃条件下，用锂离子电池电化学性能测试仪做 3 次充放电循环，充放电制度如下：

a) 充放电电流：0.20C_5A；

b) 充电限制电压：4.25V；

c) 放电终止电压：3.00V。

D.6　电池的测试

经过化成的 063048 型试验电池，用锂离子电池性能测试仪检测，充放电制度如下：

a) 充电限制电压：4.25V；

b) 放电终止电压：3.00V；

c) 充放电制度：按照 GB/T 18287 中 5.3.6.2 的规定进行充电—放电循环。

D.7　计算方法

063048 型试验电池进行充电—放电循环，记录循环的有关参数，计算电池在不同循环次数的平台容量比率和第 500 次循环放电容量与第 1 次循环放电容量之比。

D.7.1　平台容量比率

锰酸锂第 x 次循环的放电平台容量比率按式(附 3.6)计算：

$$P_x = \frac{Q_{3.6}}{Q} \times 100 \qquad \text{(附 3.6)}$$

式中：

P_x——第 x 次循环的平台容量比率(%)；

$Q_{3.6}$——第 x 次循环放电至 3.6V 时的放电容量，单位为毫安时(mAh)；

Q——第 x 次循环放电至终止电压时的放电容量，单位为毫安时(mAh)。

D.7.2　循环寿命

锰酸锂的循环寿命按式(附 3.7)计算：

$$\eta = \frac{Q_{500}}{Q_1} \times 100 \qquad \text{(附 3.7)}$$

式中：

η——第 500 次循环放电容量与第 1 次循环放电容量比率(%)；

Q_{500}——第 500 次循环放电容量，单位为毫安时(mAh)；

Q_1——首次循环放电容量，单位为毫安时(mAh)。

附录 4　游牧家庭用离网式微电站规范

1　总则

1.1　为使游牧家庭用离网式微电站的设计、制造、安装做到技术先进、经济合理安全适用便于施工和维护，特制定本规范。

1.2　本规范适用于游牧家庭用离网式微电站的制造、设计、选型和安装。

1.3　选型配置除应符合本规范的规定外，尚应符今国家现行有关标准的规定。

2　范围

本标准规定了游牧家庭用离网式微电站的相关术语和定义、使用条件、技术要求、检验规则、标志、包装、运输、储存等内容。

本标准适用于光伏发电、光伏和风力混合离网式系统，发电功率 10kW 以下、储能电量 100kWh 以下、交流输出功率 10kW 以下的游牧家庭用微电站。

3　规范性引用文件

下列文件对于本文件的应用是必不可少的。凡是注日期的引用文件，仅注日期的版本适用于本文件；凡是不注日期的引用文件，其最新版本(包括所有的修改单)适用于本文件。

GB/T 17683.1　在地面接收条件下的太阳光谱辐照度标准

GB/T 19064　家用太阳能规范电源系统技术条件和试验方法

GB/T 19115.1　风光互补发电系统 第一部分：技术条件

NB/T 42091　电化学储能电站用锂离子电池规范

GB 21966　锂电池和蓄电池在运输中的安全要求

GB/T 34120　电化学储能系统储能变流器规范

GB/T 12326　电能质量电压波动和闪变

GB/T 14549　电能质量公用电网谐波

GB/T 15945　电能质量电力系统频率偏差

GB/T 15543　电能质量三相电压不平衡

GB/T 7251.1　低压成套开关设备和控制设备

4　术语和定义

下列术语和定义适用于本规范。

4.1 离网式微电站 off grid micro power station

指不与电网相连，独立为游牧家庭用户提供电力的电力系统。集发电、控制、储能、逆变、为交流侧负载提供电源于一体，且发电功率(如用户所在地光照强度不能满足系统储能及基本用电需求时，可根据情况增大光伏发电功率，如风力资源允许的地方可配置适当数量的风力发电设备)10kW 以下、储能电量 100kWh 以下、交流输出功率 10kW 以下的独立微电站。

4.2 发电系统 power generation systems

采用光伏或风力等自然能源转换产生电能的系统(本规范建议在内蒙古、新疆、西藏、青海等光照强度较好的地区以光伏发电为主)。

4.3 控制保护系统 control protection system

由过充、过放、短路、防反接、过热和低温保护模块、均衡充电和浮充管理系统组成，可保障储能系统充电过程安全有效的运行，并可防止储能系统因储能电池放电电压过低而造成对储能电池的损害。

4.4 储能系统 energy storage system

单个或多个具有独立电池管理系统的标准电池储能模块以一定的电气连接方式组成的，可整体控制功率输入、输出的电池矩阵；连接于发电系统的输出(或单相交流 220V 充电系统)及逆变转换系统的输入接口之间的实现电量存储和释放的装置。

4.5 逆变系统 inverter system

由逆变桥、控制逻辑和滤波电路组成，将直流电能转换成交流电的设备。有高频逆变器和工频逆变器两种，输出交流 50Hz 单相 220V/三相 380V 电源。

4.6 充放电倍率 *C* charge-discharge ratio *C*

充放电倍率=充放电流/额定容量。1*C* 表示电池 1 小时完全充电或放电时电流强度。

5 使用条件

5.1 微电站推荐使用的资源条件

当地年度太阳能辐射总量不小于 4200MJ/m^2 或年平均风速大于 3.5m/s。

5.2 微电站使用的环境要求

5.2.1 温度

设备运行期间周围环境温度–40℃～45℃。

5.2.2 湿度

日平均相对湿度应 95%以下，月平均相对湿度 90%以下。

5.2.3 海拔高度

海拔高度应小于 4000m。

6 离网式微电站技术要求

6.1 功能要求

6.1.1　储能系统充电能力

1*C*。

6.1.2　发电电量转成储能的电量

转换效率不小于 90%。

6.1.3　阴雨天(雾天、雪天、雾霾除外)的发电功率转成储能的电量

转换能力不小于 10%。

6.1.4　储能电池的放电能力

不小于 3*C*，1*C* 持续放电深度不小于储能电池标称容量的 95%。

6.1.5　交流最大输出功率

大于额定功率的 5%，峰值功率不小于额定功率的 2 倍。

6.2　正常使用的电气条件

6.2.1　谐波电压

符合 GB/T 14549 的要求，空载和额定阻性负载(平衡负载)条件下，交流输出电压总谐波畸变率 3%以下。

6.2.2　三相电压不平衡度

符合 GB/T 15543 的要求，交流输出电压不平衡度 2%以下，短时不超过 4%。

6.2.3　频率偏差

应符合 GB/T 15945 的要求，电力系统正常偏差允许值不超过±0.2Hz，当系统容量较小时，偏差值可以放宽到±0.5Hz。

6.2.4　电压偏差

在空载和额定阻性负载(平衡负载)条件下，交流输出电压幅值偏差率额定电压的±3%以下，相位偏差小于 3%。

6.3　整机和外观

6.3.1　整机结构

整机结构和机柜本身的制造质量，及电气元件安装应符合 GB/T 7251.1 的技术要求。

6.3.2　机柜面板

显示清晰，指示明确。

6.3.3　油漆电镀

牢固、平整、无剥落、锈蚀及裂痕现象。

6.3.4　机柜面板

面板平整，文字和符号要求清楚、整齐、规范、正确。

6.3.5　标牌、标志、标记：完整清晰。

6.3.6　各种开关：便于操作，灵活可靠。

6.4　电气间隙和爬电距离

离网式微电站各带电电路之间以及带电部件、导电部件、接地部件之间的电气间隙和爬电

距离应符合 GB/7251.1 的规定。

7 主要组成部分技术性能要求

7.1 发电部分的技术性能要求

发电部分资源由光伏矩阵发电系统或风光互补发电系统组成。

7.1.1 光伏发电功率配置选择要求

符合 GB/T191151.1 的要求。

7.1.2 风力发电功率配置选择要求

符合 GB/T191151.1 的要求。

7.2 控制保护系统技术要求

7.2.1 控制保护系统

具有过充保护、过流保护、防反接、过热保护功能。

7.2.2 控制系统风电充电电路

最大容量要大于或等于风力发电系统额定输出功率的 2 倍。

7.2.3 控制系统光伏充电电路的最大容量

大于系统光伏功率的 2 倍。

7.3 储能系统技术要求

储能系统是单个或多个独立标准电池储能模块以一定的电气连接方式组成的，可整体控制功率输入、输出的电池矩阵。

7.3.1 标准电池储能模块

多个锂电池电芯以一定的电气连接方式组成电池矩阵，具有独立电池管理系统。

标准电池储能模块典型参数(附表 4.1)：

附表 4.1

标称容量 Wh	标称电压/V	过充电压/V	充电倍率 *C*	放电倍率 *C*	放电电流/A	过放电压/V
1	50	55	1	3	60	39

7.3.2 离网式微电站系统电量配置要求(附表 4.2)

附表 4.2

微电站类型	储能标称容量/Ah	工作电压/V	储能输出功率/kW
1kW(便携式)	50V/10Ah	50	≥1
2kW(便携式)	50V/20Ah	50	≥2
2kW	50V/60Ah	50	≥6
3kW	50V/80Ah	50	≥8
5kW	50V/120Ah	50/100	≥12
10kW	50V/240Ah	100	≥24

7.3.3 标准电池储能模块一致性要求

储能系统内各电池储能模块的开路电压、电池容量等影响电池安全与使用寿命的技术参数与性能上具有良好的一致性。

电池储能模块的选用条件：经过 3 个循环的 1*C* 全充全放先确认电池储能模块的容量，再 1*C* 充满后，1*C* 放电至电池储能模块额定电压的电压值，静态搁置 28 天，最后通过“先配容量，后配电压”的原则进行匹配。

配置误差：容量误差≤250mAh，电压误差匹配±200mV。

7.3.4 循环寿命

标准电池储能模块选用的单体电池循环寿命应不少于 2500 次，标准电池储能模块质保期不低于 5 年。

7.3.5 充放电性能

标准电池储能模块常温情况下，1C 放电容量应不低于额定容量的 100%，同时不宜高于额定容量的 110%。

7.4 逆变器技术要求

逆变器选型要求应基本满足 GB/T19115.1 的要求，同时满足下列各要求。

7.4.1 高频与工频选择

输出功率 3kW 以下，选择高频逆变器为主。

输出功率大于等于 3kW 选择工频逆变器。

7.4.2 逆变器输入电压配置

输出功率 5kW 以下，选择额定电压 50V 直流输入。

输出功率大于 5kW，选择 100V 直流输入。

7.4.3 逆变器输入过压、恢复工作及低压选配值

输出功率 5kW 以下，过压保护电压：60V、恢复工作电压：48V、低压保护电压：40V。

输出功率大于 5kW，过压保护电压：150V、恢复工作电压：96V、低压保护电压：80V。

7.4.4 输出功率要求

最大输出功率：大于额定功率 5%。

峰值功率：输出功率小于 3kW，峰值功率不小于额定功率 3 倍。

输出功率大于 3kW，峰值功率不小于额定功率 2 倍。

7.4.5 逆变器损耗

待机损耗应不超过额定功率的 0.5%，空载损耗应不超过额定功率的 0.8%。

7.4.6 逆变器转换效率

在额定运行条件下，逆变效率不低于 94%。

7.4.7 逆变器过载能力

逆变器交流侧电流在 110%额定电流下，持续运行时间应不少于 10min，电流在 120%额定电流下，持续运行时间应不少于 1min。

7.4.8 外壳防护等级

外壳防护等级应符合 GB/T4208 的规定，防护等级不低于 IP20。

8 离网式微电站基本参数

8.1 离网式微电站典型参数配置表(附表 4.3)

附表 4.3

微电站类型	输入电压/V	发电功率/kW	储能容量配置/Ah	输出电压/V	输出功率/kW	月均发电量(按冬 5h 夏 10h; 22 日/月)/kWh	月均可用电量/kWh	月均可储电量(每天 1 个循环)/kWh
1kW(可移动式)	50	0.1	50V/10 Ah	AC220V/DC50V	≥1.0	15	15	15
2kW(可移动式)	50	0.2	50V/20 Ah	AC220V/DC50V	≥2.0	33	33	30
2kW(家用型)	50	1.5	50V/60 Ah	AC220V/DC50V	≥2.0	247	夜间 90;白天 157;计 247	90
3kW(家用型)	50	2	50V/80 Ah	AC220V/DC50V	≥3.0	330	夜间 120;白天 210;计 330	120
5kW	50	3	50V/120 Ah	AC220V/DC50V	≥5.0	495	夜间 180;白天 315;计 495	180
10kW	50	6	50V/240 Ah	AC380V/220V	≥10	990	夜间 360;白天 630;计 990	360

8.2 离网式微电站施工安装应按已批准的设计进行。

8.3 外协件应符合国家现行技术标准的规定，并应有合格证件。

9 检验

9.1 型式试验

当有下列情况之一时，应进行型式试验：

(1)新产品或老产品转厂的试验定型鉴定。

(2)当产品的设计、工艺或所用材料的改变会影响产品性能时。

(3)产品长期停产后恢复生产时。

(4)出厂试验结果与型式试验有较大差异时。

(5)用户提出特殊要求，经制造商同意时。

试验时，如果每个产品只有一项不合格，允许返工重试一次，如复试仍不合格，则判定该批产品为不合格。

9.2　出厂试验

每台产品都应进行出厂试验，出厂试验时，只有一项不合格，允许返修后复试，复试一次仍不合格，则为试验不合格，试验合格后，填写试验记录(附表 4.4)并出具合格证方可出厂。

附表 4.4

序号	试验项目	型式试验	出厂试验
1	机体和结构质量	√	√
2	功能要求	√	√
3	效率	√	
4	损耗	√	
5	过载能力	√	√
6	电流总谐波畸变率	√	√
7	电压偏差	√	√
8	电压总谐波畸变率	√	√
9	电压不平衡度	√	√
10	保护功能	√	√
11	外壳防防护等级	√	

10　标志、包装、运输、储存

10.1　标志

10.1.1　产品标志

微电站主机应有明显的标志，应包装铭牌字迹在整个使用期内不易磨灭，铭牌宜放在显著位置，应包含以下内容：

产品名称、型号、商标或产品代号。

额定功率(kW)、直流侧电压(V)、交流侧电压(V)、过载能力、负荷等级、出厂编号、生产日期、制造厂名、厂址。

10.1.2　包装标志

储能微电站各部件包装上应有收发货标志、包装储运标志和警示标志，按 GB/T191 的相关规定执行。

10.2　包装

10.2.1　随同产品供应的技术文件

1)装箱清单；

2)产品使用维护说明书；

3)安装说明书；

4)产品合格证；

5) 电气接线图；

6) 出厂检验记录；

7) 保修卡；

8) 用户确认单；

9) 用户意见调查表；

10.2.2　产品包装

产品包装应符合 GB/T13384 的规定。

10.3　运输

包装好的产品在运输过程中的温度为–25℃～+55℃，相对湿度 95%以下，产品在运输过程中，不应该有剧烈震动、撞击、倾斜或倒置，某些部件对运输有特殊要求时应注明，以便运输时采取针对措施。

10.4　储存

包装好的产品储存在环境温度为–25℃～+55℃，相对湿度 95%以下，周围空气中不含有腐蚀性、易燃易爆性物质的室内，如附带有水冷却设备，应排出试验时残留的冷却水，产品运到工地后，应按制造厂规定储存，长期存放时应按产品技术条件进行维护和保养。